RUDOLF STEINER

Jahreslauf und Festeszeiten

RUDOLF STEINER

Jahreslauf und Festeszeiten

Ein Lesebuch
mit Vorträgen, Aufsätzen
und Spruchdichtungen

2004
RUDOLF STEINER VERLAG

Zusammengestellt und herausgegeben von Benedikt Marzahn.
Die hier zusammengestellten Texte sind verschiedenen Bänden der Rudolf Steiner Gesamtausgabe entnommen. Genaue Quellenachweise finden sich am Schluss dieses Bandes.

Abbildung auf dem Schutzumschlag:
Wandtafelaufschrift von Rudolf Steiner
beim Vortrag Dornach, 8. April 1923

1. Auflage 2004

Satz: Rudolf Steiner Verlag / Bindung: Spinner, Ottersweier
Printed in Germany by Greiserdruck, Rastatt

ISBN 3-7274-5251-X

INHALT

Pfingsten

Johanni

Michaeli

Weihnachten und Jahreswende

Anhang

VORBEMERKUNG

In vergangenen Zeiten waren die Menschen auf selbstverständliche Weise noch eng verbunden mit den Vorgängen in der Natur, mit den Rhythmen des Tages- und Jahreslaufes und dem Wechsel der Jahreszeiten. Sie erlebten die Wirkungen von Sonne, Mond und Gestirnen auf die irdischen Verhältnisse, in die sie mit ihrem ganzen Wesen eingebunden waren. Diese ursprüngliche Verbindung mit Natur und Kosmos ist mit dem Auftreten der naturwissenschaftlichen Entwicklung der Neuzeit mit ihren Errungenschaften, die zu unserer modernen Zivilisation geführt haben, weitgehend verloren gegangen. Dies gilt gleichermaßen für das Verhältnis zu den großen christlichen Jahresfesten, für deren wahre Bedeutung vielfach kaum noch ein Wissen oder ein Empfinden vorhanden ist, und die inzwischen weitgehend für die Interessen des Wirtschaftslebens instrumentalisiert werden.

Heute kann ein neuer Zugang zu den Festen des Jahres nur gefunden werden durch eine bewusste Auseinandersetzung mit ihrem tieferen Sinn und ihrer spirituellen Bedeutung. Dazu können die aus der anthroposophischen Geisteswissenschaft Rudolf Steiners hervorgehenden Erkenntnisse einen Weg zeigen.

Aus den vielen Vorträgen, die Rudolf Steiner zum Jahreslauf und zu den Jahresfesten gehalten hat, enthält dieser Band eine kleine Auswahl. Sie wird ergänzt durch Sprüche und Dichtungen, in denen die Stimmung der Jahreszeiten und Feste in besonderer Weise zum Ausdruck kommt.

Rudolf Steiner sprach seit dem Beginn seiner anthroposophischen Vortragstätigkeit regelmäßig zu den Festeszeiten für die Mitglieder der Zweige der Anthroposophischen (anfangs: Theosophischen) Gesellschaft in Berlin, Dornach und anderen Städten. Den Gepflogenheiten entsprechend geschah dies vor allem bei weihnachtlichen Feierstunden, aber auch zu Ostern und zum Pfingstfest. Das Hochsommerfest Johanni und vor allem das neu zu schaffende Michaelifest erscheinen im Vortragswerk erst in dem Schicksalsjahr 1923, an dessen Beginn die Brandkatastrophe des ersten Goetheanum und an dessen Ende die Neubegründung der Anthroposophischen Gesellschaft steht. In diesem Jahr hielt Rudolf Steiner auch die beiden das Thema weit umfassenden Vortragsreihen: *«Der Jahreskreislauf als Atmungsvorgang der Erde und die vier großen Festeszeiten»* (GA 223) und *«Das Miterleben des Jahreslaufes in vier kosmischen Imaginationen»* (GA 229). Auf diese beiden Vortragszyklen, die, mit Ausnahme des Vortrages vom 8. April 1923, nicht in diesen Band aufgenommen werden konnten, sei hier ganz besonders hingewiesen.

Fast alle der in diesem Band enthaltenen Vorträge wurden vor Mitgliedern der anthroposophischen Zweige und Gruppen gehalten, die mit den geisteswissenschaftlichen Grundlagen vertraut waren, wie sie in den Grundwerken Rudolf Steiners, z. B. «Das Christentum als mystische Tatsache» (GA 8), «Theosophie» (GA 9) oder «Die Geheimwissenschaft im Umriß» (GA 13) schriftlich niedergelegt sind. Dieses Vertrautsein der Zuhörer mit den Inhalten der Anthroposophie bestimmt auch die Terminologie und den Duktus von Rudolf Steiners Ausführungen. Es muss dabei berücksichtigt werden, dass es sich bei den hier gedruckten Vortragstexten um Teilnehmermitschriften der von Rudolf Steiner stets frei, d. h. ohne Manuskript gesprochenen Vorträge handelt. Diese Mitschriften, vor allem die aus frühen Jahren, können nicht immer uneingeschränkt als wortwörtliche Wiedergabe des gesprochenen Vortrags angesehen werden. Rudolf Steiner war aus Zeitmangel auch nicht in der Lage, diese Mitschriften selbst durchzusehen und zu korrigieren. Deshalb können Hör- und Übertragungsfehler nicht gänzlich ausgeschlossen werden.

Unabhängig davon kann beim Lesen der Ausführungen Rudolf Steiners zum Jahreslauf und den Festeszeiten empfunden werden, wie sein Anliegen, den Blick über die physisch-materiellen Belange zu den großen kosmischen Zusammenhängen zu erheben, nach mehr als achtzig Jahren an Bedeutung nicht verloren, sondern eher noch zugenommen hat.

Der Herausgeber

OSTERN

FRÜHLING

Der Sonnenstrahl,
Der lichterfunkelnde,
Er schwebt heran.

Die Blütenbraut,
Die farberregende,
Sie grüßt ihn froh.

Vertrauensvoll
Der Erdentochter
Erzählt der Strahl,

Wie Sonnenkräfte,
Die geistentsprossenen,
Im Götterheim
Dem Weltentone lauschen;

Die Blütenbraut,
Die farberglitzernde,
Sie höret sinnend
Des Lichtes Feuerton.

OSTER-STIMMUNG

Wenn aus den Weltenweiten
Die Sonne spricht zum Menschensinn
Und Freude aus den Seelentiefen
Dem Licht sich eint im Schauen,
Dann ziehen aus der Selbstheit Hülle
Gedanken in die Raumesfernen
Und binden dumpf
Des Menschen Wesen an des Geistes Sein.

GEISTIGE OSTERGLOCKEN (I)

DAS MAKROKOSMISCHE UND DAS MIKROKOSMISCHE FEUER DIE VERGEISTIGUNG DES ATEMS UND DES BLUTES

Köln, Karsamstag, 10. April 1909

In ergreifender Weise hat einer der inspiriertesten Geister der neueren Zeit, hat Goethe zu zeichnen gewußt die Macht und die Kraft der Ostertöne, der Osterglocken: stellt Goethe doch vor uns hin den Repräsentanten der strebenden Menschheit, den Faust, so wie er an den Rand des irdischen Daseins gekommen ist, und zeigt er uns doch, wie es die Ostertöne sind, wie die Helle des Osterfestes es ist, was auch im Herzen dieses Todsuchers den Gedanken an den Tod, den Impuls des Todes zu besiegen vermag.

So wie Goethe diesen innern Impuls der Osterklänge vor uns hinstellt, so ging dieser Impuls durch die gesamte Entwicklung der Menschheit hindurch. Und wenn der Mensch in nicht allzuferner Zukunft durch eine erneute spirituelle Vertiefung verstehen wird, wie die Feste unsere Seele in Zusammenhang bringen sollen mit allem, was im großen Weltenraum lebt und webt, dann wird man auch in einer erneuten Gestalt in diesen Tagen des Frühlingsanfangs die Seele erweitert fühlen, um zu erfassen, wie die Quellen des spirituellen Lebens uns erlösen können aus dem materiellen Leben, aus der Enge des Daseins, das an den Stoff gefesselt ist.

Gerade in der Osterzeit wird die Menschenseele am stärksten empfinden lernen, was in die Seele zu gießen vermag die unerschütterliche Zuversicht, daß im Innersten des Menschen ein Quell des ewigen, göttlichen Daseins wohnt, ein Quell, der uns aus aller Enge heraustreibt und uns eins sein läßt, ohne daß wir uns verlieren, mit dem Quell des universellen Daseins, in dem wir jederzeit auferstehen, wenn wir uns zu seiner Erkenntnis durch Erleuchtung aufzuschwingen vermögen. Nichts anderes und nichts Geringeres ist das, was das eigentliche Wesen des Osterfestes ausmacht, als ein äußeres Zeichen des Tiefsten, was die Menschheit zu erleben vermochte, als ein äußeres Zeichen des tiefsten christlichen Mysteriums. Und so ist es uns am heutigen Osterfeste, als wenn im äußeren Feste und in den äußeren Festeszeichen ein Symbol dastände dessen, was die Menschen am Beginn der menschlichen Erdenentwicklung nur finden konnten und was sie nur gewußt hatten in den Tiefen der heiligen Mysterien. Wo die Völker auf der Erde das gefeiert haben, was wir Osterfest nennen – und in den weitesten Kreisen der Menschheit bei den alten Völkern wurde es gefeiert –, wir sehen es überall emporblühen aus den heiligen Mysterien heraus. Und überall ruft es die Ahnung und die Überzeugung hervor, daß das Leben im Geiste den Tod in der Materie zu besiegen vermag. Was auch immer der Menschenseele diese Überzeugung einflößte, das mußte in alten Zeiten aus den Tiefen der heiligen Mysterien heraus verkündet werden.

Aber darin besteht ja gerade die Fortentwicklung der Menschheit, daß jetzt immer mehr und mehr von dem, was Geheimnis der heiligen Stätten ist, herausdringt, und daß die Weisheit der heiligen Mysterienstätten hinausdringt in die ganze Menschheit, daß sie Allgemeingut der Menschheit wird. Und so sei denn das heutige und morgige Fest in bezug auf seine Betrachtung gewidmet dem Versuch einer Darstellung, wie diese Ahnung, diese Empfindung, diese Überzeugung im Laufe der Menschheitsentwicklung immer mehr sich Bahn bricht und herausdringt aus uralter Erkenntnis in immer weitere Kreise.

Heute wollen wir in die Vergangenheit zurückblicken, damit wir morgen das, was die Gegenwart diesem Feste gegenüber fühlt, zu schildern vermögen. Wir müssen allerdings, weil das Osterfest das Auferstehungsfest des Menschheitsgeistes ist, uns heute zu ernster Betrachtung im Innern sammeln, um zu solcher Weisheit vordringen zu können, die in gewisser Weise zu den höchsten Höhen geisteswissenschaftlicher Anschauung hinaufzuführen vermag.

Unser christliches Osterfest ist nur eine der Formen des Menschheits-Osterfestes überhaupt, und was die Weisen der Menschheit zu sagen hatten aus stärksten, tiefsten Überzeugungen, aus den tiefsten Gründen der Weisheit heraus, von der Überwindung des Todes durch das Leben, das wurde hineingeheimnißt in die Symbole des

Osterfestes. Überall werden wir bei ihnen die Elemente finden, um uns ein Verständnis für das Osterfest, für das Auferstehungsfest des Geistes zu verschaffen. – Eine schöne, tiefe morgenländische Legende erzählt das Folgende:

Der große Lehrer des Morgenlandes, Shakyamuni, der Buddha, er hat die Gegenden des Morgenlandes mit seiner tiefen Weisheit beglückt, die aus den Urquellen des geistigen Daseins geholt war und daher die Herzen der Menschheit mit tiefster Seligkeit durchglühte. Was tief beseligend war für die Herzen der Menschheit, als der Mensch noch hineinzuschauen vermochte in die göttliche Welt – uralte Weisheit von den göttlich-geistigen Welten –, hat bis in die spätere Zeit hinein Shakyamuni für die Menschheit gerettet. Einen großen Schüler hatte er, und während die anderen Schüler mehr oder weniger nicht begriffen die umfassende Weisheit, die der Buddha lehrte, hat Kashyapa – so hieß dieser Schüler – sie begriffen. Er war einer der tiefsten Eingeweihten in diese Lehre, einer der bedeutendsten Nachfolger des Buddha. Die Legende erzählt: Als Kashyapa ans Sterben kam und er vermöge seiner Reife ins Nirvana eingehen sollte, da ging er an einen steilen Berg und verbarg sich in einer Höhle. Und in dieser Höhle verblieb sein Leib nach seinem Tode unverweslich und dauerte fort. Nur die Eingeweihten wußten von diesem Geheimnis und wo der Leib ruht. Denn an verborgenem, geheimem Orte ruht dieser unverwesliche Leib des großen Eingeweihten, des Kashyapa. Aber vorhergesagt hatte der Buddha, daß einst kommen würde sein großer Nachfolger, der Maitreya-Buddha, der erneute große Lehrer und Führer der Menschheit, und er würde, wenn er zum Gipfel gelangt sein würde jenes Daseins, das er während des Erdenlebens erreichen sollte, jene Höhle des Kashyapa aufsuchen, mit seiner rechten Hand den unverweslichen Leichnam des Erleuchteten berühren, und vom Himmel würde herabströmen ein wunderbares Feuer. Und in diesem Feuer würde sich erheben vom irdischen Dasein in ein geistiges der unverwesliche Leib des großen Erleuchteten, des Kashyapa.

So spricht die große Legende des Morgenlandes, vielleicht etwas unverständlich für das Abendland. Auch sie spricht von einer

Auferstehung, einem Entrücktwerden aus dem irdischen Dasein, von einer Überwindung des Todes, die so herbeigeführt wird, daß die Verwesungskräfte der Erde nichts vermögen über den geläuterten, gereinigten Leib des Kashyapa, und daß, wenn der große Eingeweihte kommt und ihn berührt mit der Hand, das wunderbare Feuer ihn hinaufhebt in die himmlischen Sphären. Und gerade in dem, wo diese Legende des Morgenlandes abweicht von dem, was wir als den Inhalt des abendländischen, christlichen Osterberichtes kennen, liegt eine Möglichkeit, zu einem tieferen Verständnis des Osterfestes zu kommen. Es ist in solch einer Legende eine Urweisheit verborgen, der wir uns nur nach und nach nähern können. Und so könnten wir fragen: Warum wird dort nicht Kashyapa, wie der Erlöser – wie uns im christlichen Osterbericht gesagt wird –, nach drei Tagen Sieger über den Tod? Warum wartet der unverwesliche Leib des morgenländischen Eingeweihten durch lange Zeiten hindurch, bis er durch ein wunderbares Feuer in die himmlischen Höhen entrückt wird?

Wir können heute nur anklingen lassen das Tiefe, das in solchen Dingen liegt. Wir werden erst nach und nach eine Ahnung bekommen von der Weisheit, die sich in solch tiefen Legenden ausspricht. Gerade bei solchen Festeszeiten müssen wir mit unseren Empfindungen erst scheu und ehrfurchtsvoll in der Ferne bleiben und erst nach und nach durch solche Festesfeiern hinaufschauen lernen zu den Höhen der Weisheit. Nicht sollen wir gleich mit unserem nüchternen Verstande das erfassen wollen, was in solchen Legenden liegt. Rechtes Verständnis wird nur dann erreicht, wenn wir uns so diesen Wahrheiten nähern, daß wir erst unsere Empfindungen und Gefühle geeignet und reif machen, ehe wir uns annähern an die großen Wahrheiten, um dann in vollem Feuer und mit voller Wärme die großen Wahrheiten mit unseren Empfindungen zu erfassen.

Für die heutige Menschheit stehen zwei Wahrheiten wie mächtige Leuchten am Horizont des Geistes da, Wahrzeichen, die miteinander innig verwandt sind. Zwei wichtige Richtpunkte sind es für die sich entwickelnde, im Geistigen strebende Menschheit der heutigen Entwicklungsstufe.

Als das erste Wahrzeichen erscheint der brennende Dornbusch des Moses, und als das zweite das Feuer, das unter Blitz und Donner am Sinai erscheint, durch welches dem Moses die Verkündigung wird: «Ich bin der Ich-bin.» Jene geistige Wesenheit, die sich damals dem Moses verkündigt hat, die da in beiden Erscheinungen spricht, wer ist sie?

Wer die Botschaft des Christentums versteht im geistigen Sinne, der versteht auch die Worte, die ankündigen, wer die Wesenheit ist, die im Dornbusch und danach auf dem Sinai unter Blitz und Donner dem Moses erscheint und die Zehn Gebote ihm vor die Seele hinstellt. Es sagt uns der Schreiber des Evangeliums Johanni selber, daß Moses vorherverkündet hat den Christus Jesus, und der Evangelist läßt ihn gerade auf jene Stellen hinweisen, wo im brennenden Dornbusch und später im Feuer auf Sinai sich die Macht ankündigt, die später der Christus genannt worden ist. Keine andere Gottheit soll vorgestellt werden als der Christus in dem, der zu Moses von sich selbst spricht: «Ich bin der Ich-bin.»

Derjenige Gott, der später im menschlichen Leibe erschienen ist und der das Mysterium von Golgatha vor die Menschheit hingestellt hat, er waltet unsichtbar, sich selber vorherverkündend, im Feuerelement der Natur, im Feuer des brennenden Dornbusches und im Blitzesfeuer auf Sinai. Und der nur versteht die Verkündigung des Alten Testaments, der nur versteht das Neue Testament, der da weiß, daß der Gott, den Moses verkündet, der Christus ist, der unter den Menschen wandeln soll. So kündigt sich der Gott an, der den Menschen Erlösung bringen soll, in einer Weise, die nicht in menschlicher Gestalt gesehen werden kann. Er kündigt sich an in dem feurigen Element der Natur; denn darin, in diesem Element, lebt der Christus. Das, was seine göttliche Wesenheit ist, kündigt sich in den verschiedensten Gestalten an. Durch das ganze Altertum waltet dieselbe Wesenheit, die dann sichtbar hervortrat durch das Ereignis von Palästina.

So schauen wir zurück auf das Alte Testament und fragen uns: Wen verehrt das althebräische Volk in Wirklichkeit? Wer ist der Gott des alten hebräischen Volkes? – Die Angehörigen der hebräischen Mysterien haben es gewußt: den Christus haben sie verehrt; den Christus haben sie gesehen in dem, der sprach das Wort: «Sage meinem Volke: Ich bin der Ich-bin.» – Aber wenn auch alles das nicht bekannt wäre: die Tatsache, daß sich innerhalb unseres Menschheitszyklus' der Gott im Feuer ankündigt, wäre für den, der hineinschaut in die tiefen Geheimnisse der Natur, maßgebend genug, um das zu erkennen, daß die Gottheit des brennenden Dornbusches und die Gottheit, die auf dem Sinai sich ankündigte, dieselbe ist, die aus geistigen Höhen herabkommt, um das Mysterium von Golgatha zu vollziehen durch den Herabstieg in den menschlichen Leib. Denn es besteht ein geheimnisvoller Zusammenhang zwischen dem Feuer, das draußen durch die Elemente der Natur entzündet wird, und dem, was als Wärme durch unser Blut pulsiert.

Oft wurde schon betont in unserer Geisteswissenschaft, der Mensch sei ein Mikrokosmos, der sich gegenüberstellt der großen Welt, dem Makrokosmos. Es muß daher, wenn wir in richtiger Weise zusehen, das, was im Menschen an innern Vorgängen ist, entsprechen äußeren Vorgängen im Universum. Zu jedem inneren Vorgang müssen wir den entsprechenden äußeren Vorgang finden können. Wir müssen tiefe Schächte der Geisteswissenschaft betreten, wenn wir die Bedeutung davon verstehen wollen. Hier berühren wir den Rand eines tiefen Geheimnisses, einer großen Wahrheit, jener Wahrheit, die da Antwort gibt auf die Frage: Was ist es in der großen Außenwelt, was dem Geheimnis der Entstehung des menschlichen Gedankens in uns entspricht?

Der Mensch ist das einzige wirklich denkende Wesen auf unserer Erde. Durch seine Gedanken erlebt der Mensch eine Welt, die ihn über diese Erde hinausführt. In der Form, in welcher sich im Menschen die Gedanken entzünden, erlebt kein anderes irdisches Wesen die Gedanken. Was entzündet in uns den Gedanken, was spielt sich in uns ab, wenn der einfachste oder herrlichste Gedanke uns durchzuckt? – Zweierlei wirkt in uns zusammen, wenn wir Gedanken durch unsere Seele ziehen lassen: unser Astralleib und unser Ich. Der physische Ausdruck für unser Ich ist das Blut; der physische Ausdruck für unseren Astralleib ist unser Nervensystem, das, was wir Leben nennen in unserem Nervensystem. Und niemals würden unsere Gedanken unsere Seele durchzucken, wenn nicht ein Zusammenwirken wäre zwischen Ich und Astralleib, welches seinen Ausdruck findet im Zusammenwirken zwischen Blut und Nervensystem. Sonderbar wird es einmal einer menschlichen Zukunftswissenschaft vorkommen, wenn die heutige Wissenschaft allein im Nervensystem die Entstehung des Gedankens sucht. Nicht in den Nerven allein ist der Ursprung des Gedankens, – nur in dem lebendigen Zusammenspiel zwischen Blut und Nervensystem haben wir den Vorgang zu erblicken, der den Gedanken entstehen läßt.

Wenn unser Blut, unser inneres Feuer, und unser Nervensystem, unsere innere Luft, so zusammenwirken, dann durchzuckt der Gedanke die Seele. Und die Entstehung des Gedankens im Innern der Seele entspricht im Kosmos dem rollenden Donner. Wenn das Blitzesfeuer sich entzündet in den Luftmassen, wenn Feuer und Luft zusammenspielen und den Donner erzeugen, dann ist das in der großen Welt dasselbe makrokosmische Ereignis, dem der Vorgang entspricht, wenn das Feuer des Blutes und das Spiel des Nervensystems sich entladen im innern Donner, der allerdings sanft und ruhig und unvernehmbar für die Außenwelt erklingt im Gedanken. Was der Blitz in den Wolken, das ist für uns die Wärme unseres Blutes, und die Luft draußen mit allem, was sie an Elementen enthält im Universum, entspricht dem, was unser Nervensystem durchzieht. Und wie der Blitz im Widerspiel mit den Elementen den Donner erzeugt, so erzeugt das Widerspiel von Blut und Nerven den Gedanken, der die Seele durchzuckt. Wir schauen hinaus in die Welt, die uns umgibt: Wir sehen den zuckenden Blitz in den Gebilden der Luft und hören den sich entladenden, rollenden Donner. Und dann blicken wir in unsere Seele und spüren die innere Wärme, die in unserem Blute pulsiert, und spüren das Leben, das unser Nervensystem durchzieht – dann fühlen wir den Gedanken uns durchzucken und sagen: Beides ist eins.

Wahrhaft und wirklich ist es so! Denn in uns denken wir, und wenn der Donner am Himmel rollt, so ist das nicht nur eine physisch-materielle Erscheinung. Das ist es nur für die materialistische

Mythologie. Für den aber, der die geistigen Wesen durchweben und durchwallen sieht das materielle Dasein, für den ist es Wahrheit und Wirklichkeit, wenn der Mensch hinaufschaut und den Blitz sieht und den Donner hört und sich sagt: Jetzt denkt der Gott im Feuer, wie er sich uns verkündigen muß. Das ist der unsichtbare Gott, der das Universum durchwebt und durchwallt, der seine Wärme in dem Blitz und seine Nerven in der Luft und seine Gedanken in dem rollenden Donner hat. Der sprach zu Moses in dem brennenden Dornbusch und auf Sinai in dem Blitzesfeuer. Dieselben Elemente Feuer und Luft, die im Makrokosmos sind, sind im Menschen, im Mikrokosmos, Blut und Nerven; und wie im Makrokosmos Blitz und Donner, so sind im Menschen die Gedanken. Und der Gott, den Moses gesehen und gehört hatte im brennenden Dornbusch, der zu ihm sprach in dem Blitzesfeuer auf Sinai, der erscheint als Christus im Blute des Jesus von Nazareth. Im menschlichen Leibe des Jesus von Nazareth erscheint der Christus, der herabsteigt in die menschliche Form. Indem er wie ein Mensch denkt im menschlichen Leibe, wirkt er als das große Vorbild der Menschheitsentwicklung in die Zukunft hinein. So begegnen sich die beiden Pole der Menschheitsentwicklung: der makrokosmische Gott auf dem Sinai, der sich verkündigt im Donner und Blitzesfeuer, und derselbe Gott mikrokosmisch, verkörpert im Menschen von Palästina. [...]

Und was hat die Menschheit für einen Impuls erhalten durch dieses ihr größtes Vorbild, durch die Wesenheit, die herabgestiegen ist und sich verbunden hat mit den mikrokosmischen Abbildern der Elemente in einem Menschenleibe, durch die Wesenheit des Christus?

Blicken wir noch einmal zurück auf die Verkündigung alter Völker. Alle alten Völker, bis in die graue Vergangenheit der nachatlantischen Zeit, haben wohl gewußt, wie die menschliche Entwicklung verläuft. Überall in allen Mysterienschulen wurde verkündigt, was heute wieder von der Geisteswissenschaft verkündet wird: daß der Mensch aus vier Gliedern besteht – dem physischen Leib, dem Ätherleib, dem Astralleib und dem Ich –, daß er aber aufsteigen kann zu höheren Stufen seines Daseins, wenn er durch sein Ich selbsttätig umwandelt den Astralleib in das Geistselbst – Manas –, den Ätherleib in den Lebensgeist – Buddhi –, und wenn er den physischen Leib vergeistigt zu Atman oder Geistesmensch. Dieser physische Leib, er muß in allen seinen Gliedern nach und nach durchgeistigt werden, er muß so tief in unserem Erdenleben durchgeistigt werden, daß dasjenige, was den Menschen zum Menschen gemacht hat: das Einströmen des göttlichen Odems, daß das vergeistigt wird. Und weil die Vergeistigung des physischen Leibes mit der Vergeistigung des Atems beginnt, darum nennt man den verwandelten, vergeistigten physischen Körper: Atma oder Atman – Atem: Atman. Es sagt die Verkündigung des Alten Testaments, daß der Mensch zum Beginne seines Erdendaseins erhalten hat den Lebensatem, und alle uralten Weisheiten sehen im Lebensatem dasjenige, was der Mensch nach und nach vergeistigen muß. Alle alten Weltanschauungen sahen das große, zu erstrebende Ideal in Atman, in dem, was den Atem so vergöttlicht, daß der Mensch durchzogen wird von einer spirituellen Atemluft.

Aber noch mehr muß vergeistigt werden am Menschen. Wenn sein ganzer physischer Leib vergeistigt werden soll, muß nicht nur der Atem, sondern auch das, was durch den Atem fortwährend erneuert wird, das Blut, der Ausdruck des Ich, vergeistigt werden. Das Blut muß ergriffen werden von einem zum Spirituellen treibenden Impuls. Die Mysterien des Blutes – des Feuers, das im Menschen eingeschlossen ist – hat das Christentum hinzugefügt zu den alten Mysterien. Die alten Mysterien sagen: Der Mensch auf der Erde, wie er in irdischer Gestalt lebt, ist aus geistigen Höhen herabgestiegen in die physisch-irdische Körperlichkeit. Der Mensch hat verloren, was seine geistige Wesenheit ausmacht. Er hat sich umhüllt mit physischer Körperlichkeit. Aber er muß wieder zurück in die Geistigkeit, muß wieder von sich werfen die physische Hülle, muß hinaufsteigen in ein geistiges Dasein.

Solange des Menschen Ich, das seinen physischen Ausdruck im Blute hat, nicht ergriffen war von einem auf der Erde befindlichen Impuls, so lange konnten die Religionen nicht lehren das, was man die Kraft der Selbsterlösung des menschlichen Ichs nennt. So wird uns geschildert, wie die großen geistigen Wesen, die großen Avatare, heruntersteigen und sich von Zeit zu Zeit verkörpern in menschlichen Leibern, wenn die Menschen Hilfe brauchen. Es sind Wesen, die nicht zu ihrer eigenen Entwicklung in einen Menschenkörper hinunterzusteigen brauchen, denn sie hatten ihre Menschheitsentwicklung in einem früheren Weltenzyklus vollendet. Sie steigen herunter, weil sie den Menschen helfen wollen. So steigt von Zeit zu Zeit, wenn die Menschheit Hilfe braucht, der große Gott Vishnu herab ins irdische Dasein. Eine der Verkörperungen des Vishnu, Krishna, spricht von sich selber, deutlich sagend, was eines Avatares Wesenheit ist. Er spricht selbst aus, was er ist, in dem göttlichen Liede, in der Bhagavad Gita. In ihr haben wir die herrlichen Worte, die der Krishna, in dem Vishnu als Avatar lebt, von sich selber ausspricht:

«Ich bin der Schöpfung Geist, ihr Anfang, ihre Mitte, ihr Ende; ich bin unter den Sternen die Sonne, unter den Elementen das Feuer, unter den Wassern das Weltenmeer, unter den Schlangen die ewige Schlange. Ich bin der Weltengrund.»

Man kann nicht schöner, herrlicher die allwaltende Göttlichkeit verkünden, als es geschehen ist in diesen Worten. Die Gottheit, die Moses sieht im Elemente des Feuers, die nicht nur als makrokosmische Gottheit die Welt durchwebt und durchwallt, ist auch im Innern des Menschen zu finden. Darum lebt die Krishna-Wesenheit in allem, was Menschenantlitz trägt, als großes Ideal, zu dem sich der Menschenkeim von innen heraus entwickelt. Und wenn, wie es die Weisheit des Altertums anstrebte, des Menschen Atem spiritualisiert werden kann durch den Impuls, den wir in uns aufnehmen aus dem Mysterium von Golgatha, haben wir das Prinzip der Erlösung durch das, was in uns selber lebt. Alle Avatare haben die Menschheit erlöst durch Kraft von oben, durch das, was sie aus geistigen Höhen auf die Erde herunterstrahlen ließen. Der Avatar Christus aber hat die Menschheit erlöst durch dasjenige, was er aus den Kräften der Menschheit selber genommen hat, und er hat uns gezeigt, wie die Kräfte der Erlösung, die Kräfte zur Besiegung der Materie durch den Geist in uns selber gefunden werden können.

So konnte selbst ein solcher Erleuchteter wie der Kashyapa, trotzdem er durch die Spiritualisierung seines Atems seinen Leib unverweslich gemacht hatte, die volle Erlösung noch nicht finden. Der unverwesliche Leib muß warten in der geheimnisvollen Höhle, bis ihn abholt der Maitreya-Buddha. Denn erst dann, wenn der physische Leib vom Ich aus so vergeistigt ist, daß der Christus-Impuls in den physischen Leib einströmt, erst dann bedarf es nicht mehr des wunderbaren kosmischen Feuers, um die Erlösung herbeizuführen, sondern des im eigenen Innern des Menschen, in unserem Blute wallenden Feuers, das die Erlösung herbeiführt. Daher können wir auch von dem Lichte, das ausstrahlt von dem Mysterium von Golgatha, eine so wunderbar tiefe Legende beleuchten, wie diese über den Kashyapa erzählte.

Zunächst ist die Welt für uns finster und voller Rätsel; aber wir können sie vergleichen mit einem dunklen Zimmer, in dem viele prächtige Gegenstände sind, die wir erst nicht sehen können. Wenn wir aber ein Licht anzünden, so erscheint dadurch die ganze Pracht der Gegenstände in dem Zimmer und alles, was diese Gegenstände sind. So kann es für den nach Weisheit strebenden Menschen sein. Der Mensch strebt zunächst in Dunkelheit. Er blickt in die Welt nach der Vergangenheit und nach der Zukunft und kann zunächst nur Dunkelheit erblicken. Wenn dann aber das Licht, das von Golgatha kommt, entzündet wird, dann wird alles erleuchtet, bis in die fernste Vergangenheit, bis in die fernste Zukunft hinein. Denn alles Materielle ist aus dem Geist geboren, und aus der Materie wird der Geist wiederum auferstehen. Und diese Gewißheit in einem an die Ereignisse der Welt anknüpfenden Feste wie dem Osterfest auszudrücken, ist der Sinn dieses Festes, das wir in diesen Tagen feiern. Und wenn die Menschheit sich vergegenwärtigt, wohin sie durch die Geisteswissenschaft dringen kann – daß die Seele, indem sie erkennt die Geheimnisse des Daseins, sich einleben kann in solchen wichtigen symbolischen Festzeiten wie der Zeit des Osterfestes in die Geheimnisse des Universums –, dann wird die Seele etwas fühlen von dem, was es heißt: nicht mehr bloß mit seinem engen persönlichen Dasein zu leben, sondern mit all dem, was in den Sternen scheint, was in der Sonne leuchtet, was da lebt im Universum. Sie wird sich erweitert fühlen zum Universum. Sie wird immer geistiger werden in diesem Hineinleben in das Universum.

Vom Menschenleben durch die Auferstehung zum universellen Leben zu kommen, das sind die Töne, die wir in unser Herz hineinklingen lassen durch die geistigen Osterglocken. Und wenn wir sie hören, diese geistigen Osterglocken, dann wird uns schwinden aller Zweifel gegenüber der geistigen Welt. Dann wird uns die Gewißheit aufgehen, daß kein Tod in der Materie uns etwas anhaben kann. Dann hat das Leben im Geiste uns wieder, wenn wir sie verstehen, diese geistigen Osterglocken.

GEISTIGE OSTERLOCKEN (II)

DAS EREIGNIS VON GOLGATHA
DIE BRUDERSCHAFT DES HEILIGEN GRAL
DAS VERGEISTIGTE FEUER

Köln, Ostersonntag, 11. April 1909

Ein unmittelbarer Gewinn solcher bedeutsamen Zeitsymbole wie das Osterfest ist der, daß es unsere Herzen und Seelen geeigneter macht, um tiefer und tiefer hineinzuschauen in die Menschenrätsel und das Menschenwesen. Und so sei denn noch einmal die gestern vor unserer Seele aufgeleuchtete morgenländische Legende vor unser geistiges Auge hingestellt, jene Legende, von der wir gestern schon ahnen konnten, was sie von diesem Menschenrätsel und Menschenwesen umschließt: die Legende von Kashyapa, dem großen Weisen, dem erleuchteten Schüler Shakyamunis, der alle Weisheit des Orients zusammengefaßt hatte mit großem Überblick und einem riesigen Impuls des Wirkens, und von dem mit Recht gesagt wurde, daß alle seine Nachfolger nicht vermochten, auch nur im entferntesten zu bewahren, was er aus Shakyamunis tiefem Brunnen der Weisheit hervorgeholt hatte und als Letzter aus der Urweltweisheit der Menschheit gegeben hatte.

Und weiter lautet die Legende: Als sich dann dem Kashyapa der Tod nahte und er sein Nirvana herankommen fühlte, ging er in die Höhle eines Berges. Da starb er bewußt, und es blieb unverweslich sein Leib, unauffindbar für die äußere Menschheit, auffindbar nur für die, welche durch Initiation reif geworden waren, solche Geheimnisse zu durchdringen. In der Bergeshöhle ruhte nun geheimnisvoll verborgen des Kashyapa unverweslicher Leib. Und vorausgesagt wurde, daß erscheinen würde als neuer großer Verkünder der Urweltweisheit in neuer Gestalt der Maitreya-Buddha, der, wenn er zum Gipfel seines Erdendaseins emporgestiegen sein wird, zu der Höhle gehen wird, wo der Leichnam des Kashyapa ruht. Berühren wird er ihn mit seiner rechten Hand, und ein wunderbares Feuer wird aus dem Universum herabkommen, und der unverwesliche Leib des Kashyapa wird davon ergriffen werden und entrückt werden in die höheren, geistigen Welten.

So erwartet der Morgenländer, der solche Weisheit versteht, das Wiedererscheinen des Maitreya-Buddha und seine Tat an dem unverweslichen Leib des Kashyapa. Werden sie eintreten, diese beiden Ereignisse? Wird erscheinen der Maitreya-Buddha? Wird dann des Kashyapa unverweslicher Überrest entrückt werden durch das wunderbare himmlische Feuer? – Die tiefe Weisheit, die darinnen ruht, werden wir ahnen können mit unseren wahren Osterempfindungen, wenn wir aufsuchen das wunderbare Feuer, das die Überreste des Kashyapa in sich aufnehmen soll.

Wir haben gestern gesehen, wie sich die Gottheit in unserer Zeit durch zwei Pole offenbart: auf der einen Seite durch das makrokosmische Blitzesfeuer, auf der anderen Seite durch das mikrokosmische Feuer des Blutes. Wir haben gesehen, daß sich angekündigt hat dem Moses im brennenden Dornbusch und auf dem Sinai im Donner und Blitzesfeuer der Christus. Denn keine andere Macht als der Christus sprach zu ihm das «Ich bin der Ich-bin.» Er gab die Zehn Gebote aus dem Blitzesfeuer am Sinai. Damit hat er sich vorbereitet. Dann erschien er in dem mikrokosmischen Pol in Palästina. Im Feuer, das in unserem Blute lebt, da ist derselbe Gott, der sich im Himmelsfeuer angekündigt hat und der sich dann verkörperte im Mysterium von Palästina in einem menschlichen Leibe, um zu durchdringen mit seiner Kraft das menschliche Blut, in dem das menschliche Feuer seinen Sitz hat. Und durch dieses Ereignis, wenn wir es in seinen Konsequenzen verfolgen, in dem, was es bedeutet für das Erdendasein, werden wir finden können jenes lodernde Feuer, das des Kashyapa Überreste aufnehmen wird.

Aller Weltengang besteht darin, daß sich das Materielle nach und nach vergeistigt, spiritualisiert. Im materiellen Feuer des brennenden Dornbusches und auf dem Sinai erschien dem Moses ein äußeres Zeichen der Gottesmacht. Durch das Christus-Ereignis ist aber dieses Feuer vergeistigt. Und nachdem die Christus-Macht in diese Erde eingegriffen hat, wer sieht dann das brennende geistige Feuer? Wer kann es wahrnehmen? – Das geistige Auge, das durch den

Christus-Impuls selber geöffnet wird und das der Christus-Impuls geweckt hatte. Das sieht dieses sinnliche Feuer des Dornbusches spiritualisiert, vergeistigt. Und nachdem der Christus-Impuls das geistige Auge erweckt hatte, da wirkte dieses Feuer auch geistig, spirituell auf unsere Welt.

Wann wurde dieses Feuer wieder wahrgenommen? Es wurde wieder wahrgenommen, als das erleuchtete, hellseherisch gewordene Auge des Saulus auf dem Wege nach Damaskus im Himmelsfeuer erstrahlen sah und erkannte den, der das Mysterium von Golgatha vollbracht hatte. So schauten beide den Christus: Moses im materiellen Feuer, im brennenden Dornbusch und im Blitzesfeuer auf dem Sinai – und es kann sich ihm nur im Innern ankündigen, daß der Christus zu ihm spricht –; dem erleuchteten Auge des Paulus aber zeigt sich der Christus aus dem spirituellen, dem vergeistigten Feuer. Wie Materie und Geist zueinander stehen im Weltenwerden, so stehen zueinander im Weltengang das wundersame, materielle Feuer des Dornbusches, des Sinai, und die wunderbare Erscheinung: das Feuer aus den Wolken, das dem zum Paulus gewordenen Saulus erstrahlt. – Und was ist für den ganzen Weltenwerdegang durch dieses Ereignis geschehen?

Sehen wir zurück auf die große Reihe der Menschheitsbeglücker, der Menschheitserlöser, auf die großen Gestalten der Menschheit, die der äußere Ausdruck waren für die Avatare, für die göttlich-geistigen Mächte, die von Epoche zu Epoche herunterstiegen aus geistigen Höhen und Menschengestalt annahmen, wie Vishnu, Krishna und so weiter, die erscheinen müssen, damit die Menschheit den Weg zurück findet in die geistigen Welten. Die Menschheit brauchte, damit sie den Weg zurück finden konnte, in der Vorzeit Gottes Kraft dazu, die herunterstieg. Aber dadurch, daß das Mysterium von Golgatha geschehen ist, ist dem Menschen die Fähigkeit gegeben, aus seinem eigenen Innern heraus die Kräfte zu finden, die ihn heraufheben, hinaufführen können in die geistigen Welten. Tiefer, viel tiefer als jene Welt- und Menschheitsführer ist der Christus heruntergestiegen, denn er hat nicht nur himmlische Kräfte in den irdischen Leib gebracht, sondern er hat diesen irdischen Leib selber so vergeistigt, daß nun die Menschen aus diesen Kräften heraus den Weg zurück finden konnten in die geistigen Welten. Mit göttlichen Kräften haben die vorchristlichen Erlöser die Menschheit erlöst. Mit Menschenkräften hat der Christus die Menschheit erlöst. Damit aber sind diese Menschenkräfte so vor unsere Seele gestellt worden, wie sie in ihrer Urkraft sein können.

Was wäre geschehen auf unserer Erde, wenn der Christus nicht auf Erden erschienen wäre? Diese ernste, diese tief einschneidende Frage wollen wir uns heute stellen.

Welterlöser auf Welterlöser hätten heruntersteigen können aus geistigen Welten: sie hätten zuletzt unten nur Menschen gefunden, so eingegraben in die Materie, so versunken in den Stoff, daß aus diesem unheiligen, unreinen Stoff die reinen göttlich-geistigen Kräfte den Menschen nicht wieder hätten emporheben können. Und tief betrübt und trauernd blickten die morgenländischen Weisen in die Zukunft, von der sie wußten: der Maitreya-Buddha wird erscheinen, um die Urweltweisheit zu erneuern, aber kein Jünger wird erhalten können die Urweltweisheit. Und wenn der Weltengang so fortging, hätte der Maitreya-Buddha tauben Ohren gepredigt, und er würde nicht mehr verstanden werden von den ganz in die Materie versunkenen Menschen. Das, was so materiell auf der Erde geworden wäre, hätte des Kashyapa Leib verdorren lassen, so daß der Maitreya-Buddha nicht mehr imstande gewesen wäre, des Kashyapa Überreste hinaufzutragen in göttlich-geistige Höhen. Tief trauernd sahen gerade die am tiefsten Verstehenden der morgenländischen Weisheit in die Zukunft und dachten, ob denn die Erde fähig sein würde, noch etwas entgegenzubringen an Verständnis und Empfindung dem erscheinenden Maitreya-Buddha.

Es mußte eine starke Himmelskraft in den physischen Stoff hineinstrahlen, sich in den physischen Stoff hineinopfern. Nicht bloß ein Gott in der Maske der Menschengestalt durfte es sein, sondern ein wahrer Mensch mit Menschenkräften, der den Gott in sich trägt, mußte es sein. Es mußte das Ereignis von Golgatha eintreten, damit der Stoff, in den der Mensch hineingestellt ist, bereit werde, gereinigt und geläutert werde, damit das Material des so gereinigten und geheiligten Stoffes geeignet sei, daß für künftige Inkarnationen die Urweltweisheit wieder verständlich werden könne. Und es muß nun die Menschheit dahin gebracht werden, zu verstehen, wie in diesem Sinne wirklich gewirkt hat das Ereignis von Golgatha. Denn was ist das Ereignis von Golgatha für die Menschheit gewesen? Wie tief einschneidend hat es sich hineingestellt in Menschenwesen und Menschensein?

Lassen wir den Blick schweifen über zwölf Jahrhunderte. Schauen wir auf sechs Jahrhunderte vor dem Ereignis von Golgatha und sechs Jahrhunderte nach demselben. Sehen wir uns da einmal gewisse Begebenheiten an, die sich in den menschlichen Seelen in dieser Zeit abgespielt haben.

Wahrlich, man kann kaum Größeres und Bedeutsameres hinstellen vor die empfindende menschliche Seele als jene gewaltigen Momente, die aufbewahrt hat die Buddha-Legende von der allmählichen Erleuchtung des Buddha. Er tritt heraus aus königlicher Umgebung. Er ist nicht geboren im Stalle, unter armen Hirten. Aber das ist es nicht, was hervorgehoben werden soll, sondern daß er aus dieser königlichen Umgebung herausgeht, und daß er dann das findet, was er bisher nicht gefunden hat: das Leben in seinen verschiedenen Gestalten.

Ein Kind findet er, schwach und elend. Leiden ist ihm beschert in dem Dasein, in das es durch die Geburt eingetreten ist. Er empfand: Geburt ist Leiden. – Und weiter sieht der Buddha mit seiner empfänglichen Seele einen Kranken, einen Siechen. So kann der Mensch werden, wenn er durch den Durst nach Dasein in die irdische Welt hineingetragen wird: Krankheit ist Leiden. – Einen durch Alter bresthaft gewordenen Greis findet er. Was ist es, das dem Menschen durch sein Leben beschert wird, so daß er allmählich nicht mehr Herr sein kann seiner Glieder? Alter ist Leiden. – Und einen Leichnam sah er. Der Tod steht vor ihm mit allem seinem Zerstören und Auslöschen des Lebens: Tod ist Leiden. – Und weiter forscht der Buddha dem Leben nach und sagt sich: Getrennt sein von dem, was man liebt, ist Leiden; vereint sein mit dem, was man nicht liebt, ist Leiden; nicht erhalten, was man begehrt, ist Leiden.

Groß und gewaltig und eindringlich erklang die Lehre vom Leiden durch Menschenherz und Menschenbrust. Unzählige Menschen lernten die große Wahrheit von der Befreiung vom Leiden durch das Erlöschen des Durstes nach Dasein, lernten, wie sie sich hinaussehnen sollten aus dem irdisch-physischen Dasein, wie sie hinausstreben sollten aus den irdischen Inkarnationen, und wie allein das Erlöschen des Durstes nach Dasein zur Erlösung und zur Befreiung vom Leiden führen kann. Wahrlich, ein höchster Gipfel der Menschheitsentwicklung wird da vor unsere Seele hingestellt!

Und nun lassen wir die Blicke schweifen über einen Zeitraum, der zwölf Jahrhunderte umfaßt, sechshundert Jahre vor unserer Zeitrechnung und sechshundert Jahre nach unserer Zeitrechnung. Da muß eines hervorgehoben werden: da hat inmitten dieses Zeitraumes das Mysterium von Golgatha stattgefunden. Aus dem Zeitalter des Buddha sei jetzt nur eines hervorgehoben: der Leichnam und was der Buddha beim Anblick eines solchen empfand und lehrte. Und sechshundert Jahre nach dem Ereignis von Golgatha: da wandten sich unzählige Seelen, unzählige Augen einem Kreuzesholz zu, an dem ein Leichnam hängt; aber es gehen von diesem Leichnam für die Menschheit die Impulse aus, die das Leben durchgeistigen, die Impulse, daß durch das Leben der Tod besiegt wird. Es ist der Gegenpol von dem, was der Buddha beim Anblick eines Leichnams empfunden hat.

Der Buddha hat einen Leichnam gesehen und an ihm die Nichtigkeit des Lebens erkannt. Die Menschen, die sechshundert Jahre nach dem Ereignis von Golgatha gelebt haben, sie haben aufgeschaut mit andachtsvoller Inbrunst zu dem Leichnam am Kreuz. Er war ihnen das Zeichen des Lebens, und in ihrer Seele ging die Gewißheit auf, daß das Dasein nicht Leiden ist, sondern daß es über den Tod hinüberführt in die Seligkeit. Der Leichnam des Christus Jesus am Kreuze wurde sechs Jahrhunderte nach dem Ereignis von Golgatha zum Erinnerungszeichen des Lebens, der Auferstehung des Lebens, der Überwindung des Todes und allen Leidens, so wie der

Leichnam sechshundert Jahre vor dem Mysterium von Golgatha das Erkenntniszeichen war dafür, daß Leid den Menschen befallen muß, der durch den Durst nach Dasein hineintritt in die physische Welt. Niemals gab es einen größeren Umschwung in der gesamten Menschheitsentwicklung.

Wenn sechshundert Jahre vorher der Eintritt in die physische Welt für den Menschen Leiden war, wie stellt sich für die Seele jetzt, nach dem Ereignis von Golgatha, die große Wahrheit vom Leid des Lebens dar? Wie stellt sie sich dar für diejenigen Menschen, die mit Verständnis aufblicken zum Kreuz auf Golgatha? Ist Geburt Leiden, wie Buddha sagte? – Diejenigen, die mit Verständnis aufblicken zum Kreuz auf Golgatha, die sich mit ihm verbunden fühlen, sagen sich: Diese Geburt führt den Menschen auf eine Erde, die die Möglichkeit hatte, zu umkleiden aus ihren Elementen den Christus. – Sie wollen gern betreten diese Erde, über die der Christus gewandelt ist. Und durch die Verbindung mit dem Christus ersteht in der Seele die Kraft, durch die sie hinauffinden kann in die geistigen Welten, ersteht die Erkenntnis, daß Geburt nicht Leiden ist, sondern das Tor ist zum Finden des Erlösers, der sich auch mit denselben irdischen Stoffen umhüllt hat, die die menschliche Leibeshülle bilden.

Ist Krankheit Leiden? – Nein! – so sagten sich die, welche den Impuls von Golgatha im wirklichen Sinne verstanden – nein, Krankheit ist nicht Leiden. Wenn auch heute die Menschheit noch nicht verstehen kann, was das spirituelle Leben in Wahrheit ist, das mit dem Christus einströmt, – die Menschen werden es in der Zukunft verstehen lernen, und sie werden wissen, daß, wer sich durchströmen läßt von dem Christus-Impuls, in wessen Innerstes die Christus-Kraft einzieht, daß der alle Krankheit überwinden kann durch die starken, gesundenden Kräfte, die er aus sich entwickelt. Denn der Christus ist der große Heiler der Menschheit. In seiner Kraft ist umschlossen alles das, was aus dem Geistigen heraus wirklich die starke heilende Kraft entwickeln und was die Krankheit überwinden kann. Krankheit ist nicht Leid. Krankheit ist eine Gelegenheit, ein Hemmnis zu überwinden, indem der Mensch in sich entwickelt die Christus-Kraft.

Über die Beschwerden des Alters muß der Mensch sich in gleicher Weise klar werden. Je mehr wir zunehmen in der Schwachheit unserer Glieder, desto mehr können wir wachsen im Geiste, können Herr werden durch die in uns wohnende Christus-Kraft. Alter ist nicht Leiden, denn mit jedem Tage wachsen wir ja hinein in die geistige Welt. Und auch der Tod ist nicht Leiden, denn er wird besiegt in der Auferstehung. Durch das Ereignis von Golgatha ist der Tod besiegt worden.

Kann das Getrenntsein von dem, was wir lieben, noch Leiden sein? – Nein! Die Seelen, die sich mit der Christus-Kraft durchziehen, wissen, daß die Liebe Bande schlingen kann von Seele zu Seele über alle materiellen Hindernisse hinweg, Bande im Geistigen, die unzerreißbar sind. Und es gibt nichts im Leben zwischen Geburt und Tod und zwischen Tod und neuer Geburt, zu dem wir nicht im Spirituellen den Weg finden durch den Christus-Impuls. Es ist undenkbar, daß wir auf die Dauer, wenn wir uns mit dem Christus-Impuls durchdringen, getrennt sein können von dem, was wir lieben. Der Christus führt uns zusammen mit dem, was wir lieben.

Und ebenso kann «Vereint sein mit dem, was wir nicht lieben» nicht Leiden sein, weil der Christus-Impuls uns lehrt, wenn wir ihn in unserer Seele aufnehmen, alles seinem entsprechenden Maße nach zu lieben. Der Christus-Impuls zeigt uns den Weg, und wenn wir diesen Weg finden, kann niemals mehr «Vereint sein mit dem, was wir nicht lieben» Leiden sein, denn es gibt nichts mehr, was wir nicht mit Liebe umfassen.

Und «Nicht erreichen, was man begehrt», kann mit dem Christus nicht mehr Leiden sein, denn die Empfindungen und Gefühle des Menschen, sein Begehren, werden durch den Christus-Impuls so gereinigt und veredelt, daß die Menschen nur noch begehren nach dem, was ihnen werden soll. Sie leiden nicht mehr unter dem, was sie entbehren; denn sollen sie entbehren, so ist es zur Läuterung. Und die Christus-Kraft gibt ihnen die Kraft dazu, es als Läuterung zu empfinden, und daher ist es auch nicht mehr Leiden.

Was ist also das Ereignis von Golgatha? Es ist das allmähliche Hinwegschaffen der von dem großen Buddha hingestellten Tatsachen vom Leiden. Es gibt keinen größeren Einschlag im Weltenwerden und Weltenwesen als das Ereignis von Golgatha. Daher können wir auch verstehen, daß es fortwirkt und positive, gewaltige Folgen hat für die kommende Menschheit. Der Christus ist der größte Avatar, der heruntergestiegen ist auf die Erde, und wenn eine solche Wesenheit heruntersteigt ins Dasein, wie das der Christus im Jesus von Nazareth war, so tritt etwas Geheimnisvolles, höchst Bedeutsames ein: Gerade so wie im Kleinen, wenn wir ein Weizenkorn in die Erde senken, es keimt und Halme herauswachsen und Ähren, die viele, viele Körner, Abbilder des einen Weizenkorns tragen, welches wir in die Erde gelegt haben, gerade so ist es auch in der geistigen Welt. Denn «alles Vergängliche ist nur ein Gleichnis» – und in dieser Vervielfältigung des Weizenkornes können wir sehen ein Bild, ein Gleichnis für die geistigen Welten.

Als sich das Ereignis von Golgatha vollzogen hatte, da war etwas geschehen mit dem Ätherleibe und dem Astralleibe des Jesus von Nazareth: Durch die Kraft des innewohnenden Christus wurden sie vervielfältigt, und in der geistigen Welt waren seitdem vorhanden viele, viele Abbilder des Astralleibes und des Ätherleibes des Jesus von Nazareth. Und diese Abbilder wirkten fort.

Wenn eine menschliche Individualität aus geistigen Höhen herabsteigt ins physische Dasein, umkleidet sie sich mit einem Ätherleibe und einem Astralleibe. Dann aber, wenn in geistigen Welten so etwas vorhanden ist wie die Abbilder des Ätherleibes und Astralleibes des Jesus von Nazareth, dann geschieht für die Menschen, in deren Karma es liegt, etwas ganz Besonderes. Wenn das Karma einer Individualität es zuließ – nachdem das Mysterium von Golgatha vollzogen war –, so wurde ihr ein Abbild des Ätherleibes oder des Astralleibes des Jesus von Nazareth einverwoben. So war es in den ersten Jahrhunderten unserer Zeitrechnung zum Beispiel bei Augustinus der Fall. Als diese Individualität herunterstieg aus geistigen Höhen und sich umkleidete mit einem Ätherleib, da wurde ihrem Ätherleib ein Abbild einverwoben vom Ätherleibe des Jesus von Nazareth. Ihren Astralleib und ihr Ich hatte sie für sich, hatte aber einverwoben in den Ätherleib ein Abbild des Ätherleibes des Jesus von Nazareth.

So übertrug sich das, was umhüllt hatte den Gottmenschen von Palästina, auf andere Menschen, die nun den Einschlag dieses großen Impulses weitertragen sollten in die übrige Menschheit hinein. Weil Augustinus angewiesen war auf sein eigenes Ich und seinen eigenen Astralleib, war er all dem Zweifel, all den Schwankungen, den Irrungen ausgesetzt, welche er schwer überwinden konnte; sie kamen aus diesen noch unvollkommenen Teilen seiner Wesenheit. Alles, was er durchgemacht hat, hat er durchgemacht durch sein irrendes Urteil und die Irrtümer seines Ich. Aber als er sich durchgerungen hatte, als sein Ätherleib zu wirken begann, da stieß er auf die Kräfte, die ihm einverwoben waren aus dem Abbilde des Ätherleibes des Jesus von Nazareth in seinem Ätherleibe. Und jetzt wurde er derjenige, der einen Teil der großen Mysterienwahrheiten dem Abendlande verkündigen konnte. So gab es viele derjenigen, die wir als die großen Träger des Christentums im Abendlande kennen, die berufen waren, das Christentum fortwirken zu lassen im 4., 5., 6. bis 10. Jahrhundert, denen aufgehen konnten die großen Ideen, die vorbildlich waren, die einverwoben gehabt haben in ihrem Ätherleib ein Abbild des Ätherleibes des Jesus von Nazareth. Daher konnten ihnen aufgehen die großen Visionen, die großen vorbildlichen Ideen, die dann ihre Ausgestaltungen gefunden haben bei den großen Malern und Bildhauern.

Wie sind sie entstanden, diese vorbildlichen Typen für die Bilder, die noch jetzt uns erfreuen? Diese entstanden, als durch das einverwobene Abbild des geheiligten Ätherleibes des Jesus von Nazareth bei den Menschen des 5., 6., 7. und 8. Jahrhunderts unserer Zeitrechnung die großen Erleuchtungen kamen, mit einem Inhalt des Christentums, zu dem man nicht brauchte historische Überlieferungen. Zu dem Inhalt der Lehre von dem Christus erhielten sie einverwoben ein Abbild des Ätherleibes des Jesus von Nazareth, und sie brauchten keine historische Überlieferung der Tatsachen des Christentums; sie wußten aus innerer Erleuchtung, daß der Christus lebt, weil sie einen Teil des Jesus von Nazareth in sich trugen. Sie wußten es ebenso, wie Paulus es wußte, daß der Christus lebt, als er in dem spiritualisierten, lodernden Himmelsfeuer die Christus-Erscheinung sah. Hatte der Paulus sich bekehren lassen bis dahin durch das, was über die Ereignisse in Palästina zu erzählen war? Keines der Ereignisse, die man ihm hat erzählen können, war imstande, aus dem Saulus einen Paulus zu machen, und dennoch ging der wichtigste Impuls für die äußere Ausbreitung des Christentums von Paulus aus, durch ihn, der ungläubig blieb gegenüber den Erzählungen auf dem physischen Plan, aber der gläubig wurde durch ein okkultes Ereignis, das in der spirituellen Welt sich vollzog. Sonderbar nehmen sich die aus, die ein Christentum haben wollen ohne spirituelle Erleuchtung! Denn niemals würde das Christentum sich in der Welt ausgebreitet haben ohne die spirituelle Erleuchtung des Paulus. Einem übersinnlichen Ereignis verdankt die äußere Ausbreitung des Christentums ihr Dasein.

Und wiederum pflanzte sich das Christentum fort in späterer Zeit durch diejenigen, die in der geschilderten Weise in innerer Erleuchtung den Christus erleben konnten, auch den historischen Christus erleben konnten, weil sie in sich trugen, was als Rest geblieben war von dem historischen Christus und seinen Hüllen. Im 11., 12., 13. und 14. Jahrhundert erhielten andere Menschen, wenn sie durch ihr Karma dazu berufen und reif waren, Abbilder einverwoben des Astralleibes des Jesus von Nazareth. Solche Menschen, die in sich trugen Abbilder des Astralleibes des Jesus von Nazareth, waren zum Beispiel Franz von Assisi, Elisabeth von Thüringen und andere mehr. Ohne diese Kenntnis ist für uns zum Beispiel das Leben des Franz von Assisi und der Elisabeth von Thüringen unverständlich. Alles, was uns heute so sonderbar erscheint im Leben des Franz von Assisi, rührt daher, daß das Ich des Franz von Assisi das menschliche Ich dieser menschlichen Individualität war; aber all die Demut, Hingabe, Inbrunst, die wir so bewundern an Franz von Assisi, sie rührt davon her, daß ihm einverwoben war in seinem Astralleib ein Abbild des Astralleibes des Jesus von Nazareth. Manchen andern Persönlichkeiten dieser Zeit war einverwoben ein solches Abbild. Sie werden uns zu Vorbildern, denen wir nachstreben, wenn wir dies wissen. Derjenige, der der Sache auf den Grund geht, wie sollte der verstehen das Leben der Elisabeth von Thüringen, wenn er nicht wüßte, daß ihr einverwoben war ein Abbild des Astralleibes des Jesus von Nazareth? Viele, viele waren durch diese fortwirkende Christus-Kraft dazu berufen, diesen mächtigen Impuls in die Nachwelt zu tragen.

Aber noch etwas anderes war erhalten geblieben für noch spätere Zeiten: unzählige Abbilder des Ich des Jesus von Nazareth sind erhalten geblieben. Sein Ich war zwar aus den drei Hüllen verschwunden, als der Christus darin einzog, aber ein Abbild, ein durch das Christus-Ereignis noch erhöhtes Abbild ist vorhanden geblieben, und dieses Abbild des Ich, das ist unendlich vervielfältigt. In diesem Abbilde des Ich des Jesus von Nazareth haben wir etwas, was heute noch vorhanden geblieben ist in der geistigen Welt. Ja, es kann gefunden werden dieses Abbild des Ich des Jesus von Nazareth von Menschen, die sich dazu reif gemacht haben, dieses Abbild und damit zugleich der Glanz der Christus-Kraft und des Christus-Impulses, den es in sich trägt, aufzunehmen.

Der äußere physische Ausdruck für das Ich ist das Blut. Das ist ein großes Geheimnis. Es hat aber immer Menschen gegeben, die das wußten und denen bekannt war die Tatsache, daß Abbilder des Ichs des Jesus von Nazareth in der geistigen Welt vorhanden sind. Und es hat immer Menschen gegeben, die durch die Jahrhunderte hindurch, seit dem Ereignis von Golgatha, im geheimen dafür zu sorgen hatten, daß die Menschheit langsam heranreift, damit es Menschen gebe, die aufnehmen können die Abbilder des Ich des Jesus von Nazareth-Christus, wie es auch Menschen gegeben hat, die aufgenommen haben Abbilder seines Ätherleibes und Astralleibes. Dazu mußte das Geheimnis gefunden werden, wie ganz in der Stille, im tiefen Mysterium, dieses Ich aufbewahrt werden könne bis zum geeigneten Momente der Menschheits- und Erdenentwicklung. Es bildete sich dazu eine Bruderschaft von Eingeweihten, die dieses Geheimnis bewahrten: die Bruderschaft des Heiligen Gral. Sie hütete dieses Geheimnis. Diese Gesellschaft hat es immer gegeben. Und gesagt wird, daß ihr Ahnherr die Schale genommen hat, die der Christus Jesus beim Heiligen Abendmahl benutzt hatte, und in dieser Schale hat er aufgefangen das Blut des Erlösers, das vom Kreuze aus seinen Wunden floß. Gesammelt hat er das Blut, den Ausdruck des Ich, in dieser Schale, im Heiligen Gral. Er hat die Schale mit dem Blute des Erlösers, mit dem Geheimnis des Abbildes des Ich des Christus Jesus aufbewahrt am heiligen Ort, in der Bruderschaft, die durch ihre Einrichtungen und ihre Einweihung die Brüder vom Heiligen Gral sind.

Heute ist die Zeit gekommen, wo diese Geheimnisse verkündet werden dürfen, wenn die Herzen der Menschen sich reif machen lassen durch ein spirituelles Leben, so daß sie sich zum Verständnis erheben können dieses großen Mysteriums. Wenn sich die Seelen zum Verständnis solcher Geheimnisse anfachen lassen durch die Geisteswissenschaft, wenn unsere Seelen sich einleben zu solchem Verständnis, so werden die Seelen reif, im Anblick jener heiligen Schale das Mysterium von dem Christus-Ich, von dem ewigen Ich, zu dem jedes Menschen-Ich werden kann, kennenzulernen. Da ist es, dieses Geheimnis – nur sollen sich die Menschen herbeirufen lassen durch die Geisteswissenschaft, dieses Geheimnis als Tatsache zu verstehen, um das Christus-Ich im Anblick des Heiligen Gral zu empfangen. Dazu braucht man das, was da geschehen ist, zu verstehen als Tatsache, es hinzunehmen als Tatsache.

Dann aber, wenn die Menschen immer mehr vorbereitet sein werden zum Empfang des Christus-Ich, dann wird sich das Christus-Ich immer mehr in die Seelen der Menschen ergießen. Sie werden dann sich hinaufentwickeln dahin, wo ihr großes Vorbild, der Christus Jesus, stand. Die Menschen werden dadurch erst verstehen lernen, inwiefern der Christus Jesus das große Menschheitsvorbild ist. Und wenn die Menschheit das verstanden haben wird, wird sie beginnen, in ihrem tiefsten Innern zu ahnen, daß die Gewißheit, die Wahrheit von der Ewigkeit des Lebens von dem toten Leichnam am Holze des Kreuzes von Golgatha ausgeht. Die von dem Christus-Ich Inspirierten und Durchdrungenen, die Christen der Zukunft, werden noch anderes verstehen. Sie werden verstehen, was nur die Erleuchteten bisher verstanden haben. Nicht bloß den Christus werden sie verstehen, der durch den Tod gegangen ist, sondern sie werden verstehen den triumphierenden, in das spirituelle Feuer auferstehenden Christus der Apokalypse, der vorherverkündet worden ist. Und das Osterfest kann uns immer ein Symbolum sein für den Auferstandenen, ein Band, das geschlungen wird von dem Christus am Kreuze zu dem triumphierenden Christus, dem auferstandenen und erhobenen Christus, zu dem, der alle Menschen mit sich erhebt zur Rechten des Vaters.

So weist uns das Ostersymbolum in die ganze Erdenzukunft perspektivisch hinein, in die Zukunft der Menschheitsentwicklung hinein, und so ist es uns ein Unterpfand dafür, daß die vom Christus inspirierten Menschen einst immer mehr aus Saulus-Menschen zu Paulus-Menschen werden und immer mehr schauen werden ein spirituelles Feuer. Wahrlich, wie dem Moses und denen, die sich zu ihm bekannt haben, im sinnlichen Feuer des Dornbusches und des Blitzes auf Sinai der Christus vorherverkündigend erschienen ist, so wird der Christus uns erscheinen in einem vergeistigten Feuer der Zukunft. «Er ist bei uns alle Tage, bis an der Welt Ende», und er wird erscheinen im spirituellen Feuer denen, die den Blick sich haben erleuchten lassen durch das Ereignis von Golgatha. Die Menschen werden ihn schauen in dem geistigen Feuer. Erst haben sie ihn in anderer Gestalt geschaut; dann erst werden sie schauen die wahre Gestalt des Christus in einem spirituellen Feuer.

Damit aber, daß der Christus so tief heruntergewirkt hat in das Erdendasein, bis in das physische Knochengerüst hinein, hat das, was aus den Elementen der Erde seine Hülle gebildet hat, diesen physischen Stoff so geläutert und geheiligt, daß er nie mehr so werden kann, wie es in ihrer Betrübnis die Weisen des Morgenlandes annahmen, indem sie glaubten, daß der Erleuchtete der Zukunft, der Maitreya-Buddha, nicht finden werde Menschen auf der Erde, die zu einem Verständnis für ihn aufsteigen können, weil sie zu tief in den Stoff hinuntergesunken sind. Darum ist der Christus auf Golgatha geführt worden, damit er den Stoff wieder hinaufführen konnte in geistige Höhen, damit das Feuer nicht zur Schlacke werden möge auf der Erde, sondern daß es vergeistigt werde. So werden die Menschen wiederum verstehen die Urweltweisheit, wenn sie selbst vergeistigt sind: die Urweltweisheit, aus der sie selbst einstmals als aus der geistigen Welt entsprungen sind. So wird der Maitreya-Buddha das Verständnis finden auf der Erde – was er sonst nicht hätte finden können –, nachdem die Menschen durch ein noch tieferes Verständnis hindurchgegangen sind. Denn wir verstehen alles, was wir in der Jugend gelernt haben, besser, nachdem wir durch Prüfungen reifer geworden sind und später darauf zurückschauen können. Und so wird die Menschheit die Urweltweisheit verstehen dadurch, daß sie zurückschauen wird auf diese Urweltweisheit im Lichte des Christus durch das Ereignis von Golgatha.

Und wie nun können die unverweslichen Überreste des Kashyapa gerettet werden, und wohin werden sie gerettet? Es heißt: der Maitreya-Buddha wird erscheinen und ihn berühren mit seiner rechten Hand, und der Leichnam wird in einem Feuer entrückt werden. – In demselben Feuer, das Paulus auf dem Wege nach Damaskus gesehen hat, haben wir zu sehen das wunderbare, vergeistigte Feuer, in dem geborgen wird der Leib des Kashyapa. In diesem Feuer wird geborgen werden alles Große und Edle der Vorzeit in der Zukunft. In dem vergeistigten Feuer, in welchem der Christus dem Paulus erschien, wird durch den Maitreya-Buddha der unverwesliche Leib des Kashyapa geborgen werden. So werden wir einströmen sehen, einfließen sehen das Große, das Herrliche, Weisheitsvolle aller Vergangenheit in dasjenige, was der Menschheit durch das Ereignis von Golgatha geworden ist.

Eine Auferstehung des Erdgeistes selber, eine Erlösung der Menschheit tritt uns in dem Symbole der Osterglocken entgegen. Dieses Symbolum gab noch jedem, der es zu verstehen wußte, ein, wie der Mensch sich aufschwingt zu geistigen Höhen durch das Ostergeheimnis. – Nicht ohne Bedeutung ist es, daß Faust, der am Rande des Todes steht, durch die Osterglocken zurückgerufen wird zu einem neuen Leben, das ihn zu dem großen Augenblick führt, wo er sich sagt, als er vor seinem Tode erblindet: «Allein im Innern leuchtet helles Licht.» So kann er hinaufdringen in die geistigen Welten, wo der Menschheit edle Glieder gerettet werden.

Gerettet, geläutert, geborgen wird alles, was in der Vergangenheit gelebt hat, in der geläuterten Geistigkeit, die sich durch das Mysterium von Golgatha über die Erde und in die Menschheit ausgegossen hat, so wie auch geläutert wird einstmals, wenn der Maitreya-Buddha erscheinen wird, der unverwesliche Leib des Kashyapa, des großen, morgenländischen Weisen, in dem wunderbaren Feuer, in dem Lichte des Christus, das dem Paulus erschienen ist auf dem Wege nach Damaskus.

DER BALDUR-MYTHOS UND DAS MYSTERIUM VON TOD UND AUFERSTEHUNG

Dornach, Karfreitag, 2. April 1915

Die Kirchen rufen ihre Gläubigen das Jahr hindurch zusammen durch Glockenklang. Der Glockenklang bezeichnet die Zeiten, wichtige Zeitangaben, und er bezeichnet auch diejenigen Zeiten, in denen die Gläubigen zur Kirche gerufen werden. Dieser bedeutungsvolle Glockenklang, dieser Glockenzeitenklang hört auf in gewissen Kirchengemeinschaften in diesen Tagen, die da beginnen mit der Feier der Grablegung, des Opfertodes Christi, und er beginnt erst wiederum mit dem Feste der Auferstehung derjenigen Macht, von der wir innerhalb unserer geisteswissenschaftlichen Betrachtungen oft gesprochen haben als der Macht, welche der Erde Sinn verleiht. Die Zwischenzeit wird in ihrer Bedeutung gefeiert dadurch, daß gewissermaßen die Mißtöne der hölzernen Instrumente, welche in diesen Tagen gebraucht werden statt der Glocken, diesen bedeutungsvollen Glockenzeitenklang ersetzen sollen in der Zeit, in der die Seelen sich erinnern sollen, daß die Macht, welche der Erdenentwicklung Sinn verleiht, durch ihren Opfertod sich vereint hat mit den Tiefen des Daseins. Das Neuerklingen der Glocken am Feste der Auferstehung soll andeuten, wie die Glockenmusik geweiht und bedeutungsvoll gemacht werden soll durch diesen Sinn der Erde, und wie sie dann von diesem Sinn der Erde das ganze übrige, für das gläubige Bewußtsein durchchristete Jahr hindurch ertönen sollen, die Glocken mit ihrem bedeutungsvollen Zeitenklang.

Wir haben von den verschiedensten Seiten her uns zu nähern versucht dem Sinn und dem Wesen derjenigen Macht, die eingeflossen ist durch das Mysterium von Golgatha in die Impulse der Erdenentwicklung. Allein, Sie werden gesehen haben aus den verschiedenen Betrachtungen, daß jeder Weg der Seele zu dieser Macht hin doch eben nur einer der Wege sein kann, die immer einseitig gewissermaßen die Empfindungen, die Gefühle der Seele wachrufen, damit sie in würdiger Weise verständnisvoll empfangen können dasjenige, was sich offenbaren soll, wenn man den Christus-Namen ausspricht, dasjenige, was sich offenbaren soll, wenn man von dem Mysterium von Golgatha spricht. Wir werden heute versuchen, wiederum einen solchen Weg zu wählen. Es wird wiederum nur einer der Wege sein, denn nur durch die Zusammennahme vieler Wege, die zu dem Mysterium von Golgatha führen, kann man zu einem Verständnis desselben kommen, zu einem einigermaßen für die entsprechende Zeit, in der man inkarniert ist, gehörigen Verständnis kommen. Da sei heute der Weg gewählt, der uns vor die Seele führen soll, wie gewissermaßen Völker, die noch nichts wußten von dem Mysterium von Golgatha, wie die Völker Europas dieses Mysterium von Golgatha empfangen mußten nach dem, was sie in ihrem Herzen, in ihrer Seele gleichsam wie eine Vorbereitung auf das Mysterium von Golgatha hin durchgemacht hatten.

Ich habe es schon angedeutet in einigen der vorigen Vorträge, wie verknüpft war mit der europäischen Entwicklung in einer bestimmten Zeit, ich möchte sagen, ein tragisches Naturgefühl, das radikal verschieden ist von demjenigen Naturgefühl, das sich in den ersten christlichen Zeiten über die südlichen Länder Europas gerade aus dem Christentum heraus ausbreitete. Dieses letztere Naturgefühl war in gewisser Weise verbunden mit einer Art von Fliehen der Natur, mit einer Art Hinweggehen von der Natur. In diesen südlichen Ländern, in denen sich in griechische, in römische Kultur hinein das Christentum ausgebreitet hat, wurde der Begriff der Sünde, der Begriff der Schuld innig und intim verknüpft mit demjenigen, was man fühlt als einfließend von der Natur in den Menschen, in die Menschenseele. Hinweg von der Natur in die Gefilde des geistigen Lebens, in die Gefilde, aus denen heruntergestiegen ist der Christus, um der Menschheit die Erlösung, um der Erdenentwicklung Sinn zu bringen; sich frei machen von dem, was im Menschen nur natürlich ist, und sich hinwenden zu dem, was im Menschen heiligend, das heißt, von der Sünde der Natur heilend sein kann, – das sind

Worte, die etwa einigermaßen dieses erste christliche Naturgefühl ausdrücken können.

Von einem ganz anderen Naturgefühl war die keltisch-germanische Volkheit Europas innerlich beseligt, als sie das Christentum empfing. Ihr war es unmöglich, die Natur bloß zu fliehen, die Natur bloß zu verbinden mit dem Sünde- und Schuldbegriff. Ihnen, den europäischen Völkern, war die Natur durch lange, lange Jahrhunderte viel, viel zu bedeutungsvoll geworden, als daß sie sie bloß hätten fliehen können. Sie war ihnen etwas geworden, mit dem sie so zusammengewachsen waren, daß sie sich allerdings, als sie das Christentum empfingen, zu einer anderen Welt wenden konnten, als die Welt der Natur ist, aber sie konnten nicht so ohne weiteres nur sagen: Hinweg von der Natur! – Dieses «Hinweg von der Natur», dieses Hinschauen und Hinstreben in die Gefilde des Geistes verursachte ihnen Klagen und Schmerzen der Seele, verursachte ihnen Trübnis, indem immer im Hintergrund der Herrlichkeiten des Himmelreiches die Trauer war über dasjenige, was innerhalb der Naturgefilde verloren werden mußte. Und wenn man nach dem Grunde fragt, warum ein solches Gefühl auf dem Grunde der Seele war, dann findet man, daß noch in einem Nachklang vorhanden war die Art und Weise, wie diese Seelen mit der Natur verbunden waren in verhältnismäßig noch nicht weit hinter ihnen liegender Vergangenheit – einer Vergangenheit, die weit kürzere Zeit hinter ihnen lag, als das bei den orientalischen oder südlichen Völkern der Fall war. Es war, wie wenn in den Herzen, in den Seelen noch gelebt hätte etwas von all dem heiligen Wohlgefühl des Zusammenseins mit der Natur, des Zusammenseins auch mit dem Göttlichen in der Natur. Und die Trauer, der Schmerz, die Klage, sie kamen davon, daß man fühlte: durch eine Notwendigkeit, durch eine eherne Weltennotwendigkeit war einem abhanden gekommen, was einen einstmals mit dem Heiligen, mit dem Göttlichen der Natur verbunden hatte. Es war nicht bloß ein Gefühl, daß die Natur mit Sünde und Schuld behaftet sei, es war vielmehr das Gefühl, daß man mit der Natur etwas einst unendlich Wertvolles verloren habe. Es war nicht das Gefühl, daß man sich wegwenden solle von der Natur, sondern es war vielmehr das trauernde Gefühl, daß sich etwas, was in der Natur heilig ist, selbst von dem Menschenherzen, der Menschenseele weggewendet habe, und daß man nun das, was man früher mit der Natur im Zusammenhang verehrte, auf andere Art durch Erhebung zum Mysterium von Golgatha erleben mußte.

Es war ein unendlich viel realeres, zugleich ein unendlich viel tragischeres Gefühl, welches das Christentum in diesen Gegenden empfing, als das in den Gegenden südwärts der Alpen und im Orient der Fall sein konnte. Man macht sich durch nichts besser klar, welches der Sinn dieser alten Naturempfindungen war, als wenn man einen Blick wirft auf das, was ja gelten kann innerhalb der europäischen Völker wie eine Art Vorempfindung des göttlichen Opfertodes Christi, wenn man einen Blick wirft auf das, was der Tod Baldurs und Baldurs Versetzung in die Unterwelt, in die Welt der Hel, nach Niflheim bedeutet.

Ich habe es öfter angedeutet, daß es heute schwierig ist, wiederum wach zu rufen in den Seelen all dasjenige, was zusammenhing mit dem Baldur-Mythos, mit dem Mythos dieser eigenartigen alten Sonnengottheit, die von Nordeuropas Volkheit verehrt und angebetet wurde. Und es ist ja schwierig, in einer Zeit dieses klar zu machen, wo man glaubt, daß die menschliche Seele in der Zeit, in der es überhaupt eine Menschheitsentwicklung gibt, immer gerade so ausgesehen habe, immer genau solches erlebt habe, wie sie heute aussieht und wie sie heute erlebt. Man muß sich schon aufschwingen zu dem Gedanken, daß in alten Zeiten der Seele noch weit, weit andere Erlebnisse möglich waren als diejenigen, die dann in späterer Zeit dieser Seele möglich waren, und daß dies zusammenhängt mit einem Gesamterleben des natürlichen Daseins. Stellen Sie sich einmal wirklich vor, die Seele des Menschen hätte durch das alte Auge des Menschen anders hinausgesehen in die Natur, als sie heute sieht, wenn sie durch das heutige Auge in die Natur sieht, und hätte durch das alte Ohr anderes in der Natur gehört als sie heute hört, wenn sie in die Natur hinaushört. Und machen Sie sich den Übergang so klar, indem Sie ein Gleichnis wählen, ein Gleichnis, das, wenn es auch etwas radikal gewählt ist, uns dennoch den Unterschied klar machen kann. Sie sehen heute hinaus in die Natur durch Ihre Augen, sehen das Grün der Pflanzen, das Grün-Blau der Wälder, das Blau des Himmels, die bunte Mannigfaltigkeit der Blumendecke. Denken Sie sich, es träte eine Revolution im menschlichen Erdendasein durch eine eherne Notwendigkeit so ein, daß aufhören würde für die Menschen die Möglichkeit, Farben zu sehen, und daß die ganze Natur nur erscheinen würde grau in grau, daß Sie hinaufblicken würden zum Himmel und eine etwas andere Schattierung von Grau erblicken würden, als wenn Sie auf graue Wiesen sähen, daß Sie nur verschiedene Nuancen von Grau, Schwarz und Weiß sehen würden, wenn Sie auf die farbige Blumendecke blicken. Denken Sie, eine solche Revolution würde eintreten im Naturschauen der Menschen – und Sie haben einen Vergleich mit dem gegeben, was in der Tat eintrat in der Zeit, als hinunterschwand die Möglichkeit für die Menschen, zu schauen auf der ausgebreiteten Wiese all die mannigfaltigen elementarischen Wesenheiten, die mit dem Wachsen und Weben und Wesen der Blumen und Blüten verbunden sind. Aufgehört hatte in der damaligen Zeit durch eine gewaltige Revolution im Naturschauen die Möglichkeit, hinauf zu schauen zu den Sternen und in den Sternen zu sehen die geistiglebendigen Planetengeister, im Äther umwebend die Sterne.

Ich habe es oftmals betont: Zu den unwahrsten Aussprüchen gehört der, wenn man sagt: die Natur mache keine Sprünge. – Unwahr ist dieser Ausspruch, denn so wie ein Sprung ist vom grünen Blatt der Pflanze zum Blütenblatt, so war es ein gewaltiger Sprung in der Menschheitsentwicklung, als von dem alten Hellsehen, wo man die Elementargeister weben und leben sah dort, wo man heute nur die bunte Blütendecke der Pflanzen ausgebreitet sieht, die Menschen eben übergingen zu dem späteren Anschauen. Ein gewaltiger Sprung war das! Und diejenigen Menschen, die Europas Volkheit ausmachten, die hatten in den Zeiten, die durchaus zusammenfallen mit der Zeit, in welcher sich im Orient schon abspielte das Mysterium von Golgatha, noch eine lebendige Empfindung, daß eine solche alte Schau einmal da war, daß die Vorfahren gelebt haben unter der Bedingung, daß sie sehen konnten die webenden Wesen auf Wiesen und in Wäldern und im unendlich ausgespannten Sternenhimmel, und daß das alles verschwunden, verwest und verglommen sei. Ein Gefühl hatten sie, daß, wenn früher die Menschen das Auge hinaufrichteten zum nächtlichen Monde, dieser Mond nicht bloß in Form der hellen Sichel erschien, daß diese helle Sichel umgeben war von planetarischer lebendiger Geistigkeit, die der Menschenseele vieles sagte, und daß das hingeschwunden ist in den Zeiten, in denen man jetzt leben mußte.

Wenn sich die Menschenseele fragte, was denn geschehen sei, daß die Natur also entgöttlicht ist, daß Finsternis sich ausbreitet da, wo früher geistiges Licht war, dann sagte derjenige, der das Volk leitete als Lenker: Es hat einmal in der Götterwelt gegeben einen Baldur, der in sich vereinigte die Kraft des Sonnenlichtes. Aber Baldur hat wegen des Hasses der finsteren Elemente seinen Schauplatz, den er ausgebreitet hatte auf dem Menschen-Erdenhorizont, verlegen müssen zur Hel in die Unterwelt. Verschwunden ist die Schauekraft der alten Zeiten. Versunken ist der helle Sonnenschein, versunken ist der helle Schein der alten Götter, und der tote Schein des Sonnenlichtes glänzt nur zurück durch das Licht der Mondsichel. – Materiell ist die Welt geworden. Wie die trauernde Hinterlassene, die einmal mit dem Göttlichen vereint war und des Göttlichen Widerstrahl in alle Seelen hineinschickte, so erscheint die Natur, über die man klagt, über die man trauert, die man belegen wollte mit den Begriffen bloß von Sünde und Schuld. Und so wurde die Empfindung erregt, die man haben konnte gegenüber dem Todesgang des alten Sonnengottes Baldur: Er ist nicht mehr da draußen um unsere Schauekräfte herum, der Gott Baldur, er ist in die Unterwelt gezogen, er hat uns die trauernde Natur zurückgelassen. – Aber wohin ist er gezogen? Wo ist denn eigentlich in realer Wirklichkeit das Reich der Hel, jenes Reich der Finsternis, in das Baldur eingezogen ist? Wo ist es denn? Auch zu solchen Empfindungen wird sich, ich möchte sagen, unsere materialistische Zeit erst dadurch vorbereiten können, daß sie sich die entsprechenden Begriffe aneignet.

Fragen wir uns einmal: Was bedeutete es denn in uralten Zeiten, wenn man sagen konnte, sich hinauswendend gegen die Natur: Baldur ist da – was bedeutete denn das? Das bedeutete etwas wahrhaftig Reales, etwas, was diejenigen aber nicht verstehen werden, die da glauben, daß die Menschenbildung eben zu allen Zeiten gewesen ist wie heute. Wenn der Mensch in uralten Zeiten hinausging und auf der Wiese wahrnahm – er konnte es nicht immer, er konnte es nur zu gewissen Zeiten, aber da er es konnte zu gewissen Zeiten, da wußte er, daß sich ihm da jene belebenden Elementargeister zeigten, von denen ich gesprochen habe –, wie war es denn, wenn der Mensch in gewissen Zeiten diese Elementargeister schauen konnte? Das war kein bloßes Hinschauen, das war nicht ein totes Empfangen eines Gesichtes, sondern das war verbunden mit einem lebendigen Gefühl, mit einer lebendigen Empfindung. Man ging durch die Wälder, man schaute die Geister, die Elementarwesen. Aber man schaute sie nicht bloß, ich möchte sagen, man trank ihr Wesen mit der Seele in sich, man fühlte ihren Hauch als einen geistig-seelischen Erfrischungstrank, man fühlte in sich durch den Ätherleib hineinziehen den Atem, der von den elementarischen Geistern ausging, die man schaute im Wald und auf der Wiese. Sie machen einen jung – so konnte man empfinden –, wenn man des Morgens hinausging und noch das Rückbleibende der Morgendämmerung sie sichtbar machte, die Elementargeister des Waldes und der Wiese; sie machen einen jung, sie verleihen einem Kraft! Und diese Kraft lebt dann in einem fort. Man war dabei, wenn man verjüngt in der elementarischen Natur war, – man war dabei. Was aber war mit all diesen verjüngenden Kräften geschehen? Aus der äußeren Welt waren sie verschwunden, man konnte nur mehr einen traurigen, halbbewußten Zusammenhang mit ihnen haben. Wo waren sie hingekommen? Sie wirkten weiter, aber sie wirkten weiter gewissermaßen im Unsichtbaren, im Unhörbaren. Sie wirkten, aber sie wirkten auf die menschliche Natur so, daß der Mensch mit seinem Bewußtsein nicht mehr dabei war.

Und die Zeit kam, wo der Mensch, wenn er wissend wurde, sich sagen mußte: Da, in meiner Natur, da wirken diese Kräfte, von denen ich früher nicht nur wissen konnte, daß sie im Dunkeln auf mich wirken, gegenüber denen ich vielmehr eine Schauekraft hatte, deren Einfließen aus der Außenwelt ich bemerken, ich wahrnehmen konnte. – In das Reich der Hel, in des Menschen eigene Finsternis, in des Menschen seelische Untergründe war der Gott Baldur eingezogen.

Wo ist Baldur? Der Priester, der den Menschen das Geheimnis zu erklären hatte, wenn der Mensch frug: Wo ist Baldur? – er hatte zu sagen: Baldur ist nicht im Sichtbaren. Weil du als Mensch brauchtest jene Bildekräfte, jene verjüngenden Bildekräfte, die du früher halbwissend aufnehmen durftest, wirken sie jetzt ohne dein Wissen in deinem Inneren, damit du ihnen nichts nimmst durch dein Wissen. Weil du diese Kräfte in deinem Unsichtbaren brauchtest, ist Baldur aus dem Bereich des Sichtbaren verschwunden, hat sich zurückgezogen dahin, wo die Welt deines eigenen unterbewußten Inneren ist.

Dann kam über den Menschen die Stimmung, die man bezeichnen könnte mit den folgenden Worten: So also steh ich als Mensch im Reich der Hel mit einem Teil meines Wesens. Nicht sehen kann ich, wie die Bildekräfte meines Lebens aus dem Reich der Hel eingreifen in mein Seelisch-Leibliches; der Gott Baldur ist in der Unterwelt, er ist bei der Hel, er wirkt im Unsichtbaren auf mich. Versunken und verflossen ist Baldurs Sonnenseherreich. – Das ist die Stimmung der Klage, der Trauer, die Schmerzen der Seele hervorrufen darf, denn das ist keine hinfällige egoistische Menschenklage, das ist Klage, die der Mensch im Zusammenhang mit dem Kosmos empfindet. Das ist kosmische Klage, das ist kosmische Trauer, das ist kosmischer Schmerz.

Und nun kam die Kunde, daß dasjenige, was sich also zurückgezogen hat in das Reich der Hel, neu belebt ist durch eine andere Macht, durch die Macht, die man wiederfinden kann, wenn man tiefe Einblicke tut in das eigene Innere, wo hinein die alte Baldur-Macht ja verschwunden ist. Baldur ist im Reich der Hel, aber der Christus ist hinuntergestiegen in das Reich der Hel, in das Reich der eigenen unterbewußten Menschenwesenheit; da belebt er den Baldur. Und wenn der Mensch sich genügend vertieft in das, was er im Laufe der Erdenentwicklung geworden ist, da findet er wiederum die verjüngende Bildekraft: Was du verloren hast, du findest es wieder, denn hinuntergestiegen in dein eigenes Reich der Finsternis ist der alte Baldur. Gefunden hat ihn da der Christus, wiederbelebt hat er dasjenige, was dir durch Baldur und seine Macht einmal geworden ist. – So konnte der Priester dem verkünden, der die tiefen Geheimnisse der Botschaft vom Mysterium von Golgatha in diesen Volksgebieten empfand.

Wie eine heilige Erinnerung an uralt heilige Zeiten erschien die Osterbotschaft, aber doch eine Erinnerung, die zugleich neues Leben gibt. Mußte man sich doch sagen: Jene Macht des alten Baldur war zu gering, um auszureichen für eine ganze menschliche Entwicklung. Eine höhere Macht mußte eintreten, um dasjenige den Menschen wieder zu geben, was sie verlieren mußten, was nur Baldur hatte. – So klang herein die Kunde von dem Christus in die Erinnerung von dem alten Baldur und seinem Tode, so klang herein die Auferstehung alter Herrlichkeit in der Menschenseele, in die sie durch Baldurs Tod hinuntergegangen ist, die Macht, die jetzt neu auferweckt worden ist.

Man muß schon sich nähern demjenigen, was als Sinn der Erdenentwicklung das Mysterium von Golgatha ist, dadurch, daß man sich fragt: Mit welchen Empfindungen, mit welchen Gefühlen kam die historische Menschheit dem historischen Christus entgegen? Denn nicht darauf kommt es an, daß man einen abstrakten Begriff von dem Wesen des Christus oder des Mysteriums von Golgatha sich erwirbt, sondern darauf kommt es an, daß man für sich selbst die Frage zu beantworten vermag: Was alles kann jener Impuls beleben in den tiefsten Tiefen der menschlichen Seele, jener Impuls, der durch das Mysterium von Golgatha gegangen ist?

Schauen wir es an, dieses Mysterium von Golgatha, wie es noch gefeiert wird von den einzelnen Religionsbekenntnissen der alten Welt. Am Karfreitag wird die Grablegung Christi gefeiert. Die Glocken verstummen, Stummheit breitet sich über die Erde aus. Derjenige, der in den Jahrhunderten gelebt hat, von denen ich spreche, der sagte sich: Stumm, klanglos ist die Welt geworden. Hinuntergestiegen ist der Christus in diejenigen Teile menschlichen Seelendaseins und kosmischen Daseins, in die Baldur hat hinuntersteigen müssen, weil seine Macht nicht ausgereicht hat zur vollständigen Erhebung der menschlichen Seele. Da ist er unten, unten in den geheimnisvollen Tiefen, in denen ich selbst stehe, wenn ich auf die unterbewußten Bildekräfte in meinem Inneren sehe.

Geheimnisvoll kann es das menschliche Herz durchschauern, wenn dieses menschliche Herz bedenkt: Hinweg aus dieser stummen Welt ist der Impuls von Golgatha gegangen. Unten ruht er, wo du auch bist. Warte, warte, und vereinigen wird er sich, dieser Impuls von Golgatha, in den geistigen Welten, denen deine Seele angehören darf, wenn sie den Weg in ihre eigenen Untergründe nur gehen will, mit Baldur. Baldur wird er beleben in diesen Tagen. Und in deinem Inneren, o Mensch, wirst du wiederfinden, was mit Baldurs Hinschwinden aus der Umwelt in deine eigenen Tiefen hinuntergeschwunden und verdämmert ist. Nehme auf, o Mensch, den lebenden Begriff des Christus, der durch das Mysterium von Golgatha gegangen ist, der nicht äußerlich deinem Auge, wohl aber deiner Seele wird wiedererstehen können, wenn sie sich ihres Inneren recht bewußt wird, vom Monde herab, aus der Sonne heraus, als jene elementare Kraft, jene die Seele belebende Bildekraft. Warte, warte, bis er aufersteht, der Wiedererwecker Baldurs! Eine Welt hast du einstmals gehabt; in dieser Welt brauchtest du nur deine Sinne hinauszurichten auf die umgebende Natur, und es floß dir ohne dein Zutun die belebende, beseelende Kraft aus dem Elementarischen dieser äußeren Natur entgegen. Ein Reich des Geistes durchwob alles natürliche Dasein, und du selbst lebtest, wenn du nur die richtigen Augenblicke dazu abwartetest, nicht nur in der geistlosen Natur; du lebtest in dem, was hinter der Natur ist, wovon sie nur der Ausdruck ist, du lebtest in dem Naturdasein. Jetzt findest du nicht mehr das Geistige in der Natur, du mußt es suchen durch vertiefende Belebung deines eigenen Inneren mit der Kraft, die durch das Mysterium von Golgatha gegangen ist. Natur, du warst einmal ausdrucksvoll, oh, so ausdrucksvoll, daß durch deine Formen erschien des Menschen wahre, wahrhaftige Heimat. Sie hat Baldur mit sich genommen, sie ist nicht mehr da, ist in Regionen, die dein äußeres Schauen nicht überblickt. Aber es gibt dieses alte Reich, dessen Formenausdruck einmal die umgebende Natur war, es gibt dieses Reich noch. Du findest es nur nicht, wenn du den Weg der Natur allein gehst; du findest es, wenn du dich verbindest mit dem Impuls, der durch das Mysterium von Golgatha gegangen ist. Nicht bloß sündhaft-schuldig ist die Natur, verlassen ist sie, verlassen ist sie von der Heimat, die man suchen muß, suchen muß, innerlich durchdrungen mit der Kraft des Christus.

Man könnte meinen, daß man noch etwas durchhörte in den christlichen Zeiten von dem, was die Menschen also aufgenommen haben von dem alten Baldur-Tod in ihre Erinnerung, um es zu verbinden mit der Kunde von dem Mysterium von Golgatha. Es kommt einem vor, wie wenn erst nach und nach versunken und verklungen wäre der Ton der Klage, der Ton der Trauer gegenüber der Natur, wie er eben charakterisiert worden ist. Gewiß, es dringt ein in die christliche Auffassung auch jene Stimmung, welche einzig und allein hinblickt zu dem sich opfernden Christus, einzig und allein aufblickt zu der himmlischen Heimat. Und es wird auch in dieser Volkheit Europas nach und nach die Stimmung vernehmlich, welche die Natur gleichsam wie das mindere Kind, nicht wie das verlassene Kind, anschaut. Aber wenn man hinhorcht nicht bloß auf den Sinn der Worte, sondern auf die Art, wie die Worte geprägt werden da, als über gewisse Gegenden Europas sich schon im 8. Jahrhundert, im 9. Jahrhundert sich ausgebreitet hat die Kunde von dem Mysterium von Golgatha, wenn man hinhorcht auf die Art, wie gesprochen wird davon, daß man in der irdischen Welt nicht die wahre Heimat der Menschenseele finden kann, dann kann man noch etwas von der alten tragischen Stimmung gegenüber der Baldur-losen Natur empfinden. Wie gesagt, man muß nur hinhören, – nicht bloß auf die Worte und auf den abstrakten Sinn der Worte, sondern auf die Art, wie durch die Worte durchklingt das, was über die Natur empfunden wird, und was empfunden wird über eine andere Heimat der menschlichen Seele, als die Natur jetzt sein kann.

Daß so etwas erklang auch noch, nachdem das Christentum sich ausgebreitet hat, nachdem die Menschen da waren, die das Christentum auszubreiten suchten in der Form, in der man es eben empfangen hatte aus dem Orient, das kann man wie gesagt aus den verschiedensten Kundgebungen des 8., des 9. Jahrhunderts ersehen, wenn man nur durch sie, durch diese Kundgebungen, hindurch hört, was empfunden wurde. Wir haben aus diesen Zeiten gewissermaßen europäisch gemachte Evangelien, und eines dieser europäisch gemachten Evangelien ist die so genannte «Evangelienharmonie» des Otfried, eines Mönches, der im Elsaß gelebt hat, der noch durch Hrabanus Maurus die Geheimnisse des Christentums gelernt hat, der dann versucht hat, in die Sprache seiner Heimat hineinzutragen dasjenige, was ihm das Evangelium, was ihm die Botschaft von dem Tode und der Auferstehung des Christus geworden war. Geboren ist Otfried in Weißenburg im Elsaß. In eine Sprache, die dazumal im Elsaß gesprochen worden ist, hat er übersetzt das, was ihm in seine Empfindungen hinein von dem Evangelium geworden war.

Hören wir nur ein paar Proben desjenigen, was uns gerade in unserem heutigen Zusammenhang interessieren kann aus dieses elsässischen Mönches Christus-Botschaft aus dem 9. Jahrhundert, und versuchen wir, nicht den abstrakten Sinn der Worte nur zu hören, sondern versuchen wir durchzuhören durch die Worte dasjenige, was gerade als Trauer gegenüber der verlassenen Naturheimat des Menschen empfunden werden könnte. Deshalb will ich das zuerst in der damaligen Sprache mitteilen, und es dann, so gut es geht, in die neuere Sprache bringen.

Otfried III, 19–30:

Tharben wir nu lewes, liebes filu manages
joh thulten hiar nu noti bittero ziti.
Nu birun wir mornente mit seru hiar in lante
in managfalten wunton bi unseren sunton;
Arabeiti manego sint uns hiar jo garawo,
ni wollen heim wison wir wenegon weison.
Wolaga elilenti, harto bistu herti,
thu bist harto filu swar, thaz sagen ih thir in alawar.

Mit arabeitin werbent, thie heiminges tharbent;
Ih haben iz funtan in mir, ni fand ih liebes wiht in thir.
Ni fand in thir ih ander guat suntar rozagaz muat,
seragaz herza joh managfalta smerza.

Versuchen wir, so annähernd das wiederzugeben in der neueren Sprache:

Leiden und darben wir an sehr Vielem, das uns lieb war,
Und dulden hier nun bittere Zeiten,
Nun sind wir trauernd mit unserem Schmerz hier im Land
– er meint im Erdenland –
In mannigfaltigem Bund durch unsere Sünden.
Arbeit – Arbeit heißt in früherer Sprache mehr «Sorge, Mühe» –,
der Besorgungen viele sind uns jetzt bereitet,
Nichts können wir von der Heimat wissen, wir, die für Klagen werbend, verlassene Waisen.
Wehe, du fremdes Land – so spricht er die Erde an! –
O, wie bist du hart!
Du bist wahrlich recht schwer, das sage ich dir allerwärts.
Mit Besorgnissen werbend – also wandelnd – sind die, die der Heimat nun entbehren.
Ich habe es empfunden an mir, nie fand ich Liebes etwas in dir,
Nie fand in dir ich andres Gut, als zum Klagen reifen Sinn,
Sorgenvolles Herz und mannigfaltig und viel Schmerz.

So klingt aus dieses Mönches Seele dasjenige, was empfunden wurde jetzt gegenüber der Natur. Und so empfand man gegenüber der Macht, die durch das Mysterium von Golgatha gegangen ist.

Es ist heute selbst das schon schwierig, recht schwierig, das wieder auferstehen zu lassen, wie die großen Festeszeiten herausgehoben waren aus dem ganzen Horizont des Alltagslebens in den Zeiten, in denen man noch lebendiger empfunden hat, an was man sich zu erinnern habe als an Baldurs Tod, und was man, nachdem man durch die traurige Zeit der Verlassenschaft hindurch gegangen war, nunmehr empfangen hatte durch den, der durch das Mysterium von Golgatha gegangen ist. Man hatte gewissermaßen die ganze Bitternis des Todes erst erkannt, als aus der Erde Gefilden nicht mehr sprießten für das menschliche Anschauen die alten elementarischen Lebekräfte, als die Erde in ihren Formen selbst erschien wie formend nur den Tod, den Tod, mit dem Baldur sich vereint hatte. Und jetzt empfand man, indem man hinstellte Karfreitag, Karsamstag bis zum Auferstehungs-Ostersonntag, indem man hinstellte diesen Tod, den man erst in seiner Bitternis zu empfinden gelernt hatte, jetzt empfand man, daß er die siegende Kraft des Lebens birgt, die durch das Mysterium von Golgatha gegangen ist, und die immer wieder und wieder gehen soll durch des Menschen an diesen Tagen trauerfestlich gestimmte Seele, in der nach des Angelus Silesius Ausspruch selbst gefeiert werden soll der Todesgang des Christus und die Auferstehung dieses Christus.

Unendlich lebendiger war des Christus Todeskraft und Todesopfer in den Zeiten, in denen dieses Todesopfer, diese Todeskraft noch in Verbindung gebracht war mit dem hingestorbenen Baldur. In der Asen Reich, hinunterschauend auf die Erde von Breidablick – so hieß die Burg des Baldur –, hinunterschauend auf die Erde wie das silberne Sonnen-Mondenlicht: so war er einst, Baldur, in seiner Kraft der Erde elementare Wesenschaft belebend. In finstere Tiefen war er gegangen – Karfreitag, Karsamstag, Karsamstagnacht. Hin richtete sich der Blick zu Baldurs neuem Todesreich, aber wissend: Da unten im Todesreich, da ruht der Keim, der sich verbindet mit der Erde Entwicklungsimpulsen, und der ein neues Leben bringen wird, wenn er aufersteht. Das ist der Tod, der empfunden wird in der Pflanzen Keimeskraft, vermodert in den Tiefen der Erde, der die neue Pflanze wieder hervorbringt.

Wie mächtige Gottesworte war die Kunde gekommen zu Menschen, die den Tod hatten begreifen gelernt an dem Schicksal ihres Baldur. Drei Tage lang konnten sie empfinden, wie zur Wirkung gekommen ist dasjenige, was Baldur getötet hat, was Baldur selbst nicht besiegen kann.

Deshalb muß einzigartig die Empfindung sein, die unsere Seele belebt in der Weltenstummheit der drei Tage, von der wir umgeben sind. Einzigartig muß diese Empfindung sein; so etwa muß sie sich ausdrücken, daß um der Menschen Weiterentwicklung willen der Tod immer intensiver und intensiver auch in die Erdenentwicklung eingreifen mußte, daß die einstmals paradieseshelle Natur finster und todesstumm um den Menschen herum werden mußte, daß aber reift im Todesacker des Seins die ewig siegende Lebenskraft.

So schauen wir sie an, diese drei Tage: Da ruht er unten, der Christus, im todesdurchtränkten Abgrundreiche des Seins. Da hinein verfolgen wir ihn, weil wir wissen, daß wir mit einem Teil unseres eigenen Wesens hineinreichen in diesen Abgrund des Weltendaseins, und weil wir wissen: hinauftragen werden wir den Teil von uns, der da hinunterreicht in den Abgrund des Todesweltenseins, nur, wenn wir uns verbinden mit dem, was sonst in uns der Tod allein sein würde, durch die Kraft, die durch das Mysterium von Golgatha gegangen ist.

So steigen wir hinunter in die Tiefen und wissen, daß wir differenzieren müssen die Empfindungen, daß wir nicht gut tun, wenn wir uns nicht unsere differenzierten Empfindungen für gewisse Tage bewußt machen. Wir sollen vielmehr wissen lernen: Jetzt sind die Tage, wo sich die Seele verbinden muß mit dem, was sie lernen kann über den Tod, über den Tod, der es notwendig machte, der es in eherner Notwendigkeit mit sich brachte, daß der Christus zu ihm hinunterstieg. Wir werden morgen hinwenden den Blick zu dem Mysterium von Golgatha von einer anderen Seite. Aber, wie gesagt, viele Wege führen hinauf auf den Gipfel, wo uns allmählich verständlich und immer verständlicher wird der tiefe Sinn des Mysteriums von Golgatha. Er kann uns nur verständlich werden, wenn wir nicht bloß vor uns hinstellen den siegenden Christus, den einseitig siegenden Christus, sondern wenn wir auch hinstellen vor unsere Seele den sich mit dem Tod verbindenden Christus. Und was der Tod bedeutet für das ganze Menschenleben, es könnte uns vielleicht um ein Stückchen klarer werden, wenn wir uns vertieften in die Empfindungen, die man haben kann an dem Baldur-Mythos, an dem, was Baldur, was die durch die elementare Welt wirkende belebende Sonnenkraft ist, nachdem sie durch den Tod hindurchgegangen ist.

Wenn man diese Empfindung von dem Untergang Baldurs in der Seele noch belebt dadurch, daß man sich sagt: Wie müßten wir empfinden in einer zukünftigen Welt, in der wir uns erinnern: Götter waren da, sie haben einmal uns sehen lassen die umliegende Welt im farbigen Sinnenschein; grau in grau ist jetzt alles! – daß das nicht so sein wird – und es würde so, wenn der Christus nicht in die Welt gekommen wäre –, das wird die siegende Kraft des Christus bewirken. Was heute die Menschen noch nicht glauben, sie werden es einmal glauben: daß dasjenige, was heute als Christus-Kraft nur wirken kann in den menschlichen Herzen selbst, wirksam empfunden werden wird als den ganzen Kosmos durchdringend, namentlich den irdischen Teil des Kosmos durchdringend, so weit dieser Kosmos den Menschen verjüngende, belebende Kraft gibt.

Heute wollen wir noch vor unsere Seelen rufen, wie berechtigt es ist gegenüber einer solchen Empfindung, die das menschliche Seelengefühl in Zusammenhang bringt mit dem kosmischen Christus, zu erwägen dasjenige, was das Evangelium verkündet auch von der kosmischen Macht des Christus, wenn es anschaulich machen will, wie der Christus eine universelle, kosmische Macht ist, wie er Wind und Wogen geboten hat. Gerade in diesem Anschauen des durch Wind und Wogen hindurch wirkenden Christus haben noch die Völker des 8. und 9. Jahrhunderts vieles empfunden. Sie sagten: Baldur war es ja, der machte, daß wir einstmals die wunderbar wirkende, wesende elementarische Welt um uns herum sahen. Baldur ist tot. Der Christus aber hat die Macht, durch unsere Seelenkraft wieder zu erwecken – indem wir ihn aufnehmen in unsere Seelenkraft –, der Christus hat die Macht, wiederum aufzuwecken das, was durch Baldurs Tod verloren ist. Wie Baldur erschien durch Wind und Wogen, so erscheint auch der Christus in Wind und Wogen. Es ist keine abstrakte Seelenkraft, es ist eine durch Wind und Wogen wirkende Kraft.

Und so möchte man auch noch etwas durchhören, wenn man genau hinhorcht auf den Evangelientext des «Heliand», einer zweiten

Evangeliendichtung neben der des Otfried aus dem 9. Jahrhundert, wie da besonders empfunden, wenn auch nicht ausgesprochen wurde: Ja, da draußen in der Natur lebte Baldur. – Gewiß, der Dichter des «Heliand» hat ihn längst abgetan, diesen Baldur; er hatte auch nicht das Interesse, mit dem abstrakten Verstand diese Idee wieder unter sein Volk zu bringen, – sie sollte ja gerade ausgerottet werden. Aber in der Art, wie er prägt die Worte, wie er gerade herzlich wird da, wo er anschaulich machen kann, wie durch die Natur, durch Wind und Wogen hindurch wirkt des Christus Kraft, da ist es einem – wenn er selbst es auch nicht in sein Bewußtsein brachte –, wie wenn man es in sein Bewußtsein bringen müsse: Ja, durch Wind und Wogen hat gewirkt die Kraft, die größer ist als Baldurs Kraft, die Kraft, die durch das Mysterium von Golgatha gegangen ist. – Und so etwas empfindet man bei den Worten, mit denen er verkündet die Szene, wo der Christus die Winde und die Wogen des Meeres, nach dem Evangelium, stillet. Das macht auf ihn einen besonderen Eindruck. Da wählt er – besonders als er die Seele in seiner mystischen Art hinwenden will auf das, was sie da empfinden kann gewissermaßen in der Naturtätigkeit, in der Durchgöttlichung der Natur durch Christus –, da wählt er besondere Worte, wo des Christus Größe sich besonders in die Seele prägen kann, Worte, durch die des Christus ganz besondere Weltenmacht zur Seele sprechen kann.

«Da das Volk gesehen hat, wie der Christus den Winden geboten hat, den Meereswogen geboten hat ...» – hier drückt der «Heliand» besonders herzlich aus, was das Volk empfand gegenüber dieser Christus-Kraft, dieser Christus-Wesenheit, dieser Christus-Persönlichkeit, die durch das Mysterium von Golgatha gegangen ist – «... da begann das Volk unter sich, die Menge begann sich zu wundern, und es sprachen einige mit ihren Worten: Was das für ein mächtiger Mann wäre, daß ihm so der Wind wie die Wogen auf seine Worte gehorchen. Beide hören auf seine Botschaft. Da hatte sie des Gottes Kind – nämlich da hatte die Menschen –, des Gottes Kind behütet, herausbehütet aus der Not. Das Schiffchen weiter schwamm, das hornerne Schiff; die Jünger kamen, die Leute kamen zu Lande, sagten: Gott sei gelobt! und verkündeten seine – nämlich Gottes – Überkraft.»

So sagt dieser Dichter des «Heliand» in einer der ersten Verkündigungen, die von der Größe des Christus sprach, der heute in den Tiefen des Todesdaseins symbolisch liegt. Und damals klang das so:

Aus 8, 30–38 des «Heliand»:

Thuo began that folc undar im,
werod, wundraian, endi suma mid iro wordun sprakun,
huilic that so mahtigro manno wari,
that im so thie wind endi thie wag wordu hordin,
bethiu is gibodskepies. Thuo habda sia that barn godes
ginerid fan theru nodi. Thie naco furthor scred,
hoh hurnidscip; helithos quamun,
thia ludi, te lande, sagdun lof gode – sie sprachen: Gott sei
das Lob! – maridun – das heißt: «märchenartig» sein, man
könnte heute sagen: verkündeten – maridun is megincraft –
verkündeten seine Überkraft.

Also: Die Leute, die da kamen zu Lande, verkündeten seine Überkraft!

Thia ludi, te lande, sagdun lof gode, maridun is megincraft!

OSTERN

In Menschenseelen will ich lenken
Das Geistgefühl, dass willig es
Das Osterwort in Herzen wecke;

Mit Menschengeistern will ich denken
Die Seelenwärme, dass kräftig sie
Den Auferstand'nen fühlen können;

Es leuchtet hell dem Todesscheine
Des Geisteswissens Erdenflamme;
Das Selbst wird Welten-Aug und Ohr.

PAULUS, DER KÜNDER DES CHRISTUS-IMPULSES

EINE OSTERBETRACHTUNG

Dornach, Karfreitag, 2. April 1920

Es ist eine seit alten Zeiten des Christentums eingeführte Sitte, zu unterscheiden zwischen dem Weihnachtsfeste und dem Osterfeste dadurch, daß das Weihnachtsfest als ein unbewegliches gestaltet ist, gesetzt ist an den Zeitpunkt ungefähr, der ein paar Tage nach dem 21. Dezember, also der Wintersonnenwende, liegt, und daß das Osterfest gesetzt ist an einen Tag, der bestimmt ist durch eine gewisse Sternkonstellation, aber eine Sternkonstellation, die zu gleicher Zeit verbindet gewissermaßen das Außerirdische mit dem menschlichen Irdischen. Wir werden ja morgen im Zeichen des ersten Frühlingsvollmondes stehen, und es wird auf diesen Frühlingsvollmond fallen die Frühjahrssonne, die nach dem 21. März eben in das Zeichen des Frühlings eingetreten ist. Wenn also die Menschheit der Erde den ersten Sonntag wiederum feiert, jenen Tag, der sie an ihren Zusammenhang mit den Sonnenkräften erinnern soll, den Sonntag, der der erste ist nach dem Frühlingsvollmonde, dann soll für die christliche Lebensanschauung das Osterfest gefeiert werden. Dieses Osterfest ist dadurch ein bewegliches Fest. Es ist gewissermaßen notwendig, in jedem Jahre sich die Konstellation am Himmel anzuschauen, um über den Zeitpunkt dieses Osterfestes sich Auskunft zu verschaffen.

Solche Dinge sind festgelegt worden zu einer Zeit, wo noch aus alten atavistischen hellseherischen Fähigkeiten heraus Weisheitstraditionen vorhanden waren, Traditionen, welche den Menschen noch ein Wissen gaben, das weit hinaus lag über das, was die gegenwärtige Wissenschaft geben kann. In diesen alten Zeiten, als solch ein Wissen noch vorhanden war, da suchte der Mensch seinen Zusammenhang mit dem Außerirdischen durch solche Dinge zum Ausdruck zu bringen. Und in solchen Festlegungen liegt immer der Hinweis auf Allerbedeutsamstes für die Menschheitsentwicklung.

Der starre Zeitpunkt, in den das Weihnachtsfest verlegt wird, deutet an, wie eng dieses Weihnachtsfest verbunden gefühlt werden soll mit dem Irdischen, weil es erinnern soll an die Geburt desjenigen Menschen, in den dann die Christus-Wesenheit einzog. Aber an ein Ereignis, das nicht innerhalb des Ganges der Erdenentwicklung, sondern innerhalb des ganzen Weltenzusammenhanges, in den der Mensch hineingestellt ist, eine Bedeutung hat, daran soll das Osterfest erinnern. Deshalb soll auch der Zeitpunkt dieses Osterfestes nicht bloß ein solcher sein, der sich nach den gebräuchlichen irdischen Verhältnissen richtet, sondern er soll ein solcher sein, der nur festgelegt werden kann, wenn der Mensch seine Gedanken hinauswendet auf das Außerirdische. Und etwas noch Tieferes liegt in dieser Festlegung des beweglichen Zeitpunktes des Osterfestes: es liegt darinnen die Art, wie der Mensch durch den Christus-Impuls von der Erdenentwicklung, von den Kräften dieser bloßen Erdenentwicklung frei werden sollte; daß er frei werden sollte durch eine Erkenntnis des Außerirdischen, das liegt darinnen. Gewissermaßen eine Aufforderung, sich zu erheben zu dem Außerirdischen, das liegt darinnen, und man möchte sagen, ein gewisses Versprechen der Weltgeschichte an den Menschen, daß er frei werden könne von irdischen Verhältnissen durch den Christus-Impuls, das liegt auch darinnen.

Wenn wir das ganz durchschauen wollen, was sich ausdrückt in dieser eben charakterisierten Feststellung des Zeitdatums des Osterfestes, können wir es noch mehr erkennen, wenn wir hinblicken auf erste Geheimnisse der Entstehung des Christentums, erste Geheimnisse, die ja mehr oder weniger sich nach und nach für eine gewisse Erdenzeit verhüllt haben der materialistischen Auffassung der Welt, die in die Menschheitsentwicklung eingezogen ist seit dem Beginn der fünften nachatlantischen Periode, und die zu überwinden es jetzt an der Zeit ist.

Um auf diese Verhältnisse entsprechend hinzuschauen, ist es notwendig zu sehen, wie eingreift in die Entwicklung des Christus-Impulses im weltgeschichtlichen Menschheitswerden die Gestalt des Paulus. Das müssen wir uns ja immer wieder und wieder vor die Seele rücken, wie gerade diese Gestalt des Paulus eingreift in die Entwicklung des Christentums. Wir können sagen: Paulus hatte reichlich Gelegenheit, sich durch den Augenschein, durch die äußere physische Wahrnehmung zu unterrichten von den Ereignissen in Palästina, die sich an die Persönlichkeit des Jesus anknüpfen. Durch alles das, was so in der physischen Welt auf ihn gewirkt hat, hat sich Paulus nicht überzeugen lassen, denn er gehörte noch zu den Bekämpfern des Christentums, nachdem bereits diese Ereignisse von Palästina ihr physisches Ende erreicht hatten. Paulus wurde erst der Christen-Apostel, als er das Ereignis von Damaskus erlebte, als er erlebte die Wesenheit des Christus-Impulses durch Außerirdisches, durch Übersinnliches. Paulus ist gerade derjenige, der sich nicht durch physisch-sinnliche Eindrücke überzeugen ließ von der Bedeutung des Christus-Impulses, sondern der für seine Überzeugung die übersinnliche Erfahrung brauchte. Und diese übersinnliche Erfahrung, sie war eine gründlich in das Leben des Paulus einschneidende. Sie war so einschneidend, daß Paulus ein vollständig anderer Mensch wurde. Man kann schon sagen, sie war so einschneidend, daß Paulus dasjenige geworden ist, was man einen Initiierten, einen Eingeweihten nennen kann.

Paulus war gut vorbereitet, so etwas zu erleben. Er war ein mit den jüdischen Religionsgeheimnissen, mit dem jüdischen Erkennen und der jüdischen Weltanschauung gut bekannter Mann, und er war durch diese seine Kenntnisse wohl vorbereitet, zu beurteilen das Ereignis, das sich ihm als Erlebnis von Damaskus darstellte. Er war gut vorbereitet, sich über dieses Ereignis sagen zu können, was von diesem Ereignis eine richtige Anschauung, eine richtige Idee geben kann. Nur, möchte ich sagen, ein Abglanz von dem, was Paulus eigentlich in seinem Inneren erlebt hat, tritt uns entgegen aus dem, was als die Schriften des Paulus bekannt ist. Da hören wir allerdings, daß er ja von dem Ereignis von Damaskus spricht wie einer, der durch dieses Ereignis Kenntnis erlangt hat von dem, was hinter dem Schleier der Sinneswelt an Weltgeschehen liegt. Da hören wir ihn so sprechen, daß wir erkennen, daß er die ganz anders geartete Welt des Übersinnlichen gegenüber dieser sinnlichen hier wohl zu beurteilen vermag.

Wenn wir schon äußerlich das Leben des Paulus vergleichen mit dem äußerlichen irdischen Christus Jesus-Leben, dann finden wir etwas höchst Merkwürdiges, das sich nur dann aufhellt, wenn man nach geisteswissenschaftlichen Gesichtspunkten die Menschheitsentwicklung sachgemäß ins Auge faßt. In bezug darauf habe ich Sie ja öfter darauf aufmerksam gemacht, wie ganz anders geartet der Mensch in bezug auf seine organisch-seelische Entwicklung in anderen Zeiten war, und wie anders er im Laufe seiner Entwicklung seit der indischen, persischen, ägyptisch-chaldäischen, griechisch-lateinischen Zeitkultur bis in unsere Tage herein geworden ist. Wenn man nämlich zurückschaut in alte Zeiten der Menschheitsentwicklung – das haben wir ja öfter besprochen –, dann finden wir, wie der Mensch organisch entwicklungsfähig blieb bis in ein hohes Alter hinauf, wie der Mensch ähnliche Etappen eines Parallelismus zwischen seiner seelischen und seiner physischen Entwicklung durchmachte bis in ein höheres Alter hinauf, wie er sie jetzt nur durchmacht mit dem Zahnwechsel, mit der Geschlechtsreife, mit dem Beginn der Zwanzigerjahre. Das hat die Menschheit in ihrer Allgemeinerscheinung verloren, solche Entwicklungsübergänge in einem höheren Alter zu erleben. Bis in die Fünfzigerjahre hinauf in ganz alten indischen Zeiten, bis in die Vierzigerjahre hinein später in persischen, ägyptischen Zeiten, bis zum fünfunddreißigsten Jahre hin in der griechisch-lateinischen Zeit haben die Menschen dieser alten Zeit einen Parallelismus zwischen der seelischen Entwicklung und der physischen Entwicklung erlebt.

Wir erleben einen solchen Parallelismus des Allgemeinmenschlichen für das gewöhnliche Bewußtsein ja nur – wie ich öfter ausgeführt habe – bis zum siebenundzwanzigsten Lebensjahr, und auch da ist schon das, was in die letzten Jahre hineinfällt, wenig bemerkbar. In der Zeit, in welcher der Christus-Impuls einzog in die Menschheitsentwicklung, da war es gerade so, daß die Menschen, auch die Menschen der griechisch-lateinischen Volkheit, eben bis in das dreiunddreißigste Lebensjahr hinein noch diesen Parallelismus erlebten. Und der Christus Jesus lebte seine physischen Erdentage gerade so lange, daß er während dieser physischen Erdentage mitmachte jenes Leben, das in der Parallelität verläuft zwischen der physischen Organisation und der geistig-seelischen Organisation. Dann ging er für das irdische Leben durch die Todespforte.

Was dieses Durchgehen durch die Todespforte bedeutet, das ist nur zu erkennen von einem geisteswissenschaftlichen Gesichtspunkte aus, wenn man hineinzuschauen vermag in übersinnliche Welten. Denn das ist kein Ereignis, das sich durch dasjenige begreifen läßt, was in der sinnlichen Welt sich vollzieht.

Paulus war ungefähr so alt wie der Christus Jesus selbst als physischer Mensch. Er hat gerade diejenige Zeit im Antichristlichen zugebracht, die der Christus Jesus zugebracht hat in seinem Erdenwirken. Und er erlebte für die zweite Lebenshälfte dasjenige, was ihm wurde durch übersinnliche Erfahrungen. Er erlebte für die zweite Lebenshälfte durch übersinnliche Erfahrung dasjenige, was der Mensch eben seit jenen Tagen nicht mehr in der zweiten Lebenshälfte durch sinnliche Erfahrung erleben konnte, weil der Mensch nicht bis in jene höheren Erdentage hinein, bis über das fünfunddreißigste Jahr hinaus, noch einen Parallelismus erlebte zwischen der seelisch-geistigen Entwicklung und der physischen Entwicklung. Und das Ereignis von Golgatha stellte sich für den Paulus so dar, daß ihm durch die unmittelbare Erleuchtung ein Verständnis wurde, das einstmals die Menschen durch die Urweisheit in atavistischer Art noch hatten, das sie in der neueren Zeit nur erringen können durch eine neue Geisteswissenschaft. Es wurde ihm darum zuteil, damit er der Anreger zu einem richtigen Verständnis dessen werden konnte, was durch den Christus-Impuls für die Menschheit geschehen ist.

Ungefähr so lange, als der Christus auf der Erde gewandelt hat, wandelte dann Paulus weiter auf Erden, etwa bis zum siebenundsechzigsten oder achtundsechzigsten Jahre, um selber ebenso lange die Lehre von dem Christentum in die Erdenentwicklung einzuführen. Es ist ein merkwürdiger Parallelismus zwischen dem Leben des Christus Jesus und dem Leben des Paulus. Nur daß das Leben des Christus Jesus eben ausgefüllt war von dem inneren Dasein des Christus, daß bei Paulus vorlag ein so starkes initiiertes Nacherleben dieses Ereignisses, daß er in der Lage war, der Menschheit als der Erste die entsprechenden Vorstellungen über das Christentum zu bringen – in einer Zeitlänge, die ungefähr dem Christus Jesus-Leben auf der Erde entspricht. Den Zusammenhang zu betrachten zwischen dem, was für die Erdenentwicklung der Menschheit durch das Christus Jesus-Leben dargelebt worden ist, und dem, was durch Paulus über die Christus-Wesenheit gelehrt worden ist, diesen Zusammenhang in der richtigen Weise anzuschauen, bedeutet eigentlich für den Menschen sehr viel. Nur muß man diesen Zusammenhang so erleben, daß er sich wirklich als Ergebnis des übersinnlichen Einflusses darstellt, der auf Paulus ausgeübt worden ist. Und wenn die neuere Theologie sogar so weit gegangen ist, das Ereignis von Damaskus wie eine Art Halluzination, wie eine Art Illusion zu erklären, so bezeugt das eben nur, daß auch die neuere Theologie in den Materialismus eingemündet ist, daß auch die neuere Theologie nicht mehr kennt das Wesen der übersinnlichen Welt und die Bedeutung eines Verständnisses der übersinnlichen Welt für eine richtige Erfassung des Wesens des Christentums.

Man sollte sich eigentlich heute doch gestehen, ganz ernst und ehrlich gestehen, daß es schwierig ist, in die ganz andersartigen Vorstellungen sich hineinzuleben – anders gegenüber den heutigen –, die sich in den Evangelien und in den Paulusbriefen befinden. Aber man ist gewohnt worden, mit solchen Vorstellungen gar nicht mehr zu rechnen. Im Grunde genommen liegt es dem Menschen, der ganz durchdrungen ist mit den Vorstellungsgewohnheiten der Gegenwart, sehr, sehr ferne, sich bei Paulusworten das Richtige zu denken. Bemüht sich doch selbst eine große Anzahl der heutigen Theologen, das Ereignis von Damaskus so materialistisch als möglich aufzufassen; ja, es bemüht sich eine Anzahl von Theologen, indem sie noch vorgeben, wirkliche Christen zu sein, sogar darum, die wirkliche Auferstehung des Christus Jesus abzuleugnen! Damit bezeugen diese Persönlichkeiten nur, daß sie eben nicht geneigt sind, irgendeine Erkenntnis des Übersinnlichen auf das Wesen des Christentums, auf die Erscheinung des Christus Jesus innerhalb der Erdenentwicklung anzuwenden. Es ist wie eine Aufforderung an den Menschen, zur übersinnlichen Erkenntnis seine Zuflucht zu nehmen, daß die Gestalt des Paulus gewissermaßen an der Spitze der christlichen Tradition steht, daß also die Gestalt eines durch übersinnliche Erlebnisse zum Verständnisse des Christentums Gekommenen dasteht. Es ist gewissermaßen das die Aussage darüber, daß das Christentum zu verstehen unmöglich ist, wenn man nicht zu Erkenntnissen seine Zuflucht nimmt, die aus den Quellen des Übersinnlichen geschöpft sind. Notwendig ist es, die Gestalt des Paulus als die eines in die übersinnlichen Weltenzusammenhänge Eingeweihten aufzufassen. Notwendig ist es, das, was er sich bemüht hat der Menschheit beizubringen, in diesem Lichte zu sehen.

Versuchen wir, in unserer heutigen Sprache uns einiges von dem vor die Seele zu führen, was, wie es scheint, gerade dem Initiaten Paulus von ganz besonderer Wichtigkeit war. Paulus war von ganz besonderer Wichtigkeit der Hinweis auf eine ganz neue Art in bezug auf die Stellung des Menschen zur Weltentwicklung, die durch den Impuls des Christus Jesus gekommen ist. Ihm war wichtig, zu sagen: Die Weltentwicklung, in die einbefaßt waren die alten heidnischen Erlebnisse, ist für den Menschen abgelaufen. Neue Erlebnisse des Seelenlebens des Menschen sind da; sie müssen nur angeschaut werden von den Menschen. – Damit hat Paulus schon hingedeutet auf jenen tiefsten Einschnitt in der menschlichen Erdenentwicklung, auf den man eigentlich, wenn man die wahre Geschichte verstehen will, immer wieder und wieder hindeuten sollte. Wenn wir in die vorchristliche Entwicklung zurückschauen, und zwar in diejenigen Zeiten, welche noch in einer besonderen Weise charakteristisch waren, weil sie die hervorragendsten Eigenschaften des Vorchristlichen noch radikal gehabt haben, so können wir sagen: da war das ganze menschliche Anschauen anders. Gewiß, nicht in einem Momente trat ein völliger Umschwung ein; aber dennoch ist das Ereignis von Golgatha dasjenige, welches bezeugt, wie in der Entwicklung der Menschheit eine Phase sich trennt von der anderen Phase. Das Ereignis von Golgatha ist hingestellt an das Ende jener Entwicklung, in der die Menschen, indem sie die Sinneswelt anschauten, auch eine Anschauung des Geistigen hatten. So wenig das dem heutigen

Menschen liegt, so wenig das dem heutigen Menschen plausibel erscheint, es ist so, daß in der vorchristlichen Zeit die Menschen in der Regel mit dem Sinnlichen zugleich ein Geistiges sahen. Sie sahen nicht bloß Bäume, nicht bloß Pflanzen, sie sahen mit den Bäumen ein Geistiges, mit den Pflanzen ein Geistiges. Aber die Kultur für diese Anschauung war abgelaufen, als das Ereignis von Golgatha herannahte. Ein neues Element sollte in die Menschheitsentwicklung eingreifen. Wenn der Mensch in seiner Umgebung das Geistige in den physisch-sinnlichen Dingen schaut, so kann sein Bewußtsein nicht ein solches werden, daß in ihm der Freiheitsimpuls entsteht. Mit der Entstehung dieses Freiheitsimpulses muß verbunden sein gewissermaßen ein Verlassensein des Menschen vom Göttlich-Geistigen, wenn er bloß in die äußere Welt hinaussieht. Es muß verbunden sein mit diesem Freiheitsimpuls die Notwendigkeit, aus der tiefsten Kraft der Seele heraufzuholen die Anschauung des Geistigen.

Das ist etwas von dem, was gerade Paulus der Menschheit offenbaren wollte: daß in den Zeiten, in denen die Menschen nur waren das Geschlecht Adams, daß in diesen alten Zeiten die Menschen nicht nötig hatten, aus ihrem Inneren ein aktives Erlebnis hervorzuholen, um das Göttlich-Geistige zu sehen, weil ihnen mit alledem, was in der Luft und auf der Erde lebte, dieses Göttlich-Geistige als Dämonisches entgegentrat. Aber überwunden sollte für die Menschheit sein – oder wenigstens nach und nach es werden – dieses Zusammenleben durch den Sinnenschein mit dem Göttlich-Geistigen. Und es sollte die zeit heranrücken, wo der Mensch nötig hat, durch aktives, innerliches Sich-Erkraften erst zu dem Göttlich-Geistigen sich zu erheben. Verstehen lernen sollte die Menschheit das Wort: «Mein Reich ist nicht von dieser Welt.» Nicht haften bleiben sollte die Menschheit an einem Göttlich-Geistigen, das aus dem Sinnenschein hervorgehen will. Finden sollte die Menschheit den Weg zu einem göttlich-geistigen Reiche, das innerlich erkämpft, durch Entwicklung des Inneren erreicht werden soll.

Man versteht ja heute Paulus so trivial, weil man immer wieder und wiederum den Hang entwickelt, das, was er gesagt hat, sich in seine eigene Sprache, in die Sprache der materialistischen Gegenwart zu übersetzen. Man versteht ihn so trivial, daß man den einen Schwärmer nennen wird, der das Folgende, das aber durchaus wahr ist, über den Inhalt der Sprache des Paulus zu sagen hat. Paulus empfand es als eine große Weltenkrisis, daß gewissermaßen in der Dämmerung verschwand das alte sinnlich-geistige Anschauen, und daß aufkommen sollte, wie in einem neuen Lichtreiche, das durch innere Initiative zu erringende Anschauen des Geistigen, das nicht zu gleicher Zeit da ist mit dem sinnlichen Anschauen. Paulus wußte aus seinem übersinnlichen Initiatenerlebnis, daß der Christus Jesus mit der Erdenentwicklung der Menschheit fortan seit der Auferstehung verbunden ist. Aber er wußte auch, daß, obzwar der Christus Jesus auf der Erde wandelt, er nur zu finden ist durch das Aufraffen der inneren Sehekraft, nicht durch das bloße sinnliche Anschauen. Derjenige, der ihn erreichen will durch das bloße sinnliche Anschauen, der muß sich über ihn täuschen, der muß irgendeinen Dämon für den Christus halten.

Das war dasjenige, was Paulus ganz gewiß den dazu Fähigen aus seiner Gemeinde immer wieder beibrachte, daß man nicht mit dem alten Dämonenschauen sich nähern solle dem Christus, daß man da ganz bestimmt ein falsches Wesen für den Christus halten werde. Daher war Paulus bemüht, die Menschen abzubringen von dem Hinblicken auf die Dämonen der Luft und der Erde, die ihnen ganz geläufig sein mußten in älteren Zeiten, weil für deren Anschauen noch atavistische, nunmehr unberechtigte Fähigkeiten zurückgeblieben waren. Dagegen ward Paulus nicht müde, immer wieder und wieder die Menschen zu ermahnen, diejenige Kraft des Inneren zu entwickeln, durch deren Entfaltung ein Verständnis dafür gewonnen werden konnte, daß in die Erdenentwicklung ein ganz neuer Impuls, eine ganz neue Wesenheit hereingezogen sei: Der Christus wird euch wiederkommen, wenn ihr nur den Weg heraus findet aus der bloßen sinnlich-physischen Anschauung der Erde. Der Christus wird euch wiederkommen, denn er ist da. Nur für euch muß er wiederkommen. Da ist er durch das Ereignis von Golgatha; ihr müßt ihn nur finden!

Das ist, was Paulus in seiner Sprache kündete, in einer Sprache, die dazumal ganz anders geistig klang als das, was im Nachklange die Menschen heute übersetzen in dasjenige, was bei ihnen heute beliebt ist, was ganz anders damals klang, als es heute klingt aus den Schriften des Paulus. Das ist, was Paulus immer wieder und wiederum als Überzeugung in den Menschen erwecken wollte. Erwecken wollte er die Überzeugung: Man braucht eine andere Art des Anschauens als diejenige, die genügend ist für die sinnliche Welt, wenn man den Christus verstehen will.

Demgegenüber ist die heutige Menschheit so weit gekommen, zwar noch zu reden von dem Gegensatz einer äußeren sinnenfälligen Wissenschaft und dem Glauben. Der äußeren sinnenfälligen Wissenschaft gestattet die neuere Theologie, kompliziert zu sein, sachlich zu sein, angewiesen darauf zu sein, etwas zu lernen; dem Glauben gestattet sie das nicht. Der soll – wie immer wieder und wieder betont wird – an das Kindlichste im Menschen appellieren, an das, wozu man gar nichts zu lernen braucht.

Damit hat eben jene Anschauung ihren Charakter bekommen, die selbst das Ereignis von Damaskus noch ableugnet als ein solches, das einer Wirklichkeit entspricht, und die das Ereignis von Damaskus nur nehmen will wie etwas, was eine Art Halluzination des Paulus war. Wenn aber das Ereignis von Damaskus eine bloße Halluzination war – oder ich kann auch sagen, wenn das Ereignis von Damaskus das war, was bei einer großen Anzahl der modernen Theologen das Ereignis von Damaskus sein soll –, dann müßte man auch den Mut haben, zu sagen: So schnell wie möglich weg mit dem Christentum –, denn dann ist der größte Unsinn mit dem Christentum in die Menschheit hereingezogen.

Das ist, was eigentlich gegenüber den neueren theologischen Lehren nötig wäre, wenn die Menschen diese neueren theologischen Lehren noch erstens ernst und zweitens mutig genug nehmen würden. Aber sie nehmen sie weder ernst noch mutig. Sie weichen zurück vor der bloßen äußeren sinnlichen Wissenschaft, leugnen den inneren realen Impuls des Ereignisses von Damaskus, halten aber dennoch an dem Christentum fest. Gerade in solchen Dingen drücken sich die inneren, die seelisch-geistigen Schäden unserer Zeit am allerdeutlichsten aus, denn in solchen Dingen zeigt sich die tiefe innere Unwahrheit unserer Zeit. Die Wahrheit müßte sich gestehen: Entweder war das Ereignis von Damaskus eine Realität, etwas, was sich auf eine Realität bezieht, dann hat das Christentum Sinn, – oder das Ereignis von Damaskus war dasjenige, was die moderne Theologie sagt, die sich der neueren Wissenschaft fügen will, dann hat das Christentum keinen Sinn. Das ist so wichtig, daß sich die Menschen solche Dinge vor die Seele rückten in dieser unserer Zeit, die eigentlich eine Zeit schwerer Prüfung ist. Denn indem die Menschen innerlich vor sich selber unwahrhaftig geworden sind in bezug auf ihre heiligsten Angelegenheiten, indem sie unwahrhaftig geworden sind in dem Sinne, daß sie das nicht mehr Christentum nennen dürften, was sie so nennen, hat die Neigung, die oftmals unbewußte, aber darum nicht minder verderbliche Neigung zur Unwahrheit die Menschheit eben ergriffen. Und deshalb ist diese Neigung zur Unwahrheit da. Deshalb ist diese Neigung zur Unwahrheit so innerlich verknüpft mit den Ereignissen, die nunmehr zur völligen Dekadenz des europäischen Kulturlebens führen müssen, wenn nicht für dieses europäische Kulturleben noch zur rechten Zeit die Besinnung auftritt, zu einer geistigen Erkenntnis sich hinzuwenden.

Sich hinzuwenden zu einer geistigen Erkenntnis, dazu genügt nun wahrhaftig nicht, in dieser Zeit der schweren Prüfungen im Kleinen stehenzubleiben, sondern dazu genügt nur, wirklich die Dinge in ihren Tiefen zu nehmen und an die Notwendigkeit großer Umwandelungen gerade in unserer Zeit zu denken. Immer wieder und wiederum muß betont werden: Was ist denn im Grunde genommen heute ein solches Fest wie das Osterfest für einen großen Teil der Menschheit? Wenn dieses Osterfest für einen großen Teil der Menschheit heranrückt, dann besteht für die Gedanken, die man sich bei diesem Osterfeste im Kreise derjenigen macht, mit denen man es noch zusammen feiern will, dieses, daß man alte Denkgewohnheiten festhält, daß man auch ziemlich in den alten Worten redet, mehr oder weniger automatisch fortredet, daß man dieselben Formeln hersagt, die man herzusagen gewöhnt war durch lange Zeiten. Aber haben wir heute ein Recht, diese alten Formeln herzusagen, da wir in unserem Umkreis überall den Unwillen bemerken, teilzunehmen an der großen, notwendigen Umgestaltung der Zeit? Können wir uns denn mit Recht auf das Paulinische Wort berufen: «Nicht ich, sondern der Christus in mir», wenn wir so wenig geneigt sind, hinzuschauen auf das, was die Menschheit in großes Unglück gebracht hat im Laufe der neuesten Zeit? Muß es nicht zusammenhängen gerade mit dem Osterfeste, sich klar zu werden über das, was die Menschheit getroffen hat, und über das, was einzig und allein aus der Katastrophe herausführen kann: die übersinnliche Erkenntnis? Wenn das Osterfest, das ja in seiner Bedeutung ruht auf der übersinnlichen Erkenntnis – denn nimmermehr kann dasjenige, was das Osterfest bedeutet, die Auferstehung des Christus Jesus, bloß eine sinnliche Erkenntnis bedeuten –, müßte nicht, wenn dieses Osterfest ernst genommen würde, die Menschheit darauf bedacht sein, daß Übersinnliches wiederum in die Erkenntnisse des Menschen einziehen muß? Sollte nicht heute der Gedanke auftauchen: Die Verlogenheit der neueren Kultur, sie ist davon gekommen, daß wir selbst über solche Dinge nicht mehr ernst sein konnten, wie dasjenige, was wir als unsere heiligen Feste anerkennen?

Wir feiern das Osterfest, das Auferstehungsfest, und haben längst aus der materialistischen Gesinnung heraus aufgehört, im Ernste die Auferstehung begreifen zu wollen. Wir machen volle Feindschaft mit der Wahrheit, und wir suchen uns alle möglichen Auswege, um statt der Wahrheit den Weltenspaß hereinzubekommen; den Weltenspaß – denn ein solcher wäre es zu nennen, oder ist es zu nennen, wenn die Menschen das Fest der Auferstehung feiern und der neueren Wissenschaft glauben, die selbstverständlich an eine solche Auferstehung niemals appellieren kann. Materialismus und Osterfest-Feiern, das sind zwei Dinge, die unmöglich zueinander gehören, die unmöglich nebeneinander bestehen sollten. Auch der Materialismus der neueren Theologen verträgt sich nicht mit dem Osterfest heute. Wir leben in der Zeit, in der von einem der angesehensten Theologen Mitteleuropas ein «Wesen des Christentums» geschrieben worden ist, und in der es möglich geworden ist, dieses «Wesen des Christentums» als etwas besonders Hervorragendes zu preisen. Und in diesem «Wesen des Christentums» finden wir durchaus das Bestreben, die wirkliche Auferstehung des Christus Jesus nicht ernst zu nehmen; das gehört zu den Signaturen unserer Zeit. Das aber ist etwas, von dem eine tiefe Empfindung einziehen sollte in die Herzen, in die Gemüter der gegenwärtigen Menschheit. Aber wir kommen aus der Misere nicht heraus, wenn nicht über die Feindschaft, welche die neuere Menschheit gegenüber der Wahrheit einhält, ein richtiges Gefühl entsteht, wenn nicht die Dinge, die schon einmal im Leben eine so große Bedeutung haben, auch wirklich durchschaut werden.

Es ist notwendig, daß diejenige Tendenz, welche in der fünften nachatlantischen Zeit heraufgekommen ist, die Tendenz nach einer begreifbaren, dem menschlichen Urteilsvermögen angemessenen wissenschaftlichen Erkenntnis, auch einziehe in die Erkenntnis der übersinnlichen Welt. Denn zu den Ereignissen, die durchaus in der übersinnlichen Welt liegen, gehört das Ereignis von Golgatha. Zu den Ereignissen, die nur verstanden werden können durch übersinnliche Vorstellungen, gehört das Ereignis von Damaskus, wie es Paulus erlebt hat. Von dem Verständnis dieser Ereignisse hängt es ab, ob man in Wahrheit von dem Christus- Impuls etwas fühlen kann, oder ob man von dem Christus-Impuls nichts fühlen kann. Geradezu eine Probe sollte sich der Mensch der Gegenwart auferlegen, indem er sich frägt: Wie stehe ich in derjenigen Zeit, die man auf das «Osterfest» getauft hat, wie stehe ich zu dem, was übersinnliche Erkenntnisse sind? – Denn das Osterfest soll schon seiner Zeitfestsetzung nach erinnern an das Aufblicken des Menschen vom Irdischen zu dem Außerirdischen. In bezug auf den Ausblick in das Außerirdische hat ja der Mensch der Gegenwart nichts anderes sich reserviert als höchstens die Mathematik, die Mechanik, oder in der neueren Zeit noch die Spektralanalyse. Das sind die Grundlagen, durch die er sich Erkenntnisse über das Außerirdische verschaffen will. Er hat keine Empfindung mehr dafür, daß er verbunden ist mit diesem Außerirdischen, und daß aus diesem Außerirdischen der Christus hergekommen ist und eingezogen ist in die Persönlichkeit des Jesus.

Nehmen Sie die hier einschlägigen Gedanken nur geradezu ernst. Ich habe Sie öfter aufmerksam gemacht, wie feingeistige Naturen, wie Herman Grimm, die zwar heute variierte, aber doch im wesentlichen noch immer herrschend gebliebene Kant-Laplacesche Theorie nennen. Aus einem Urnebel hervorgegangen dieses Sonnensystem; im Laufe der Umwandelungen des Urnebels und seiner Verdichtungen Pflanzen, Tiere und auch der Mensch entstanden! Und weitergehend: die Erde einmal, nachdem alles auf ihr das Grab gefunden hat und nichts mehr tönt in das Weltenall heraus von dem, was die Leute sich phantasiert haben an Idealen, an Kulturgebilden, die Erde hineinfallend wie eine Schlacke in die Sonne, dann auch in einer noch späteren Zeit die Sonne versprühend im All, nicht nur begrabend, sondern vernichtend all das, was von den Menschen getan wird – es ist eine Anschauung von der Weltenordnung, wie sie nicht anders hat entstehen können in einer Zeit, in der man bloß mit den mathematischen, mechanischen Erkenntnissen das Außerirdische begreifen will. Aus einer Welt, in die man nur hinein rechnet, oder in der man die Eigenschaften der Sonne mit dem Spektroskop untersucht, in einer solchen Welt ist allerdings der Ort nicht zu suchen, aus dem der Christus heruntergekommen sein sollte, um sich mit dem Erdenleben zu verbinden! Ein gewisser Teil der Menschheit zieht es ja heute vor, weil er nicht zurecht kommt mit seinen Gedanken, lieber sich gar nicht damit zu beschäftigen, sondern fortzureden mit denjenigen Worten, die man gelernt hat aus den Evangelien, aus den Paulusbriefen, nachzuplappern, was man da gelernt hat, nicht nachzudenken, ob sich das verträgt mit dem, was man sonst als Anschauung gewinnt über die Entwicklung der Erde und der Menschheit. Aber eben darin besteht die tiefe innere Unwahrheit unserer Zeit, daß man sich herumdrückt um das wirklich nebeneinander zu Denkende, notwendig nebeneinander zu Denkende. Einen Nebel will man sich vormachen, damit man das Zusammengehörige nicht zusammen zu denken braucht. Einen Nebel macht man sich deshalb schon auch vor, wenn man Feste feiert, wenn man vom Osterfeste spricht, vom Feste der Auferstehung, und eigentlich weit davon entfernt ist, sich einen Begriff von dieser

Auferstehung zu machen, der ja heute nur mit geistig-übersinnlicher Erkenntnis gemacht werden kann.

Es ist schon einzig und allein möglich für den Menschen der Gegenwart, noch eine Empfindung mit dem Osterfest zu verbinden, wenn er daran denkt, wie auch in unserer Zeit in der Tat eine Weltenkatastrophe gekommen ist, womit ich nicht nur die Weltenkatastrophe meine, die sich ereignet hat in den letzten Kriegsjahren, sondern worunter ich verstehe jene Weltenkatastrophe, die darin besteht, daß die Menschen verloren haben Vorstellungen über den Zusammenhang des Irdischen mit dem Außerirdischen. Es ist schon notwendig, daß die Menschen der Gegenwart sich eine Klarheit darüber, ein Bewußtsein davon verschaffen, daß auferstehen muß aus diesem Grabe des materialistischen Anschauens die übersinnliche Erkenntnis. Denn mit der übersinnlichen Erkenntnis wird die Erkenntnis des Christus Jesus aus diesem Grabe auferstehen. Im Grunde genommen hat man heute kein anderes Symbolum, das treffend ist für das Osterfest, als dieses: Des Menschen ganzes Seelenschicksal ist gekreuzigt in der materialistischen Weltanschauung. Aber der Mensch selber, die Menschheit muß etwas tun, damit aus dem Grabe des Materialismus auferstehe dasjenige, was aus der übersinnlichen Erkenntnis kommen kann.

Dieses Streben nach der übersinnlichen Erkenntnis ist selbst etwas Österliches; es ist etwas, was, wenn es empfunden wird, den Menschen wiederum ein Recht gibt, so etwas zu feiern, wie es das Osterfest ist. Wenn Sie hinschauen auf den Vollmond und ahnen, wie dieser Vollmond in seinen Erscheinungen mit dem Menschen zusammenhängt wie der Widerglanz des Sonnenhaften mit dem Mondhaften selber, so denken Sie daran, daß gesucht werden soll von dieser neueren Menschheit eine Menschheitserkenntnis, eine Menschheitsselbsterkenntnis, durch die der Mensch als ein wirklicher Abglanz des Übersinnlichen erscheint. Erkennt sich der Mensch als ein Abglanz des Übersinnlichen, erkennt sich der Mensch in dem, was er ist, als konstituiert aus dem Übersinnlichen heraus, dann findet er auch den Weg zu dem Übersinnlichen. Es ist im Grunde genommen menschlicher Hochmut, der in der materialistischen Weltanschauung zum Ausdrucke kommt, der sich nur in einer ganz merkwürdigen Weise äußert; menschlicher Hochmut, durch den der Mensch nicht sein will ein Abglanz des Göttlich-Geistigen, sondern durch den er sein will bloß das höchste der tierischen Wesen. Da ist er das Höchste. Es handelt sich nur darum, unter was er das Höchste ist! Dieser Hochmut, der führt den Menschen dazu, nun überhaupt nichts mehr anzuerkennen als sich selbst. Es wäre schon, wenn wenigstens die naturwissenschaftliche Weltanschauung bei der Wahrheit bleiben würde, ihre Aufgabe, dem Menschen immer wieder und wiederum einzuprägen: Du bist das höchste derjenigen Wesen, von denen du dir eine Vorstellung machen kannst. – Die Konsequenzen derjenigen Anschauung, die heute richtig «wissenschaftlich» sein will, die sind eigentlich so, daß sie den Menschen erblassen machen müßten; daß sie ihm zeigen würden, aus welchen moralischen Unterlagen sie eigentlich hervorgehen, wenn auch diese moralischen Unterlagen zum großen Teile unbewußt bleiben. Aber wahrhaftig, es ist in unserer Zeit schon die Epoche da, in der in einer besonderen Art der Christus Jesus gekreuzigt, zu Tode gebracht worden ist gerade auf dem Felde der Erkenntnis. Und ehe nicht die Menschen dazu kommen, die gegenwärtige, rein am Sinnlichen klebende Art von Erkenntnis als das Erkenntnisgrab anzusehen, aus dem eine Auferstehung kommen muß, eher wird die Menschheit nicht dazu kommen, sich zu solchen Gefühlen und Empfindungen zu erheben, die österliche sein werden.

Daher sollten wir heute vor allen Dingen uns vor die Seele führen den Gedanken: Überlieferungen von einem Osterfeste, das am ersten Sonntag nach dem Frühjahrsvollmond stattfinden soll, sind da. Ein Recht, ein solches Osterfest zu feiern, haben wir heute, wenn wir Menschen der Gegenwartskultur sind, nicht. Wie gewinnen wir wiederum ein Recht? Man verbinde den Gedanken an den im Grabe liegenden Christus Jesus, an den Christus Jesus, der zur österlichen Zeit überwindet den Grabstein, der auf sein Grab gewälzt ist, – man verbinde diesen Gedanken mit dem anderen, daß die menschliche Seele fühlen soll den Grabstein der bloßen äußeren mechanistischen Erkenntnis auf sich, und daß sie streben muß, zu überwinden den

Druck dieser Erkenntnis, auf daß ihr werde die Möglichkeit, nicht bloß als ein wahres Glaubensbekenntnis dieses zu haben: Nicht ich, sondern das voll entwickelte Tier in mir –, auf daß sie wieder ein Recht habe, zu sagen: «Nicht ich, sondern der Christus in mir.»

Es wird erzählt, daß – in England soll es wohl gewesen sein – ein naturwissenschaftlich gebildeter Gelehrter gesagt hat, ihm sei es lieber, vorzustellen, daß er sich als Mensch nach und nach vom Affenhaften heraufgearbeitet habe durch eigene Kraft zu seiner jetzigen Höhe, als daß er als Mensch sollte so heruntergekommen sein von einer einstmals «göttlichen» Höhe, wie heruntergekommen schien sein Gegner, der eben nicht an die bloß naturwissenschaftlichen Vorstellungen glauben konnte. Nun, gerade solche Dinge weisen eben darauf hin, wie sehr es notwendig ist, den Weg zu finden von dem Bekenntnis: Nicht ich, sondern das vollentwickelte Tier in mir zu dem anderen: «Nicht ich, sondern der Christus in mir.»

Dieses Pauluswort zu verstehen, das sollte gesucht werden. Dann erst wird es wiederum möglich sein, daß eine wahrhaftige Osterbotschaft aus den Tiefen unserer Seelen herauf in unser Bewußtsein einzieht.

DER OSTERGEDANKE EIN AUFERSTEHUNGSGEDANKE

Dornach, Ostersonntag, 27. März 1921

GA 203

Es ist ein bedeutsamer Gegensatz vorhanden zwischen dem Weihnachtsgedanken und dem Ostergedanken, und wer die beiden Gedanken, von denen in unserem Zusammenhange oftmals gesprochen worden ist, einander gegenüberzustellen vermag, sie in entsprechender Weise zu verbinden imstande ist und daraus dann innerlich lebendig machen kann ihr Zusammenwirken – das Zusammenwirken des Weihnachtsgedankens und des Ostergedankens –, der wird hingewiesen auf innerliches Erleben, das in gewissem Sinne die Menschheitsrätsel in umfassender Weise umschreibt.

Der Weihnachtsgedanke weist uns ja hin auf die Geburt. Wir wissen, wie durch die Geburt das Ewige des Menschen hereinzieht in die Welt, aus der des Menschen sinnlich-sichtbare leibliche Wesenheit genommen ist. Und wenn wir uns mit dieser Anschauung dem Weihnachtsgedanken nähern, dann erscheint er uns als der Gedanke, der uns verbindet mit dem Übersinnlichen. Dann erscheint er neben allem übrigen, was er uns nahe bringt, so, daß er gewissermaßen auf den einen Pol unseres Daseins hinweist, wo wir als sinnlich-physische Wesen zusammenhängen mit dem Geistig-Übersinnlichen. Deshalb wird, voll umfaßt, die Geburt des Menschen niemals begreiflich erscheinen können aus einer Wissenschaft, welche ihre Voraussetzungen nur aus der Beobachtung des sinnlich-physischen Daseins nimmt.

Am anderen Pol des menschlichen Erlebens liegt der Gedanke, der dem Osterfeste zugrunde liegt und der ja immer mehr und mehr im Lauf der abendländischen Entwicklung zu einem Gedanken geworden ist, der das materialistische Vorstellen des Abendlandes vorbereitet hat. Der Ostergedanke kann, zunächst in einer mehr abstrakten Weise, erfaßt werden, wenn man sich klar darüber ist, wie das Ewige, das Unsterbliche des Menschen, das also auch nicht geboren werden kann, wie das Geistig-Übersinnliche heruntersteigt aus geistigen Welten und sich umkleidet mit dem menschlichen physischen Leibe. Vom Beginne dieses physischen Daseins an – das habe ich von den verschiedensten Gesichtspunkten her vor Ihnen hier ausgeführt – ist dieses Wirken des Geistes im physischen Leibe eigentlich ein Hinführen des physischen Leibes zum Sterben, und mit dem Gedanken der Geburt ist zu gleicher Zeit der Gedanke des Sterbens gegeben.

Ich habe darauf hingewiesen, wie ja die Hauptesorganisation des Menschen nur dadurch zu verstehen ist, daß man weiß: Im Grunde genommen ist im Haupte ein fortwährendes Sterben vorhanden, das nur bekämpft wird von den Lebekräften des übrigen menschlichen Organismus. Und in dem Augenblicke, wo die Sterbekräfte, die immer im Menschen im Haupte vorhanden sind und des Menschen Denkernatur bedingen, wo diese Sterbekräfte die Oberhand bekommen über das menschliche vergängliche Wesen, in diesem Augenblicke tritt der wirkliche Tod ein.

So ist in Wahrheit der Todesgedanke nur, ich möchte sagen, die andere Seite des Geburtsgedankens, und es kann daher im Ostergedanken nicht der Todesgedanke zum Ausdrucke kommen. In der Zeit, als das Christentum noch aus einer morgenländischen Anschauung heraus seine erste Gestalt gefunden hat, sehen wir, wie das Paulinische Christentum vor allen Dingen die Menschen nicht auf den Tod des Christus Jesus hinweist, sondern auf die Auferstehung, wie dieses Christentum darauf hinweist mit so starken Worten, wie sie Paulus spricht: «Ist der Christus nicht auferstanden, so ist euer Glaube tot.»

Die Auferstehung, der Triumph über den Tod, die Überwindung des Todes, das ist es, was vor allen Dingen als der Ostergedanke vorhanden gewesen ist in der ersten, noch durch die Weisheit des Morgenlandes bedingten Form des Christentums. Oder aber wir können auch sehen, wie auf der anderen Seite uns Bilder auftreten, wo der Christus Jesus dargestellt wird als der gute Hirte, der da wacht gewissermaßen über die ewigen Angelegenheiten des in seinem zeitlichen Dasein schlafenden Menschen. Wir sehen überall, daß im Grunde genommen die erste Christenheit hingewiesen wird auf die Worte des Evangeliums: «Der, den ihr suchet, der ist nicht mehr hier.» Ihr müßt ihn suchen – so können wir ergänzend hinzufügen – in geistigen Welten; ihr dürft ihn nicht suchen in der physisch-sinnlichen Welt. Suchet ihr ihn in der physisch-sinnlichen Welt, so kann euch nur gesagt werden: Der, den ihr als Physisch-Sinnlichen suchet, der ist nicht mehr hier in der physisch-sinnlichen Welt.

Die große, umfassende Weisheit, welche sich in den ersten Jahrhunderten des Christentums noch angeschickt hat, das Mysterium von Golgatha mit allem, was dazu gehört, zu durchdringen, sie tauchte zunächst unter in den Materialismus des Abendlandes. Dieser Materialismus war in den ersten Jahrhunderten noch nicht zum vollen Durchbruch gekommen. Er bereitete sich langsam vor. Man möchte sagen, die ersten, noch ganz schwachen materialistischen Impulse der ersten Jahrhunderte, die kaum bemerkbar waren, wandelten sich erst viel später um in das, was immer mehr und mehr Materialismus wurde und immer mehr die Zivilisation des Abendlandes durchdrang. Verbunden hat sich ja der morgenländische Religionsgedanke mit dem im Abendlande heraufziehenden Staatsgedanken. Im 4. Jahrhundert wurde das Christentum Staatsreligion, das heißt, es drang in das Christentum etwas ein, was nicht mehr Religion sein kann.

Julian Apostata, der kein Christ, aber ein religiöser Mensch war, konnte vor allen Dingen nicht Ja sagen zu dem, was aus dem Christentum durch den Konstantinismus geworden war. Und so sehen wir, wie erst ganz schwach, aber eben doch schon etwas bemerkbar in der Vermischung des Christentums mit dem untergehenden Römertum, wie da der Materialismus des Abendlandes seine ersten Strahlen wirft. Unter diesem Einflusse entstand auch jenes Bild des Christus Jesus, das im Anfange gar nicht vorhanden war, das durchaus nicht im Ursprunge des Christentums liegt: das Bild des Christus Jesus als des Gekreuzigten, Leidenden, als des Schmerzensmannes, als desjenigen, der in Schmerzen vergeht unter dem Eindrucke des unsäglichen Leides, das ihm zugefügt worden ist.

Kruzifix und Materialismus

Damit war ein Bruch gekommen in die ganze Anschauung der christlichen Welt; denn dieses Bild, welches fortan durch die Jahrhunderte gegangen ist – der am Kreuz hängende, schmerzdurchtränkte Christus –, das ist der Christus, welcher nicht mehr in seiner geistigen Wesenheit aufgefaßt werden kann, sondern allein in seiner leiblich-körperhaften Wesenheit. Und je mehr die Schmerzensmerkmale dem menschlichen Leibe aufgeprägt wurden, je mehr es die Kunst in ihrer großen Vollkommenheit zu verschiedenen Epochen zustande gebracht hat, dem am Kreuze hängenden Erlöser die Schmerzensmerkmale aufzudrücken, um so mehr wurden die Keime materialistisch-christlichen Empfindens gelegt. Der Kruzifixus ist der Ausdruck für den Übergang zum christlichen Materialismus. Dem widerspricht nicht, daß in einer großen, gewaltigen Weise gerade das, was als Schmerz des Erlösers durch die Kunst verkörpert worden ist, in seiner vollen Tiefe und Bedeutung anerkannt werde. Trotzdem bleibt es wahr, daß mit diesem Bilde des Erlösers, der am Kreuze unter Schmerzen vergeht, von einer eigentlich geistigen Auffassung des Christentums der Abschied genommen worden ist.

Es mischte sich ja dann hinein in diese Auffassung des Schmerzensmannes jene von Christus, dem Weltenrichter, den wir eigentlich nur als einen anderen Ausdruck für Jahve oder Jehova, nämlich für den Jahve oder Jehova, der ins Juristische umgewandelt ist, in der Sixtinischen Kapelle in Rom in so großartiger Weise sehen. Derselbe Geist, der von der Vorstellung des Grabes, aus dem der Erlöser sich erhebt, aus dem der Erlöser heraus triumphiert, der aus diesem Bilde hat verschwinden lassen den triumphierenden Geist, den Sieger über den Tod derselbe Geist hat 869 am achten allgemeinen ökumenischen Konzil in Konstantinopel den Geist als etwas erklärt, an das man nicht glauben dürfe, hat dekretiert, daß der Mensch nur vorzustellen ist als aus Leib und Seele bestehend, und daß der Geist nur in einigen Eigenschaften bestehe, die die Seele trüge.

Wie wir hinweggehaucht sehen aus dem Kruzifixus das Geistige, wie wir im Physischen, das allein zur äußeren Darstellung kommt, die schmerzdurchtränkte Seele fühlen, ohne den Geist als Triumphator, ohne den Geist als Träger und zu gleicher Zeit als den für die

Menschheit Sorgenden, so sehen wir durch Konzilsbeschluß auch aus der menschlichen Wesenheit den Geist hinweggestrichen.

Und zusammengeschoben wurde das Karfreitagsfest und das Auferstehungsfest, das Osterfest. Das Karfreitagsfest war in gewissem Sinne in den Zeiten, in denen die Menschen noch nicht so trocken und nüchtern und verstandesöde waren, zu einem Fest geworden, in dem der Ostergedanke umgewandelt war in einer durch und durch egoistischen Weise. Im Schmerze wühlen, die eigene Seele wie wollüstig in den Schmerz eintauchen, Schmerzensseligkeiten empfinden, das war durch Zeitalter hindurch der Karfreitagsgedanke, der gewissermaßen nur den Hintergrund abgeben sollte für einen Ostergedanken, zu dessen Erfassung in seiner wahren Gestalt man immer weniger fähig wurde. Denn dieselbe Menschheit, die zum Glauben hat erheben lassen das Prinzip, daß der Mensch nur aus Leib und Seele bestehe, dieselbe Menschheit forderte für ihr Gefühl den bloß sterbenden Erlöser, forderte das Gegenbild ihres eigenen physischen Schmerzes, damit sie einen Hintergrund habe, um – allerdings nur in einem äußerlichen Übergang – zu empfinden, was ursprünglich elementar empfunden werden sollte als das Bewußtsein, daß der lebendige Geist immerdar siegen muß über alles, was im physischen Leib geschehen kann. Man brauchte erst das Marterbild des Todes, um als Kontrast zu empfinden den eigentlichen Ostergedanken.

Man wird es immer tief empfinden müssen, wie auf diese Weise allmählich aus der abendländischen Kultur die eigentliche Geistanschauung und Geistempfindung gewichen ist, und man wird gewiß mit Bewunderung, aber auch zugleich mit dem Gefühle einer gewissen Tragik hinschauen auf all die künstlerischen Versuche, den Schmerzensmann an dem Kreuze darzustellen. Es genügt nicht, daß man sich mit einigen hingeworfenen Gedanken und mit einigen eingestreuten Empfindungen zu dem erhebe, was unserer Zeit notwendig ist. Man muß alles das voll durchschauen, was seit langem auf abschüssiger Bahn war in bezug auf das Geistige in der abendländischen Kultur.

Wir haben es heute nötig, daß auch dasjenige, was auf einem

Gebiete zu dem Größten gehört, zu gleicher Zeit empfunden werde als etwas, worüber sich die Menschheit heute erheben muß. Wir brauchen aber innerhalb unserer ganzen abendländischen Kultur den Ostergedanken. Wir brauchen mit anderen Worten wiederum die Erhebung zum Geiste. Was einstmals in grandioser Weise aufgetaucht ist als das heilige Mysterium der Geburt, das Weihnachtsmysterium, das tauchte allmählich innerhalb der sich entwickelnden abendländischen Kultur ein in jene Sentimentalitäten, die doch nur der Gegenpol für die materialistische Entwicklung waren, in jene Sentimentalitäten, welche schwelgten und schwelgen in allen möglichen Liedern über das Jesulein. Es war ein wollüstiges Schwelgen in der Empfindung des kleinen Kindes. Statt das große, gewaltige Mysterium des Hereindringens eines überirdischen Geistes im Weihnachtsmysterium zu empfinden, wurden die nüchternen Philisterlieder von dem Jesulein allmählich das Tonangebende und das Maßgebliche.

Es ist charakteristisch für die rein in den Bahnen des Verstandes wandelnde Entwicklung des Christentums – die es bis heute in gewissen Vertretern schon dahin gebracht hat, zu sagen, der Sohn gehöre überhaupt nicht in das Evangelium, sondern der Vater gehöre in das Evangelium –, daß diese Entwicklung dennoch den Auferstehungsgedanken beibehält, indem der Auferstehungsgedanke noch immer mit dem Todesgedanken verquickt wird, auch für dieses Christentum. Aber charakteristisch ist, wie immer mehr in der Form, wie ich es eben dargestellt habe, der Karfreitagsgedanke mit der modernen Entwicklung in den Vordergrund getreten ist, und wie der Auferstehungsgedanke, der wahre Ostergedanke, allmählich immer mehr zurückgetreten ist.

Eine Zeit, die darauf hinweisen muß, daß der Mensch die Auferstehung seines Wesens aus dem Geiste heraus wieder erleben müsse, die muß gerade den Ostergedanken in besonderer Art betonen. Wir brauchen den Ostergedanken, wir brauchen ein völliges Verständnis des Ostergedankens. Dazu ist es aber notwendig, daß wir uns klar werden, daß der Schmerzensmann ebenso der Ausdruck für das Hineingehen der abendländischen Entwicklung in den Materialismus ist wie auf der anderen Seite der bloß juristisch richtende Weltenrichter. Wir brauchen ja den Christus als übersinnliche Wesenheit, als Wesenheit, welche außerirdischer Art ist und dennoch hereingezogen ist in die irdische Entwicklung. Wir müssen uns zu diesem Sonnengedanken allen menschlichen Vorstellens durchringen.

So wie wir durchschauen müssen, daß der Weihnachts-Geburtsgedanke zu etwas geworden ist, was, ich möchte sagen, das größte Mysterium hereingezogen hat in das triviale Empfinden der Sentimentalität, ebenso müssen wir durchschauen, wie es notwendig ist, am Ostergedanken zu betonen, daß da in die menschliche Entwicklung etwas hineinzieht, was aus irdischen Voraussetzungen heraus nicht verständlich ist, was aber verständlich ist aus der Voraussetzung geistigen Wissens, aus geistiger Erkenntnis heraus.

Geistige Erkenntnis muß an dem Auferstehungsgedanken den ersten großen Halt finden, muß auch im Menschen anerkennen das Unberührtsein des Geistig-Ewigen von dem, was leiblich-physisch ist, muß sehen in dem Paulinischen Wort: «Und ist der Christus nicht auferstanden, so ist euer Glaube tot» eine Bekräftigung – die in der neueren Zeit nur auf andere, bewußtere Weise errungen werden muß –, eine Bekräftigung dessen, was im Grunde genommen die eigentliche Wesenheit des Christus ausmacht.

In dieser Art müssen wir uns heute wiederum an den Ostergedanken erinnern; in dieser Art muß uns die Zeit, in der wir uns an den Ostergedanken erinnern können, wiederum ein innerliches Fest werden, ein Fest, an dem wir für uns selber den Sieg des Geistes über die Leiblichkeit feiern. Uns muß, weil wir ja nicht unhistorisch sein dürfen, vor Augen stehen der schmerzgeplagte Jesus am Kreuze, der Schmerzensmann; uns muß aber über dem Kreuze erscheinen der Triumphator, der unberührt bleibt sowohl von der Geburt wie vom Tode, und der allein unseren Blick hinaufwenden kann zu den ewigen Gefilden des geistigen Lebens. Erst dadurch werden wir uns der wahren Wesenheit des Christus wiederum nähern.

Die abendländische Menschheit hat den Christus zu sich heruntergezogen: heruntergezogen als kleines Kind, heruntergezogen als denjenigen, der vorzugsweise empfunden wird im Vergehen, im Schmerz. Es ist von mir des öfteren hervorgehoben worden, wie ebensolange Zeit, als vor dem Mysterium von Golgatha aus des Buddha Munde die Worte tönen, der Tod sei das Übel, nach dem Mysterium von Golgatha auftritt der Kruzifixus, der Gekreuzigte, wie da hingeschaut wird auf den Tod, und er als kein Übel empfunden wird, sondern als etwas, was in Wahrheit kein Dasein hat.

Aber diese Empfindung, die noch hereintaucht aus einer morgenländischen Weisheit, die tiefer ist als der Buddhismus, diese Empfindung unterliegt der anderen, die sich festhaftet an dem Anblicke des Schmerzgepreßten. Wir müssen nicht nur mit unseren Gedanken, denn die sind meist kurzmaschig, wir müssen mit der ganzen Weite unserer Gefühle hinauf zu dem, was das Schicksal ist der menschlichen Vorstellungen von dem Mysterium von Golgatha im Laufe der Jahrhunderte. Wir müssen uns klar darüber werden, daß wir zu einem reinen, echten Verständnis des Mysteriums von Golgatha zurückkehren müssen. Wir müssen bedenken, wie selbst noch im hebräischen Altertum Jahve nicht als Weltenrichter im juristischen Sinne gedacht wird. Die größte dramatische Darstellung des religiösen Empfindens des hebräischen Altertums, das Buch Hiob, das den duldenden Hiob darstellt, schließt im Grunde genommen die Empfindung des äußerlich Gerechtsamen aus. Hiob ist der duldende Mensch, der Mensch, der das, was ihm von der Außenwelt geschieht, als ein Schicksal ansieht. Erst allmählich zieht der juristische Begriff der Vergeltung auch in die Weltenordnung ein. Aber in einer gewissen Weise ist es doch wie ein Aufleben des Jahve-Prinzips, was wir in dem Bilde von Michelangelo am Altar der Sixtinischen Kapelle vor uns haben.

Wir aber brauchen den Christus, den wir in unserem Inneren suchen können, weil er, wenn wir ihn suchen, alsbald erscheint. Wir brauchen den Christus, welcher in unseren Willen einzieht, der unseren Willen durchwärmt und durchfeuert, damit dieser Wille kraftvoll werde zu denjenigen Taten, die für die Menschheitsentwicklung von uns verlangt werden. Wir brauchen denjenigen

Christus, den wir nicht als den leidenden anschauen, sondern der da schwebt oberhalb des Kreuzes und herüberschaut auf das, was wesenlos am Kreuze endet. Wir brauchen das starke Bewußtsein von der Ewigkeit des Geistes.

Wir gewinnen das starke Bewußtsein von der Ewigkeit des Geistes nicht, wenn wir uns verlieren in dem Bilde des bloßen Kruzifixus. Und wenn wir sehen, wie das Bild des Kruzifixus nach und nach immer mehr umgestellt worden ist zum Leidenden und Schmerzfühlenden, so werden wir sehen, welche Kraft gerade diese Richtung menschlichen Empfindens gewonnen hat. Es ist dic Abwendung des Blickes der Menschheit von dem eigentlich Geistigen und die Hinwendung zu dem bloß Irdisch-Physischen. Das ist ja zuweilen in einer grandiosen Weise ausgedrückt; aber denen, die zum Beispiel wie Goethe s chon etwas empfunden haben von der Notwendigkeit, daß unsere Zivilisation wieder zum Geiste durchdringe, solchen Menschen ist es immer als etwas erschienen, mit dem sie eigentlich nicht mitgehen. Goethe hat es ja oft genug zum Ausdruck gebracht, daß der gekreuzigte Erlöser im Grunde genommen eigentlich nicht dasjenige zum Ausdrucke bringt, was er an dem Christentum empfindet: die Erhebung des Menschen zum Geistigen.

Es ist die Notwendigkeit vorhanden, daß sowohl die Karfreitagsstimmung wie die Osterstimmung sich wandle, daß die Karfreitagsstimmung zu einer solchen sich gestalte, welche in sich trägt das Hinschauen auf den endenden Jesus und damit im Grunde genommen empfindet: dieses ist nur die andere Seite des Geborenwerdens. Wer nicht sieht im Geborenwerden zugleich das Sterbende, der sieht nicht vollständig. Wer imstande ist, das, was in der Todesstimmung des Karfreitags auftritt, so zu empfinden, daß ihm da nur die eine Seite des Menschlichen gegeben wird, die der andere Pol ist dessen, was in dem Hereintreten des Kindes bei der Geburt gegeben ist, der wird sich in der richtigen Weise vorbereiten für die eigentliche Osterstimmung, für jene Stimmung, die nur darin bestehen kann, daß der Mensch weiß: Und was auch meine menschliche Hülle ist, die geboren wird – der eigentliche Mensch ist ungeboren, wie er unsterblich ist.

Der eigentliche Mensch muß sich verbinden mit demjenigen, was hereingekommen ist in die Welt als der Christus, der nicht sterben kann, der auf ein anderes als auf sich selbst hinabsieht, wenn er den Schmerzensmann des Kreuzes ansieht. Es muß empfunden werden, was eigentlich geschehen ist dadurch, daß die Geistesvorstellung seit dem Ende des ersten Jahrhunderts allmählich der abendländischen Zivilisation verlorengegangen ist. Und es wird der Welt-Ostergedanke sein, wenn eine genügend große Anzahl von Menschen empfinden, daß der Geist innerhalb der modernen Zivilisation wieder auferstehen muß.

Äußerlich wird man das so auszudrücken haben, daß der Mensch nicht allein wird forschen wollen über dasjenige, was über ihn verhängt ist, nicht allein wird suchen nach Naturgesetzen oder nach Geschichtsgesetzen, die ähnlich den Naturgesetzen sind, sondern daß der Mensch Verlangen tragen wird nach der Erkenntnis seines eigenen Willens, nach der Erkenntnis seiner eigenen Freiheit, daß der Mensch darnach Verlangen tragen wird, die eigentliche Natur des Willens zu empfinden, der den Menschen über die Pforte des Todes hinausträgt, der aber geistig angeschaut werden muß, damit er in seiner wahren Gestalt gesehen werden kann.

Wie soll der Mensch die Kraft gewinnen zu dem Pfingstgedanken, zu der Ausgießung des Geistes, nachdem am achten allgemeinen ökumenischen Konzil von Konstantinopel der Pfingstgedanke dogmatisch zur bloßen Phrase erklärt worden ist? Wie soll der Mensch die Kraft gewinnen zu diesem Pfingstgedanken, wenn er nicht durchzudringen vermag zu dem Ostergedanken, zu dem wahren Ostergedanken, zu dem Gedanken von der Auferstehung des Geistes! Es darf der Mensch nicht betäubt werden durch das Bild des sterbenden, des schmerzdurchdrungenen Erlösers. Es muß der Mensch lernen das Verbundensein, das Zusammengefügtsein des Schmerzes mit dem mit dem materiellen Dasein.

Das war ein Grundprinzip der alten Weisheit, die noch aus instinktiven Untergründen des menschlichen Erkennens heraus gekommen ist. Wir müssen uns diese Erkenntnis durch bewußtes Erkennen wiederum erringen. Das war aber ein Grundprinzip, daß des

Schmerzes Ursprung die Verbindung mit der Materie ist, daß das Leiden stammt von der Verbindung des Menschen mit der Materie. Ein Unding wäre es allerdings, zu glauben, daß der Christus, weil er als göttlich-geistiges Wesen durch den Tod hindurchgegangen ist, den Schmerz nicht erlitten habe. Den Schmerz beim Mysterium von Golgatha für einen bloßen Scheinschmerz zu erklären, wäre unreal gedacht. Er muß im allerbedeutendsten Sinne als wirklich gedacht werden, aber er darf nicht gedacht werden als sein Gegenbild. Es muß wieder etwas gewonnen werden von dem, was vor uns steht, wenn wir mit dem Überblick über die ganze Menschheitsentwicklung das Mysterium von Golgatha vor uns hinstellen.

Wenn den alten zu initiierenden Schülern der freieste Mensch im Bilde vorgeführt werden sollte, wenn diese zu initiierenden Schüler die verschiedensten Vorstufen durchgemacht hatten, wenn sie durchgegangen waren durch alle die Übungen, durch die sie sich gewisse Erkenntnisse erringen konnten, und die ihnen im Bilde dramatisch vorgeführt worden sind, dann wurden sie zuletzt geführt vor das Bild des ganz und gar in seinem physischen Leibe leidenden Menschen im roten Purpurmantel mit der Dornenkrone auf dem Haupte, vor das Bild des Chrestos. Und im Anschauen dieses Chrestos sollte sich der Seele entringen diejenige Kraft, die den Menschen zum eigentlichen Menschen macht. Und die Blutstropfen, die an allen wichtigeren Stellen jenes alten Chrestos dem Schauenden, dem zu Initiierenden entgegentraten, die sollten da sein zur Beseitigung der Ohnmacht und der menschlichen Schwäche und zum Erheben des triumphierenden Geistes aus dem menschlichen Inneren.

Die Schmerzesanschauung sollte bedeuten die Auferstehung des geistigen Wesens. Im tiefsten Sinne sollte im Bilde vor dem Menschen stehen, was man in einfachen Worten so ausdrücken kann: Deiner Lust magst du manches im Leben verdanken; hast du dir aber Erkenntnis, hast du dir Einsicht in die geistigen Zusammenhänge verschafft, so verdankst du das deinem Leide, deinem Schmerze. Du verdankst es dem Umstande, daß du in deinem Leide und deinem Schmerze nicht untergegangen bist, sondern die Kraft hattest, dich aus ihnen zu erheben. – Deshalb wurde in den alten Mysterien das Bild des leidenden Chrestos abgelöst durch das andere Bild des triumphierenden Christus, der herunterschaut auf den leidenden Chrestos als auf dasjenige, was überwunden ist.

Wieder gefunden werden muß so die Möglichkeit, den triumphierenden geistigen Christus vor der Seele und in der Seele und namentlich im Willen zu haben. Das ist dasjenige, was uns bevorstehen muß in der Gegenwart und insbesondere in dem, was wir tun wollen in dieser Gegenwart zu der Herbeiführung einer heilsamen menschlichen Zukunft. Aber nimmermehr werden wir diesen Ostergedanken, diesen wahren Ostergedanken fassen können, wenn wir nicht einzusehen vermögen, daß wir hinausblicken müssen von dem bloß Irdischen in das Kosmische, wenn wir überhaupt von dem Christus sprechen wollen.

Das neuere Denken hat uns den Kosmos zum Leichnam gemacht. Wir erblicken heute die Sterne und den Gang der Sterne und berechnen das alles. Das heißt, wir rechnen etwas aus über den Leichnam der Welt – und wir sehen nicht, wie in den Sternen lebt das Leben und wie in dem Gang der Sterne walten die Absichten des kosmischen Geistes. Der Christus ist heruntergestiegen in die Menschheit, um die Menschenseelen zu verbinden mit diesem kosmischen Geiste. Und nur derjenige ist ein wahrer Verkünder des Evangeliums von Christus selber, der da hinweist darauf, daß dasjenige, was physisch-sinnlich in der Sonne erscheint, der äußere Ausdruck ist für den Geist unserer Welt, den auferstehenden Geist unserer Welt.

Lebendig muß werden so etwas wie die Zusammengehörigkeit desjenigen, was der Abglanz des Weltengeistes ist im Monde, und desjenigen, was dieser Weltengeist selber ist in der Sonne. Lebendig muß wieder werden, wie das Osterfest bestimmt worden ist durch die Verhältnisse von Sonne und Mond im Frühling. Anknüpfen müssen wir können an dasjenige, was das Osterfest aus dem Kosmos selber für die Erdenentwicklung bestimmt hat. Wir müssen wissen, daß es die schützendsten und wachesten Geister des Kosmos waren, die aus dieser Weltenuhr, deren Zeiger Sonne und Mond für das irdische Dasein sind, verständlich gemacht haben die große, bedeutsame Stunde in der Welt- und Menschheitsentwicklung, in welche die Auferstehung zu setzen ist. Lernen müssen wir es vom Geistigen, zu empfinden den Gang dieser beiden Zeiger Sonne und Mond, wie wir für unsere physischen Angelegenheiten verstehen lernen den Gang der Zeiger der Uhr. Anknüpfen müssen wir das Physische, Irdische an das Überphysische, Oberirdische.

Der Ostergedanke verträgt nur die Interpretation aus dem Oberirdischen heraus, denn geschehen ist mit dem Mysterium von Golgatha, insofern es das Auferstehungsmysterium ist, etwas, was sich unterscheidet von den übrigen Angelegenheiten der Menschen. Die übrigen Angelegenheiten der Menschen verlaufen auf der Erde in einer ganz anderen Art als das, was mit dem Mysterium von Golgatha geschehen ist. Die Erde hat aufgenommen die kosmischen Kräfte, und aus dem, was sie selber geworden ist, sprießen sie hervor die menschlichen Willenskräfte in den menschlichen Stoffwechsel hinein. Als aber das Mysterium von Golgatha sich abgespielt hat, da drang ein neuer Zusammenfluß des Willens in das irdische Geschehen herein. Da geschah auf der Erde etwas, was kosmisches Geschehen ist, und wofür die Erde nur Schauplatz ist. Der Mensch wurde wiederum mit dem Kosmos verbunden.

Das ist es, was verstanden werden muß, und das Verständnis davon gibt erst den Ostergedanken in seinem vollen Umfang. Daher muß vor unserer Seele erstehen nicht nur das Bild des Kruzifixus. Und hätte die Kunst das Schönste, das Größte, das Bedeutendste, das Erhabenste hervorgebracht in dem Bilde des Kruzifixus – erstehen muß der Gedanke: «Der, den ihr suchet, der ist nicht hier.» Erscheinen muß euch über dem Kreuze derjenige, der nun hier ist, und der aus dem Geiste heraus für den Geist, Geist erweckend, zu euch spricht.

Das ist es, was als Ostergedanke in die Menschheitsentwicklung hineinkommen muß; das ist dasjenige, zu dem sich das menschliche Herz und der menschliche Sinn erheben müssen. Von uns wird in unserer Zeit nicht bloß verlangt, daß wir Altes bewundern. Von uns wird nicht bloß verlangt, daß wir uns hineinvertiefen und hineinversenken können in das, was geschaffen worden ist. Wir müssen

Neu-Schaffende werden. Und sei es selbst das Kreuz mit all dem Schönen, was Künstler aus ihm gemacht haben – wir dürfen es nicht dabei belassen. Wir müssen hören die Worte der geistigen Wesen, die uns, wenn wir suchen im Tode und im Leiden, zurufen: Der, den ihr suchet, er ist nicht mehr hier! – Und so müssen wir suchen denjenigen, der da hier ist.

Wir müssen verstehen, zu Ostern uns hinzuwenden zu dem Geiste, der uns allein in dem Bilde der Auferstehung gegeben werden kann. Dann werden wir in der richtigen Weise vorschreiten können von der Leidens-Karfreitagsstimmung zu der geistigen Stimmung des Ostertages. Dann werden wir aber auch fähig werden, in dieser Stimmung des Ostertages dasjenige zu finden, was unser Wille aufnehmen muß, damit wir Wirkende werden können gegenüber den Niedergangskräften in den Aufgangskräften der Menschheit. Und solche Kräfte, die da mitwirken können, die brauchen wir. Und in dem Augenblicke, wo wir in der richtigen Weise den Auferstehungs-Ostergedanken verstehen, wird dieser Ostergedanke, warm und uns durchleuchtend, die Kräfte in uns entzünden, die wir für die zukünftige Menschheitsentwicklung brauchen.

OSTERN

Steh' vor des Menschen Lebenspforte:
Schau' an ihrer Stirne Weltenworte.

Leb' in des Menschen Seeleninnern:
Fühl' in seinem Kreise Weltbeginnen.

Denk' an des Menschen Erdenende:
Find' bei ihm die Geisteswende.

DER OSTERGEDANKE DER EPHESISCHEN MYSTERIEN

ALS ZUSAMMENFASSUNG ALLES DESSEN, WAS MAN JE GEWUSST HAT ÜBER DES MENSCHEN WAHRE WÜRDE IM GANZEN KOSMOS

Weltentsprossenes Wesen, du in Lichtgestalt,
Von der Sonne erkraftet in der Mondgewalt,

Dich beschenket des Mars erschaffendes Klingen
Und Merkurs gliedbewegende Schwingen,

Dich erleuchtet Jupiters erstrahlende Weisheit
Und der Venus liebetragende Schönheit –

Dass Saturns weltenalte Geist-Innigkeit
Dich dem Raumessein und Zeitenwerden weihe!

PFINGSTEN

DAS PFINGSTEREIGNIS

EIN ZUKUNFTS-SYMBOLUM

Köln, Pfingstsonntag, 7. Juni 1908

Bei verschiedenen Gelegenheiten ist schon betont worden, daß jene spirituelle Entwicklung, wie sie die geisteswissenschaftliche Bewegung anstrebt, den Menschen in lebendigen Zusammenhang bringen muß mit der ganzen Umwelt. Vieles in der Umwelt ist für den Menschen tot und nüchtern geworden, was unsere Vorfahren noch mit Verehrung erfüllt hat. Fremd und kalt steht eine große Zahl von Menschen beispielsweise unseren jährlichen Festen gegenüber. Namentlich die städtische Bevölkerung hat nur noch eine spärliche Erinnerung an das, was das Weihnachts-, Oster- und Pfingstfest zu bedeuten haben.

Jenen gewaltigen Gefühlsinhalt, den unsere Vorfahren verbanden mit den Festeszeiten, weil sie den Zusammenhang wußten mit den großen Tatsachen der geistigen Welt, den hat die heutige Menschheit nicht mehr. Kalt und nüchtern stehen die Menschen heute dem Weihnachts- und Osterfest und besonders auch dem Pfingstfest gegenüber. Das Herabströmen des Geistes ist vielen Menschen eine abstrakte Begebenheit geworden. Aber es wird anders werden: es wird erst Leben und Wirklichkeit werden, wenn die Menschen zu einer wahrhaftigen geistigen Erkenntnis der ganzen Welt kommen werden.

Man redet heute viel von Naturkräften, aber von Wesenheiten, die hinter diesen Naturkräften stehen, redet man recht wenig. Wenn man von Naturwesenheiten spricht, dann betrachtet der heutige Mensch das als Aufwärmung eines alten Aberglaubens. Daß jene Worte, die unsere Vorfahren gebrauchten, auf Wirklichkeit sich gründen – wenn jemand behauptet, daß Gnomen, Undinen, Sylphen und Salamander etwas Wirkliches bedeuten –, das gilt als alter Aberglaube. Was die Menschen für Theorien und Vorstellungen haben, ist in gewissem Sinne zunächst gleichgültig; wenn aber die Menschen durch diese Theorien verführt werden, gewisse Dinge nicht zu sehen und ihre Theorien im praktischen Leben anzuwenden, dann beginnt die Sache erst ihre volle Bedeutung zu gewinnen.

Nehmen wir ein groteskes Beispiel: Wer glaubt an Wesenheiten, deren Dasein an die Luft gebunden ist oder die im Wasser verkörpert sind? Wenn zum Beispiel jemand sagt: Unsere Vorfahren haben an gewisse Wesenheiten geglaubt, an Gnomen, Undinen, Sylphen, Salamander, aber das ist alles phantastisches Zeug! – dann möchte man erwidern: Fragt einmal die Bienen! – Und könnten die Bienen reden, so würden sie antworten: Für uns sind die Sylphen kein Aberglaube, denn wir wissen ganz gut, was wir von den Sylphen haben! – Und derjenige, dessen geistige Augen geöffnet sind, kann verfolgen, welche Kraft es ist, die das Bienlein hinzieht zur Blume. Instinkt, Naturtrieb, – wie der Mensch antwortet – sind leere Worte. Wesenheiten sind es, welche die Bienen hinleiten zum Blütenkelch, um sich dort Nahrung zu suchen, und im ganzen Bienenschwarm, der nach Nahrung ausschwärmt, sind Wesenheiten tätig, die unsere Vorfahren Sylphen nannten.

Überall da, wo verschiedene Naturreiche sich berühren, wird eine Gelegenheit geboten, daß sich gewisse Wesenheiten offenbaren. Zum Beispiel im Innern der Erde, da, wo sich der Stein mit der Metallader berührt, da setzen sich besondere Wesenheiten an. An der Quelle, wo das Moos den Stein bedeckt und somit das Pflanzenreich das Mineralreich berührt, setzen sich solche Wesenheiten fest. Wo Tier und Pflanze sich berühren, im Blumenkelch, bei der Berührung der Biene mit der Blüte, da verkörpern sich bestimmte Wesenheiten, ebenso da, wo der Mensch sich mit dem Tierreiche berührt. Nicht im gewöhnlichen Verlauf der Berührung ist das der Fall; nicht, wenn zum Beispiel der Fleischer das Rind schlachtet oder wenn der Mensch das Fleisch der Tiere ißt, nicht im normalen Verlauf des Lebens; da ist so etwas nicht der Fall. Aber wo im außernormalen Verlauf, wie bei Bienen und Blume, sich wie durch einen Überschuß von Leben die Reiche berühren, da verkörpern sich Wesenheiten. Und insbesondere da, wo des Menschen Gemüt, sein

Intellekt, im Umgang mit den Tieren besonders engagiert ist, bei einem Verhältnis, wie es zum Beispiel der Schäfer zu den Schafen hat, einem Gemütsverhältnis, da verkörpern sich solche Wesenheiten.

Solche intimere Verhältnisse des Menschen zum Tiere finden wir häufiger, wenn wir zurückgehen in alte Zeiten. In Zeiten niederer Kulturen hatte man vielfach solch ein Verhältnis, wie es der Araber zu seinem Pferde hat, nicht wie ein Rennstallbesitzer zu seinen Pferden. Da finden wir jene Gemütskräfte, die hinüberspielen von Reich zu Reich, wie zwischen dem Schäfer und den Lämmern. Oder wo Geruchs- und Geschmackskräfte entwickelt werden und hinüberstrahlen, wie zwischen der Biene und der Blume, da wird Gelegenheit geschaffen, daß sich ganz gewisse Wesenheiten verkörpern können. Wenn die Biene an der Blume saugt, dann kann der Hellseher beobachten, wie sich am Rande der Blüte eine kleine Aura bildet. Das ist die Wirkung des Geschmackes: der Stich der Biene in den Blütenkelch ist ein gewisses Geschmacksmittel geworden, die Biene empfindet den Geschmack und strahlt aus wie eine Blütenaura, und die ist Nahrung für sylphenhafte Wesenheiten. Ebenso ist das Gefühlselement, das zwischen Schäfer und Schafen spielt, Nahrung für Salamander.

Jene Frage gilt nicht für den, der die geistige Welt versteht: Warum sind dann die Wesenheiten da und sonst nicht? Nach dem Ursprung dürfen wir nicht fragen; ihr Ursprung liegt im Weltenall. Gibt man ihnen aber Veranlassung zur Nahrung, so sind die Wesenheiten da. Zum Beispiel ziehen schlechte Gedanken, die der Mensch ausströmt, schlechte Wesenheiten in die Aura des Menschen, weil sie dort Nahrung finden. Dann verkörpern sich gewisse Wesenheiten in seiner Aura.

Überall, wo sich verschiedene Naturreiche berühren, bietet sich Gelegenheit, daß gewisse geistige Wesenheiten sich verkörpern. Wo Metall an den Stein sich anschmiegt im Innern der Erde, da sieht der Seher, wenn der Bergmann das Erdreich abhackt, an verschiedenen Stellen merkwürdige Wesen wie zusammengekauert beieinander hocken, in einem ganz kleinen Raum. Sie stieben, sie sprühen auseinander, wenn die Erde entfernt wird. Es sind merkwürdige

Wesenheiten, die zum Beispiel in gewisser Beziehung dem Menschen ganz und gar nicht unähnlich sind. Sie haben zwar keinen physischen Leib, aber sie haben Verstand. Doch der Unterschied zwischen ihnen und den Menschen ist, daß sie Verstand haben ohne Verantwortung. Daher haben sie auch nicht das Gefühl eines Unrechtes bei dem mancherlei Schabernack, den sie den Menschen spielen. Gnomen heißen diese Wesenheiten, und zahlreiche Arten von ihnen beherbergt die Erde, und sie sind da zu Hause, wo sich der Stein mit dem Metall berührt. Recht sehr gedient haben sie früher den Menschen beim alten Bergbau, nicht beim Kohlenbergwerk, aber im Metallbergbau. Die Art, wie man in alten Zeiten Bergwerke angelegt hat, die Kenntnis davon, wie sich die Schichten lagern, die wurde durch diese Wesenheiten vernommen. Und die am besten veranlagten Flöze kannten diese Wesenheiten, die da wissen, wie sich im Innern der Erde die Schichten lagern, und die daher die beste Anleitung geben konnten, wie man das bearbeiten soll. Wenn man nicht mit den geistigen Wesenheiten arbeiten will und sich nur auf das Sinnliche verläßt, dann gerät man in eine Sackgasse. Von diesen geistigen Wesenheiten muß man ein gewisses Verfahren lernen, um die Erde zu erforschen.

Ebenso findet eine Verkörperung statt von Wesenheiten an der Quelle. Wo der Stein die Quelle berührt, da verkörpern sich die Wesen, die an das Element des Wassers gebunden sind: die Undinen. Da, wo Tier und Pflanze sich berühren, da wirken die Sylphen. Die Sylphen sind gebunden an das Element der Luft, sie leiten die Bienen zu den Blüten. So verdanken wir fast alle nützlichen Erkenntnisse der Bienenzucht den alten Traditionen, und gerade bei der Bienenzucht können wir viel von ihnen lernen. Denn was heutzutage als Wissenschaft über die Bienen existiert, ist vollständig von Irrtum durchzogen, und die alte Weisheit, die sich fortgepflanzt hat durch Tradition, wird dadurch nur beirrt. Die Wissenschaft erweist sich da als etwas Unbrauchbares. Nützlich sind nur die alten Handgriffe, deren Ursprung unbekannt ist, weil der Mensch damals als Leitfaden die geistige Welt benützte.

Die Salamander kennen die Menschen heutzutage auch, denn

wenn einer sagt: Es strömt mir etwas zu, ich weiß nicht woher –, so ist das meistens die Wirkung der Salamander.

Wenn der Mensch zu den Tieren in intime Verbindung tritt, wie der Schäfer zu seinen Schafen, dann erhält er Erkenntnisse zugeraunt von Wesenheiten, die in seiner Umgebung leben. Dem Schäfer wurde sein Wissen, das er in bezug auf seine Schafherde hatte, zugeraunt von den Salamandern in seiner Umgebung. Diese alten Erkenntnisse sind heutzutage geschwunden und müssen nun durch wohlgeprüfte okkulte Erkenntnisse wieder gewonnen werden.

Denken wir diese Gedanken weiter, so werden wir uns sagen müssen: Wir sind ganz umgeben von geistigen Wesenheiten. Wir gehen durch die Luft, und sie ist nicht nur chemische Substanz, sondern jeder Windhauch, jeder Luftstrom ist die Offenbarung geistiger Wesenheiten. Wir sind umgeben und ganz und gar durchdrungen von diesen geistigen Wesenheiten, und der Mensch muß in Zukunft, wenn er nicht ein ganz trauriges, sein Leben ausdörrendes Schicksal erfahren soll, eine Kenntnis haben von dem, was um ihn lebt. Ohne diese Erkenntnis wird er nicht mehr weiterkommen können.

Der Mensch muß sich fragen: Woher stammen diese Wesenheiten? Woher rühren diese Wesenheiten? Diese Frage führt uns zu einer wichtigen Erkenntnis, und um uns eine Ansicht darüber zu bilden, müssen wir uns klar machen, wie in höheren Welten sich gewisse Tatsachen abspielen, wo durch gewisse Dinge dasjenige, was schädlich und böse ist, durch eine weise Führung umgewandelt wird zum Guten. Nehmen wir als Beispiel den Abfall, den Dünger: Er ist das Abgeworfene und wirkt in der Ökonomie durch eine weise Verwendung als Grundlage für spätere Pflanzenkeimung. Dinge, die scheinbar abgefallen sind von der Höherentwicklung, werden von höheren Kräften wieder aufgenommen und umgewandelt. Das tritt uns ganz besonders stark entgegen bei den Wesenheiten, von denen wir gesprochen haben, und wir erkennen das in ganz besonderem Maße, wenn wir der Entstehung dieser Wesenheiten nachgehen.

Wie entstehen nun salamandrische Wesenheiten? Wir wollen dies jetzt einmal auseinandersetzen. Salamander sind Wesenheiten, die da ein gewisses Verhältnis vom Menschen zum Tier brauchen. Die Tiere haben nicht ein solches Ich, wie es der Mensch hat. Ein solches Ich ist nur beim heutigen Menschen auf der Erde vorhanden. Diese Menschen-Iche sind so, daß jeder Mensch ein Ich in sich eingeschlossen hat. Anders ist es bei den Tieren: Die Tiere haben ein Gruppen-Ich, eine Gruppenseele. Was heißt das? Eine Gruppe gleichgearteter, gleichgestalteter Tiere hat ein gemeinsames Ich; zum Beispiel alle einzelnen Löwen haben ein gemeinsames Ich, alle Tiger, alle Hechte.

Die Tiere haben ihr Ich in der Astralwelt. Es ist das so, wie wenn der Mensch hinter einer Wand mit zehn Löchern stände und da seine zehn Finger hindurchsteckte. Der Mensch ist dann nicht zu sehen, aber jeder Vernünftige würde schließen: da ist eine Zentralgewalt dahinter, die zu den zehn Fingern gehört. So ist es mit dem Gruppen-Ich: Die einzelnen Tiere sind bloß die Glieder. Das, wozu sie gehören, ist in der astralischen Welt. Diese Tier-Iche sind nicht menschenähnlich, obwohl, geistig angesehen, sie sich wohl miteinander vergleichen lassen, denn ein Tier-Gruppen-Ich ist eine sehr, sehr weise Wesenheit. Der Mensch als individuelle Seele ist noch lange nicht so weise. Denken wir nur zum Beispiel an gewisse Vogelarten: welche Weisheit liegt darin, daß sie in ganz bestimmten Höhen und in ganz bestimmten Richtungen dahinziehen, um dem Winter zu entgehen und im Frühling auf anderen Wegen wieder zurückzukehren. Da erkennen wir in diesem Vogelflug weise Wirkungskräfte der Gruppen-Iche. Wir können sie überall im Tierreich finden.

Die Menschen sind sehr engherzig, wenn sie die menschlichen Fortschritte zu verzeichnen haben. Erinnern wir uns an unsere Schulstunden, wo wir lernten, wie im Mittelalter allmählich die Strömung der neueren Zeit heraufgekommen ist. Das Mittelalter hat gewiß Bedeutsames zu verzeichnen, wie die Entdeckung von Amerika, die Erfindung des Schießpulvers, der Buchdruckerkunst und endlich auch des Leinenpapiers. Wohl war es ein bedeutsamer Fortschritt, daß man dieses Produkt verwandte an Stelle des Pergaments, aber die Wespengruppenseele hat schon vor Tausenden von

Jahren dasselbe gemacht, denn das Wespennest ist genau aus demselben Stoff wie das vom Menschen hergestellte Papier: es besteht aus Papier.

Der Mensch wird erst allmählich herausfinden, wie gewisse Kombinationen seines Geistes zusammenhängen mit dem, was die Gruppenseelen hineingearbeitet haben in die Welt.

Die Gruppenseelen sind in fortwährender Bewegung. Der Seher sieht längs des Rückgrats der Tiere ein beständiges Flimmern. Das Rückgrat ist wie von Flimmerlicht eingeschlossen. Die Tiere werden durchzogen von Strömungen, die um die ganze Erde gehen in allen Richtungen in unendlicher Zahl, wie die Passatwinde, und welche auf die Tiere wirken, indem sie das Rückenmark umströmen. Diese Tiergruppenseelen sind fortwährend in kreisförmiger Bewegung in jeder Höhe und Richtung um die Erde begriffen. Diese Gruppenseelen sind sehr weise, aber es fehlt ihnen eines, was sie noch nicht haben: sie kennen nicht die Liebe, was auf der Erde so genannt wird. Liebe ist nur beim Menschen mit der Weisheit in der Individualität verbunden.

Die Gruppenseele ist weise, aber das einzelne Tier hat die Liebe als Geschlechtsliebe und Elternliebe. Die Liebe ist im Tiere individuell, aber die weise Einrichtung, die Weisheit des Gruppen-Ichs ist noch liebeleer. Der Mensch hat Liebe und Weisheit vereint; das Tier hat im physischen Leben die Liebe, und auf dem astralischen Plan hat es die Weisheit. Bei solchen Erkenntnissen werden den Menschen ungeheuer viele Lichter aufgehen.

Nun ist der Mensch zu seinem heutigen Ich erst nach und nach gekommen. Der Mensch hatte früher auch eine Gruppenseele und erst allmählich hat sich die Individualseele herausentwickelt. Verfolgen wir einmal die Entwicklung der Menschheit nach rückwärts bis in die alte Atlantis. Früher lebte der Mensch in der alten Atlantis, einem Kontinent, der jetzt vom Atlantischen Ozean bedeckt ist. Damals waren die weiten sibirischen Flächen mit großen Meeren bedeckt. Das Mittelmeer war damals ganz anders verteilt. Auch in unseren europäischen Gegenden waren weite Meeresflächen. Je weiter wir zurückgehen in der alten atlantischen Zeit, desto mehr ändern sich alle Lebenszustände, desto mehr ändert sich der Wachzustand und der Schlafzustand beim Menschen.

Wenn jetzt der Mensch schläft, bleibt im Bett der physische Leib mit dem Ätherleib; Astralleib und Ich gehen heraus. Das Bewußtsein verdunkelt sich, alles wird dunkel, finster, stumm. In der atlantischen Zeit war der Unterschied zwischen Schlafen und Wachen noch nicht so groß. Da sah im Wachzustand der Mensch noch nicht so feste Grenzen, so scharfe Umrisse, so starke Farben an den Gegenständen anhaftend. Wenn er morgens aufwachte, tauchte er ein wie in eine Nebelmasse. Größere Deutlichkeit gab es nicht, als wenn wir zum Beispiel Lichter durch Nebel hindurch mit einer Aura sehen. Dafür aber hörte sein Bewußtsein nicht auf im Schlafe, er sah dann die geistigen Dinge.

Als der Mensch fortschritt, bekam die physische Welt immer mehr ihre Konturen, aber dafür verlor der Mensch sein Hellsehen. Dann wurde der Unterschied immer größer: Oben in der geistigen Welt wurde es immer dunkler, unten in der physischen Welt immer heller. Aus der Zeit, wo der Mensch noch wahrnahm da oben in der astralischen Welt, stammen alle Mythen und Sagen. Wenn er hinaufkam in die geistige Welt, da lernte er Wotan, Baldur, Thor und Loki kennen und Wesenheiten, die noch nicht heruntergestiegen waren auf den physischen Plan. Das erlebte man früher, und alle Mythen sind Erinnerungen an lebendige Wirklichkeiten.

Alle Mythologien sind solche Erinnerungen. Diese geistigen Wirklichkeiten sind den Menschen einfach entschwunden. Wenn damals der Mensch am Morgen hinuntertauchte in den physischen Leib, dann bekam er das Gefühl: Du bist ein Einzelner, ein Einziger. Wenn er aber am Abend zurücktauchte in die geistige Welt, da kam ihm das Gefühl: Du bist ja gar kein Einzelner, du bist nur ein Glied eines großen Ganzen, du gehörst zu einer großen Gemeinschaft.

Noch Tacitus erzählt, daß die alten Völker, die Heruler, die Cherusker, sich gefühlt haben mehr als Volksstamm denn als ein einzelner Mensch. Aus diesem Gefühl heraus, daß der Einzelne zur Stammesgruppe gehörte, der Stammesgemeinschaft sich zurechnete, stammen auch noch gewisse Gebräuche wie die Blutrache. Alles, was zu der ganzen Stammesgruppenseele gehörte, war *ein* Körper. Alles geschieht gradweise in der Entwicklung. Aus diesem absoluten Stammesgruppen-Bewußtsein hat sich erst nach und nach das individuelle Bewußtsein herausentwickelt.

Auch in den Schilderungen der Patriarchenzeit haben wir Spuren des Übergangs von der Gruppenseele zur Individualseele. In der Zeit vor Noah war das Gedächtnis ganz anders: es reichte zurück über das, was der Vater, Großvater, Urgroßvater erlebt hatte. Die Geburtsgrenze war keine Grenze. Im gleichen Blute strömte die gleiche Erinnerung fort bis in weit zurück gelegene Generationen. Heute interessiert es die Behörden, den Namen des Einzelnen zu wissen. In der Zeit, als der Mensch sich erinnerte, was sein Vater und sein Großvater getan hatten, da wurde dies mit einem gemeinsamen Namen belegt. Was damals zusammenhing durch gleiches Blut und gleiche Erinnerung, das wurde gemeinsam benannt. Man nannte das «Adam» oder «Noah». Namen wie Adam und Noah bezeichnen nicht das Leben zwischen Geburt und Tod eines Einzelnen, sondern den Strom der Erinnerungen, soweit dieser reichte. Die alten Namen umfassen ganze Menschengemeinschaften, die in der Zeit sich auslebten.

Wie ist es nun, wenn wir einmal gewisse Wesenheiten vergleichen: die menschenähnlichen Affen mit dem Menschen? Der gewaltige Unterschied ist, daß die Affen eine Gruppenseele haben und der Mensch eine Individualseele, wenigstens die Anlage zur Entwicklung einer solchen. Die Affengruppenseele befindet sich nun in einer ganz besonderen Lage. Denken wir uns die Erde (es wurde gezeichnet); darüber schweben in der astralischen Welt wie in einer Wolke die Gruppenseelen der Tiere, die sich über unsere physische Welt ausbreiten. Nehmen wir nun das Löwen-Gruppen-Ich und das Affen-Gruppen-Ich. Jeder Löwe ist ein einzelnes Glied, in das die Gruppenseele einen Teil ihrer Substanz hineingießt. Wenn ein Löwe stirbt, fällt von der Gruppenseele das äußere Physische ab, wie beim Menschen ein Fingernagel. Die Gruppenseele nimmt dann zurück, was sie hineingesandt hatte und gibt es einem anderen Löwen, der neu geboren wird. Oben bleibt die Gruppenseele. Sie streckt gleichsam Fangarme aus, die sich im Physischen verhärten, dann abfallen und wieder ersetzt werden.

Daher kennt die Tiergruppenseele nicht Geburt und Tod. Das einzelne Tier ist etwas, was abfällt und anwächst; die Gruppenseele bleibt unberührt von Leben und Tod. Für die Löwen ist es durchaus so, daß jedesmal, wenn ein Löwe stirbt, alles, was ausgesandt war von der Gruppenseele, wieder zurückgeht in die Gruppenseele.

Nicht so ist es jedoch beim Affen. Es gibt einzelne Tiere, die reißen etwas ab von der Gruppenseele, das kann dann nicht wieder zurück. Wenn der Affe stirbt, geht der wesentliche Teil zurück, aber es schnürt sich ein Teil der Gruppenseele ab. Der Affe macht gleichsam zu fest, was vorgestreckt wird, und wenn er stirbt, schnürt sich ein Teil der Gruppenseele ab, so daß ein Stück von ihr gewissermaßen herausbricht, von ihr abreißt und nicht wieder zurück kann. So entstehen Abschnürungen von der Gruppenseele. Bei allen Affenarten entstehen Abschnürungen von der Gruppenseele.

Ähnliches haben wir bei gewissen Amphibien, bei gewissen Vogelarten, besonders deutlich auch beim Känguruh. Durch diese Abschnürungen bleibt etwas zurück von der Gruppenseele, und dasjenige, was von warmblütigen Tieren auf diese Art zurückbleibt, wird ein Elementarwesen, ein Naturgeist – der Salamander. Diese Elementarwesen, diese Naturgeister sind also gleichsam Abfälle, Abfallprodukte höherer Welten, die in Dienst genommen werden von höheren Wesenheiten. Sie würden, sich selbst überlassen, den Kosmos stören. So verwendet die höhere Weisheit zum Beispiel die Sylphen, um die Bienen zu den Blumen zu führen. So wird das große Heer der Elementarwesen unter die höhere weise Führung gestellt und dadurch das Schädliche, was sie anrichten könnten, ins Nützliche umgewandelt.

So geht es zu in den Reichen, die unter dem Menschen liegen. Nun kann es aber auch passieren, daß der Mensch selbst sich abschnürt von seiner Gruppenseele und als Individualseele keine Möglichkeit findet, sich weiterzuentwickeln. Denn während er als Glied seiner Gruppenseele von höheren Wesenheiten gelenkt und geleitet wurde, ist er dann seiner eigenen Führung anheim gegeben. Nimmt der Mensch nicht entsprechende geistige Kenntnisse auf, dann ist er in Gefahr, sich abzuschnüren. Das ist dasjenige, was sich als Frage aufwirft.

Was ist es nun, was den Menschen bewahrt vor dem Abschnüren, vor dem Herumirren ohne Richtung und Ziel, während ihm früher die geistige Gruppenseele eine Richtung gegeben hat? Wir müssen uns klar darüber sein, daß der Mensch sich immer mehr individualisiert und daß er immer mehr und mehr in der Zukunft den Zusammenschluß mit anderen Menschen freiwillig finden muß. Früher bestand der Zusammenhang durch Blutsverwandtschaft, durch Stämme und Rassen. Aber dieser Zusammenschluß geht mehr und mehr zu Ende. Alles im Menschen geht immer mehr darauf hinaus, ein individueller Mensch zu werden. Nun ist nur ein umgekehrter Weg möglich. Denken Sie sich eine Anzahl von Menschen auf der Erde, die sich sagen: Wir gehen unsere eigenen Wege, wir wollen in unserem Innern selbst Richtung und Ziel des Weges finden, wir sind alle auf dem Wege, immer mehr individuelle Menschen zu werden. – Da liegt die Gefahr der Zersplitterung vor. Jetzt halten die Menschen auch schon geistige Zusammenschlüsse nicht mehr aus. Heute gehen wir so weit, daß jeder seine eigene Religion hat und seine eigene Meinung als höchstes Ideal hinstellt. Aber wenn die Menschen die Ideale verinnerlichen, so führt das zur Einigung, zu gemeinsamer Meinung. Wir erkennen innerlich zum Beispiel, daß 3 mal 3 = 9 ist, oder daß drei Winkel in einem Dreieck 180 Grad sind. Das ist eine innerliche Erkenntnis. Über innerliche Erkenntnisse braucht man nicht abzustimmen, über innerliche Erkenntnisse entstehen keine Meinungsunterschiede, sie führen zur Einigung. Solcher Art sind alle geistigen Wahrheiten. Was die Geisteswissenschaft lehrt, das findet der Mensch durch seine innerlichen Kräfte. Diese führen ihn zu einer absoluten Einigkeit, zu Friede und Harmonie. Es gibt nicht zwei Meinungen über eine Wahrheit, ohne daß eine davon falsch ist. Das Ideal ist größtmögliche Verinnerlichung; sie führt zur Einigung, zum Frieden.

Erst war eine Menschen-Gruppenseele da. Dann wurde die Menschheit in der Vergangenheit entlassen aus der Gruppenseele. Aber in der Zukunft der Entwicklung müssen sich die Menschen ein sicheres Ziel setzen, dem sie zustreben. Wenn sich Menschen vereinigen in einer höheren Weisheit, dann steigt aus höheren Welten wieder eine Gruppenseele herab – wenn aus den gebundenen natürlichen Gemeinschaften freie Gemeinschaften entstehen. Was gewollt ist von den Leitern der geisteswissenschaftlichen Bewegung, das ist, daß wir in ihr eine Gesellschaft finden, in welcher die Herzen der Weisheit zuströmen, wie die Pflanzen dem Sonnenlichte zuströmen. Wo die gemeinschaftliche Wahrheit die verschiedenen Iche verbindet, da geben wir der höheren Gruppenseele Gelegenheit zum Herabstieg. Indem wir unsere Herzen gemeinsam einer höheren Weisheit zuwenden, betten wir die Gruppenseele ein. Wir bilden gewissermaßen das Bett, die Umgebung, in der sich die Gruppenseele verkörpern kann. Die Menschen werden das Erdenleben bereichern, indem sie etwas entwickeln, was aus höheren Welten geistige Wesenheiten herniedersteigen läßt. Das ist das Ziel der geisteswissenschaftlichen Bewegung.

Das ist in großartiger, gewaltiger Form einmal vor die Menschheit hingestellt worden, um zu zeigen, daß der Mensch ohne dieses geistlebendige Ideal in ein anderes Verhältnis übergehen würde: es ist ein Wahrzeichen, das den Menschen mit überwältigender Kraft zeigen kann, wie die Menschheit den Weg finden kann, um im seelischen Zusammenschluß dem gemeinsamen Geist eine Verkörperungsstätte zu bieten. Dieses Wahrzeichen ist uns hingestellt in der Pfingstgemeinde, als gemeinsame Empfindung inbrünstiger Liebe und Hingabe eine Anzahl Menschen durchglühten, die sich zu gemeinsamer Tat versammelt hatten. Da ist eine Anzahl von Menschen, deren Seelen noch nachbeben von dem erschütternden Ereignis, so daß in allen das Gleiche lebte. In dem Zusammenströmen dieses einen, gleichen Gefühles lieferten sie das, worin sich ein Höheres, eine gemeinsame Seele verkörpern konnte. Das wird ausgedrückt mit jenen Worten, die besagen, daß der Heilige Geist, die Gruppenseele, sich herniederließ und sich zerteilte wie feurige Zungen. Das ist das große Symbolum für die Menschheit der Zukunft.

Hätte der Mensch diesen Anschluß nicht gefunden, so würde der Mensch in ein Elementarwesen übergehen. Nun soll die Menschheit eine Stätte suchen für die sich herabneigenden Wesen aus höheren Welten. In dem Osterereignis wurde dem Menschen die Kraft gegeben, solche mächtige Vorstellungen in sich aufzunehmen und *einem* Geiste zuzustreben. Das Pfingstfest ist die Frucht der Entfaltung dieser Kraft.

Immerdar soll durch das Zusammenströmen der Seelen zu der gemeinsamen Weisheit sich das vollziehen, was eine lebendige Beziehung herstellt zu den Kräften und Wesenheiten höherer Welten und zu etwas, was jetzt noch so wenig Bedeutung hat für die Menschheit wie das Pfingstfest. Durch die Geisteswissenschaft wird es dem Menschen wieder etwas werden. Wenn die Menschen wissen werden, was die Herabkunft des Heiligen Geistes in der Zukunft für die Menschen bedeuten wird, dann wird das Pfingstfest wieder lebendig werden. Es wird dann nicht nur eine Erinnerung sein an jenes Ereignis in Jerusalem, sondern es wird eintreten für die Menschen jenes immer dauernde Pfingstfest des seelischen Zusammenstrebens. Es wird ein Symbolum werden für die dereinstige große Pfingstgemeinde, wenn die Menschheit sich in einer gemeinsamen Wahrheit zusammenfinden wird, um höheren Wesenheiten die Möglichkeit zur Verkörperung zu geben. Von den Menschen selbst wird es abhängen, wie wertvoll dadurch die Erde für die Zukunft werden wird und wie wirkungsvoll solche Ideale für die Menschheit sein können. Wenn die Menschheit in dieser rechten Weise zu der Weisheit hinstrebt, dann werden höhere Geister sich mit den Menschen verbinden.

PFINGSTEN, DAS FEST DER FREIEN INDIVIDUALITÄT

Hamburg, Pfingstsonntag, 15. Mai 1910

Ihr werdet die Wahrheit erkennen,
und die Wahrheit wird euch frei machen.

Feste lenken als Erinnerungszeichen der Zeit unsere Gedanken und Gefühle nach der Vergangenheit. Durch dasjenige, was sie bedeuten, erwecken sie in uns Vorstellungen, die uns verbinden mit allem dem, was unseren Seelen selber in Zeiten der Vergangenheit heilig war. Durch das Verständnis dessen, was in solchen Festen liegt, werden in uns aber auch andere Vorstellungen erregt, solche, die unseren Blick hinlenken nach der Zukunft der Menschheit, das heißt für uns: nach der Zukunft unserer eigenen Seele. Gefühle werden wachgerufen, die uns Begeisterung verleihen, um uns hineinzuleben in die Zeiten der Zukunft, und Ideale begeistern unseren Willen, die uns Kraft geben, um so zu wirken, daß wir unseren Aufgaben für die Zukunft immer mehr gerecht werden können.

Im tieferen Sinne des Wortes darf so, mit einem geistigen Gesicht nach vorn und nach rückwärts weisend, das Pfingstfest gekennzeichnet werden. Was dieses Pfingstfest für die Menschen des Abendlandes bedeutet, das stellt sich vor uns hin in einem gewaltigen, in einem tief ins Gemüt sprechenden Bilde. Dieses Bild kennt ja wohl ein jeder der hier Anwesenden: Der Begründer, der Stifter des Christentums weilt noch eine Weile, nachdem er das Mysterium von Golgatha vollzogen hat, unter denen, die ihn zu sehen vermögen in jener Leiblichkeit, die er nach dem Mysterium von Golgatha angenommen hat. Und dann wird uns die weitere Folge der Ereignisse in einer bedeutungsvollen Bilderreihe vor die Seele gerückt. Es löst sich auf, sichtbar in einer gewaltigen Vision für seine nächsten Bekenner, die Leiblichkeit, die der Begründer des Christentums nach dem Mysterium von Golgatha angenommen hat, in der sogenannten Himmelfahrt.

Und dann folgt nach zehn Tagen das, was uns nun gekennzeichnet wird durch ein Bild, das eine eindringliche Sprache führt für alle Herzen, die es verstehen wollen. Versammelt sind die Bekenner des Christus, versammelt die, welche ihn zuerst verstanden haben. Tief fühlen sie den gewaltigen Impuls, der durch ihn eingezogen ist in die Menschheitsentwicklung, und erwartungsvoll harrt ihre Seele nach der Verheißung, die ihnen geworden ist, der Ereignisse, die sich in diesen Seelen selbst vollziehen sollen. Versammelt sind sie mit tiefer Inbrunst, diese ersten Bekenner und Versteher des Christus-Impulses, an dem Tage des in ihren Gegenden altehrwürdigen Pfingstfestes. Und erhoben werden ihre Seelen zu höherer Anschauung, gerufen werden sie gleichsam durch das, was uns dargestellt wird als «gewaltiges Brausen», um ihr Betrachtungsvermögen nach dem hinzulenken, was da werden soll, was ihnen bevorsteht, wenn sie in immer neuen Wiederverkörperungen mit dem Feuerimpuls, den sie in ihre Herzen empfangen haben, auf dieser unserer Erde leben werden.

Und hingemalt wird vor unsere Seele das Bild der «feurigen Zungen», die sich niederlassen auf das Haupt eines jeglichen Bekenners, und eine gewaltige Vision sagt den Teilnehmenden, wie die Zukunft dieses Impulses sein wird. Denn die also versammelten und die geistige Welt im Geiste schauenden ersten Versteher des Christus fühlen sich so, als ob sie nicht sprechen würden zu denen, die in ihrer unmittelbaren Raumesnähe, in ihrer unmittelbaren Zeitennähe sind: sie fühlen ihre Herzen weit, weit hinausversetzt zu den verschiedensten Völkern des Erdkreises, und sie fühlen, wie wenn in ihren Herzen etwas lebt, was übersetzbar ist in alle Sprachen, in das Verstehen der Herzen aller Menschen. Wie umringt fühlen sich die ersten Bekenner in dieser gewaltigen Vision, die ihnen aufgeht von der Zukunft des Christentums, wie umringt von den zukünftigen Verstehern aus allen Völkern der Erde. Und sie fühlen es so, als ob sie einmal die Macht haben würden, die christlichen Verkündigungen in solche Worte zu kleiden, die nicht nur denen verständlich sind, die gerade in ihrer unmittelbaren Raumes- und Zeitennähe sind, sondern allen Menschen auf Erden, die ihnen in der Zukunft begegnen werden.

Das war es, was als ein innerer Gefühls- und Gemütsinhalt sich ergab für die ersten Bekenner des Christentums am ersten christlichen Pfingstfeste. Die Erklärungen aber, die im Sinne des wahrhaft esoterischen Christentums gegeben werden und in Bilder gekleidet wurden, sie sagen: Der Geist, der auch wohl genannt wird der Heilige Geist, der da ist, der seine Kraft zur Erde herniederschickte in der Zeit, als der Christus Jesus in die Erde hinein seinen Geist sandte, der zunächst wieder erschien, als der Jesus getauft wurde von Johannes dem Täufer, derselbe Geist in einer anderen Form, in Form vieler einzelner, leuchtend feuriger Zungen, senkte sich nieder zu den einzelnen Individualitäten der ersten christlichen Versteher.

Von diesem Heiligen Geiste wird uns im Pfingstfeste noch in einer ganz besonderen Form gesprochen. Stellen wir einmal die Bedeutung des Wortes «Heiliger Geist», wie es in den Evangelien gemeint ist, vor unsere Seele hin. Wie sprach man denn überhaupt in alten Zeiten, auch in den der christlichen Verkündigung vorangegangenen, von dem Geist?

Man sprach in alten Zeiten in vieler Beziehung vom Geist, insbesondere aber in einer Beziehung. Man hatte ja die durch unsere heutige geisteswissenschaftliche Erkenntnis wieder sich rechtfertigende Anschauung: Wenn ein Mensch durch die Geburt ins Dasein tritt, das zwischen Geburt und Tod verfließt, dann wird der Leib, in den diese Individualität sich hinein verkörpert, in zweifacher Weise bestimmt. Diese menschliche Leiblichkeit hat ja im Grunde zweierlei Aufgaben zu erfüllen. Wir sind mit unserer Leiblichkeit Menschen im allgemeinen; wir sind aber auch mit unserer Leiblichkeit vor allen Dingen Menschen dieses oder jenes Volkes, dieser oder jener Rasse oder Familie. In jenen alten Zeiten, die der christlichen Verkündigung vorangegangen waren, verspürte man noch wenig von dem, was man nennen kann: allgemeine Menschheit, von jenem Zusammengehörigkeitsgefühl, das immer mehr und mehr seit der christlichen Verkündigung in dem Menschenherzen gegenwärtig ist, und das uns sagt: Du bist Mensch mit allen Menschen der Erde! – Dagegen hatte man um so mehr von jenem Gefühl, das den einzelnen Menschen zum Angehörigen eines einzelnen Volkes oder Stammes machte.

Das haben wir ja selbst in der altehrwürdigen Hindu-Religion ausgedrückt in dem Glauben, daß ein wahrer Hindu nur der sein könne, der durch Blutsgemeinschaft ein Hindu ist. In vieler Beziehung hielten daran auch fest – obwohl sie dieses Prinzip vielfach durchbrochen hatten – die Angehörigen des althebräischen Volkes vor der Ankunft des Christus Jesus. Ein Angehöriger seines Volkes war der Mensch nach ihrer Anschauung erst dadurch, daß ein Elternpaar, das diesem Volke angehörte, das heißt blutsverwandt war, ihn hineingestellt hatte in dieses Volk.

Aber auch etwas anderes wußte man immer zu fühlen. Man war zwar in alten Zeiten bei allen Völkern immer mehr oder weniger sich fühlend wie ein Glied eines Stammes, wie ein Glied des Volkes, doch je weiter wir zurückgehen in urferne Vergangenheit, desto intensiver ist dieses Gefühl vorhanden, sich gar nicht als eine einzelne Individualität zu fühlen, sondern als Glied eines Volkes. Aber man lernte allmählich doch auch als einzelner Mensch sich fühlen, als eine einzelmenschliche Individualität mit individuellen menschlichen Eigenschaften. Das fühlte man gleichsam als die zwei Prinzipien, welche in unserer äußeren Menschlichkeit wirken: die Zugehörigkeit zum Volke und die Individualisierung als einzelner Mensch.

Nun schrieb man die Kräfte, die zu diesen zwei Prinzipien gehörten, in verschiedener Weise den beiden Eltern zu. Das Prinzip, durch das man mehr seinem Volk angehörte, durch das man sich mehr der Allgemeinheit eingliederte, schrieb man der Vererbung durch die Mutter zu. Wenn man im Sinne dieser alten Anschauungen fühlte, sagte man von der Mutter, in ihr walte der Geist des Volkes. Sie war erfüllt von dem Geist des Volkes und hat das allgemein volksmäßig Menschliche vererbt an ihr Kind. Und von dem Vater sagte man, daß er Träger und Vererber jenes Prinzipes sei, das dem Menschen mehr die individuellen, persönlichen Eigenschaften gäbe. Wenn also – auch noch im Sinne des althebräischen Volkes der vorchristlichen Zeit – ein Mensch durch die Geburt ins Dasein trat, konnte man sagen: Er ist eine Persönlichkeit, er ist eine Individualität durch die Kräfte seines Vaters. Erfüllt aber war seine Mutter durch ihre ganze Wesenheit mit dem Geist, der im Volke waltet und den sie auf das Kind übertragen hat. Von der Mutter sprach man, daß in ihr der Geist des Volkes wohne. Und in diesem Zusammenhange sprach man vorzugsweise von dem Geist, der seine Kräfte heruntersendet aus den geistigen Reichen in die Menschheit, indem er auf dem Umwege durch die Mütter in die physische Welt seine Kräfte hineinströmen läßt in die Menschheit.

Nun war aber durch den Christus-Impuls eine neue Anschauung gekommen, eine Anschauung, daß dieser Geist, von dem man früher gesprochen hat, dieser Volksgeist abgelöst werden sollte von einem ihm zwar verwandten, aber viel höher wirkenden Geist; von einem solchen Geiste, der sich verhält zu der ganzen Menschheit, wie sich der alte Geist verhalten hat zu den einzelnen Völkern. Dieser Geist sollte der Menschheit mitgeteilt werden und sie erfüllen mit der inneren Kraft, die da sagt: Ich fühle mich nicht mehr bloß angehörig einem Teile der Menschheit, sondern der ganzen Menschheit; ich bin ein Glied der ganzen Menschheit und werde immer mehr ein Glied dieser ganzen Menschheit sein! – Diese Kraft, die also ausgoß das allgemein Menschliche über die ganze Menschheit, schrieb man dem Heiligen Geist zu. So erhöhte sich der Geist, der sich aussprach in der Kraft, welche vom Volksgeist in die Mütter floß, vom Geist zum Heiligen Geist.

Derjenige, der den Menschen die Kraft bringen sollte, das allgemein Menschliche immer mehr und mehr im Erdendasein auszubilden, der konnte nur wohnen, als der erste, in einem Leibe, der vererbt war im Sinne der Kraft des Heiligen Geistes. Dies aber empfing als Verkündigung die Mutter des Jesus. Und im Sinne des Matthäus-Evangeliums hören wir, wie bestürzt Joseph ist – von dem uns gesagt wird, er sei ein frommer Mann, das heißt aber im Sinne des alten Sprachgebrauches: ein solcher, der nur glauben konnte, wenn er einmal ein Kind haben werde, dann werde es herausgeboren sein aus dem Geiste seines Volkes –, als er erfährt: die Mutter seines Kindes ist erfüllt, ist durchdrungen – denn so hat das Wort seine richtige Bedeutung in unserem Sprachgebrauche – von der Kraft eines Geistes, der nicht bloß Volksgeist ist, sondern der Geist der allgemeinen Menschheit! Und er glaubt nicht, daß er mit einer Frau Gemeinschaft haben könnte, die ihm ein Kind gebären könnte, das in sich trägt den Geist der ganzen Menschheit und nicht den Geist, zu dem er in seiner Frömmigkeit gehalten hat. Da wollte er sie denn, wie gesagt wird, «heimlich verlassen». Und erst nachdem ihm auch aus den geistigen Welten eine Mitteilung gegeben worden war, die ihm Kraft gab, konnte er sich entschließen, einen Sohn zu haben von jener Frau, die durchdrungen und erfüllt war von der Kraft des Heiligen Geistes.

Dieser Geist ist also schöpferisch betätigt, indem er mit der Geburt des Jesus von Nazareth seine Kräfte einfließen läßt in die Menschheitsentwicklung. Und er ist weiter betätigt bei jenem gewaltigen Akt der Johannestaufe am Jordan. Nun verstehen wir, was die Kraft des Heiligen Geistes ist: Es ist die Kraft, welche den Menschen immer mehr und mehr erheben soll von allem, was ihn differenziert und absondert, zu dem, was ihn zu einem Glied der ganzen, die Erde erfüllenden Menschheit macht, was als Seelenband wirkt von einer jeglichen Seele zu einer jeden anderen Seele, ganz gleichgültig, in welchem Leibe sie wohnt.

Von diesem selben Heiligen Geist aber wird uns gesagt, daß er es ist, der nun durch eine andere Offenbarung am Pfingstfeste einströmt in die Individualitäten der ersten Versteher des Christentums. Bei der Johannestaufe steht vor uns das Bild des Geistes in der Taube. Jetzt aber tritt ein anderes Bild auf: das Bild der feurigen Zungen. Eine Taube ist es, eine einheitliche Gestalt, in der sich der Heilige Geist bei der Johannestaufe manifestiert; in vielen einzelnen Zungen manifestiert er sich am Pfingstfest! Und jede der einzelnen Zungen ist inspirierend für die Individualitäten, für eine jegliche Individualität der ersten Bekenner des Christentums. Als was steht denn also dieses Pfingstsymbol vor unserer Seele?

Nachdem der Träger des menschlichen Allgemeingeistes auf der Erde gewirkt hat, nachdem der Christus die letzten Hüllen hat zerfließen lassen ins Allgemeine, nachdem als Einheit aufgegangen ist die einheitliche Hüllennatur des Christus im geistigen Erdendasein, da ist erst die Möglichkeit gegeben, daß aus den Herzen der Versteher des Christus-Impulses hervorgeht die Möglichkeit, zu sprechen von diesem Christus-Impuls, zu wirken im Sinne dieses Christus-Impulses. Untergegangen ist der Christus-Impuls, insofern er sich in äußeren Hüllen manifestiert hat, in der einheitlichen geistigen Welt durch die Himmelfahrt; wieder aufgetaucht ist er zehn Tage danach aus den Herzen der einzelnen Individualitäten heraus, der ersten Versteher. Und dadurch, daß derselbe Geist, der gewirkt hat in der Kraft des Christus-Impulses, in vielfacher Gestalt wiedererschienen ist, dadurch wurden die ersten Bekenner des Christentums die Träger und Verkünder der Christus-Botschaft, damit an den Beginn der christlichen Entwicklung das gewaltige Wahrzeichen setzend, das uns sagen kann: So wie die ersten Bekenner – ein jeder – den Christus-Impuls aufgenommen haben, aufnehmen durften als die ihre eigenen Seelen inspirierenden feurigen Zungen, so könnt ihr Menschen alle, wenn ihr euch bemüht, den Christus-Impuls zu verstehen, die Kräfte individualisieren, den Christus-Impuls aufnehmen in eure Herzen, Kräfte aufnehmen, die euch wirken lassen im Sinne dieses Impulses immer vollkommener und vollkommener.

Eine umfassende Hoffnung kann uns erquellen aus diesem Wahrzeichen, das damals an den Ausgangspunkt des Christentums gesetzt worden ist. Und der Mensch kann fühlen, je mehr er sich vervollkommnet, daß der Heilige Geist aus seinem eigenen Innern in dem Maße spricht, als das Denken, Fühlen und Wollen des Menschen durchdrungen ist von diesem Heiligen Geist, der durch seine Spaltung, seine Vermannigfaltigung ein individueller Geist auch ist in jeder einzelnen Menschenindividualität. Dadurch ist dieser Heilige Geist für uns Menschen in bezug auf unsere Zukunftsentwicklung der Geist der Entwicklung zum freien Menschen, zur freien Menschenseele. Der Geist der Freiheit waltet in dem Geist, der sich ausgegossen hat über die ersten Versteher des Christentums am ersten christlichen Pfingstfest, der Geist, dessen bedeutsamste Eigenschaft von dem Christus Jesus selber angedeutet wird:

«Ihr werdet die Wahrheit erkennen, und die Wahrheit wird euch frei machen!»

Frei werden kann der Mensch nur im Geiste. Solange er abhängig ist von dem, worin sein Geist als in seiner Leiblichkeit wohnt, so lange bleibt er ein Sklave dieser Leiblichkeit. Frei werden kann er nur, wenn er sich im Geiste wiederfindet und aus dem Geiste heraus Herr wird über das, was in ihm ist. Frei werden setzt voraus: sich als Geist finden in sich selber. Der wahre Geist, in dem wir uns finden können, ist der allgemeine Menschengeist, den wir als die in uns pfingstlich einziehende Kraft des Heiligen Geistes erkennen, den wir in uns selber gebären müssen, zur Erscheinung kommen lassen müssen. So verwandelt sich für uns das Pfingstsymbol in unser gewaltigstes Ideal der freien Entwicklung der Menschenseele zu einer in sich geschlossenen freien Individualität.

Das haben selbst diejenigen mehr oder weniger dunkel gefühlt, die gar nicht einmal aus ihrem deutlichen Bewußtsein heraus, sondern aus einer Inspiration heraus etwas zu tun gehabt haben mit der Einsetzung des Pfingstfestes an einem bestimmten Tag des Jahres. Merkwürdig tief ist doch selbst diese äußere Festsetzung der Festtage; und der versteht wenig von der Welt, der nicht spüren kann die waltende Weisheit selbst in der Festsetzung solcher Festtage. Nehmen wir die drei Feste: das Weihnachtsfest, das Osterfest und das Pfingstfest. Weihnachten fällt als ein christliches Fest auf einen ganz bestimmten Tag des Jahres. Es ist festgesetzt ein für allemal auf den bestimmten Tag des Dezembers. In jedem Jahre feiern wir das Weihnachtsfest an diesem selben Tage. Anders ist das beim Osterfest. Ostern ist ein bewegliches Fest, welches bestimmt wird durch die Konstellationen am Himmel: Am ersten Sonntag nach dem Vollmond, der auf die Frühlings-Tagundnachtgleiche folgt, ist Ostern. Dazu muß der Mensch den Blick hinausrichten in Himmelsweiten, wo die Sterne ihre Bahn gehen und uns aus Himmelsweiten hereinverkünden die Gesetze der Welt. Ein bewegliches Fest ist Ostern, wie in der einzelnen Menschenindividualität beweglich ist der Zeitpunkt, an dem aufwacht die Kraft des höheren Menschen mit einem höheren Bewußtsein, um frei zu werden von der gewöhnlichen niederen Menschlichkeit. So wie in dem einen Jahre das Osterfest an diesem Tage, in einem anderen Jahr an jenem Tage stattfindet, so wird bei dem einzelnen Menschen, je nach seiner Vergangenheit und der Kraft seines Strebens, der Zeitpunkt früher oder später kommen, wo er sich bewußt wird: Ich kann in mir die Kraft finden, einen höheren Menschen aus mir erstehen zu lassen!

Das Weihnachtsfest aber ist ein unbewegliches Fest. Das ist jenes Fest, da der Mensch über seinen Jahreslauf hat hingehen lassen Aufblühen und Verblühen der Natur, alle Freuden der quellenden und strömenden Naturkräfte. Da sieht der Mensch das Erdendasein im Schlafzustande, wo es in sich hinuntergenommen hat die Kraft der Keime; zurückgezogen hat sich die äußere Natur mit allem, was in ihr an Quellkräften liegt. Wo die äußere Sinnenwelt am wenigsten sieht an Offenbarungen dieser Quellkräfte, wo die Erde selber zeigt, wie sich in einer bestimmten Zeit die geistigen Kräfte zurückziehen, um sich zu sammeln für ein nächstes Jahresdasein, wo die äußere Natur am meisten schweigt, da soll der Mensch am Weihnachtsfest in sich den Gedanken rege werden lassen, daß es für ihn eine Hoffnung gibt: daß er nicht nur vereint ist mit den Kräften der Erde, die jetzt in der Weihnachtszeit schweigen, sondern daß er mit denjenigen Kräften vereint ist, welche niemals schweigen, mit Kräften, die nicht bloß auf der Erde, sondern in geistigen Reichen wohnen. Diese Hoffnung soll in seiner Seele aufgehen, da er die Erde gleichsam hat einschlafen sehen. Aus dem tiefsten Innern der Seele selber soll diese Hoffnung quellen, und geistig Licht soll es werden, wo es am finstersten ist in der äußeren physischen Natur. Da soll sich der Mensch durch das Wahrzeichen des Weihnachtsfestes erinnern, daß er an seinen Erdenleib mit seinen Ich-Kräften zunächst ebenso gebunden ist, wie das, was an Offenbarungen um ihn herum ist, gebunden ist an den Erdenlauf während des Jahres. Mit dem Einschlafen der Erde, das jedes Jahr zum selben Zeitpunkt erfolgt, ist das Weihnachtsfest auf den gleichen Zeitpunkt angesetzt: an denjenigen, wo der Mensch sich erinnern soll, daß er an einen

Leib gebunden, aber nicht dazu verurteilt ist, mit diesem Leib allein vereinigt zu sein, sondern daß er in sich die Hoffnung schöpfen darf, die Kraft zu finden, um in sich selber eine freie Seele zu werden. Was wir in der Bedeutung des Weihnachtsfestes erkennen, soll uns so erinnern an unsere Verbindung mit dem Leib und an unsere Anwartschaft, uns zu befreien von diesem Leib.

Von unserem Streben aber hängt es ab, ob wir früher oder später die Kräfte zur Entfaltung bringen, auf die wir hoffen dürfen, und die uns wieder hinauf lenken zum Geistigen, zu den Himmeln. Das zu denken, soll uns das Wahrzeichen des Osterfestes bringen.

Das Osterfest soll uns erinnern, daß wir nicht nur die Kräfte zur Verfügung haben, die uns aus unserem Leib werden, und die ja auch göttlich-geistige Kräfte sind, sondern es soll uns erinnern, daß wir uns als Menschen erheben können über die Erde. Daher ist es das Osterfest, das uns erinnert an jene Kraft, die früher oder später in uns zum Erwachen gebracht wird. Das Osterfest ist beweglich festgesetzt worden nach den Konstellationen am Himmel. Der Mensch muß die Erinnerung an das, was er sein kann, dadurch wachrufen, daß er den Blick hinaufrichtet an den Himmel, um zu sehen, wie er befreit werden kann von allem Erdendasein und sich über alles Erdendasein erheben kann.

In dem, was uns als solche Kraft zukommt, liegt die Möglichkeit unserer inneren Freiheit, unserer inneren Befreiung. Wenn wir in uns fühlen, daß wir über uns selber uns erheben können, dann werden wir streben, diese Erhebung wirklich zu erreichen. Dann werden wir unseren inneren Menschen frei machen wollen, gleichsam losreißen von seiner Gebundenheit an den äußeren Menschen. Dann werden wir in unserem äußeren Menschen zwar wohnen, aber uns voll bewußt werden der innerlichen geistigen Kraft des inneren Menschen. Und von dem Zeitpunkt, wo wir gewahr geworden sind, daß wir uns befreien können, von diesem innerlichen Osterfest hängt es dann ab, ob wir auch die Pfingstzeit erreichen, wenn wir den Geist, der sich in sich selber gefunden hat, jetzt erfüllen mit einem Inhalt, der nicht von dieser Welt ist, sondern der aus den geistigen Welten ist. Dieser Inhalt aus den geistigen Welten allein kann uns frei machen. Er ist die geistige Wahrheit, von der Christus sagt:

«Ihr werdet die Wahrheit erkennen, und die Wahrheit wird euch frei machen!»

Darum ist das Pfingstfest abhängig von dem Osterfest. Es ist eine Folge des Osterfestes: das Osterfest, festgesetzt nach den Konstellationen am Himmel, das Pfingstfest etwas, was wie eine notwendige Wirkung nach einer bestimmten Anzahl von Wochen auf das Osterfest folgen muß.

So sehen wir bei tieferem Nachdenken selbst in der Festsetzung der Zeiten für diese Feste waltende Weisheit. Wir sehen, daß mit Notwendigkeit diese Feste gerade so im Jahreslauf festgesetzt sind, und daß sie uns mit jedem neuen Jahr vorführen, was wir als Menschen gewesen sind, sind und werden können. Wenn wir in dieser Weise zu denken verstehen über diese Feste, dann werden sie uns als Feste, die uns mit allem Vergangenen verbinden, etwas, was als Impuls in die Menschheit gelegt ist, damit wir vorwärtskommen. Besonders das Pfingstfest, wenn wir es so verstehen, stattet uns mit Zuversicht, mit Kraft und Hoffnung aus, wenn wir wissen, was wir werden können in unseren Seelen, indem wir Nachfolger derjenigen werden, die durch ihr erstes Verstehen des Christus-Impulses sich würdig gemacht haben, die feurigen Zungen über sich ergießen zu lassen. Die Anwartschaft auf Empfängnis des Heiligen Geistes zaubert sich vor unser geistiges Auge hin, wenn wir das Pfingstfest als ein Zukunftsfest zugleich verstehen. Aber dann müssen wir auch dieses Pfingstfest in wahrhaft christlichem Sinne verstehen lernen. Dann müssen wir verstehen lernen, was zunächst die gewaltigen Zungen, die gewaltigen Pfingstinspirationen sprachen.

Was entrang sich als eherne Töne dem «Brausen», das vor sich ging nach jenem Bilde, das uns als das Pfingstbild des ersten christlichen Pfingstfestes vor die Seele gestellt wird? Was waren das für Stimmen, die in einer wunderbaren Sphärenharmonie sagten: Empfunden habt ihr die Kraft des Christus-Impulses, ihr ersten Versteher! Und die Kraft des Christus ist so in euch eine Kraft der eigenen Seele geworden, daß jede einzelne Seele fähig geworden ist, nach dem Ereignis von Golgatha den Christus in Gegenwart zu schauen. So stark hat auf jeden einzelnen von euch der Christus-Impuls gewirkt!

Der Christus-Impuls ist aber ein Impuls der Freiheit. Was er wirkt im wahrsten Sinne des Wortes, das zeigt sich nicht, wenn er wirkt außerhalb der menschlichen Seele. Die wahre Wirkung des Christus-Impulses tritt erst auf, wenn er in der individuellen Menschenseele selber wirksam wird. Und die ersten Versteher des Christus fühlten sich durch das Pfingstereignis berufen, zu verkündigen, was in ihrer eigenen Seele war, was sich ihnen offenbarte in ihren Offenbarungen und Inspirationen der eigenen Seele als der Inhalt der Christus-Lehre. Christus gab diese Kraft, in der eigenen Seele aufgehen zu lassen das Wort, das sie als christliche Botschaft verkündigen sollten. Indem sie sich bewußt wurden: der Christus-Impuls hat gewirkt in jener heiligen Vorbereitung, die sie gepflogen haben vor dem Pfingstfest, fühlten sie sich berufen durch die Kraft des in ihnen wirksamen Christus-Impulses, die feurigen Zungen, den individualisierten Heiligen Geist in sich selber sprechen zu lassen und hinzugehen und zu verkündigen die Botschaft des Christus.

Nicht etwa bloß das, was der Christus ihnen gesagt hat, nicht allein diejenigen Worte, welche der Christus gesprochen hatte, erkannten sie an, die so den Sinn des Pfingstereignisses verstanden, sondern das erkannten sie an als Christus-Worte, was aus der Kraft einer Seele kommt, die den Christus-Impuls in sich fühlt. Darum ergießt sich der Heilige Geist als ein individualisierter in jede einzelne Menschenseele, die in sich die Kraft entwickelt, den Christus-Impuls zu fühlen. Und dann wird das Wort neu für eine solche Seele:

«Ich bin bei euch alle Tage bis ans Ende der Welt!»

Dann dürfen diejenigen, welche sich ernstliche Mühe geben, den Christus-Impuls zu verstehen, sich auch berufen fühlen, durch die Anregungen, die der Christus-Impuls in ihren Herzen wirkt, das Wort des Christus zu verkünden, und klänge es auch immer neu, klänge es auch immer anders in jeglicher Epoche der Menschheit.

Nicht, damit wir festhalten an den wenigen Worten der Evangelien, die in dem ersten Jahrzehnt der Begründung des Christentums gesprochen worden sind, ist der Heilige Geist herniedergegossen worden, sondern darum ist er ergossen worden, daß immer Neues und Neues die Botschaft des Christus erzählen kann. Je nachdem die Menschenseelen von Epoche zu Epoche, von Inkarnation zu Inkarnation vorschreiten, muß immer Neues für die Menschenseele gesagt werden. Oder sollten die Seelen, die fortschreiten von Inkarnation zu Inkarnation, darauf angewiesen sein, immer dieselben Worte als Christus-Verkündigung zu hören, welche damals gesprochen worden sind, als diese Seelen in Leibern verkörpert waren, die Zeitgenossen der zeitlichen Erscheinung des Christus auf der Erde waren? Dem Christus-Impuls wohnt die Kraft inne, zu allen Menschen bis ans Ende des Erdenzyklus' zu sprechen.

Dazu mußte aber kommen, was es möglich machte, daß die Botschaft des Christus in jeder Epoche in einer entsprechenden Weise für die wieder vorgerückten Menschenseelen verkündet werden kann. Und wenn wir die ganze Kraft und Gewalt des Pfingstimpulses fühlen, dann sollen wir fühlen, daß wir verpflichtet sind, hinzuhören auf das Wort: «Ich bin bei euch alle Tage bis an das Ende der Erdenentwicklung!» Wenn ihr euch erfüllt mit dem Christus-Impuls, könnt ihr das Wort, das angeregt worden ist durch den Stifter bei der Begründung des Christentums, forthören durch alle Epochen, das Wort, das der Christus spricht zu allen Zeiten, weil er bei den Menschen ist zu allen Zeiten, hörbar für die, welche ihn hören wollen.

So fassen wir die Kraft des Pfingstimpulses auf als etwas, was uns ein Recht gibt, das Christentum als ein immer wachsendes anzusehen, das uns immer neue Offenbarungen gibt. Wir, die wir uns bewußt sind, mit der heutigen Geisteswissenschaft die aus den geistigen Chören zu uns dringenden Christus-Worte selber zu verkünden, wir sagen denen, die das Christentum in seiner ursprünglichen Form konservieren wollen: Wir sind diejenigen, welche den Christus in Wahrheit verstehen, denn wir verstehen den eigentlichen Sinn des Pfingstfestes.

Wenn wir uns so berufen fühlen, aus dem Christentum immer neue Weistümer zu holen, dann holen wir eben jene Weistümer hervor, welche der sich von Inkarnation zu Inkarnation fortentwickelnden Seele gemäß sind.

Das Christentum ist von unendlicher Fülle und von unendlichem Reichtum; aber die Menschen waren nicht immer von unendlicher Fülle und Reichtum in den Jahrhunderten, in denen das Christentum zuerst verkündet werden mußte. Welche Vermessenheit wäre es, heute zu sagen: Die Menschheit ist schon reif, das Christentum zu verstehen in seiner unendlichen Fülle und seiner unendlichen Größe! – Einzig und allein das ist die wahre christliche Demut, welche sagt: Der Umfang der christlichen Weisheit ist ein unendlicher, aber die Aufnahmefähigkeit der Menschen für diese Weisheit war zunächst eine beschränkte, aber sie wird immer vollkommener und reifer werden.

Schauen wir hin auf die ersten christlichen Jahrhunderte, ja bis sogar in unsere Zeit hinauf. Ein großer, gewaltiger Impuls, der größte, der während der Erdenentwicklung der Menschheit gegeben worden ist, ist mit dem Christus-Impuls gegeben worden. Das kann sich jeder, der die Erdenevolution in ihren Grundgesetzen erkennen lernt, zum Bewußtsein bringen. Aber eines sollte dabei nicht vergessen werden: Das wenigste von dem, was der Christus-Impuls enthält, ist heute schon verstanden. In den fast zwei Jahrtausenden der christlichen Entwicklung konnte das, was in dem esoterischen Christentum gegeben ist – was aber nur für diejenigen, denen das Christentum gebracht worden ist, eine verborgene Lehre werden konnte –, nicht dem äußeren exoterischen Leben einverleibt werden. Einverleibt werden konnte beispielsweise das nicht, was in der heutigen Epoche als eine christliche Wahrheit verkündet werden kann: die Wiederverkörperung des Menschen oder die Reinkarnation. Und wenn wir heute die Reinkarnation verkünden, sind wir uns eben in dem Sinne, wie wir heute den Sinn des Pfingstfestes charakterisiert haben, dessen bewußt, daß die Reinkarnation eine christliche Wahrheit ist, die heute den reifer gewordenen Menschenseelen auch exoterisch verkündet werden kann, aber nicht verkündet werden konnte den unreifen Seelen in den ersten Jahrhunderten der christlichen Verkündigung.

Damit ist noch wenig getan, daß wir an einzelnen Stellen zeigen: im Christentum ist der Gedanke der Reinkarnation auch enthalten. Von allen Gegnern der Geisteswissenschaft, die sich Christen nennen, kann man lernen, wie wenig man in dem exoterischen Christentum von der Reinkarnation weiß. Das einzige, was man weiß: Die Geisteswissenschaft lehrt so etwas wie eine Wiederverkörperung – das genügt den Leuten, um zu sagen: Das ist eine indische oder buddhistische Lehre! – Man weiß nicht, daß heute der lebendige Christus aus den geistigen Welten heraus der lebendige Lehrer der Reinkarnation ist. Man glaubt, daß nur alte, konservierte Lehren der Menschheit mitgeteilt werden sollen. Reinkarnation und auch die Lehre vom Karma – die uns in den nächsten Tagen beschäftigen werden – sind etwas, was ins exoterische Christentum bisher nicht hat eindringen können. Stückweise, in einzelnen Teilen, mußte der Menschheit erst nach und nach die Fülle der Wahrheit beigebracht werden, die im Christentum liegt.

Aber mit dem Christus-Impuls selber, der nicht eine Lehre oder eine Doktrin ist, sondern eine Kraft, die im Innersten der Seele erlebt werden muß, mit diesem Impuls selber ist etwas gegeben. Gerade wenn wir den Christus-Impuls in Zusammenhang bringen mit der Lehre von der Reinkarnation, können wir verstehen, was in ihm gegeben ist. Wir wissen, daß nur wenige Jahrhunderte vor der Entstehung des Christentums mehr im Osten eine eigentliche Lehre gegeben worden ist: die Lehre des großen Buddha. Und während die Kraft und der Impuls des Christentums sich ausgebreitet hat von Vorderasien nach dem Westen, hat der Osten gesehen eine weitgehende Ausbreitung des Buddhismus. Von diesem aber wissen wir, daß er in sich birgt die Lehre von der Reinkarnation. Aber wie birgt er sie in sich?

Der Buddhismus stellt sich dar für den, der die Tatsachen kennt, als ein letztes Produkt von Lehren und Offenbarungen, die ihm vorangegangen sind. Daher enthält er alle Größe der Urzeit in sich. Dennoch stellt er etwas dar wie eine letzte Konsequenz der

Urweisheit der Menschheit, in der auch enthalten war die Lehre von Reinkarnation. Aber wie kleidet der Buddhismus sie in seine Offenbarungen? So, daß der Mensch hinsieht auf Inkarnationen, die er durchgemacht hat, hinsieht auf Inkarnationen, die er noch durchzumachen hat. Es ist eine ganz exoterische Lehre für den Buddhismus, daß der Mensch sich durch Inkarnationen hindurchlebt. Man rede nicht von einer abstrakten Gleichheit aller Religionen! In Wahrheit sind hohe, gewaltige Unterscheidungen doch gegeben, wie zum Beispiel zwischen dem Christentum, das durch Jahrhunderte hindurch keinen Gedanken an Reinkarnation hegte, und dem exoterischen Buddhismus, der lebte und webte in diesen Gedanken. Da darf man nicht abstrakt Dinge zusammenstellen, sondern man muß anerkennen die Welt der Wirklichkeit. Eine Gewißheit ist es für den Buddhismus, daß der Mensch immer wiederkehren wird auf die Erde. Aber der Buddhist sieht so darauf hin, daß er sich sagt: Bekämpfe den Drang, in diese Inkarnationen zu kommen, denn deine Aufgabe ist, dich so bald als möglich frei zu machen von dem Durst nach Durchgang in den Inkarnationen und zu leben in der Befreiung von allen irdischen Inkarnationen in einem geistigen Reiche!

So sieht der Buddhismus auf die menschlichen Inkarnationen hin, die aufeinander folgen werden; aber er ist bestrebt, sich so viel als möglich Kräfte anzueignen, um sich diesen Inkarnationen so bald als möglich zu entziehen. Etwas hat der Buddhismus nicht, und das zeigt die exoterische Lehre. Er hat das nicht in sich, was man einen Impuls nennen kann, der so stark ist, daß er immer vollkommener in uns werden kann, so daß der Buddhist sich sagen könnte: Es mögen nur die Inkarnationen kommen. – Wir können durch den Christus-Impuls uns so gestalten, daß wir immer mehr aus den Erfahrungen und Erlebnissen innerhalb dieser Inkarnationen heraussaugen. Wir erhalten durch den Christus-Impuls eine Kraft, die diesen Inkarnationen einen immer erhöhten Inhalt geben kann. Durchdringt den Buddhismus – oder was in ihm die wahre Lehre der Reinkarnation ist – mit dem Christus-Impuls, und ihr habt ein neues Element, das der Erde einen neuen Sinn gibt in der Menschheitsentwicklung!

Auf der anderen Seite das Christentum: den Christus-Impuls

hat das Christentum auch als etwas Exoterisches. Aber wie hat es in den verflossenen Jahrhunderten diesen Impuls gehabt? Gewiß sieht der exoterische Christ darin etwas unendlich Vollkommenes, was in ihm selber leben soll als das große Ideal, dem er sich immer mehr und mehr annähert. Aber welche Vermessenheit wäre es für den Christen, zu denken, daß er in einer Inkarnation irgendwelche Kräfte haben kann, um den Keim zur Entwicklung zu bringen, der angefeuert werden kann durch den Christus-Impuls! Welche Vermessenheit wäre es für den exoterischen Christen, zu glauben, daß wir imstande wären, etwas Ausreichendes zu tun, um den Christus-Impuls in einem Leben zur Entfaltung zu bringen! Daher wird der exoterische Christ sagen: Wir gehen eben durch die Todespforte; dann werden wir im geistigen Reiche die Gelegenheit haben, uns weiter zu entwickeln und dort den Christus-Impuls weiter zur Entfaltung zu bringen. – So schließt der exoterische Christ an den Tod ein geistiges Leben an, von dem er nicht wieder zurückkehrt zur Erde. Versteht ein exoterischer Christ, der da glaubt, daß sich ein Dasein in einem geistigen Reiche anschließt dem Leben auf der Erde, versteht er den Christus-Impuls? Er versteht ihn nicht! Denn würde er ihn verstehen, so würde er niemals glauben, daß er dasjenige, was der Christus-Impuls ihm geben soll, sich in einem geistigen Leben erringen kann, das an den Tod – ohne eine Wiederkehr zur Erde – sich anschließt.

Damit die Tat auf Golgatha geschehen konnte, damit dieser Sieg über den Tod erreicht werden konnte, mußte der Christus selber in dieses Erdenleben herabsteigen, und zwar mußte er es, um etwas zu vollbringen, was nur auf unserer Erde erfahren und erlebt werden kann. Deshalb ist der Christus auf die Erde herabgekommen, weil die Kraft der Tat des Mysteriums von Golgatha wirken mußte auf die Menschen im physischen Leibe. Daher kann auch nur auf Menschen im physischen Leibe zunächst die Christus-Kraft wirken. Und wenn der Mensch im physischen Leibe die Kraft des Mysteriums von Golgatha empfangen hat, dann kann dieser Impuls weiter wirken, wenn der Mensch durch die Pforte des Todes geht. Aber nur so viel, als der Mensch im Leben zwischen Geburt und Tod von dem Christus-Impuls aufgenommen hat, wird sich durch diesen Impuls bei ihm vervollkommnen. Eine Vervollkommnung des Aufgenommenen muß sich der Mensch erringen, wenn er wieder auf die Erde zurückkehrt. Und nur in den aufeinanderfolgenden späteren Erdenleben kann der Mensch verstehen lernen, was im Christus-Impuls lebt. Nimmermehr könnte der Mensch den Christus-Impuls verstehen, wenn er nur einmal lebte; sondern dieser Impuls muß uns durch wiederholte Erdenleben führen, weil die Erde die Stätte ist zum Verständnis und zum Erleben des Mysteriums von Golgatha.

So ist das Christentum nur verständlich, wenn man den vermessenen Gedanken, man könnte den Christus-Impuls in *einer* Inkarnation ausleben, ersetzt durch den anderen: daß nur durch die wiederholten Erdenleben der Mensch sich so vervollkommnen kann, daß er in sich das Christus-Ideal auszuleben vermag. Dann kann er das, was er daran erlebt hat, hinaufbringen in die geistige Welt. Aber nur so viel kann er hinaufbringen, als er auf der Erde von jenem Impuls begriffen hat, der gerade auf der Erde selber vollbracht werden mußte als der wichtigste Inhalt alles Erdengeschehens.

So sehen wir, daß das nächste Stück, das aus den geistigen Offenbarungen zu dem Christentum hinzugefügt werden muß, ein aus dem Christentum herausgeborener Gedanke der Wiederverkörperung ist. Wenn wir dies verstehen, werden wir einsehen, was für uns auf dem Gebiet der Geisteswissenschaft heute das Bewußtsein bedeutet, das wir uns aus der Pfingstoffenbarung heraus bilden. Es bedeutet für uns die Rechtfertigung dessen, daß wir auf die Offenbarung hören dürfen, daß wir empfinden können eine Erneuerung der Offenbarung jener Kraft, die in den feurigen Zungen lag, die sich auf die ersten Versteher des Christus niederließen. Manches von dem, was in den letzten Zeiten in unserer Bewegung gesagt worden ist, kann heute erneut vor unsere Seele treten. Es nimmt sich aus wie ein Zusammenbringen von Orient und Okzident, von den zwei gewaltigen Offenbarungen des Christentums und des Buddhismus. Wir sehen sie zusammenfließen im Geistigen. Und das richtige Verständnis des christlichen Pfingstgedankens gibt uns die Möglichkeit, das Zusammenfließen dieser zwei größten Religionen zu rechtfertigen, die gegenwärtig auf dem Erdenrund sind. Aber nicht bloß durch äußere Impulse kann man zwei solche Offenbarungen zusammenbringen; das bliebe nur Theorie. Wer etwa nehmen wollte, was das Christentum bis jetzt geboten hat, und was der Buddhismus bis jetzt geboten hat, und beides zusammenschweißen wollte zu einer neuen Religion, der brächte nicht einen neuen Seeleninhalt für die Menschheit zustande, sondern nur eine abstrakte Theorie, die keines Menschen Seele erwärmen könnte. Wenn so etwas geschehen soll, müssen neue Offenbarungen geschehen. Und das ist für uns das, was als die Verkündigung der Geist-Erkenntnis ertönt, heute zwar nur erst vernehmbar für die, die in geisteswissenschaftlicher Schulung sich reif gemacht haben, den Christus in sich sprechen zu lassen, der bei uns ist bis ans Ende der Erde. Aber hingedeutet ist worden, daß wir in einer wichtigen Zeit der Menschheitsentwicklung sind: daß noch vor dem Ablauf dieses Jahrhunderts neue Kräfte sich in der Menschenseele entwickeln, welche den Menschen dazu führen werden, eine Art ätherischen Hellsehens zu entwickeln, wodurch sich für gewisse Menschen wie durch eine natürliche Entwicklung das Ereignis, das Paulus vor Damaskus erlebt hat, erneuern wird, so daß der Christus für die erhöhten geistigen Kräfte des Menschen wiederkommen wird in einem ätherischen Gewande. Dessen, was Paulus sah vor Damaskus, werden immer mehr und mehr Seelen teilhaftig werden. Und dann wird man wahrnehmen in der Welt, daß Geisteswissenschaft etwas ist, was wie die vorherverkündigte Offenbarung einer erneuerten und metamorphosierten Wahrheit des Christus-Impulses da sein wird. Verstehen werden nur diejenigen diese neue Offenbarung, welche da glauben, daß der frische Strom des geistigen Lebens, in das sich einmal – untrennbar für alle Zeiten – der Christus hineinergossen hat, lebendig bleiben wird für alle Zeiten. Wer das nicht glauben will, mag verkündigen ein altgewordenes Christentum. Wer aber an das wirkliche Pfingstereignis glaubt und es versteht, der wird sich auch zum Bewußtsein bringen, daß das, was mit der christlichen Verkündigung begonnen hat, immer weiter und weiter sich entwickeln wird, in immer neuen und neuen Tönen zur Menschheit sprechen wird, daß immer da sein werden die individualisierten Seelenwelten des Heiligen Geistes, die feurigen Zungen, und daß in immer erneutem Feuer und Impuls die menschliche Seele den Christus-Impuls wird erleben und ausleben können.

An die Zukunft des Christentums können wir glauben, wenn wir den Pfingstgedanken in Wahrheit verstehen. Und dann tritt vor uns mit einer Kraft, die wie eine in der Seele gegenwärtige Kraft selber wirkt, das gewaltige Bild. Dann fühlen wir die Zukunft, wie die ersten Versteher unter der Inspiration des Heiligen Geistes die Zukunft gefühlt haben, wenn wir willens sind, etwas in unseren Seelen lebendig zu machen, was keine Grenzen kennt, die einzelnen menschlichen Teilen gezogen sind, und was eine Sprache führt, die über die ganze Erde hin alle Seelen verstehen können. Wir fühlen den Friedens-, den Liebes-, den Harmoniegedanken, der in dem Pfingstgedanken liegt. Und wir fühlen diesen Pfingstgedanken belebend unser Pfingstfest. Wir fühlen, daß er ein Unterpfand ist für unsere Hoffnung auf Freiheit und Ewigkeit.

Weil wir den Geist individualisiert erwachen fühlen in unserer Seele, erwacht in uns die bedeutendste Eigenschaft des Geistes: die Unendlichkeit des Geistigen. In der Teilnahme am Geistigen kann der Mensch sich bewußt werden seiner Unsterblichkeit und seiner Ewigkeit. Und wir fühlen im Pfingstgedanken so recht die Gewalt jener uralten Worte, die Eingeweihter auf Eingeweihter in den verschiedenen Sprachen weiter verpflanzt haben, und die uns den Sinn von Weisheit und Ewigkeit offenbaren. Wir fühlen sie wie einen Pfingstgedanken, der von Epoche zu Epoche überliefert worden ist, in den Worten, die erst heute exoterisch erklingen können, um von der ganzen Menschheit verstanden zu werden:

Wesen reiht sich an Wesen in Raumesweiten,
Wesen folgt auf Wesen in Zeitenläufen.
Verbleibst du in Raumesweiten, im Zeitenlaufe,
So bist du, o Mensch, im Reiche der Vergänglichkeiten.
Über sie aber erhebt deine Seele sich gewaltiglich,
Wenn sie ahnend oder wissend schaut das Unvergängliche,
Jenseits der Raumesweiten, jenseits der Zeitenläufe.

WELTEN-PFINGSTEN

DAS CHRISTUS-MYSTERIUM UND DAS PFINGSTGEHEIMNIS

Kristiania (Oslo), 17. Mai 1923

Wenn man in der Entwicklungsgeschichte der Menschheit zurücksieht, so fallen einem größere und geringere Ereignisse auf, die in das Leben der ganzen Menschheit eingegriffen haben. Das größte von allen diesen Ereignissen ist dasjenige, welches wir bezeichnen als das Mysterium von Golgatha, durch welches das Christentum in die Menschheitsentwicklung eingegriffen hat. Dieses Mysterium von Golgatha ist in der Zeit, in der es geschehen ist, ganz anders verstanden worden als in späteren Zeiten, und in unserer Zeit muß es wiederum neu verstanden und begriffen werden. Dieses Mysterium von Golgatha richtig im Sinne unserer Zeit zu verstehen, ist die Aufgabe der Anthroposophie.

Wir müssen uns in ältere Zeiten zurückversetzen, in denen die Menschen ein ganz anderes Bewußtsein hatten als heute. Wenn wir uns drei, vier Jahrtausende zurückversetzen, hatten die Menschen ein instinktives Bewußtsein davon, daß sie, bevor sie heruntergestiegen sind auf die Erde in einen physischen Körper hinein, in der geistigen Welt gelebt haben. Jeder Mensch wußte dazumal, daß ein seelisch-geistiges Wesen in seinem Innern ist, das von den göttlichen Mächten in das Erdendasein heruntergeschickt worden ist.

Die Menschen hatten dazumal auch ein anderes Bewußtsein von dem Tode, denn indem sie zurückschauen konnten in der Erinnerung auf ihr geistig-seelisches Dasein vor dem Erdenleben, wußten sie, daß das, was vor dem Erdenleben von ihnen gelebt hat, auch über den Tod hinaus lebt.

Es gab dazumal Lehrschulen, die zu gleicher Zeit religiöse Anstalten waren; Mysterien nennt man sie. In diesen Lehrschulen und religiösen Anstalten wurden die Menschen über dasjenige belehrt, was sie über das Leben wissen konnten, bevor sie heruntergestiegen sind zur Erde. Und die Menschen lernten dadurch kennen, daß sie vor dem Erdendasein so gelebt haben unter Sternen und geistigen Wesen, wie sie auf der Erde unter Pflanzen und Tieren und Bergen und Flüssen leben.

Der Mensch sagte sich: Ich bin aus der Sternenwelt heruntergestiegen zum irdischen Dasein. Aber er wußte, daß der Stern nicht bloß physisch ist, sondern daß jeder Stern von geistigen Mächten bewohnt ist, mit denen er in der geistigen Welt im Zusammenhang war, bevor er zur Erde heruntergestiegen ist. Der Mensch wußte, daß er, wenn er seinen physischen Körper im Tode ablegen mußte, wiederum in die Sternenwelt, das heißt in die geistige Welt zurückzukehren habe. Und als den wichtigsten der Sterne sah man die Sonne an, die Sonne mit ihren Wesenheiten, unter denen die höchste diejenige war, die man das Hohe Sonnenwesen nannte.

Aus den Mysterien kam den Menschen die Lehre, daß das Hohe Sonnenwesen den Menschen, bevor sie zur Erde kommen, die Kraft gibt, nach dem Tode wiederum in die geistigen und Sternenwelten in der richtigen Weise hineinzugehen. Und die Lehrer der Mysterien sagten zu ihren Schülern, und diese Schüler sagten wiederum zu den übrigen Menschen: Es ist die geistige Kraft der Sonne das geistige Licht, welches euch über den Tod hinausträgt, und das ihr mitgebracht habt, als ihr durch die Geburt ins Erdendasein heruntergestiegen seid.

Es gab viele Gebete, es gab viele erhabene Lehren, welche von den Mysterienlehrern kamen, und die alle zum Lob, zum Preise und zur Beschreibung des Hohen Sonnenwesens waren. Und diese Mysterienlehrer sagten zu ihren Schülern und diese wiederum zu der ganzen Menschheit, daß der Mensch, wenn er durch die Pforte des Todes durchgegangen ist, eindringen muß zuerst in die Sphäre der niederen Sterne und niederen Sternenwesen, dann aber hinaufdringen muß über die Sonne. Er kann aber nicht über die Sonne hinaufdringen, wenn nicht die Kraft des Sonnenwesens ihm gegeben ist. Daher kam es, daß bei Menschen, welche dieses verstanden, das Herz besonders warm wurde, wenn sie zu dem Geiste der Sonne beten konnten, der ihnen die Unsterblichkeit gibt.

Die Dichtungen und die religiösen Andachtsübungen, die zur Sonne gerichtet waren, hatten einen ganz besonders das Gefühl und die ganze Empfindung der Menschen durchdringenden Wert. Der Mensch fühlte sich mit dem Gotte des Weltenalls verbunden, wenn er den Sonnendienst verrichten konnte. Und es fanden bei denjenigen Völkern, bei denen ein solcher Sonnendienst üblich war, Kultushandlungen statt, Zeremonien, welche für diesen Sonnenandachtsdienst besonders eingerichtet waren. Dieser Sonnendienst bestand in der Regel darinnen, daß das Bild des Gottes in das Grab gelegt wurde und nach einigen Tagen wiederum aus dem Grab genommen wurde, zum Zeichen dafür, daß es einen Gott, den Sonnengott, im Weltenall gibt, der die Menschen immer wieder aufweckt, wenn sie dem Tode verfallen sollten. Und bei der Verrichtung dieses Kultus sagte dann der Opferpriester seinen Schülern, und diese sagten es wieder der übrigen Menschheit: Dies ist das Zeichen dafür, daß ihr, bevor ihr auf die Erde heruntergestiegen seid, in einem geistigen Reiche waret, worinnen der Sonnengott ist. – Man sagte zu den Bekennern dieses Sonnendienstes: Schauet hinauf, die Sonne leuchtet, aber das ist nur die äußere Offenbarung des Sonnenwesens; hinter diesem Leuchten ist der ewige Sonnengott, der euch die Unsterblichkeit sichert.

So wußten die Menschen, die solches lernten, daß sie aus geistigen Welten in die irdische Welt heruntergestiegen sind und daß sie die Welt vergessen hatten, in welcher der Sonnengott ist.

Ihr habt das Reich des Sonnengottes verlassen durch eure Geburt. Ihr sollt es wiederfinden durch die Kraft, die er in eure Herzen gelegt hat, wenn ihr durch den Tod tretet, – so sagten die Opferpriester zu den Bekennern.

Die eingeweihten Priester dieser Mysterien wußten, daß das Hohe Sonnenwesen, von dem sie zu den Bekennern sprachen, dasselbe ist, wovon man später sprechen wird als dem Christus. Aber vor dem Mysterium von Golgatha war das so, daß diese Opferpriester den Bekennern sagen mußten: Wenn ihr etwas von Christus wissen wollt, dann könnt ihr nicht auf der Erde suchen, dann müßt ihr euch zu den Geheimnissen der Sonne erheben. Nur außerhalb der Erde findet ihr die Geheimnisse des Christus.

Es war verhältnismäßig nicht schwierig für die Menschen, zu einer solchen Lehre sich zu bekennen, weil sie eine instinktive Rückerinnerung hatten an das Reich des Christus, aus dem sie heruntergestiegen waren auf die Erde. Aber die Menschheit unterliegt einer Entwicklung, und die instinktive Erinnerung an das vorirdische geistige Leben ging der Menschheit allmählich verloren. Achthundert Jahre vor dem Mysterium von Golgatha hatten nur noch die wenigsten Menschen eine instinktive Rückerinnerung an das vorirdische geistige Leben.

Denken Sie sich einmal, der Mensch geht durch den Tod, er geht hinaus in die Sternenweiten. Er kommt nach und nach an Orte, wo er die Sterne von der anderen Seite sieht, also auch die Sonne von der anderen Seite sieht. Wir sehen von der Erde die Sonne so, wie wir es jetzt gewohnt sind. Nach dem Tode gehen wir hinaus in den Weltenraum und sehen die Sonne von der anderen Seite. Wenn man aber die Sonne von der anderen Seite sieht, sieht man sie nicht als physische Scheibe, sondern als ein Reich von geistigen Wesenheiten. Und vor dem Mysterium von Golgatha sah man nach dem Tode und vor der Geburt von der anderen Seite in der Sonne den Christus. An diesen Anblick des Christus konnten die Mysterienlehrer ihre Schüler erinnern, denn es konnte wachgerufen werden die Vorstellung: Bevor ich auf Erden war, sah ich die Sonne von der anderen Seite. – Das war in alten Zeiten, vor dem Mysterium von Golgatha.

Nun kam aber die Zeit, in der diese Erinnerung in den Menschen nicht mehr wachgerufen werden konnte. Ungefähr achthundert Jahre vor dem Mysterium von Golgatha konnten die Menschen diese Erinnerung immer weniger und weniger wachrufen: Wir haben, bevor wir auf die Erde heruntergekommen sind, den Christus von jenseits der Sonne gesehen. – Und jetzt hätten Mysterienlehrer nimmer kommen können, zu den Menschen sprechend: Seht hinauf zur Sonne, das ist die Offenbarung Christi! – Die Menschen hätten es nicht mehr verstanden. Und es war dann für die Menschen auf Erden so, als ob sie von der Christus-Kraft ganz verlassen worden wären, als ob sie nichts mehr von der Erinnerung an die geistigen Welten in sich beleben könnten.

Jetzt kam erst über die Menschen dasjenige, was man die Furcht vor dem Tode nennen kann. Denn früher sahen sie den physischen Leib sterben, sie wußten aber, sie sind als Seelen aus dem Reiche des Christus und sterben nicht. Und die Menschen bekamen eine große Sorge über das Schicksal ihrer unsterblichen, ihrer ewigen Wesenheit in sich. Es war so, wie wenn die Verbindung zwischen den Menschen und dem Christus abgeschnitten wäre. Das war, weil die Menschen nicht mehr in die geistigen Welten hinaufschauen konnten, und weil auf der Erdenwelt der Christus nirgends zu finden war. Jetzt in der Zeit, wo die Menschen den Christus nicht mehr jenseits der Sonne im Überirdischen finden konnten, kam der Christus aus unendlicher Gnade und aus unendlichem Erbarmen auf die Erde herunter, damit die Menschen ihn auf Erden finden konnten.

Da ist etwas geschehen in der Weltenentwicklung, was sonst nirgends seinesgleichen hat in alledem, was Menschen kennen können. Denn all diejenigen Wesen, die über dem Menschen stehen – Angeloi, Archangeloi, Archai und so weiter bis zu den höchsten göttlichen Wesen –, machten in der geistigen Welt nur Verwandlungen durch, Metamorphosen. Sie wurden nicht geboren und starben nicht. Man sagte dazumal in den Mysterien: Nur die Menschen kennen Geburt und Tod; die Götter kennen nur Metamorphosen, kennen nicht Geburt und Tod.

Da die Menschen also nicht mehr zu dem Christus gelangen konnten, kam der Christus zu den Menschen auf Erden. Dazu war notwendig, daß er als Gott dasjenige durchmachte, was Götter niemals früher durchgemacht haben: Geburt und Tod. Christus wurde Seele eines Menschen, des Jesus von Nazareth, machte durch Geburt und Tod; das heißt: Zum ersten Male machte ein Gott den Weg durch den Menschentod. Das ist das Wesentliche an dem Mysterium von Golgatha, daß es nicht nur eine Menschenangelegenheit ist, daß es eine Götterangelegenheit ist. Die Götter haben beschlossen: Einer von uns, das Hohe Sonnenwesen selber, soll sein Schicksal mit der Menschheit so weit vereinigen, daß es gehe durch Geburt und Tod. – Seit dieser Zeit können die Menschen immer hinschauen auf das, was sich auf Golgatha zugetragen hat, und können auf Erden finden, was sie, weil ihr Bewußtsein nicht mehr in die Himmel hinaufreichte, sonst verloren hätten: den Christus.

Diejenigen, welche diese Geheimnisse von Golgatha zuerst mitmachten, hatten noch eine letzte Erbschaft von einem instinktiven Bewußtsein dessen, was da geschehen ist. Das waren die Jünger und Apostel Christi. Und sie wußten: Dasselbe Wesen, das man früher nur gefunden hat, wenn man geistig zur Sonne hat hinschauen können, findet man jetzt, wenn man in der richtigen Weise versteht Geburt, Leben, Leiden des Christus Jesus.

Wenige Menschen gab es doch noch zur Zeit des Mysteriums von Golgatha, die wußten: Derjenige, der in Jesus von Nazareth als der Christus war, ist das Hohe Sonnenwesen, das heruntergestiegen ist auf die Erde. – Bis zum 4. Jahrhundert nach dem Mysterium von Golgatha wußten Menschen noch immer, daß der Christus, der das Sonnenwesen ist, und der Christus, der in Jesus von Nazareth gelebt hat, dasselbe Wesen war. Und besonders tief empfinden kann man, wenn man durch Geisteswissenschaft hört, wie Menschen in den ersten christlichen Jahrhunderten inbrünstig gebetet haben: Dank dem Christus-Wesen, von dem wir sonst getrennt worden wären auf Erden, daß es von geistigen Welten zu uns auf die Erde heruntergestiegen ist!

Nachdem das 4. Jahrhundert nach dem Mysterium von Golgatha dahingegangen war, konnte man nicht mehr fassen, daß das Hohe Sonnenwesen und der Christus diejenige Gottheit sei, die einem die Unsterblichkeit sichert als Mensch. Man hatte dann vom 4. Jahrhundert bis in unsere Zeiten hinein nur das äußere Evangelienwort, welches historisch erzählt, daß es ein Mysterium von Golgatha gegeben hat. Aber das Evangelienwort wirkte durch die Jahrhunderte doch so stark, daß die Menschen durch dieses Evangelienwort ihr Herz zu dem Mysterium von Golgatha hinlenken konnten.

Heute aber stehen wir vor einer Zeit, wo die Menschen, nachdem sie so viel über die Geheimnisse der Natur gelernt haben, den Evangelienworten ganz entfremdet werden würden, wenn nicht ein neuer Weg zu dem Christus gebahnt würde. Diesen Weg möchte die Anthroposophie dadurch bahnen, daß sie den Menschen wiederum zu der Erkenntnis der geistigen Welt hinführt. Denn das Christus-Ereignis ist nur zu verstehen als Geistiges, als geistige Tatsache. Wer das Christus-Ereignis nicht als geistige Tatsache verstehen kann, kann es überhaupt nicht verstehen.

Durch die anthroposophische Erkenntnis können wir uns wieder zurückversetzen in diejenige Zeit, in welcher der Christus Jesus in Palästina gewandelt und sein Erdenschicksal durchgemacht hat. Wir können hineinschauen in das Gemüt der Jünger und Apostel, die in Gemäßheit ihrer instinktiven Erkenntnis gewußt haben: Das Wesen, das früher nur die Sonne bewohnt hat, ist heruntergestiegen auf die Erde und hat unter uns gewandelt. Das Wesen, das unter uns gewandelt hat als der Christus Jesus, das die Erde damit betreten hat, war früher nur auf der Sonne zu finden. – Diese Jünger sagten sich also: Aus dem Auge des Jesus von Nazareth leuchtet uns das Sonnenlicht, aus den Worten des Jesus von Nazareth spricht uns die Kraft der wärmenden Sonne. Wenn der Jesus von Nazareth unter uns wandelt, so ist es so, wie wenn die Sonne selber ihr Licht und ihre Kraft in der Welt aussendet.

Diejenigen, die das verstehen konnten, sagten sich: So wandelt in einem Menschen das Sonnenwesen unter uns, das früher nur erreicht werden konnte, wenn die Blicke von der Erde hinauf zu der geistigen Welt selbst hin gerichtet waren. – Und weil sich die Jünger und Apostel dieses sagen konnten, standen sie auch in dem richtigen Verhältnisse und Verständnisse zu dem Tod des Christus. Deshalb konnten sie Schüler des Christus Jesus bleiben, auch als der Christus Jesus schon durch den Tod auf Erden gegangen war.

Wir wissen durch die geisteswissenschaftliche Erkenntnis, daß der Christus, als er den Leib des Jesus von Nazareth verlassen hatte, geistig unter seinen Schülern wandelte und sie weiter belehrte. Die Kraft, welche die Jünger und Apostel empfangen hatten, um, auch als der Christus ihnen nur noch im Geistleib erschien, sich von ihm belehren zu lassen, diese Kraft ging ihnen allerdings nach einiger Zeit verloren. Es gibt einen Zeitpunkt im Leben der Schüler des Christus Jesus, wo sie sich sagten: Wir haben ihn geschaut, wir schauen ihn nicht mehr. Er ist vom Himmel zu uns auf die Erde niedergestiegen. Wohin ist er gegangen?

Dieser Zeitpunkt, in dem die Jünger wiederum die Gegenwart des Christus verloren zu haben glaubten, ist festgehalten in dem christlichen Himmelfahrtsfeste. Es wurde festgehalten die Bewußtseinstatsache, daß vor den Jüngern wiederum verschwunden war der Hohe Sonnengeist, der in dem Menschen Jesus von Nazareth auf der Erde gewandelt hat. Und jetzt kam, nachdem die Jünger Christi diese Erfahrung gemacht hatten, über sie eine Trauer, die sich mit nichts vergleichen läßt, was an Trauer auf der Erde vorhanden sein kann. In den alten Mysterien kam, wenn man den Sonnenkultus gefeiert, das Bild des Gottes in die Erde gelegt hatte, um es erst nach Tagen wiederum herauszuheben, über die Seelen etwas von großer Trauer über den Tod des Gottes. Aber diese Trauer ließ sich nicht vergleichen an Größe mit derjenigen Trauer, die jetzt in die Herzen der Jünger Christi kam.

Alle wirkliche, große Erkenntnis ist aus dem Schmerz und aus der Sorge heraus geboren. Wenn man durch diejenigen Erkenntnismittel, die in der anthroposophischen Geisteswissenschaft beschrieben werden, den Weg in die höheren Welten zu gehen versucht, so kann man auch nur zu einem Ziele gelangen, wenn man durch den Schmerz hindurchgeht. Ohne daß man gelitten hat, vieles gelitten hat und dadurch frei geworden ist von dem Niederdrückenden des Schmerzes, kann man die geistige Welt nicht erkennen.

Die Schüler Christi haben nun in derjenigen Zeit, die uns durch die zehn Tage nach der Himmelfahrt angedeutet ist, ungeheuer viel gelitten, weil ihnen der Anblick des Christus entschwunden war. Und aus diesem Schmerz, aus dieser unendlichen Trauer ist dann dasjenige entsprungen, was wir das Pfingstgeheimnis nennen. Die Schüler Christi haben, nachdem sie für das äußere instinktive Hellsehen den Anblick Christi verloren hatten, ihn im Inneren, in der Empfindung, in dem Erlebnis durch die Trauer, durch den Schmerz wiederum gefunden.

Schauen wir jetzt noch einmal zurück in frühere Zeiten. Die

Menschen vor dem Mysterium von Golgatha hatten eine Erinnerung an das vorirdische Dasein. Sie wußten, daß sie in diesem vorirdischen Dasein die Kraft von dem Christus erlangt hatten, um die Unsterblichkeit zu erringen. Jetzt wußte man, daß man durch die eigene menschliche Kraft nicht zurückschauen kann in die geistige Welt, in das vorirdische Dasein. Und die Jünger wandten sich nun an alles dasjenige, was ihnen im Gedächtnis war über das Ereignis von Golgatha. Und aus dieser Erinnerung und aus diesem Schmerz heraus ging ihnen in der Seele wiederum die Anschauung desjenigen auf, was der Mensch verloren hatte, weil er das instinktive Hellsehen nicht mehr hatte.

Die alten Menschen hatten also gesagt: Wir waren, bevor wir auf Erden geboren waren, bei Christus. Von ihm haben wir die Kraft der Unsterblichkeit. – Und die Jünger Christi sagten jetzt, zehn Tage nachdem sie den äußeren Anblick des Christus verloren hatten: Wir haben das Mysterium von Golgatha gesehen. Das gibt uns die Kraft, wiederum unser unsterbliches Wesen zu fühlen. – Das wird symbolisch ausgedrückt durch die feurigen Zungen. Daher können wir auch geisteswissenschaftlich in dem Pfingstgeheimnis dieses sehen, daß das Mysterium von Golgatha an die Stelle des alten Mysterien-Sonnenmythus getreten ist.

Daß man es zu tun hat mit dem Sonnenwesen in dem Christus, das wurde ganz besonders klar dem Paulus, als er die Offenbarung von Damaskus hatte. Paulus war ein Schüler der alten Eingeweihten in den Mysterien. Ihm war klar geworden, den Christus findet man nur, wenn man in Hellsehnis in die geistige Welt gelangt. Nun sagte er: Da gibt es Jünger, die behaupten, das Sonnenwesen sei in einem Menschen lebendig gewesen, sei durch den Tod gegangen. Das kann nicht richtig sein, denn das Sonnenwesen kann nur außer der Erde gesehen werden. – Solange Paulus aus seinem Mysterienwissen dieses glaubte, bekämpfte er das Christentum.

Durch seine Offenbarung bei Damaskus ist dem Paulus klar geworden: Auch wenn man nicht in die geistigen Welten entrückt ist, kann man den Christus schauen. Er ist also wirklich auf die Erde heruntergestiegen! – Von diesem Augenblick an wußte er: Die

Schüler des Christus Jesus sagen richtig, denn das Hohe Sonnenwesen ist jetzt vom Himmel auf die Erde heruntergestiegen.

Wenn der Christus nicht erschienen wäre auf Erden, wenn er nur Gott der Sonne geblieben wäre, so wäre die Menschheit in Verfall geraten auf Erden. Die Menschen würden immer mehr und mehr nur geglaubt haben: Die materiellen Dinge bestehen, die Sonne ist ein materielles Ding, die Sterne sind materielle Dinge. – Denn die Menschen hatten ganz und gar vergessen, daß sie selber aus dem vorirdischen Dasein, aus der Sternen-Geisteswelt heruntergestiegen sind.

Aber eine solche Summe von Gedanken, daß alles materiell ist, kann man nur eine gewisse Zeit hindurch haben. Wenn alle Menschen zum Beispiel ein Jahrhundert hindurch nur glaubten, alles sei materiell, so würden sie die innere Kraft des Geistes in sich verlieren und wie gelähmt werden, wie krank werden. So wäre es in der Tat mit der Menschheit geworden, wenn der Christus nicht in unendlichem Erbarmen von der geistigen Welt zur Erde heruntergestiegen wäre.

Sie werden sagen: Ja, aber viele Menschen wollen ja noch nichts von Christus wissen, haben kein Bekenntnis zu dem Christus. Wie ist es mit diesen? Warum sind sie nicht gelähmt und schwach und krankhaft geworden? – Aber sehen Sie, der Christus ist auf Erden erschienen, als das Mysterium von Golgatha sich zugetragen hat, nicht, um den Menschen eine Lehre bloß zu geben, sondern um die Tatsache seines Erscheinens auf Erden durchzumachen. Er ist für alle Menschen gestorben. Die physische Konstitution aller Menschen, auch derjenigen, die nicht an den Christus glaubten, ist durch das Ereignis von Golgatha verbessert und gerettet worden. Man konnte bis jetzt ein Chinese, ein Japaner, ein Hindu sein, und nichts von Christus wissen wollen, – dennoch: der Christus ist für alle Menschen gestorben.

Das wird in der Zukunft nicht in gleicher Weise möglich sein, denn in der Zukunft wird viel maßgebender, als es bisher der Fall war, für die Menschheit dasjenige werden, was Erkenntnis ist. Es wird immer mehr und mehr die Notwendigkeit in der Entwicklung der Menschheit heraufziehen, daß alle Menschen zu einer gewissen Erkenntnis des geistigen Wesens und geistigen Lebens kommen. Eine solche Erkenntnis, die alle Menschen in die geistige Welt hineinführt, strebt die anthroposophische Geistesforschung an. Und mit dieser Erkenntnis kann man auch wiederum den Christus erkennen, aber so erkennen, daß, wenn man richtige Anthroposophie hat, man den Christus so darstellen kann, daß die Darstellung für alle Menschen verständlich werden kann. Mit dem, was bisher als Christentum verkündet worden ist, konnte man nach Afrika, nach Asien gehen: einzelne Menschen vielleicht bekannten sich zu dem Christus, die große Masse der Völker wies das zurück, denn sie konnte nicht verstehen, was die Missionare sagten.

Was für Religionen hatten die Völker? Die Völker hatten Religionen, welche innerhalb des Volkes entstanden sind und nur von dem einzelnen Volke begriffen worden sind, weil irgendein heiliger Ort oder eine heilige Persönlichkeit innerhalb dieses Volkes verehrt wurde. Solange die alten Ägypter ihren Gott in Theben verehrt haben, so lange mußte man nach Theben gehen, um dort das Heiligtum dieses Gottes verehren zu können. Solange man den Zeus in Olympia verehrt hat, mußte man nach Olympia gehen, um in Olympia den Zeus zu verehren. Ebenso muß der Mohammedaner nach Mekka gehen.

Etwas davon ist noch selbst im Christentum erhalten. Versteht man das Christentum recht, so weiß man: Die Sonne scheint über alle Menschen, sie scheint über Theben, sie scheint über Olympia, sie scheint über Mekka. Die Sonne kann man überall in gleicher Weise physisch sehen, daher auch das Hohe Sonnenwesen, den Christus, geistig verehren. Und so wird die Anthroposophie den Menschen zeigen, daß dasjenige Wesen, das vor dem Mysterium von Golgatha nur mit instinktiven überirdischen Fähigkeiten zu erreichen war, von den Menschen seit dem Mysterium von Golgatha durch die auf der Erde selbst zu erwerbende Erkenntniskraft zu erreichen ist. Man wird wiederum das Wort verstehen: Die Himmelreiche sind herniedergekommen auf die Erde, – und wird nicht in einer unbestimmten mystischen Weise von dem Tausendjährigen Reich sprechen, sondern man wird verstehen: Was früher auf der Sonne zu finden war, ist seither auf der Erde zu finden. Und man wird sich sagen: Wir haben den Christus seit dem Mysterium von Golgatha, weil er heruntergestiegen ist auf die Erde, auch auf dieser Erde unter Menschen wohnhaft.

Man wird dasjenige, was die Jünger als das Pfingstgeheimnis gefühlt haben, immer wieder von neuem fühlen können: Der Christus ist selbst herniedergestiegen auf die Erde. In unserem Herzen geht seine Kraft auf als die Kraft, die den Menschen die Unsterblichkeit sichert. – Aber man muß dann auch die Worte des Christus ganz ernst und in ihrer tiefen Wahrheit nehmen können, zum Beispiel ein solches Wort: «Ich bin bei euch alle Tage bis ans Ende der Erdenzeiten.» – Und wenn man ein solches Wort in seiner geistigen Tiefe ganz ernst nehmen kann, dann wird man auch sich durchringen zu der Erkenntnis: Nicht nur im Beginne unserer Zeitrechnung war der Christus da. Er ist immer da, er spricht zu uns, wenn wir ihn nur hören wollen. Aber dazu müssen wir durch Geisteswissenschaft wiederum lernen, in jedem stofflichen Wesen ein Geistiges zu sehen, Geistiges hinter dem Stein, Geistiges hinter der Pflanze, Geistiges hinter den Tieren, Geistiges hinter den Menschen, Geistiges hinter den Wolken, Geistiges hinter den Sternen, Geistiges hinter der Sonne. Wenn wir durch die Materie den Geist wiederum in seiner Wirklichkeit finden, dann öffnen wir unsere Menschenseele auch für die Stimme des Christus, der zu uns sprechen will, wenn wir ihn nur hören wollen.

Und Anthroposophie kann sprechen davon, daß Geist hinter aller Natur ist. Deshalb darf sie auch davon sprechen, daß Geist in aller Erdengeschichte der Menschheit ist, darf davon sprechen, daß die Erde erst wiederum ihren Sinn bekommen hat durch das Mysterium von Golgatha.

Der Erdensinn war vor dem Mysterium von Golgatha auf der Sonne. Seit dem Mysterium von Golgatha ist der Erdensinn mit der Erde selbst vereinigt. Das möchte wie ein immerwährendes Pfingstgeheimnis die Anthroposophie an die Menschheit heranbringen. Und wenn die Menschen dazu bereit sind, mit der Anthroposophie die geistige Welt wiederum aufzusuchen, dann werden sie in einer solchen Weise, wie es für den Menschen der heutigen Zeit notwendig ist, auch den Christus als einen immer Gegenwärtigen wiederum richtig finden.

Wenn die Menschen in dieser Zeit sich nicht zur geistigen Erkenntnis wenden, dann geht der Christus verloren. Bisher war das Christentum nicht auf die Erkenntnis angewiesen. Der Christus ist für alle Menschen gestorben. Er hat die Menschen nicht verleugnet. Weisen ihn heute die Menschen in der Erkenntnis zurück, so verleugnen die Menschen den Christus.

In dieser Weise wollte ich Ihnen, da wir diesmal gerade um die Zeit des Pfingstfestes zusammensein durften, von dem Christus-Mysterium sprechen in Anknüpfung an das Pfingstgeheimnis.

Man redet oftmals von der Anthroposophie, als ob sie eine Feindin des Christentums sei. Wenn Sie den Geist der Anthroposophie wirklich aufnehmen, so werden Sie finden, daß die Anthroposophie gerade das Menschenohr und das Menschenherz und die ganze Menschenseele wiederum für das Geheimnis Christi öffnen wird.

Meine lieben Freunde, das Schicksal der Anthroposophie möchte dasjenige des Christentums zugleich sein. Dazu ist aber notwendig, daß die Menschen heute nicht bloß zu dem toten Worte hinblicken, das ihnen von dem Christus spricht, sondern daß die Menschen sich einer Erkenntnis zuwenden, die sie zu jenem Lichte selbst hinführt, in dem der lebendige Christus, nicht der historische, der vor Jahrhunderten auf Erden gelebt hat, enthalten ist, der jetzt und in jedem Augenblicke der Zukunft auf der Erde unter den Menschen lebt, weil er aus ihrem Gott ihr göttlicher Bruder geworden ist.

So wollen wir denn unter unsere Pfingstgedanken dieses aufnehmen, daß wir suchen wollen durch Anthroposophie den Weg zu dem lebendigen Christus, und fühlen, daß dadurch in jedem Anthroposophen erneuert werden kann das erste Pfingstgeheimnis, daß ihm die Erkenntnis Christi selber in seinem Herzen aufgehe und er sich fühlt erwärmt und erleuchtet durch die feurige Zunge der christlichen Welterkenntnis.

Lassen Sie unsern Weg zum Geistigen durch Anthroposophie zugleich sein den Weg zu Christus durch den Geist! Und wenn eine kleinere Anzahl von Menschen im Ernste sich zu diesem bekennt, dann wird dieses Pfingstgeheimnis auch immer mehr und mehr Wurzel fassen bei vielen Menschen der Gegenwart und namentlich der Zukunft. Und dann wird dasjenige kommen, was die Menschheit so sehr zu einer Gesundung, zu einer Heilung braucht. Dann wird zu einem neuen Menschenverständnis der heilende Geist sprechen, der die Krankheit der Seelen der Menschen heilende Geist, den Christus gesandt hat. Dann wird das kommen, was die Menschheit braucht: Welten-Pfingsten!

PFINGSTSPRUCH

Wo Sinneswissen endet,
Da stehet erst die Pforte,
Die Lebenswirklichkeiten
Dem Seelensein eröffnet;
Den Schlüssel schafft die Seele,
Wenn sie in sich erstarket
Im Kampf, den Weltenmächte
Auf ihrem eignen Grunde
Mit Menschenkräften führen;
Wenn sie durch sich vertreibet
Den Schlaf, der Wissenskräfte
An ihren Sinnesgrenzen
Mit Geistes-Nacht umhüllet.

JOHANNI

JOHANNES-STIMMUNG

Der Welten Schönheitsglanz
Er zwinget mich aus Seelentiefen
Des Eigenlebens Götterkräfte
Zum Weltenfluge zu entbinden;
Mich selber zu verlassen,
Vertrauend nur mich suchend
In Weltenlicht und Weltenwärme.

JOHANNI-STIMMUNG

DAS MITERLEBEN DER JAHRESFESTE

Aus der Ansprache zur Johanni-Eurythmieaufführung
Dornach, 24. Juni 1923

[...] Wir wollen heute einmal das Experiment machen, die Johannistimmung eurythmisch zu offenbaren. Wir sind als moderne Menschen eigentlich ganz und gar herausgekommen aus der Bedeutung desjenigen Lebens des Menschen, welches ein Mitleben mit dem Jahresgange ist. Mit dem Tagesgange leben wir wirklich recht stark mit. Wir essen zum Frühstück, essen zu Mittag, essen zu Abend, manchmal auch noch zu anderen Sonnenständen, und wir haben als Menschen das Bewußtsein, daß die Sonne in ihrem Stande zur Erde etwas für diesen täglichen Entwicklungslauf des Menschen bedeute. Wir sind nicht recht zufrieden, wenn wir den täglichen Gang des sozusagen kosmischen Zeitlebens nicht mitmachen können.

In älteren Zeiten – wenn das auch dem modernen Menschen recht unwahrscheinlich, ja sogar paradox klingt – galt das Miterleben des Jahreslaufes durchaus noch als etwas ganz Ähnliches wie das Mitleben des Tageslaufes. Man war sich bewußt: das Miterleben des Tageslaufes braucht man für seinen physischen Leib; man muß eben zu den Tageszeiten essen. Aber man war sich bewußt – das berücksichtigen nur die Kulturgeschichten viel zu wenig –, daß der Mensch nicht nur so etwas Abstraktes hat, was man auch heute noch Seele nennt, obwohl man sich nichts Rechtes mehr darunter vorstellt – wenn freilich die Leute nicht so weit gehen wie der Fritz Mauthner, der das Wort «Seele» ganz abschaffen und dafür das Wort «Geseel» einführen wollte. Er kann sich nichts mehr vorstellen unter Seele; das sind so unbestimmte Regungen. So wie man, wenn man unbestimmt eine Anzahl von Personen, die zusammengehören, ausdrücken will, von Geschwistern spricht, so kann man auch sprechen, wenn man sich keine reale Seele im Hintergrunde denkt, wenn man so Gedanken und Gefühle und Willensimpulse durcheinanderströmen hat, von «Geseel». Ich hoffe ja, daß die Leute in der Zukunft nicht sprechen werden von der «Empfindsamkeit meines Geseels», statt der «Empfindsamkeit meiner Seele» und dergleichen; aber Anstrengungen dazu werden von ganz gescheiten Leuten heute durchaus gemacht. Man war sich bewußt in älteren Zeiten – wenn das auch paradox klingt, denn wir wissen ja alle, daß der Mensch der Gegenwart um so viel gescheiter geworden ist als in älteren Zeiten –, daß der Mensch auch Bedürfnisse der Seele hat. Und nun glaubte man, es wäre notwendig, diese Bedürfnisse der Seele geradeso nach dem Jahreszeitengange zu regeln, wie man die Bedürfnisse des Körpers nach dem Tageszeitengange regelte. Und so entstanden aus einem solchen lebendigen Bewußtsein des Menschen heraus die Jahresfeste: Weihnachten, Winterwendefest; Ostern, Frühlingsfest; und vor allen Dingen das Sommersonnenwendefest, das Johannifest. Wiederum das Michaelifest im Herbst. Denn was da veranstaltet wurde in älteren Zeiten an umfassenden Kulthandlungen, später noch an allerlei Handlungen, die daran erinnerten, drang in das Bewußtsein des Menschen ein, in das Fühlen, das Empfinden ein. Man hielt so etwas wie dieses innere Gesättigtwerden des Seelischen für ebenso notwendig, wie man das Gesättigtwerden durch den Stoff für den Leib für notwendig hielt. Man hatte Hunger, wenn die Hochsommerzeit zu Johanni herankam, die Tage wenigstens in solchen Festen zu erleben, welche den Menschen aus seiner Erdengebundenheit herausbrachten, welche den Menschen in allerlei kultartige Bewegungsspiele, könnten wir sagen, hineinbrachten, in allerlei Verrichtungen, die dem Menschen das Bewußtsein gaben, er steht nicht nur gebannt an die Erde, sondern er kann sich erheben und hinausblicken in den freien Weltenraum, in den Äther.

Es war ein solches Hinwegheben bis in die ätherische Sphäre, was zur Johannizeit gefeiert worden ist. Man würde das, was da unbewußt gelebt hat – eigentlich nicht in Worten ausgesprochen worden ist, aber unbewußt gelebt hat in den Menschen –, so aussprechen können, daß man sagen kann: Der ältere Mensch hat gesagt: Den Körper macht hungrig und sättigt der Tag; die Seele macht hungrig und sättigt das Jahr.

Dann ist es der Geist mit seiner universellen Art, der nicht solch gewaltige Veränderungen durchmacht wie der Körper und auch nicht wie die Seele. Wir brauchen für unseren Körper jeden Tag Nahrung. Wir brauchen für unsere Seele im Laufe unseres Lebens oftmals Hunger und Nahrung. Und das Jahr gab in älteren Zeiten Hunger und Nahrung der Seele; der Geist war etwas, was sich konstant erhielt durch lange Zeit. Aber man wußte in alten Zeiten, daß in den großen Menschheitsepochen auch Morgendämmerungen, Hochsommerzeiten, Abenddämmerungen des geistigen Lebens vorhanden sind.

Es war wirklich nicht erst der Spenglerismus notwendig, der in dilettantischer Weise dasjenige nur zum Ausdrucke bringt, was man aus früheren, tieferen Einsichten heraus wußte, wenn sie auch in der Gegenwart nicht geschätzt werden; sie waren tiefer, als manche gegenwärtigen sind. Es war nicht erst nötig das, was in dieser Weise heraufgekommen ist, um zu wissen: der Geist des Menschen erlebt in den historischen Epochen eine Art von Durchgang durch Morgen, Mittag, Abend; Frühling, Sommer, Herbst und so weiter. Der Mensch fühlte sich in den Kosmos mit Körper, Seele und Geist hineingestellt.

Das gibt gerade eine richtige Einsicht in die Jahresfesteszeiten, was man als wirkliche Erkenntnis des alten gefühlten, nicht abstrakt definierten, aber gefühlten Seelenlebens hat. Wir brauchen heute wiederum viel konkretere Belebungen des menschlichen Seelenlebens, als irgendeine Philosophie oder dergleichen geben kann, wenn wir über den Materialismus hinauskommen wollen. Denn es ist auch eine Art von Materialismus in der Gegenwart, daß wir nur noch den Zusammenhang des Körpers mit dem Kosmos haben. Wir brauchen nicht bloß den Materialismus bei den Naturwissenschaftern oder bei den Monisten zu suchen, wir können ihn auch bei denjenigen Menschen suchen – und finden ihn da in viel umfassenderem Sinne –, die nur noch den Sonnengang miterleben im Körper, die nur noch etwas darauf geben, die Tageszeiten mit Frühstück, Mittag, Five o'clock tea und Souper einzuhalten, die nicht mehr lebendig haben, ebenso innerlich intensiv den Jahreslauf mitzuerleben. Daß das Bewußtsein vom innerlich Seelischen verschwunden ist, daß der Materialismus die Bewußtseine ergriffen hat, dafür ist einer der Beweise der, daß unsere Feste etwas Konventionelles geworden sind, daß wir nicht mehr in die Stimmungen der Feste hineinkommen.

Daher hat es insbesondere eine Kunst, die aus neuen künstlerischen Quellen heraus streben will, wie die Eurythmie, nötig, auf solche Feste wiederum hinzuweisen, allerdings nicht wie eine Aufwärmung des Alten, sondern auf etwas Neues.

Aber schließlich, die Natur bleibt konstant. Johannistimmung bleibt Johannistimmung. Wenn man insbesondere dann versucht, durch die sichtbare Sprache der Eurythmie nicht dasjenige, was mit der Erde verbindet, sondern was in den Kosmos hinausgeht, in die weiten Äthersphären, darzustellen, kann man insbesondere mit diesen eurythmischen Stimmungen versuchen, die Jahresfeste zu gestalten.

Ich sage immer, wenn ich meine einleitenden Worte unseren Aufführungen vorausschicke, daß wir erst im Anfange stehen. Wir sind selbst unsere strengsten Richter, wissen, daß die Eurythmie sich weiter entwickeln muß, aber sie hat wirklich unbegrenzte Entwicklungsmöglichkeiten in sich. So mag auch der heutige Versuch beurteilt werden, Johannistimmung zu entwickeln in der Aufführung des Programmes, namentlich aber in der ganzen Gestaltung des Bühnenbildes und in alledem, was die eurythmische Vorstellung durchdringt, durchklingt. So mag auch der heutige Versuch zunächst noch so sein, daß ich Sie, meine sehr verehrten Anwesenden, um Nachsicht bitten muß, denn es ist eben ein Anfang, aber einer, der gemacht werden muß. Denn wir müssen als Menschen dazu kommen, wiederum das zu empfinden, was der Mensch davon hat, daß er nicht nur den Tag miterlebt, sondern daß er auch die übrigen periodischen Gestaltungen des kosmischen Daseins miterlebt, miterlebt den Tageslauf im Kosmos mit seinem Leib, miterlebt den Jahreslauf im Kosmos mit seiner Seele, miterlebt den großen Epochenlauf, den historischen, mit seinem Geist.

Es kann sonderbar erscheinen, daß gerade aus einem Künstlerischen auch ein Anlauf genommen wird zu einem solchen Experiment im Menschheitsfortschritt. Allein immer war das Künstlerische etwas, was am intensivsten mitzuwirken hatte, die Menschheit epochenweise, Stück für Stück vorwärtszuschieben. So darf schon einmal Eurythmie auch versuchen, etwas dazu beizutragen, daß wir als gegenwärtige Menschheit über den Materialismus herauskommen, aus ihm in eine spirituellere, geistigere Atmosphäre kommen. Dahin darf wirklich gerade die Johannistimmung zielen, jene Johannistimmung, durch welche immer, wo sie ursprünglich vorhanden war, das Ziel verfolgt wurde, den Menschen aus dem irdischen Leben herauszureißen durch jene Wärme, welche ausgegossen worden war wie aus dem Weltenall herein von der Sonne auf die Erde, durch jenes Licht, das den höchsten Stand hatte innerhalb der Sommermitte, da wo der Mensch sich bewußt werden konnte, wie er als Menschenwesen eingeschlossen ist zwischen einem Kosmischen, einem Hereinströmenden, und nicht bloß einem von unten Heraufkommenden. Diese Johannistimmung, die immer dazu verwendet worden ist, dem Menschen das Bewußtsein zu geben, daß er ein kosmisches, nicht bloß ein irdisches Wesen ist, kann auch dazu verwendet werden in der heutigen Menschheit, hinauszustreben von der Erde. Und das kann am besten durch diejenigen Mittel geschehen, die von vornherein aus einer geistigen Vertiefung unseres gegenwärtigen Zivilisationslebens hervorgehen. Und eines dieser Mittel will Eurythmie sein. Daher gestatten Sie es, daß wir gerade heute in der Eurythmie versuchen, Johannistimmung zu entwickeln.

Ich mache Sie zum Schluß noch auf das Programm aufmerksam, in dem wir ebenfalls versucht haben, künstlerisch-malerisch Johannistimmung zum Ausdrucke zu bringen. Man kann sie sogar eigentlich weniger beschreiben, kann aber dasjenige, was in ihr lebt, an dem Hinausstreben des Menschen vom Irdischen ins Kosmische hinein, an dem Erstreben, aus dem tellurischen, irdischen Menschen hinaus, in den kosmischen Menschen hineinzukommen, rege machen. Diese Johannistimmung rege zu machen, möchten wir dadurch zu erreichen versuchen, daß alles von Johannistimmung durchzogen ist. Das ist dasjenige, was ich mit ein paar Worten vorausschicken wollte.

EURYTHMIE-AUFFÜHRUNG

AM GOETHEANUM, DORNACH
IM SCHREINEREISAAL

Dornach, 24. Juni 1923 (Johanni)
und 1. Juli 1923

PROGRAMM

Merkurauftakt . . . . Musik: Leopold van der Pals
Aus «Die Pforte der Einweihung», 7. Bild . . . . Rudolf Steiner
Nocturne, b-moll, Op. 9, Nr. 1 . . . . Fr. Chopin
Zueignung . . . . Novalis
Davidsbündler Tanz, Op. 6, Nr. 11 . . . . . Robert Schumann
Johannispruch . . . . Rudolf Steiner
Davidsbündler Tanz, Op. 6, Nr. 2 . . . . . Robert Schumann
Lebenslied . . . . Robert Hamerling

Wanderers Sturmlied . . . . J. W. v. Goethe
Aus «Ein Sommernachtstraum» . . . . W. Shakespeare
Elfe, Droll, Oberon, Titania, Thisbe, Pyramus, Elfen

DIE WELTENSEELENGEISTER

Im Lichte wir schalten,
Im Schauen wir walten,
Im Sinnen wir weben.

Aus Herzen wir heben
Das Geistesringen
Durch Seelenschwingen.

Dem Menschen wir singen
Vom Göttererleben
Im Weltengestalten.

JOHANNI-STIMMUNG
DER GESCHÄRFTE JOHANNIBLICK

Dornach, 24. Juni 1923

In dem kurzen Vortrage, den ich heute nachmittag der Eurythmieaufführung vorangehen ließ, habe ich bereits darauf hingewiesen, wie man auch an dem Verhältnis, welches die moderne Menschheit zu den Festeszeiten des Jahres hat, sehen kann, wie wir in den Materialismus hineinkommen. Allerdings muß man dann die Anschauung von dem Materialismus viel tiefer fassen, als das gewöhnlich der Fall ist. Das gefährlichste Charakteristikon der Gegenwart ist nicht, daß die Menschen vom Materialismus angesteckt sind, sondern das viel gefährlichere Charakteristikon ist die Oberflächlichkeit unseres Zeitalters.

Diese Oberflächlichkeit ist nicht nur gegenüber geistigen Weltanschauungen vorhanden, sondern sie ist auch mit Bezug auf den Materialismus selbst vorhanden. Man nimmt ihn in den oberflächlichen Erscheinungen. So habe ich zum Beispiel heute nachmittag darauf aufmerksam gemacht, wie in den verschiedenen Zeiten des Jahres so etwas wie die Stimmungen, denen die Menschen in älteren Zeiten noch hingegeben waren, auch in den festlichen Veranstaltungen in diesen älteren Zeiten zur Offenbarung kamen. Man legte in das Wintersonnenwendefest, in das Frühlingsfest, in das Johannifest, in das Michaelifest, in jene ganz bestimmten, kultusähnlichen oder wenigstens von Kultusähnlichem durchdrungenen Veranstaltungen doch verschiedene Stimmungen hinein, die den Menschen überkommen müssen, wenn er den Jahreslauf bewußt miterlebt.

Dadurch gab man der menschlichen Seele dasjenige, was man dem Menschen heute nur dem Leibe nach gibt. Den Tageslauf machen wir ja alle noch mit. Wenn die Sonne ihr Morgengold ihrer eigenen Offenbarung als Morgendämmerung voranschickt, dann essen wir unser Frühstück. Wenn die Sonne am höchsten steht, wenn sie ganz besonders liebevoll ihre Wärme und ihr Licht ausgießt über die Erdenmenschheit, dann geben wir uns der Mittagsmahlzeit hin, nun, und so weiter durch Five o'clock tea und Souper hindurch. Wir machen in diesen Festesveranstaltungen des Tages den Tageslauf der Sonne mit, indem wir selbst diesen feurigen Ritt der Sonne um die Welt in uns mitempfinden. Wir empfinden das mit, was die Sonne vollführt bei ihrem feurigen Ritt um die Welt, indem wir Hunger und Sättigung absolvieren. Und so ist die Stimmung für den menschlichen physischen Organismus in einer ganz dezidierten Weise zu bestimmten Tageszeiten da. Wir könnten Frühstück, Mittagsmahl, Teetrinken, Abendbrotessen die Feste des Tages nennen. Der menschliche physische Organismus macht dasjenige mit, was im Verhältnis der Erde zum Kosmos sich abspielt.

In einer ähnlichen Weise hat man in älteren Zeiten, als das Seelenleben aus den alten instinktiven Hellseherzuständen heraus intensiver empfunden worden ist, den Jahreslauf mitgemacht. Es haben sogar gewisse Dinge aus der einen Sphäre in die andere hineingespielt. Sie brauchen sich nur zu erinnern an dasjenige, was von diesen Dingen noch geblieben ist: Ostereier, Martinsgänse und so weiter. Da spielt die untere Region, die leibliche Region in die seelische Region, die eigentlich den Jahreslauf eben auch auf seelische Art miterleben muß, hinein. Nun, am ehesten wäre ein materialistisches Zeitalter noch zu haben, ich will nicht gerade sagen für Ostereier, aber für Martinsgänse und dergleichen wäre man ja auch im Jahreslaufe zu haben.

Aber so waren diese Dinge mit Bezug auf die eigentlichen Festesstimmungen in alten Zeiten nicht gemeint, sondern sie waren abgestimmt auf Seelenhunger und Seelensättigung. Die Seele des Menschen brauchte etwas anderes zur Weihnachtszeit, etwas anderes zur Osterzeit, zur Johannizeit und zur Michaelizeit. Und man kann wirklich das, was in den Veranstaltungen der Festlichkeiten lag, vergleichen mit einer Art Rücksichtnahme auf den Hunger der Seele gerade in den auftretenden Jahresabschnitten und mit einer Sättigung der Seele in diesen Jahresabschnitten.

Nun kann man also sagen: Schauen wir auf den Tageslauf der

Sonne, so können wir auf ihn dasjenige beziehen, was unserem Leibe frommt. Schauen wir auf den Jahreslauf der Sonne, so können wir auf ihn dasjenige beziehen, was unserer Seele frommt.

Sollen Feste wieder aufleben, dann muß das natürlich aus einem viel bewußteren Zustande heraus geschehen: aus einem solchen Erwachen der Seele, wie es durch die anthroposophische Weltgesinnung angestrebt wird. Wir können nicht bloß historisch die alten Festeszeiten erneuern, wir müssen sie durch die neueren Erkenntnisse und Anschauungen der Welt aus unserem eigenen Seelenwesen heraus wieder finden. Wir unterscheiden aber außer dem Leibe und außer der Seele ja am Menschen auch den Geist.

Nun wird es dem modernen Menschen schon schwer, überhaupt sich noch bestimmten Vorstellungen hinzugeben, wenn von Seele gesprochen wird. Da verschwimmt die Geschichte ins Unbestimmte. Nicht nur, daß man es ja erlebt hat, wie im 19. Jahrhundert angefangen wurde zu sprechen von einer Psychologie, einer Seelenlehre ohne Seele. Fritz Mauthner, der große Sprachkritiker, hat sogar gefunden: Seele ist etwas so Unbestimmtes, wir kennen eigentlich keine Seele; wir kennen nur gewisse Gedanken, Empfindungen, Gefühle, die in uns erlebt werden, aber eine einheitliche Seele darinnen kennen wir nicht. Wir sollten daher auch dieses Wort «Seele» in der Zukunft gar nicht mehr gebrauchen. Wir sollten von diesem unbestimmten inneren Wuscheln sprechen und nicht mehr sagen Seele, sondern «Geseel». – So daß Fritz Mauthner etwa rät, ein künftiger Klopstock, der eine «Messiade» dichtete, sollte nicht mehr sagen: «Sing, unsterbliche Seele, der sündigen Menschen Erlösung ...», sondern: «Sing, unsterbliches Geseel, der sündigen Menschen Erlösung ...», wenn das überhaupt noch einen Sinn hat innerhalb dieser «Geseellehre»! Wir würden also in der Zukunft nicht eine Seelenkunde, sondern eine «Geseelkunde» haben!

Nun können wir wirklich sagen: Von diesem Zusammenhang seiner Seele mit dem Jahreslauf der Sonne weiß der moderne Mensch nichts mehr. Er ist auch in dieser Beziehung Materialist geworden. Er hält sich an die Festeszeiten des Leibes, die dem Tageslauf der

Sonne folgen. Die Feste werden aus traditioneller Gewohnheit wohl begangen, aber lebendig werden sie nicht empfunden. Und wir haben außer dem, daß wir einen Leib, eine Seele – oder im Sinne von Fritz Mauthner ein Geseel – haben, ja auch Geist.

Nun gibt es im Weltenlauf wiederum dasjenige, was die historischen Epochen sind. Diese historischen Epochen, die über den Jahreslauf hinausreichen, Jahrhunderte umfassen, die lebt wiederum der menschliche Geist mit, wenn er sie mitempfindet. In alten Zeiten hat man sie sehr wohl erlebt. Wer in der richtigen Weise geistgetragen einzugehen weiß auf die Art und Weise, wie man in den älteren Zeiten sich hineingedacht hat in den Zeitenlauf, der weiß, wie überall gesagt worden ist: Zu dieser oder jener Zeitenwende sei irgendeine Persönlichkeit erschienen, die wiederum einmal Geistiges aus den Höhen der Welt geoffenbart hat. Und dann hat sich dieses Geistige eingelebt, wie im Physischen sich das Sonnenlicht einlebt. Kam dann eine solche Epoche in die Abenddämmerung, dann trat wiederum etwas Neues auf.

Diese historischen Epochen hängen so mit der Geistesentwicklung der Menschheit zusammen, wie der Jahreslauf der Sonne mit der Seelenentwicklung zusammenhängt. Natürlich, gerade wenn die Geistesentwicklung wiederum in lebendiger Weise erfaßt werden muß, so muß es dadurch geschehen, daß man in bewußter geistiger Erkenntnis wiederum verstehen lernt, wie Umschwünge, Metamorphosen im Werdegang der Menschheit eintreten. Heute möchte man dieses Eintreten von Metamorphosen ganz und gar übersehen. Man ist äußerlich irgendwie berührt von den Wirkungen, aber man möchte innerlich nicht eingehen auf die Umschwünge, die aus dem Geiste heraus kommen und die sich in den äußeren Weltereignissen ausleben.

Man sollte nur einmal darauf hinsehen, wie in unserer Zeit eine gewisse Denkrichtung, eine Empfindungs- und Gefühlsrichtung auftritt bei den Kindern, bei den jungen Leuten, die der früheren Generation noch fremd waren; wie große Umschwünge geschehen, die, wenn man auf die richtigen Elemente hinschaut, im Werdegang der Menschheit durchaus dem Werdegang des Jahres zu vergleichen sind. Daher sollte man auf dasjenige hören, was die einzelnen Zeitalter als ihre Bedürfnisse verkünden, sollte hinhorchen, wenn ein neues Zeitalter heraufkommt und von dem Menschen etwas anderes verlangt, als frühere Zeitalter verlangt haben. Aber gerade dafür haben ja die Menschen heute nur im geringsten Maße ein Organ.

Die großen Zusammenhänge des Lebens können uns vor die Seele treten, wenn wir in der richtigen Weise gerade wiederum aus unserem Gegenwartsbewußtsein heraus an die Festesstimmungen herandringen, wenn wir zum Beispiel so etwas wie Johannistimmung wirklich in unsere Seele dringen lassen, und wenn wir versuchen, aus der Johannistimmung heraus dasjenige für unsere Seele zu gewinnen, bei dem eine Förderung, eine Unterstützung unseres Eingehens dadurch stattfindet, daß uns der Kosmos zu Hilfe kommt.

Gewiß, der modernen Menschheit sind die Dinge, die mit dem Großen der Weltentwicklung zusammenhängen, mehr oder weniger gleichgültig geworden. Man hat heute kein Herz mehr für die Erkenntnisse der großen Weltzusammenhänge. Da zeigt sich das Eindringen des Geistes der Kleinlichkeit, ich möchte sagen das Eindringen des Geistes der Mikroskopie und des Atomisierens in Erscheinungen, die, wenn man von ihnen heute so redet, wie ich es hier tun muß, natürlich den Eindruck des Paradoxen hervorrufen.

Ich möchte auf eine bestimmte Erscheinung gerade im Zusammenhang mit der Johannistimmung hinweisen. Der Zusammenhang wird etwas fernerliegend sein, aber ich möchte darauf hinweisen. Was ist, selbst wenn man kein sehr entwickeltes Organ hat für den Jahreslauf, selbstverständlicher, als daß man von dem Pflanzenwachstum, von dem Baumwachstum den Eindruck hat: Wenn der Frühling kommt, dann sprießt und sproßt das Grüne, es entwickelt sich immer mehr und mehr das Wachsen, das Sprießen, das Sprossen, Blatt geht in Blüte über. Das ganze rege Wachsen, das den Eindruck macht, als wenn der Kosmos mit seinen Sonnenwirkungen die Erde aufriefe, sich dem All zu öffnen, dieses Ganze tritt dann ein zur Johannizeit.

Dann beginnt wiederum ein Zurücktreten des Sprießens und Sprossens. Da nähern wir uns der Zeit, wo die Erde ihre Wachstumskräfte in sich selber zusammenzieht, wo die Erde sich dem Kosmos entzieht. Wie natürlich ist es, daß man aus dem Eindruck, den man so von dem Jahreslauf empfängt, sich die Vorstellung bildet, daß zum Winter die Schneedecke gehört, daß es zum Winter gehört, daß die Pflanzen sich sozusagen mit ihrem Wesen in den Boden der Erde verkriechen, daß es zum Sommer gehört, daß die Pflanzen herauskommen, dem Kosmos entgegenwachsen. Was ist natürlicher, als daß man die Vorstellung entwickelt – wenn das auch in einem tieferen Sinne gerade im entgegengesetzten Sinne richtig ist – die Pflanzen schlafen im Winter, sie wachen im Sommer?

Ich will über dieses Schlafen und Wachen jetzt nicht als von richtigen und unrichtigen Begriffen sprechen. Ich will nur von den Eindrücken sprechen, die man bekommt, so daß die Menschen die Vorstellung haben: Der Sommer gehört der Entwicklung der Vegetation, der Winter gehört dem Zurücktreten, dem Sich-Verkriechen der Vegetation. Immerhin bildet sich da eine Art Weltempfindung heraus für den Menschen. Man gerät in das Gefühl eines Zusammenhanges hinein mit der wärmenden und leuchtenden Kraft der Sonne, wenn man diese wärmende und leuchtende Kraft der Sonne wieder erblickt in der grünenden und blühenden Pflanzendecke der Erde. Und man gerät in eine Empfindung hinein, als wenn man im Winter ein Erdeneremit gegenüber dem Kosmos wäre, wenn die Pflanzendecke nicht da ist und der Schneemantel die Erde abschließt vom Kosmos, zur Innentätigkeit aufruft. Kurz, indem man so fühlt und empfindet, reißt man sich mit seinem Erdenbewußtsein gewissermaßen von dem Erdendasein ab. Man versetzt sich dadurch in größere Verhältnisse des Weltenalls.

Nun kommt aber die moderne Forschung, die ich hiermit nicht kritisiere – was ich jetzt sagen werde, soll sogar in bezug auf Forschung selbst nicht ein Abkanzeln, sondern ein Lob sein –, nun kommt die moderne Forschung und zuckt die Achseln, wenn von großen kosmischen Zusammenhängen die Rede ist. Warum sollte man denn sich gehoben fühlen zur göttlich erleuchtenden, erwärmenden Kraft der Sonne, wenn die Bäume ausschlagen, grün werden, wenn die Erde sich mit der Pflanzendecke bedeckt? Warum sollte man denn an diesen aus der Erde heraus wachsenden Pflanzen einen Zusammenhang mit dem Weltenall empfinden müssen? Es stört einen. Kosmische Empfindungen stören einen! Man bringt das mit seinem materialistischen Bewußtsein gar nicht mehr in Einklang, solche Empfindungen zu haben. Die Pflanze ist doch Pflanze. Es ist wie ein Eigensinn der Pflanze, daß sie just nur im Frühling blüht, im Sommer zum Fruchten sich bereit erklärt. Wie geht denn das zu? Man soll da nicht bloß mit der Pflanze zu tun haben, sondern mit der ganzen Welt! Wenn man über diese Dinge fühlen, empfinden oder erkennen soll, da soll man mit der ganzen Welt zu tun haben, nicht bloß mit der Pflanze. So etwas schickt sich doch nicht! Gibt man sich doch schon Mühe, nicht mit den Stoffen zu tun zu haben, die so in Pulverform oder in Kristallform vorhanden sind, sondern mit den Atomstrukturen, mit dem Atomkern, mit der elektromagnetischen Atmosphäre und so weiter! Man bemüht sich also, mit etwas Abgeschlossenem zu tun zu haben, nicht mit etwas, was da in vieles hinausweist. Der Pflanze soll man nun zugestehen, man brauche eine Empfindung, die in den Kosmos hinausreicht? Etwas Schreckliches ist es doch, wenn man sein Gesichtsfeld nicht einengen kann auf das bloße einzelne Objekt. Man ist das doch so gewöhnt: Wenn man mikroskopiert, da ist doch auch alles ringsherum abgeschlossen, da ist nur das kleine Gesichtsfeld da; es geht alles so im Kleinen, Abgeschlossenen vor sich. Man muß doch auch die Pflanze für sich betrachten können, nicht im Zusammenhang mit dem Kosmos!

Und siehe da, um die Wende des 19. zum 20. Jahrhundert gelang den Forschern gerade auf diesem Gebiete etwas Außerordentliches. Man hat ja ganz gewiß von einzelnen Pflanzen im Verhältnis zu Warmhäusern, Treibhäusern und so weiter schon gewußt, daß man das Sommerliche und Winterliche überwinden kann, aber im ganzen ist man um diese Wende des 19. zum 20. Jahrhundert zu wenig darüber hinausgekommen gewesen, daß die Pflanzen doch eine gewisse Winterruhe brauchen. Es wurden Diskussionen in dieser Zeit geführt, wie es sich mit den Tropenpflanzen verhält. Diejenigen Forscher, welche nichts mehr wissen wollten von einem Zusammenhang mit dem Kosmos, die behaupteten, die Tropenpflanzen wachsen das ganze Jahr hindurch. Die anderen, die noch am alten konservativen Anschauen festhielten, die sagten: Ja, wenn man da in die üppige grüne Tropenwelt kommt, dann denkt man das nur aus dem Grunde, weil die Pflanzen zu verschiedenen Zeiten ihre Winterruhe halten, manche nur bis zu acht Tagen. So sieht man das nicht, wenn gerade eine bestimmte Art in der Ruhe ist. Es entstanden ausführliche Diskussionen darüber, wie es sich mit den Tropenpflanzen verhält. Kurz, man merkte etwas von einer ungeheuren Unbehaglichkeit diesem Zusammenhang der Pflanzenwelt mit dem Kosmos gegenüber.

Nun hat man in dieser Richtung, gerade um die Wende des 19. zum 20. Jahrhundert, die interessantesten, geistreichsten Versuche gemacht, und es ist wirklich gelungen, einer ganzen Anzahl nicht nur einzelner einjähriger Pflanzen, sondern sogar Bäumen, die viel stärker sind, ihren Eigensinn auszutreiben, ihren kosmischen Eigensinn. Es ist gelungen, Pflanzen, die man als einjährige kannte, durch Herstellung gewisser Bedingungen zu mehrjährigen zu machen, also die Abhängigkeit von den kosmischen Verhältnissen zu überwinden. Es ist bei der größten Anzahl unserer in gemäßigten Klimaten vorkommenden Waldbäume tatsächlich gelungen, Verhältnisse herbeizuführen, die bewirkten, Bäume, von denen man geglaubt hat, sie müssen diese Winterzeit haben, im Winter entblättert und dürr dastehen, zu immer fortwährendem Grünen zu bringen. Denn das war die Voraussetzung gewisser materialistischer Erklärungen. In dieser Beziehung ist wirklich außerordentlich Geistvolles geleistet worden.

Man war darauf gekommen, daß man den Bäumen das Kosmische austreiben kann, wenn man die Bäume in geschlossene Räume bringt und den Boden ordentlich mit Nährsalzen nährt, so daß die Pflanzen, die sonst in der Winterzeit, wo der Boden so nährsalzarm ist, nichts finden, nun auch da ihre Nährsalze holen. Wenn man genügende Feuchtigkeit hineinbringt, genügend Wärme, genügend Licht, so wachsen die Bäume.

Nur ein einziger Baum im Umkreis Mitteleuropas hat sich noch im Beginne des 20. Jahrhunderts diesem Forschertrieb widersetzt. Es war die Buche, die Blutbuche. Sie wurde von allen Seiten gehetzt, sie solle sich nun auch in geschlossene Räume einsperren lassen! Sie wurde mit den nötigen Nährsalzen, mit der nötigen Feuchtigkeit und Wärme versehen – sie blieb eigensinnig, sie verlangte trotzdem ihre Winterruhe. Aber sie war nur noch ganz allein.

Und nun haben wir in diesem 20. Jahrhundert, im Jahre 1914 zu verzeichnen – ich will jetzt nicht etwa vom Ausgang des Weltkrieges sprechen, sondern von einem anderen großen historischen Ereignis – das Große, Gewaltige, daß es dem auf diesem Gebiete außerordentlich vom Forschen begünstigten Forscher Klebs gelungen ist, auch der Buche ihren kosmischen Eigensinn auszutreiben. Es gelang ihm ganz einfach, die Buche in geschlossenen Räumen zu ziehen, ihr die nötigen Bedingungen zu verschaffen in geschlossenen Räumen: das gehörige Sonnenlicht, das man messen konnte. Und siehe da, die Buche widerstand nicht, sie fügte sich auch demjenigen, was die Forscher wollten.

Ich führe nicht eine Erscheinung an, über die ich einen Grund habe, abkanzelnd zu sprechen, denn wer sollte nicht Bewunderung haben für einen solchen ungeheuren Forscherfleiß? Außerdem würde es selbstverständlich Tollheit sein, die Dinge widerlegen zu wollen. Sie sind da, sie sind so, sie sind durchaus so. Also um Zustimmungen oder Widerlegungen handelt es sich dabei durchaus nicht, aber es handelt sich um etwas anderes.

Warum sollte es denn nicht auch gelingen, wenn man irgendwo auf einem neutralen Boden die nötigen Bedingungen für Haarwuchs fände, Haarwuchs außerhalb des Menschen und der Tiere zu erzeugen? Warum denn nicht? Es brauchen nur die entsprechenden Bedingungen irgendwie hergestellt zu werden! Ich weiß zwar, daß es manchem schon in unserer Zeit lieber wäre, wenn ihm die Haare auf dem Kopfe wüchsen, als wenn man sie äußerlich durch irgendeine Kultur hervorbringen würde! Aber wir könnten uns doch denken, daß auch das gelänge. Dann würden wir scheinbar nicht mehr nötig haben, irgendwie mit dem Kosmos dasjenige, was auf der Erde geschieht, in einen Zusammenhang zu bringen.

Man kann vor der Forschung selbstverständlich allen schuldigen Respekt haben, aber man muß in diese Dinge doch tiefer hineinsehen. Abgesehen von dem, was ich vor einiger Zeit hier über das Wesen der Elemente entwickelte, möchte ich heute das Folgende sagen. Man muß sich klar sein darüber, daß zum Beispiel folgendes der Fall ist. Wir wissen, daß einstmals die Erde und die Sonne *ein* Körper waren. Das ist allerdings lange, sehr lange her: in der Saturnzeit, Sonnenzeit war es. Dann war eine kurze Wiederholung dieses Zustandes während der Erdenzeit. Aber dennoch ist etwas in der Erde zurückgeblieben, das dahin gehört. Das holen wir heute wieder heraus. Und wir holen es nicht nur aus dem Wiederholungszustande heraus, der sich während unserer Erdenzeit zugetragen hat, indem wir mit Steinkohle unsere Räume heizen, sondern wir holen es heraus, indem wir die Elektrizität benützen. Denn aus jenen Zeiten, in denen nach der alten Saturnzeit, zur Sonnenzeit, Sonne und Erde eines waren, da ist der Grund zu dem gelegt worden, daß wir auf der Erde Elektrizität haben. Wir haben mit der Elektrizität eine mit der Erde altverbundene Kraft, die Sonnenkraft ist, in der Erde verborgene Sonnenkraft.

Warum sollte denn nicht, wenn man ihr nur stark genug zu Leibe geht, selbst die eigensinnige Buche sich herbeilassen, statt daß sie die aus dem Kosmos hereinströmende Sonnenkraft benützt, die aus der Erde in Form der Elektrizität heraus gewonnene Sonnenleuchtkraft zu benützen?

Aber gerade wenn man diese Dinge ins Auge faßt, dann wird man so recht merken, wie man eine Vertiefung unserer ganzen Erkenntnis braucht. Solange die Menschen glauben konnten, die Sonnenkraft komme nur aus dem Kosmos, so lange kamen sie beim Pflanzenwachstum aus der unmittelbaren gegenwärtigen Anschauung jedes Jahres zu einem Bewußtsein ihres kosmischen Zusammenhanges. In dem jetzigen Zeitalter, wo man unter materialistischen Gesichtspunkten dasjenige von dem Kosmos lostrennen möchte, was auf so leichte Weise als kosmische Wirkung geschaut werden kann, muß man, wenn man die scheinbare Selbständigkeit der Pflanze anschaut, eine Wissenschaft haben, die sich erinnert, daß jener kosmische Zusammenhang zwischen Erde und Sonne in älteren Zeiten vorhanden war, aber in einer anderen Form. Wir brauchen eben, indem wir auf der einen Seite wie mikroskopisch eingeschränkt werden, auf der anderen Seite eine um so intensivere Weite des Blickes, und gerade an den Einzelheiten zeigt es sich, wie wir diese Weite des Blickes brauchen.

Es handelt sich gar nicht darum, daß wir auf anthroposophischem Boden uns etwa in einer laienhaften Weise auflehnen gegen den Fortschritt der Forschung. Aber indem der Fortschritt der Forschung immer mehr und mehr durch seine eigene Natur dahin führen muß, uns zu jener Regenwurmnatur zu bringen, von der ich oftmals hier gesprochen habe, so daß wir keinen freien Ausblick in die Weiten haben, müssen wir den weiteren Blick, den großen kosmischen historischen Blick gewinnen, so daß wir den Zusammenhang zwischen der Erde und der Sonne uns nicht nur in der gegenwärtigen Erdenzeit zum Bewußtsein bringen können, sondern in jener längst vergangenen Zeit, die wir in der kosmischen Entwicklung der Erde die Sonnenzeit nennen. Wir brauchen überall den Gegenpol. Nicht das Keifen gegen die Forschung, sondern den spirituellen, den geistigen Gegenpol brauchen wir. Das ist der richtige Standpunkt, den wir einnehmen müssen. Und ich möchte sagen, es ist auch eine Johannistimmung, wenn wir uns dieses in unser Gemüt einschreiben, wenn wir uns klar werden darüber, wie wir jetzt geradezu in einer welthistorischen Johannistimmung leben müssen, wie wir den Blick hinauswenden müssen in die Weiten des Kosmos. Das brauchen wir, das brauchen wir gerade in spiritueller Erkenntnisbeziehung! Mit dem bloßen Reden vom Geistigen ist heute nichts getan, sondern einzig und allein mit dem wirklichen Eindringen in die konkreten Erscheinungen der geistigen Welt. Dasjenige, was aus der kosmischen Entwicklung der Erde herausgeholt wird, indem man aufmerksam macht auf Saturn-, Sonnen-, Monden-, Erdenentwicklung und so weiter, das hat eine ungeheure Tragweite in bezug auf die Erkenntnis auch in historischer Beziehung.

Wenn uns auf der einen Seite die materialistische Wissenschaft in solch glänzenden Forschungsresultaten, wie es die von Klebs sind, darauf aufmerksam macht, daß selbst die eigensinnige Buche dazu gebracht werden kann, das Sonnenlicht zu entbehren und unter elektrischem Licht ihr Wachstum im Winter zu treiben, wie sie es sonst nur unter dem Einfluß des Sonnenlichtes macht, dann führt uns dies, wenn wir keine spirituelle Erkenntnis haben, dahin, daß wir alles in der Welt zerbröckeln, unser Gesichtsfeld einengen. Da steht jetzt die Buche vor uns, das elektrische Licht fördert ihr Wachstum, aber wir wissen nichts als dieses, was sich uns auf dem engsten Felde ergibt.

Werden wir mit spiritueller Erkenntnis ausgerüstet, dann sagen wir uns etwas anderes. Dann sagen wir uns: Wenn der Klebs der Buche das gegenwärtige Sonnenlicht entzieht, dann muß er ihr in Form der Elektrizität das uralte Sonnenlicht geben. – Dann wird nicht unser Blick eingeengt, sondern im Gegenteil, unser Blick wird erst ins Ungeheure erweitert. Ach was – sagen die Menschen leicht, die nichts mehr von dem seelischen Verlauf des Jahres wissen wollen –, ein Tag ist wie der andere: Frühstück, Mittagsmahl, Teezeit, Souperzeit; es ist ja gut, wenn es zu Weihnachten etwas Besseres gibt, aber im Grunde genommen geht es so Tag für Tag das ganze Jahr hindurch. – Man sieht nur noch auf den Tag, das heißt auf das äußerlich Materielle des Menschen: Ach was, kosmische Zusammenhänge! Emanzipieren wir uns von einer solchen Weltanschauung! Machen wir uns doch klar, daß selbst die eigensinnige Buche den Kosmos nicht mehr braucht, daß wir ihr, wenn wir sie in ein geschlossenes Gefängnis sperren, doch nur in genügender Stärke elektrisches Licht beizubringen brauchen, dann wächst sie ohne die Sonne. – Nein, sie wächst eben nicht ohne die Sonne! Wir müssen nur in der richtigen Weise die Sonne aufzusuchen wissen, wenn wir so etwas tun! Wir müssen uns aber dann auch klar sein darüber, daß es nun doch etwas anderes ist, eine andere Beziehung. Mit weitem Blicke geschaut, stellt es sich schon heraus, daß es doch etwas anderes ist, ob wir die Buche im kosmischen Sonnenlichte gedeihen lassen, oder ob wir ihr das ahrimanisch gewordene, aus uralten Zeiten stammende Licht geben. Und wir erinnern uns an das, was wir oftmals gesagt haben von dem normal in der Entwicklung Fortgehenden, und dem Luziferischen auf der einen Seite, dem Ahrimanischen auf der anderen Seite.

Wenn wir einen genügenden Blick für dieses haben, dann werden wir uns nicht die Finger ablecken vor lauter Gescheitheit, daß wir nun den kosmischen Eigensinn der Buche überwunden haben, sondern wir werden viel weiter gehen. Wir werden nun zu den Säften der Buche vorgehen und werden untersuchen die Wirkung auf den menschlichen Organismus, werden die Wirkung auf den menschlichen Organismus bei derjenigen Buche untersuchen, der wir ihren Eigensinn gelassen haben, und bei derjenigen Buche, der wir mit dem elektrischen Licht ihren Eigensinn genommen haben, und werden von der heilkräftigen Wirkung der einen Buche und der anderen Buche vielleicht etwas ganz Besonderes erfahren. Da müssen wir dann auf das Geistige eingehen!

Aber wie kümmert man sich heute um diese Dinge? Man hat ein bewunderungswürdiges Forscherinteresse. Man setzt sich in ein Schulzimmer, ist Experimentalpsychologe, schreibt allerlei Worte auf, die gemerkt werden müssen, prüft das Gedächtnis, experimentiert an den Kindern herum, bekommt ungeheuer Interessantes heraus. Hat man einmal das Interesse für irgend etwas geweckt, so sind selbstverständlich alle Dinge in der Welt interessant, es kommt nur auf den subjektiven Standpunkt an. Warum sollte man es nicht dahin bringen, daß einem eine Markensammlung viel interessanter ist als eine botanische Sammlung? Da das der Fall sein kann, warum sollte einem denn nicht auf einem anderen Gebiete auch so etwas passieren können? Warum sollten einem denn die Folterqualen, denen da die Kinder unterworfen werden, wenn man mit ihnen experimentiert, kein Interesse abgewinnen können? Aber überall frägt es sich, ob es da nicht höhere Verpflichtungen gibt, ob es überhaupt tunlich ist, daß man in einem gewissen Lebensalter mit den Kindern so herumexperimentiert. Die Frage entsteht, was man da verdirbt. Und die noch stärkere Frage entsteht, was man an den Lehrern verdirbt, wenn man, statt von ihnen ein lebendiges, herzliches Verhältnis zu verlangen, ein experimentelles Interesse aus den Ergebnissen der experimentierenden Psychologie verlangt. So kommt es wirklich darauf an, ob, wenn man sich mit einer solchen Forschung in ein richtiges Verhältnis zu der Sinneswelt versetzt, ob man sich damit auch in ein richtiges Verhältnis zu der übersinnlichen Welt versetzt.

Nun ja, wird es jetzt bei gewissen Leuten grölen können, die von der notwendigen Objektivität der Forschung sprechen: der will also behaupten, daß es irgendwelche Geister gibt, die es unmoralisch finden, wenn der Klebs der Buche in dieser Weise ihren Eigensinn nimmt! – Das fällt mir gar nicht ein. Es fällt mir nicht im Traume ein. Das alles, was gemacht wird, soll gemacht werden, aber man muß das Gegengewicht dazu haben. Und in einer Zeit, in der man sich in bezug auf das Buchenbäumewachstum emanzipiert von der kosmischen Empfindung, muß auf der anderen Seite, in einer Zivilisation, die solche Dinge in sich aufnimmt, auch eine Empfindung dafür vorhanden sein, wie der geistige Fortgang im Werden der Menschheit geschieht. Man muß Epochensinn haben in einer Zeit, wie es die unsrige ist. Nicht die Forschung will ich einschränken, aber empfunden muß werden, daß dem etwas anderes gegenüberstehen muß. Es muß dem gegenüberstehen ein offenes Herz dafür, daß zu gewissen Zeiten immer diese und jene Dinge aus der geistigen Welt heraus sich offenbaren. Wenn auf der einen Seite der materialistische Sinn überwuchert und es zu starken und großen Ergebnissen bringt, so müßten gerade diejenigen, die ein Interesse haben an solchen Ergebnissen, auch ihr Interesse an den Forschungsresultaten über die geistige Welt haben.

Dies aber liegt im Inneren der Natur des Christentums. Das richtig angeschaute Christentum sieht nach dem Mysterium von Golgatha fortwirkend im Erdendasein in dem Wesen des Christus die Christus-Kraft, den Christus-Impuls. Und das bedeutet, daß man auch dann, wenn Herbststimmung kommt, wenn alles dürr und öde wird, wenn das Sprießende und Sprossende in der Sinnesnatur aufhört, dann gerade das Sprießen und Sprossen des Geistes wahrnimmt, wenn man in dem sich entblätternden Baum das Aufglitzern und Aufleuchten derjenigen Geister empfinden kann, die nun den Menschen durch den Winter begleiten.

Aber ebenso muß man empfinden lernen, wie in einem Zeitalter, das sich von einem gewissen Gesichtspunkte aus mit Recht darüber her macht, die Einzelheiten aufzufassen, in bezug auf die Einzelheiten den Blick einzuengen, der Blick auch auf das Große, Umfassende fallen muß. Das ist gegenüber dem Christentum die Johannistimmung. Wir müssen empfindend verstehen, daß die Johannistimmung der Ausgangspunkt ist für dasjenige Geschehen, das in dem Worte liegt: «Er muß wachsen, ich aber muß abnehmen.»

Das heißt, der Eindruck auf den Menschen von alledem, was erobert wird durch die Sinnesforschung, dieser Eindruck muß abnehmen. Und gerade indem man immer mehr und mehr ins Sinnlich-Einzelne eindringt, muß der Eindruck des Geistigen immer stärker und stärker werden. Die Sonne des Geistes muß immer mehr in das menschliche Herz hineinleuchten, je mehr die in der Sinneswelt wirkende Sonne abnimmt.

Johannistimmung müssen wir empfinden als den Eingang in Geistesimpulse und als den Ausgang aus Sinnesimpulsen. Johannistimmung müssen wir als etwas empfinden lernen, worin es webt und weht, geistig-dämonisch weht aus dem Sinnlichen ins Geistige, aus dem Geistigen ins Sinnliche. Und wir müssen durch die Johannistimmung unseren Geist leicht gestalten lernen, so daß er nicht nur pechartig klebt an den festen Konturen der Ideen, sondern daß er in webende, wehende, lebendige Ideen sich hineinfindet. Wir müssen merken können das Aufglimmen des Sinnlichen, das Verglimmen des Sinnlichen, das Aufglimmen des Geistigen im verglimmenden Sinnlichen. Wir müssen das Symbol des Aufleuchtens der Johanniswürmchen durchaus empfinden als etwas, das auch im Abdämpfen der Beleuchtung seine Bedeutung hat.

Das Johanniswürmchen leuchtet auf, das Johanniswürmchen leuchtet wieder ab. Aber indem es ableuchtet, läßt es lebendig in uns zurück das Leben und Weben des Geistigen im dämmerigen Sinnlichen. Und wenn wir in der Natur überall die geistigen kleinen Springwellen sehen, so wie wir symbolisch im Sinnlichen das Aufglühen und wieder Abdämpfen der Johanniswürmchen sehen, dann werden wir, wenn wir dieses mit vollem, hellem, klarem Bewußtsein können, für unser Zeitalter die richtige Johannistimmung finden. Und diese richtige Johannistimmung brauchen wir, denn wir müssen durch unser Zeitalter so hindurchgehen, wenn wir nicht in den völligen Abstieg kommen wollen, daß der Geist sich glühend beleben lernt, und daß wir dem glühend belebten Geistigen sinnvoll folgen lernen.

Johannistimmung – der Menschen- und Erdenzukunft entgegen! Nicht mehr die alte Stimmung, die nur das Sprießen und Sprossen des Äußerlichen versteht, die froh ist, wenn sie dieses Sprießen und Sprossen auch noch einsperren kann, unter elektrisches Licht dasjenige setzen kann, was sonst froh im Sonnenlichte gediehen ist. Wir müssen vielmehr das Aufblitzen und Aufblühen des Geistes erkennen lernen, so daß uns das elektrische Licht weniger wichtig wird, als es in der Gegenwart ist; daß wir aber dadurch den Blick, den Johanniblick, geschärft bekommen für jenes alte Sonnenlicht, das uns erscheint, wenn wir den großen geistigen Horizont eröffnen, – nicht nur den engen Erdenhorizont, sondern den großen Horizont vom Saturn bis zum Vulkan.

Wenn wir in der richtigen Weise das Licht, das uns auf diesem großen Horizont erscheint, auf uns wirken lassen, dann werden alle Kleinigkeiten unseres Zeitalters uns eben in diesem Lichte erscheinen können, dann werden wir vorwärts- und aufwärtskommen. Sonst aber, wenn wir uns dazu nicht entschließen, werden wir rückwärts- und abwärtskommen.

Es handelt sich heute überall um menschliche Freiheit, um menschliches Wollen. Es handelt sich heute überall um die selbständige menschliche Entscheidung zwischen Vorwärts oder Rückwärts, zwischen Aufwärts oder Abwärts.

MICHAELI

HERBST

Der Erdenleib und die Wärmeseele

Der Erdenleib,
Der Geistersehnende,
Er lebt im Welken.

Die Samengeister,
Die Stoffgedrängten,
Erkraften sich.

Und Wärmefrüchte
Aus Raumesweiten
Durchkraften Erdensein.

Und Erdensinne,
Die Tiefenseher,
Sie schauen Künft'ges
Im Formenschaffen.

Die Raumesgeister,
Die ewig-atmenden,
Sie blicken ruhevoll
Ins Erdenweben.

MICHAELI-STIMMUNG

Natur, dein mütterliches Sein,
Ich trage es in meinem Willenswesen;
Und meines Willens Feuermacht,
Sie stählet meines Geistes Triebe,
Daß sie gebären Selbstgefühl,
Zu tragen mich in mir.

DER STREIT MICHAELS MIT DEM DRACHEN

Aufsatz, 30. September 1923

Wer den Blick zurück in ältere Zeiten der menschlichen Seelenentwicklung wendet, dem muß bemerklich werden, wie im Weltanschauungsleben die Bilder sowohl der Natur wie des Geistes sich gewandelt haben. Man braucht gar nicht allzuweit zurückzuschauen. Noch im achtzehnten Jahrhundert war es so, daß man die Kräfte und Substanzen der Natur geistähnlicher, das Geistige mehr in Naturbildern gedacht hat als heute. Erst in der neuesten Zeit sind die Vorstellungen vom Geiste ganz abstrakt, die von der Natur so geworden, daß sie auf eine geistfremde Materie weisen, die für die menschliche Anschauung undurchdringlich ist. So fallen gegenwärtig Natur und Geist für das menschliche Auffassungsvermögen auseinander; und keine Brücke scheint von dem einen zu dem andern zu führen.

Es ist aus diesem Grunde, daß grandiose Weltanschauungsbilder, die vor Zeiten eine große Bedeutung hatten, wenn der Mensch seine Lage im Weltganzen erfassen wollte, ganz in das Reich dessen eingezogen sind, was man als luftige Phantastik empfindet. Eine Phantastik, der sich der Mensch nur hingeben durfte, so lange ihm keine wissenschaftliche Exaktheit dies verbot.

Ein solches Weltanschauungsbild ist der «Streit Michaels mit dem Drachen».

Es gehört dieses Bild zu den Seeleninhalten, die das menschliche Wesen anders in die Urzeiten zurückverfolgten als die gegenwärtigen. Heute will man von dem Menschen der Gegenwart zu weniger menschenähnlichen Wesen als zu denen kommen, von denen er abstammt. Man geht von mehr vergeistigten Wesen zu weniger vergeistigten zurück. – Ehedem wollte man, indem man das menschliche Werden zurückverfolgte, auf mehr Geistiges stoßen, als in der Gegenwart erscheint.

Man schaute einen vorirdischen Zustand, in dem die gegenwärtige Form des Menschen noch nicht war. Wesen stellte man in dem damaligen Dasein vor, die in feinerer Substanzialität lebten, als sie der heutige Mensch hat. Sie waren «geistiger» als er. Von solcher Art war das Wesen, das als «Drache» von Michael bekämpft wird. Dieses war dazu bestimmt, einst in einer späteren Zeit die Menschenform anzunehmen. Dazu aber sollte es «seine Zeit» abwarten. Diese «Zeit» sollte nicht von ihm abhängen, sondern von dem Ratschluß über ihm stehender Geistwesen. Es sollte vorerst mit seinem eigenen Willen ganz in dem Willen dieser höheren Geistwesen beschlossen bleiben. – Da ging aber *vor* «seiner Zeit» der Hochmut in ihm auf. Es wollte einen «eigenen Willen» in der Zeit, in der es noch in dem höheren Willen leben sollte. Es bestand darin seine Widersetzlichkeit gegen den höheren Willen. Selbständigkeit des Willens bei solchen Wesen ist nur möglich in dichterer Materie, als sie damals vorhanden war. Sie müssen andere Wesen werden, wenn sie in ihrer Widersetzlichkeit beharren. Dem widersetzlichen Streben des gezeichneten Wesens war das Leben in der Geistigkeit, in der es war, nicht mehr angemessen. Sein Dasein empfanden seine Genossen als störend (ja zerstörend) in ihrem Reiche. So empfand Michael. Er war in dem Willen der höheren Geistwesen geblieben. Er unternahm es, das widersetzliche Wesen zu zwingen, die Form anzunehmen, die einem selbständigen Willen in der damaligen Weltlage allein möglich war, die der Tierheit – des Drachens, der «Schlange». Höhere Tiergestalten gab es noch nicht. Selbstverständlich wurde dieser «Drache» auch nicht sichtbar gedacht, sondern übersinnlich.

So steht vor dem Seelenauge des Menschen einer frühern Zeit der Kampf zwischen «Michael und dem Drachen». Er wurde als Tatsache gedacht, die sich abspielte, bevor es eine Natur gab, die Menschenaugen sehen können, und bevor noch der Mensch in seiner gegenwärtigen Form entstanden war.

Die gegenwärtige Welt ist aus derjenigen hervorgegangen, in der sich diese Tatsache abgespielt hat. Das Reich, in das der Drache verstoßen wurde, ist zur «Natur» geworden, die eine Materialität angenommen hat, durch die sie für Sinne sichtbar werden kann;

es ist gewissermaßen der Bodensatz der früheren Welt. Das Reich, in dem Michael sich seinen geistergebenen Willen bewahrt hat, ist «oben» gereinigt geblieben, wie eine Flüssigkeit, aus der sich ein erst gelöster Zusatz als Bodensatz ergeben hat. Dieses Reich ist fortan bleibend ein solches, das Sinnen verborgen sein muß.

Die außermenschliche Natur ist aber der Drachenmacht nicht verfallen. Diese konnte in ihr nicht zur Sichtbarkeit sich erkraften. Sie blieb als unsichtbarer Geist in ihr. Der mußte sein Wesen von ihr absondern. Sie wurde ein Spiegel der höheren Geistigkeit, von der er abgefallen war.

In diese Welt ward der Mensch hineingestellt. Er konnte teilnehmen an der Natur und an der höheren Geistigkeit. So ward er eine Art Doppelwesen. In der Natur selbst blieb der Drache machtlos. In dem, was im Menschen selbst als Natur lebt, erhielt er Macht. Im Menschen lebt, was dieser als Natur aufnimmt, als Begierde, als tierische Lust. In diese Sphäre hat der abgefallene Geist Zutritt. Damit war der «Fall des Menschen» gegeben.

Der widersetzliche Geist ist in den Menschen verlegt. Michael ist seinem Wesen treu geblieben. Wendet sich der Mensch zu ihm mit dem Teil seines Lebens, das aus der höheren Geistigkeit urständet, dann entsteht in des Menschen Seele der «innere Kampf Michaels mit dem Drachen».

Solch eine Vorstellung war noch im achtzehnten Jahrhundert vielen Menschen geläufig. Ihnen war die äußere Natur der «Spiegel höherer Geistigkeit», die «Natur im Menschen» der Sitz der Schlange, die die Seele durch Hingabe an Michaels Kraft zu bekämpfen habe.

Wie konnte eine Seele, in der solche Vorstellungen lebendig waren, die äußere Natur ansehen? Die Zeit, da der Herbst naht, mußte die Erinnerung an den «Drachenkampf» des Michael bringen. Die Blätter entfallen den Bäumen, das blühend-sprossende Leben erstirbt. Wohlig nahm die Natur den Menschen im Frühling auf; wohlig pflegte sie ihn während des Sommers in den warmstrahlenden Sonnengaben. Wenn der Herbst beginnt, hat sie nichts mehr für ihn. Ihre Niedergangskräfte dringen in Bildern durch seine

Sinne ein. Er muß sich aus seinem Menschen selbst geben, was die Natur ihm vorher gegeben hat. Ihre Macht in ihm wird schwächer. Er muß aus dem Geiste sich Kräfte schaffen, die ihm helfen, wo die Natur machtloser für ihn wird. Der Drache verliert mit der Natur seine Macht. Michaels Bild taucht vor der Seele auf. Das Bild des Drachenbekämpfers. Es war abgelähmt, da die Natur und mit ihr der Drache mächtig war. Aus dem heranströmenden Froste taucht dieses Bild auf.

Aber das Bild ist für die Seele eine Realität. Es ist, als ob der Vorhang in die geistige Welt sich öffnete, der von der Sommerwärme geschlossen war.

Der Mensch lebt das Leben des Jahreslaufes mit. Der Frühling ist irdischer Wohltäter; aber er spinnt den Menschen in das Reich ein, in dem der «Widersacher» seine unsichtbare Macht in ihm als Häßlichkeit der Schönheit der Natur gegenüberstellt. Im Herbstbeginn erscheint der Geist der «starken Schönheit», da die Natur «ihre Schönheit» verbirgt und damit auch den Widersacher in die Verborgenheit treibt.

So waren die Empfindungen vieler, die in älteren Zeiten das Michaelfest in ihrem Herzen feierten. Was zu alledem der Mensch der Gegenwart zu sagen hat, der neben der Natur- eine Geist-Erkenntnis gelten läßt, das soll Inhalt einer Betrachtung in dem nächsten Aufsatz sein.

DER MICHAELSTREIT VOR DEM BEWUSSTSEIN DER GEGENWART

Aufsatz, 7. Oktober 1923

In dem Bilde «der Streit Michaels mit dem Drachen» lebte ein starkes Bewußtsein davon, daß der Mensch durch seine eigenen Kräfte der Seele eine Lebensrichtung geben müsse, die ihr die Natur nicht geben kann. Die heutige Seelenverfassung ist geneigt, einem solchen Bewußtsein mit Mißtrauen zu begegnen. Sie fürchtet, durch dasselbe der Natur entfremdet zu werden. Sie möchte die Natur in ihrer Schönheit, in ihrem sprießenden, sprossenden Leben genießen, und sich diesen Genuß nicht rauben lassen durch die Vorstellung von einem «Abfall der Natur vom Geiste». Sie möchte auch in dem Erkennen die Natur sprechen lassen und sich nicht in das Phantastische verlieren, indem sie dem Geist, der sich über die Naturanschauung erhebt, eine Stimme beim Erstreben der Wahrheit über das Wesen der Dinge zugesteht.

Goethe hat eine solche Furcht nicht gehabt. Er empfand ganz gewiß in der Natur nichts Geistfremdes. Sein Gemüt stand weit offen der Schönheit, der inneren Kraft alles Natürlichen. Im Leben der Menschen berührte ihn vieles Unharmonische, Zerrissene, in Zweifel Werfende. Dem gegenüber fühlte er einen inneren Drang, mit der ewigen Konsequenz und Ausgeglichenheit der Natur zu leben. Aus solchem Leben hat er leuchtende Perlen seiner Dichtung herausgezaubert.

Aber in ihm war auch etwas von der Empfindung, das Werk des Menschen müsse durch eigenes Schaffen das Werk der Natur erst vollenden. Alle Schönheit der Pflanze empfand Goethe. Aber er empfand auch etwas Unvollendetes in dem Naturleben, das die Pflanze vor den Menschen hinstellt. Es liegt mehr in dem, was innerlich in der Pflanze webt und wirkt, als in dem, was in begrenzter Gestalt von ihr vor dem Auge steht.

Neben dem, was die Natur erreicht, empfand Goethe noch etwas wie «Absichten der Natur». Davon, daß man mit einer solchen Vorstellung die Natur personifiziere, ließ sich Goethe nicht beirren. Er war sich bewußt, daß er nicht aus einer persönlichen Willkür solche Absichten in das Pflanzenleben hineinträume, sondern daß er sie völlig objektiv in demselben schaue, wie er die Farbe der Blüte schauen kann.

Deshalb war er ungehalten, als Schiller ihm sein Bild von dem inneren Werdestreben der Pflanze, das er einmal vor den Augen des Dichterfreundes mit wenigen Strichen hinzeichnete, als «Idee» und nicht als «Erfahrung» bezeichnete. Er erwiderte dem Freunde, daß, wenn dieses eine «Idee» sei, er eben seine Ideen mit Augen schaue, wie er Farben und Formen mit Augen wahrnehme.

Goethe hatte eben eine Empfindung dafür, daß in der Natur nicht nur ein aufsteigendes, sondern auch ein absteigendes Leben ist. Er empfand das Keimen, Sprossen, Blühen, Fruchten; aber er empfand auch das Welken, Abblassen, Verdorren, Ersterben. Er empfand den Frühling; aber er empfand auch den Herbst, er konnte im Sommer durch das eigene Gemüt die Entfaltung der Natur in sich miter*leben;* aber er konnte auch im Winter mit demselben offenen Gemüte mit der Natur mit*sterben.*

Man wird in Goethes Werken diese zwiefältige Naturempfindung mit Worten nicht vollinhaltlich ausgesprochen finden. Aber man kann sie aus seiner ganzen Seelenhaltung herausfühlen. Es war in ihr noch ein Nachklang der alten Empfindung vom «Streite Michaels mit dem Drachen». Aber diese Empfindung war in das Bewußtsein des neuzeitlichen Menschen heraufgehoben.

Goethes Seelenhaltung hat nach dieser Richtung im neunzehnten Jahrhundert keine Fortsetzung gefunden. Die neuere Geistesanschauung muß zu einer solchen Fortsetzung hinstreben.

Die Naturempfindung ist keine vollendete, wenn der Mensch nur das Keimen, Sprossen, Blühen, Fruchten in seinem Innern miterlebt; er muß auch den Sinn für das Welken, Ersterben haben. Er wird dadurch der Natur nicht entfremdet. Er verschließt sich vor ihrem Frühling und Sommer nicht. Aber er fühlt auch ihren Herbst und Winter.

Der Frühling und der Sommer fordern Hingabe des Menschen an die Natur; der Mensch lebt sich aus sich heraus und in die Natur hinein. Der Herbst und der Winter regen an, sich in das Menschliche zurückzuziehen und dem Absterben der Natur die Auferstehung der Seelen- und Geisteskräfte entgegenzustellen. Der Frühling und der Sommer sind die Zeiten des Naturbewußtseins der Menschenseele; der Herbst und der Winter sind die Zeiten der Erfühlung des menschlichen Selbstbewußtseins.

Wenn der Herbst erscheint, dann nimmt die Natur ihr Leben in die Tiefen der Erde hinein; das Keimende, Fruchtende entzieht sie dem Auge des Menschen. In dem, was sie dem Auge zeigt, liegt nicht eine Erfüllung; da liegt eine Hoffnung: die Hoffnung auf den neuen Frühling. Die Natur läßt den Menschen allein mit sich.

Da beginnt die Zeit, in welcher der Mensch durch seine eigenen Kräfte sich beweisen muß, daß er lebe und nicht sterbe. Die Sommernatur hat dem Menschen gesagt: ich nehme dein «Ich» auf; ich lasse es mit den Blüten selber in meinem eigenen Schoße blühen. Die Herbstesnatur beginnt zum Menschen zu sagen: hole Kräfte aus den Tiefen deiner Seele, auf daß dein Ich in sich lebe, derweil ich mein Leben in die Tiefen der Erde verberge.

Goethe war unwillig, als sein Empfinden auf die Worte Hallers stieß: Ins Innere der Natur dringt kein erschaffner Geist; glückselig, wem sie nur die äußere Schale weist. Goethe fühlte: Natur hat weder Kern noch Schale; alles ist sie mit einem Male.

Die Natur hat zum Leben das Sterben nötig; der Mensch kann auch das Sterben miter*leben.* Er kommt dadurch nur tiefer in das «Innere» der Natur hinein. Er erlebt in seinem organischen Innern seine Atmung, seinen Blutumlauf. Die sind *sein* Leben. Was in der Natur im Frühling keimt, es steht ihm in Wahrheit so nahe wie seine eigene Atmung; es lockt seine Seele in das Naturbewußtsein hinaus; was im Herbste erstirbt, es steht ihm nicht ferner als das Kreisen seines Blutes; es stählt in seinem Innern das Selbstbewußtsein.

Das Fest des Selbstbewußtseins, das dem Menschen seine echte Menschlichkeit nahebringt: es ist da, wenn die Blätter fallen; der Mensch hat nur nötig, sich dessen bewußt zu werden. Es ist das

Michaelfest, das Fest des Herbstbeginnes. Das Bild des siegenden Michaels kann da sein: es lebt in dem Menschen, der im Sommer liebend in die Natur aufgegangen ist, der aber den Schwerpunkt seines Wesens verlieren müßte, wenn er aus dem Verlorensein in der Natur nicht aufsteigen könnte, zu dem Erkraften des eigenen Geisteswesens.

MICHAELI

Ringende Geisteskräfte
Streben in Stoff.
Sie finden nicht den Stoff,
Sie finden sich selber.
Sie schweben über Natürlichem,
Sie leben in sich selber
Michael-Kraft-atmend.

DER JAHRESKREISLAUF IN DEN ALTEN MYSTERIEN

DAS MICHAEL-FEST DES SEELENMUTES

Dornach, 8. April 1923

Um die Betrachtung, die ich gestern hier angestellt habe über jenes Verhältnis, das sich in alten Zeiten unter dem Einfluß der Mysterien zwischen dem Menschen und dem Naturlauf ausgebildet hatte, auf einen noch weiteren Horizont zu bringen, will ich heute eingehen auf dasjenige, was in jenen alten Zeiten geglaubt worden ist in bezug auf alles, was man durch diesen Naturlauf als Mensch von dem Weltenall empfing. Sie haben ja aus dem gestrigen Vortrage entnehmen können – auch vielleicht in Erinnerung an manches, was ich über solche Dinge um die letzte Weihnachtszeit noch in dem uns nun entrissenen Goetheanum ausführen konnte –, daß der Jahreslauf in seinen Erscheinungen empfunden wurde, ja auch heute noch empfunden werden kann als ein Lebensablauf, als etwas, was in bezug auf den äußeren Verlauf ebenso der Ausdruck eines dahinter stehenden lebendigen Wesens ist, wie die Äußerungen des menschlichen Organismus solche Offenbarungen eines Wesens, der menschlichen Seele selber sind.

Erinnern wir uns daran, wie die Menschen unter diesem alten Mysterieneinfluß zur Hochsommerzeit, zu der Zeit, die wir heute als die Johannizeit empfinden, ein gewisses Verhältnis zu ihrem Ich empfunden haben; zu demjenigen Ich aber, das sie dazumal noch nicht sich selbst ausschließlich zuschrieben, sondern das sie noch versetzten in den Schoß des Göttlich-Geistigen. Diese Menschen glaubten eben, daß sie durch alle diese Verrichtungen, die ich geschildert habe, sich während der Hochsommerzeit ihrem Ich näherten, das sich durch den übrigen Jahreslauf hindurch vor den Menschen verbirgt. Natürlich dachten sich die Menschen als ganzes Wesen überhaupt im Schoße des Göttlich-Geistigen befindlich. Allein sie dachten, während der übrigen drei Viertel des Jahres offenbart sich nichts von dem, was zu ihnen als ihr Ich gehört; nur in diesem einen Viertel, das seinen Höhepunkt zur Johannizeit hatte, da offenbart sich ihnen gewissermaßen durch ein Fenster, das hereinerrichtet war aus der göttlich-geistigen Welt, die Wesenheit ihres eigenen Ich.

Nun wurde aber diese Wesenheit des eigenen Ich innerhalb der göttlich-geistigen Welt, in der sie sich offenbarte, nicht in einem so neutralen, gleichgültigen, ja, man kann schon sagen phlegmatischen Erkenntniswege gedacht, wie das heute der Fall ist. Wenn heute von dem Ich gesprochen wird, so denkt ja der Mensch eigentlich dabei kaum irgendwelche wirkliche Beziehung zu dieser oder jener Welt. Er denkt sich das Ich gewissermaßen als einen Punkt, von dem ausstrahlt, was er tut, in den einstrahlt, was er erkennt. Aber es ist durchaus eine Art phlegmatischer Empfindung, die der Mensch heute gegenüber seinem Ich hat. Man kann nicht einmal sagen, daß der heutige Mensch in seinem Ich, trotzdem dieses ja das Ego ist, den eigentlichen Egoismus empfindet; denn wenn er ehrlich sein will, kann er sich ja gar nicht sagen, er habe sein Ich besonders gern. Er hat seinen Leib gern, er hat seine Instinkte gern, er hat diese oder jene Erlebnisse gern. Aber das Ich ist ja nur ein Wörtchen, das als Punkt empfunden wird und in dem eben all das Angedeutete so mehr oder weniger zusammengefaßt wird. Aber in jener Zeit, in der die Annäherung an dieses Ich festlich begangen wurde, in der man schon lange Vorbereitungen machte, um gewissermaßen sein Ich im Weltenall zu treffen, in der Zeit, in der man dann wiederum empfand, wie dieses Ich sich allmählich zurückzog und den Menschen mit seinem leiblich-seelischen Wesen – was wir heute nennen würden physisch-ätherisch-astralisches Wesen – allein ließ, in jener Zeit empfand man das Ich wirklich in Beziehung zu dem ganzen Kosmos, zu der ganzen Welt.

Aber was man vor allen Dingen empfand gegenüber diesem Ich in seinem Verhältnis zur Welt, das war nicht etwas Naturalistisches, wenn wir das heutige Wort gebrauchen, das war nicht etwas, was nur als äußere Erscheinung aufgefaßt wurde, sondern es war etwas, was im wesentlichen als der Mittelpunkt der alten, der uralten moralischen Weltanschauung galt. Man nahm nicht an, daß dem Menschen große Naturgeheimnisse geoffenbart wurden in dieser Zeit. Gewiß, solche Naturgeheimnisse – wir haben sie gestern ausgesprochen –, auf die achtete der Mensch nicht in allererster Linie damals, sondern er hatte die Empfindung, daß vor allen Dingen dasjenige, was er als moralische Impulse in sich aufnehmen soll, sich in dieser Hochsommerzeit offenbart, in der Licht und Wärme ihren höchsten Stand erreichen. Es war die Zeit, die der Mensch empfand als die göttlich-moralische Erleuchtung. Und was man vor allen Dingen als Antwort von den Himmeln erhalten wollte durch die musikalischen, poetischen, tänzerischen Aufführungen, die damals gepflegt wurden, was man erwartete, das war, daß sich offenbarte aus den Himmeln in allem Ernste dasjenige, was die Himmel in moralischer Beziehung von den Menschen verlangten.

Wenn es sich einmal zutrug, daß alle diese Verrichtungen gepflogen wurden, die ich gestern beschrieben habe, daß in schwüler Sommerzeit diese Feste gefeiert wurden und dann ein mächtiges Gewitter hereinbrach mit Blitz und Donner, dann fühlte man gerade in dem Hereinbrechen von Blitz und Donner die moralische Ermahnung der Himmel an die Erdenmenschheit. Aus diesen alten Zeiten ist zurückgeblieben, was sich etwa in der Anschauung über den Zeus findet: daß er der Donnergott ist, der Gott, der mit dem Blitze ausgestattet ist. Ähnliches knüpft sich an den deutschen Donar-Gott an. Das auf der einen Seite, und auf der anderen Seite das Folgende.

Man empfand ja da, ich möchte sagen, die in sich gesättigte, warme, leuchtende Natur, man empfand dasjenige, was leuchtende, wärmende Natur während des Tages war, auch in die Nachtzeit hinein und man machte nur den Unterschied, daß man sich sagte: Während des Tages ist die Luft angefüllt mit dem Wärmeelemente, mit dem Lichtelemente. Da weben und leben im Wärme- und im Lichtelemente die geistigen Boten, durch die sich die höheren göttlichen Wesenheiten den Menschen kundgeben wollen, sie ausstatten wollen mit moralischen Impulsen. Aber des Nachts, wenn sich zurückziehen die höheren geistigen Wesenheiten, dann bleiben die Boten und offenbaren sich auf ihre Weise. – Und so empfand man besonders zu dieser Hochsommerzeit das Walten und Weben der Natur in den Sommernächten, in den Sommerabenden. Und was man da erlebte, war einem etwas wie ein in der Wirklichkeit erlebter Sommertraum, ein Sommertraum, durch den man sich der göttlich-geistigen Welt besonders genähert hatte; ein Sommertraum, von dem man überzeugt war, daß da alles, was Naturerscheinung war, zu gleicher Zeit moralische Sprache der Götter war, daß da aber auch allerlei Elementarwesen wirkten und sich auf ihre Art den Menschen zeigten.

Alles, was die Ausschmückung des Sommernachtstraumes, des Johanninachtstraumes ist, das ist dasjenige, was später geblieben ist von den wunderbaren Ausgestaltungen, welche die menschliche Imagination einmal vollzog für alles das, was geistig-seelisch diese Hochsommerzeit durchzog, was aber im großen und kleinen genommen wurde als eine geistig-göttlich-moralische Offenbarung des Kosmos an die Menschen. Und so dürfen wir sagen, daß die Vorstellung, die da zugrunde lag, diese war: In der Hochsommerzeit offenbarte sich die göttlich-geistige Welt durch moralische Impulse, die den Menschen eingepflanzt wurden in Erleuchtung (siehe Schema Seite 188). Und was man da ganz besonders empfand, was da wirkte auf die Menschen, das empfand man als ein, ich möchte sagen, Übermenschliches, das hereinspielte in die menschliche Ordnung. Der Mensch wußte aus dem Mitempfinden dieser Festlichkeiten, die da gefeiert wurden, daß er, so wie er nun einmal in jener Zeit war, über sich selber hinausgehoben wurde ins Übermenschliche, daß gewissermaßen die Gottheit die ihr von dem Menschen zu dieser Zeit entgegengestreckte Hand nahm. Alles, was man glaubte göttlich-geistig zu haben, das schrieb man den Offenbarungen dieser Johannizeit zu.

Wenn nun der Sommer zu Ende ging und die Herbsteszeit heraufkam, wenn die Blätter welk wurden, die Saaten reiften, wenn also das volle strotzende Leben des Sommers bleichte, die Bäume kahl wurden, dann empfand man, weil überall in diese Empfindungen hineingeströmt wurden die Erkenntnisse der Mysterien: Die göttlich-geistige Welt zieht sich wiederum von dem Menschen zurück. Er spürt, wie er auf sich selbst zurückgewiesen wird; er wächst

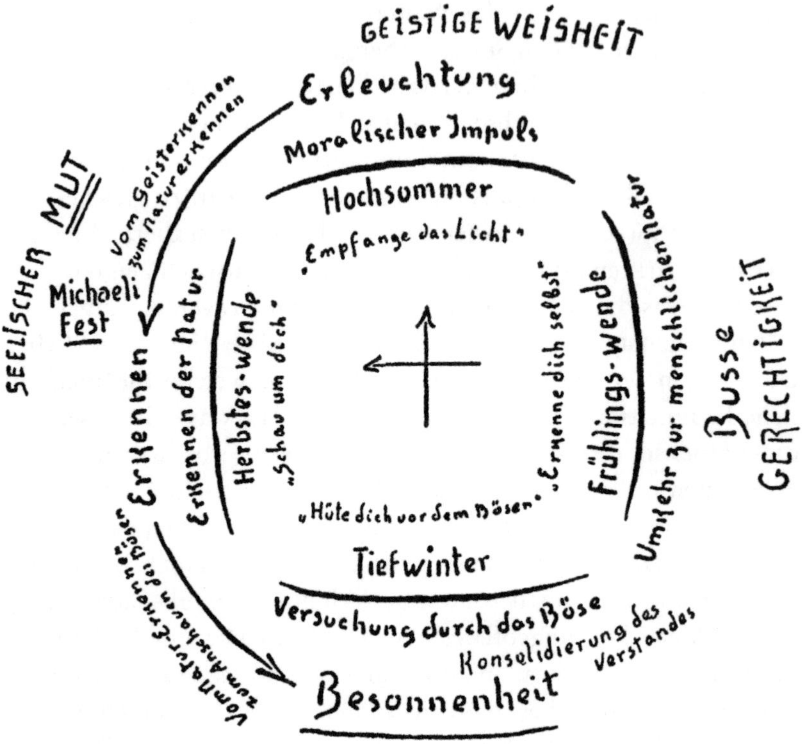

gewissermaßen aus dem Geistigen heraus in die Natur hinein. – So empfand der Mensch dieses Hineinleben in den Herbst als ein Herausleben aus dem Geistigen, als ein Hineinleben in die Natur. Die Blätter der Bäume mineralisierten sich, die Saaten wurden dürr, mineralisierten sich. Alles neigte sich gewissermaßen nach dem Jahrestode der Natur hin.

In diesem Verwobensein mit dem Mineralischwerden dessen, was auf Erden war und die Erde umgab, empfand man ein Verwoben werden des Menschen selber mit der Natur. Der Mensch stand dazumal in seinem inneren Erleben noch näher dem, was sich äußerlich zutrug. Und so dachte er auch, sann er auch in dem Sinne, wie er dieses Verwobenwerden mit der Natur erlebte. Sein ganzes Denken nahm diesen Charakter an. Würden wir heute in unserer Sprache das ausdrücken wollen, was da der Mensch empfand, wenn der Herbst kam, so müßten wir folgendes sagen – ich bitte Sie aber, die Sache so aufzufassen, daß ich mit heutigen Worten spreche, daß man also dazumal natürlich nicht in der Lage gewesen wäre, so zu sprechen. Dazumal war ja alles durchaus Empfindung, man charakterisierte die Dinge ja nicht denkend. Wenn man aber in heutigen Worten, in unseren Worten sprechen wollte, so müßte man sagen: Der Mensch empfand diesen Übergang so, daß er mit seiner Denkrichtung, mit seiner Empfindungsart den Übergang fand vom Geisteserkennen zum Naturerkennen (siehe Schema Seite 188). Das empfand der Mensch, daß er gegen den Herbst zu nicht mehr im Geist-Erkennen war, sondern daß der Herbst von ihm verlangte, daß er die Natur erkennen sollte. So daß wir bei der Herbstwende nicht mehr die moralischen Impulse haben, sondern das Erkennen der Natur. Der Mensch fing an, über die Natur nachzudenken.

So war es auch in der Zeit, als man damit rechnete, daß der Mensch ein Geschöpf, ein Wesen innerhalb des Kosmos war. In jener Zeit hätte man es als einen Unsinn betrachtet, im Sommer Naturerkennen in der damaligen Form an den Menschen heranzubringen. Der Sommer ist da, um den Menschen in Beziehung zum Geistigen der Welt zu bringen. Wenn die Zeit begann, die wir heute die Michaelizeit nennen würden, da war es, daß man sagte: Aus alledem, was der Mensch um sich herum empfindet in den Wäldern, in den Bäumen, in den Pflanzen, da wird er angeregt, Naturerkenntnis zu treiben. – Es war überhaupt die Zeit, in welcher die Menschen dazu kommen sollten, Erkenntnis, Nachdenklichkeit zu ihrer Beschäftigung zu machen. Es war ja auch die Zeit, wo das die äußeren Lebensverhältnisse möglich machten. Also es ging über das menschliche Leben von der Erleuchtung in das Erkennen. Es war die Zeit der Erkenntnis, der immer sich steigernden Erkenntnis.

Wenn die Mysterienschüler ihren Unterricht empfingen von den Mysterienlehrern, dann gaben ihnen diese solche Sprüche mit, wie wir sie dann in den Sprüchen der griechischen Weisen irgendwie wieder nachgebildet finden. Aber es sind diese sieben Sprüche der sieben griechischen Weisen nicht die der ursprünglichen Mysterien. In den ursprünglichen Mysterien gab es für den Hochsommer den Spruch:

Empfange das Licht

und man bezeichnete mit dem Lichte eigentlich die geistige Weisheit. Man bezeichnete dasjenige, innerhalb dessen das eigene menschliche Ich strahlte.

Für den Herbst wurde der Spruch geprägt in den Mysterien, um zu ermahnen – zu dem, was getrieben werden sollte von den Seelen:

Schaue um dich.

Nun näherte sich dann die Entwicklung des Jahres – und damit auch dasjenige, was der Mensch in sich selber von sich verbunden mit diesem Jahre fühlte – es näherte sich das der Winterzeit. Wir kommen in den Tiefwinter hinein, der unsere Weihnachtszeit enthält. Ebenso wie sich der Mensch in der Hochsommerzeit über sich hinaus gehoben fühlte zu dem göttlich-geistigen Dasein des Kosmos, so fühlte sich der Mensch in der Tiefwinterzeit wie unter sich herunter entwickelt. Er fühlte sich gewissermaßen wie von den Kräften der Erde umspült, von den Kräften der Erde mitgenommen. Er fühlte so etwas, wie wenn seine Willensnatur, seine Instinkt- und Triebnatur durchsetzt und durchströmt wäre von Schwerkraft, von Zerstörungskraft und anderen Kräften, die in der Erde sind. Der Mensch fühlte den Winter nicht so in diesen alten Zeiten, wie wir ihn fühlen, daß uns bloß kalt wird und daß wir zum Beispiel Stiefel anziehen, damit uns nicht kalt wird, sondern der Mensch fühlte das, was von der Erde heraufkam, als etwas, was sich jetzt mit seinem eigenen Wesen vereinigte. Er fühlte sozusagen den Gegensatz des schwülen, des lichtvollen Elementes als ein frostiges Element, das heraufkam. Das Frostige, das fühlen wir ja auch noch heute, denn das bezieht sich auf die Körperlichkeit, aber der alte Mensch fühlte seelisch als Begleiterscheinung des Frostigen das Dunkle, das Finstere. Er fühlte gewissermaßen, als ob sich überall, wo er ging, aus der Erde heraus das Finstere höbe und ihn wolkenförmig einschlösse, – nur bis zu seiner Körpermitte herauf allerdings, aber so fühlte der Mensch. Und dann sagte er sich – ich muß das wiederum mit etwas neueren Worten charakterisieren –, dann sagte sich der Mensch: Während des Hochsommers stehe ich der Erleuchtung gegenüber, da strömt in diese Erdenwelt herein, was himmlisch-überirdisch ist, jetzt strömt das Irdische herauf.

Aber etwas vom Irdischen hat der Mensch schon während der Herbstwende erlebt und empfunden. Da hat er aber von der Erdennatur etwas erlebt und empfunden, was ihm gewissermaßen noch konform war, was noch etwas mit ihm zu tun hatte. Wir könnten etwa auch sagen: Der Mensch fühlte in der Herbstwende das Natürliche in seinem Gemüte, in seiner Gefühlswelt. Jetzt aber fühlte er, wie wenn die Erde ihn in Anspruch nähme, wie wenn er umgarnt würde von den Kräften der Erde in bezug auf seine Willensnatur. Das fühlte er wie das Gegenteil der moralischen Weltordnung. Er fühlte zugleich mit dieser Schwärze, die ihn wolkenförmig einhüllte, die Gegenkräfte gegen das Moralische ihn umgarnen. Er fühlte die Finsternis schlangenförmig aus der Erde aufsteigen und ihn umwinden. Aber er fühlte zu gleicher Zeit mit diesem noch etwas anderes. Schon während des Herbstes hatte er gefühlt, daß sich etwas regt, was wir heute Verstand nennen. Während im Sommer der Verstand ausdünstet und von außen herein das Moralisch-Weisheitsvolle kommt, konsolidiert sich während des Herbstes der Verstand. Der Mensch nähert sich dem Bösen, aber sein Verstand konsolidiert sich. Man hat durchaus etwas wie eine Schlangenoffenbarung gefühlt in der Tiefwinterzeit, aber zugleich das Konsolidieren, das Stärkerwerden der Klugheit, des Nachdenklichen, dessen, was den Menschen schlau und listig machte, was ihn dazu anspornte, die Nützlichkeitsprinzipien im Leben zu verfolgen. Das alles empfand man in dieser Weise. Und so wie im Herbste allmählich die Erkenntnis der Natur heraufkam, so kam in der Tiefwinterzeit heran an die Menschen die Versuchung der Hölle, die Versuchung von seiten des Bösen – so empfand man das –, so daß, wenn wir hier schreiben (siehe Schema S. 188): Moralischer Impuls, Erkennen der

Natur –, wir nun hier, bei Tiefwinter, schreiben müssen: Versuchung durch das Böse.

Und das war eben die Zeit, in der der Mensch entwickeln mußte, was sich in ihm ja ohnedies naturhaft zusammenschloß: das Verstandesmäßige, das Schlaue, das Listige, das auf das Nützliche Gerichtete. Das sollte der Mensch bezwingen durch die Besonnenheit. Es war die Zeit eben, in der der Mensch entwickeln mußte nun nicht den offenen Sinn für die Weisheit, den man von ihm im Sinne der alten Mysterienweisheit verlangte während der Zeit der Erleuchtung. Gerade in der Zeit, in der sich das Böse in der angedeuteten Weise offenbarte, konnte der Mensch den Widerstand gegen das Böse in entsprechender Weise empfinden: er sollte besonnen werden. Er sollte vor allen Dingen jetzt bei dieser Wendung, die er da durchmachte, während er von der Erleuchtung zum Erkennen übergegangen war, eben vom Geisteserkennen zum Naturerkennen, jetzt übergehen vom Naturerkennen zur Anschauung des Bösen. So faßte man das auf. Und den Schülern der Mysterien, denen man Lehren geben wollte, die ihnen Geleitworte sein konnten, wie man ihnen im Hochsommer sagte: Empfange das Licht –, wie man ihnen im Herbst sagte: Schaue um dich –, ihnen sagte man im Tiefwinter:

Hüte dich vor dem Bösen.

Und man rechnete darauf, daß durch diese Besonnenheit, durch dieses Sich-Hüten vor dem Bösen die Menschen zu einer Art von Selbsterkenntnis kommen, die sie dann dazu führt, einzusehen, wie sie im Jahreslaufe abgewichen waren von den moralischen Impulsen. Das Abweichen von den moralischen Impulsen durch das Anschauen des Bösen, seine Überwindung durch die Besonnenheit, das sollte den Menschen gerade in der Zeit, die auf die Tiefwinterzeit folgte, zum Bewußtsein kommen. Deshalb wurde in diese Weisheit allerlei aufgenommen, was die Menschen anleitete, Buße zu tun für dasjenige, wovon sie eingesehen hatten, daß es abweichend war von dem, was sie an moralischen Impulsen durch die Erleuchtung bekommen hatten.

Wir nähern uns dem Frühling, der Frühlingswende. Und ebenso wie wir hier (siehe Schema S. 188) die Erleuchtung haben, das Erkennen, die Besonnenheit, so haben wir für die Frühlingswende dasjenige, was empfunden wurde als Bußetätigkeit. Und an die Stelle des Erkennens, beziehungsweise der Versuchung durch das Böse, trat jetzt etwas, was man nennen konnte die Umkehr, die Wiederhinwendung zu seiner höheren Natur durch die Buße. Haben wir hier geschrieben: Erleuchtung, Erkennen, Besonnenheit –, so müssen wir hier schreiben: Umkehr zur menschlichen Natur.

Wenn Sie noch einmal zurückblicken zu dem, was in der Tiefwinterzeit die Zeit der Versuchung durch das Böse war, so werden Sie sagen müssen: Da fühlte sich eben der Mensch wie versenkt in die Klüfte der Erde. Er fühlte sich umgarnt von der Erdenfinsternis. Da war es, wo gerade so, wie er gewissermaßen während der Hochsommerzeit aus sich herausgerissen war, wie sein Seelisches über ihn selbst erhoben wurde, wo sich jetzt innerlich, um nicht umgarnt zu werden von dem Bösen während der Tiefwinterzeit, das Seelische frei machte. Dadurch war während der Tiefwinterzeit, ich möchte sagen, ein Gegenbild da zu dem, was in der Hochsommerzeit da war.

In der Hochsommerzeit sprachen die Naturerscheinungen auf geistige Art. Man suchte in Blitz und Donner insbesondere die Sprache der Himmel. Man blickte auf die Naturerscheinungen hin, aber man suchte in den Naturerscheinungen geistige Sprache. Selbst in den Kleinigkeiten suchte man in der Johannizeit die geistige Sprache der Elementarwesen, aber außerhalb. Man träumte gewissermaßen außerhalb des Menschen.

In der Tiefwinterzeit nun versenkte man sich in sich und träumte innerhalb des Menschen. Indem man sich losriß von der Umgarnung der Erde, träumte man innerhalb des Menschen, wenn man sein Seelisches losreißen konnte. Und von diesem ist geblieben dasjenige, was sich knüpft an die Schauungen, an das innere Schauen der dreizehn Nächte nach der Wintersonnenwendezeit. Es sind überall an diese alten Zeiten Erinnerungen zurückgeblieben. Sie können geradezu das norwegische Olaf-Lied als eine spätere

Ausbildung dessen ansehen, was in alten Zeiten in ganz besonderem Maße vorhanden war.

Dann nahte die Frühlingszeit. Heute hat sich die Sache etwas verschoben; die Frühlingszeit war damals mehr gegen den Winter zu geneigt. Überhaupt wurde das Ganze angesehen als in drei Jahresperioden gelegt. Es wurden auch die Dinge zusammengeschoben, aber dennoch – das, was ich Ihnen hier mitteile, wurde wiederum gelehrt. So wie man zur Hochsommerzeit sagte: Empfange das Licht –, zur Herbsteszeit, zur Michaelizeit: Schaue um dich –, so wie man in der Tiefwinterzeit, in derjenigen Zeit, wo wir das Weihnachtsfest haben, sagte: Hüte dich vor dem Bösen –, so hatte man für die Zeit der Umkehr einen Spruch, der nur für diese Zeit dazumal als wirksam gedacht worden ist:

Erkenne dich selbst

gerade gegenübergestellt dem Erkennen der Natur. Hüte dich vor dem Bösen – könnte man auch so aussprechen: Hüte dich, zucke zurück vor dem Erdendunkel. – Aber das hat man nicht gesagt. Während man zur Hochsommerzeit die äußere Naturerscheinung des Lichtes für die Weisheit nahm, also zur Hochsommerzeit gewissermaßen auf naturhafte Weise sprach, so würde man den Spruch zur Winterzeit nicht hineingegossen haben in den Satz: Hüte dich vor der Finsternis –, sondern da sprach man die moralische Deutung aus: Hüte dich vor dem Bösen.

Überall sind dann die Anklänge an diese Feste geblieben, soweit man die Dinge verstanden hat. Natürlich ist alles anders geworden, als das große Ereignis von Golgatha eintrat. In die Zeit der tiefsten Menschenversuchung, in die Winterzeit hinein fiel die Geburt Jesu. Die Geburt Jesu fiel in die Zeit, in der der Mensch eben umklammert war von den Erdenmächten, gewissermaßen hinunterversenkt war in die Erdenklüfte. Sie finden unter den Sagen, die sich anschließen an die Geburt Jesu, auch eine, welche davon spricht, daß Jesus in einer Höhle zur Welt gekommen sei, womit eben hingedeutet wird auf etwas, was als Weisheit in den alleräItesten Mysterien empfunden wurde: daß der Mensch da dasjenige, was er zu suchen hat, finden könne trotz seiner Umklammerung von dem Irdisch-Finsteren, das zugleich die Gründe enthält, warum der Mensch dem Bösen verfallen kann. Und ein Anklang an all das ist dann, daß in die Zeit, wo der Frühling herannaht, die Bußezeit gelegt wird.

Für das Hochsommerfest ist natürlich das Verständnis noch mehr geschwunden als für die andere Seite des Jahreslaufes. Denn je mehr der Materialismus über die Menschheit hereinbrach, desto weniger fühlte man sich hingezogen zur Erleuchtung oder dergleichen. Und was für die gegenwärtige Menschheit von ganz besonderer Wichtigkeit ist, das ist eben diejenige Zeit, die von der Erleuchtung, die zunächst den Menschen noch unbewußt bleibt, hinführt gegen die Herbsteszeit hin. Da liegt der Punkt, wo der Mensch, der ja in das Naturerkennen hinein muß, im Naturerkennen das Abbild eines Gottgeist-Erkennens erfassen soll. Dafür gibt es kein besseres Erinnerungsfest als das Michaeli-Fest. Von diesem muß ausgehen, wenn es in der richtigen Weise gefeiert wird, die allmenschliche Erfassung der Frage: Wie wird in dem gloriosen Naturerkennen der Gegenwart die Geist-Erkenntnis gefunden, wie metamorphosiert man die Naturerkenntnisse so, daß aus dem, was der Mensch als Naturerkenntnisse hat, ihm die Geist-Erkenntnis wird? – Wie wird, mit anderen Worten, dasjenige besiegt, was, wenn es in sich verläuft, den Menschen mit dem Untermenschlichen umgarnen müßte?

Eine Wendung muß eintreten. Das Michaeli-Fest muß einen bestimmten Sinn bekommen. Der Sinn ergibt sich dann, wenn man das Folgende empfinden kann: Die Naturwissenschaft hat den Menschen dazu geführt, die eine Seite der Weltentwicklung zu erkennen, zum Beispiel, daß sich aus niederen tierischen Organismen höhere, vollkommenere und so weiter bis herauf zum Menschen ergeben haben im Laufe der Zeit, oder: daß der Mensch während der Keimesentwicklung im Mutterleibe die Tierformen nacheinander durchmacht. Das ist aber nur die eine Seite. Die andere Seite ist die, welche vor unsere Seele tritt, wenn wir uns sagen: Der Mensch hat sich aus seiner ursprünglich göttlich-menschlichen Anlage herausentwickeln müssen. Wenn dieses (siehe Zeichnung folgende Seite) die ursprüngliche menschliche Anlage ist (hell), so hat sich herausentwickeln müssen der Mensch zu seiner heutigen Entfaltung. Er hat nach und nach von sich abstoßen müssen zuerst die niederen Tiere, dann immer weiter und weiter alles das, was an Tierformen da ist. Das hat er

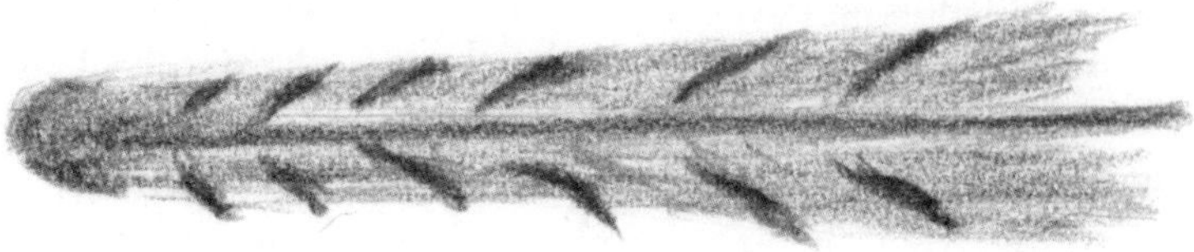

überwunden, von sich herausgesetzt, abgestoßen (dunkel). Dadurch ist er zu seiner ursprünglichen Bestimmung gekommen. Ebenso ist es bei seiner Embryonalentwicklung: Der Mensch stößt nach und nach alles ab, was er nicht sein soll. Dadurch aber bekommen wir den eigentlichen Sinn der heutigen Naturerkenntnis nicht. Was ist der Sinn der heutigen Naturerkenntnis? Der liegt in dem Satze: Du schaust in dem, was dir Naturerkenntnis zeigt, dasjenige, was du von der Menschenerkenntnis ausschließen mußt. – Was heißt das? Das heißt: Der Mensch muß heute Naturwissenschaft studieren. Warum? Wenn er in das Mikroskop hineinsieht, so weiß er, was nicht Geist ist. Wenn er durch das Teleskop in die Ferne des Weltenraumes sieht, so offenbart sich ihm dasjenige, was nicht Geist ist. Wenn er auf eine andere Weise im physikalisch-chemischen Laboratorium experimentiert, offenbart sich ihm, was nicht Geist ist. In seiner reinen Gestalt offenbart sich ihm alles, was nicht Geist ist.

In alten Zeiten haben die Menschen, wenn sie angeschaut haben, was heute Natur ist, noch den Geist durchscheinen gesehen. Heute müssen wir die Natur erkennen, um eben sagen zu können: Das alles ist nicht Geist, das ist Winterweisheit. Und alles, was Sommerweisheit ist, das muß andere Gestalt haben. – Damit der Mensch den Stoß bekommt, den Impuls bekommt zum Geist, muß er das Ungeistige, das Widergeistige erkennen. Und einsehen muß man solche Dinge, die heute noch kein Mensch zugibt. Heute sagt zum Beispiel jeder: Nun ja, wenn ich irgendein kleines Lebewesen habe, das man mit freiem Auge nicht sieht, so lege ich es unter das Mikroskop; da vergrößert es sich mir, dann sehe ich es. – Ja, aber man wird einsehen müssen: Diese Größe ist ja verlogen; ich dehne das Lebewesen aus, ich habe es nicht mehr, ich habe ein Gespenst. Das ist nicht mehr Wirklichkeit, was ich da sehe. Ich habe eine Lüge an die Stelle der Wahrheit gesetzt! – Es ist natürlich für die heutige Anschauung Wahnsinn, aber es ist gerade die Wahrheit. Wenn man einsehen wird, daß man Naturwissenschaft braucht, damit man an diesem Gegenbilde der Wahrheit den Stoß bekommt zur Wahrheit hin, dann wird die Kraft entwickelt sein, die symbolisch angedeutet werden kann in der Überwindung des Drachen durch den Michael.

Aber dazu gehört etwas, was nun eigentlich auch schon, ich möchte sagen, auf geistige Art in den Annalen steht, aber es steht so, daß dann, als man keine rechte Ahnung mehr hatte von dem, was im Jahreslauf lebt, man die Sache auf den Menschen bezog. Da setzte man auf dasjenige, was zur Erleuchtung hinführt, den Begriff der Weisheit; da setzte man auf dasjenige, was hinführt zum Erkennen, den Begriff des Mutes; bei der Besonnenheit blieb es (siehe Schema Seite 196), und auf das, was der Buße entsprach, setzte man den Begriff der Gerechtigkeit. Hier haben Sie die vier platonischen Tugendbegriffe:

Weisheit, Mut, Besonnenheit, Gerechtigkeit.

Es wurde in den Menschen hineingenommen, was der Mensch vorher aus dem Leben des Jahreslaufes empfing. Das aber wird beim Michael-Fest ganz besonders in Betracht kommen: daß das wird sein müssen ein Fest zu Ehren des menschlichen Mutes, der menschlichen Offenbarung des Michael-Mutes. Denn was ist es, was heute den Menschen von der Geist-Erkenntnis zurückhält? Seelische Mutlosigkeit, um nicht zu sagen: seelische Feigheit. Der Mensch will passiv alles empfangen, will sich hinsetzen vor die Welt wie vor ein Kino und will sich alles sagen lassen durch das Mikroskop und Teleskop. Er will nicht in Aktivität härten das Instrument des eigenen Geistes, der eigenen Seele. Er will nicht Michael-Nachfolger sein. Dazu gehört innerer Mut. Dieser innere Mut, der muß sein Fest bekommen in dem Michael-Fest. Dann wird von dem Fest des Mutes, von dem Fest der inneren mutigen Menschenseele ausstrahlen, was auch den anderen Festeszeiten des Jahres rechten Inhalt geben wird.

Ja, wir müssen sogar den Weg fortsetzen: wir müssen hereinnehmen in die menschliche Natur das, was früher draußen war. So steht es heute nicht mehr mit dem Menschen, daß er nur im Herbste das Erkennen der Natur und so weiter entwickeln könnte. Es steht schon so, daß im Menschen die Dinge heute ineinander liegen, denn nur dadurch kann er seine Freiheit entfalten. Aber dabei bleibt es doch richtig, daß, ich möchte sagen, in einem verwandelten Sinne das Feste-Feiern wiederum notwendig wird. Waren die Feste ehemals Feste des Gebens des Göttlichen an die Irdischen, empfing der Mensch ehemals unmittelbar die Gaben der himmlischen Mächte bei den Festen, so besteht heute, wo er in sich die Fähigkeiten hat, die Metamorphosierung des Festgedankens darin, daß es Feste der Erinnerungen sind. So daß sich der Mensch in die Seele schreibt dasjenige, was er in sich vollbringen soll.

Und da wird es wiederum am besten sein, als das stärkstwirkende Fest der Erinnerung, dieses Fest, das den Herbst beginnt, das Michael-Fest zu haben, denn da spricht zu gleicher Zeit die ganze Natur eine bedeutsame kosmische Sprache. Die Bäume werden kahl, die Blätter verwelken, die Tiere, die den Sommer hindurch als Schmetterlinge die Luft durchflatterten, als Käfer die Luft durchsurrten, ziehen sich zurück. Viele Tiere verfallen in den Winterschlaf. Alles lähmt sich ab. Die Natur, die durch ihre eigene Wirksamkeit dem Menschen geholfen hat durch Frühling und Sommer, die Natur, die im Menschen gewirkt hat durch Frühling und Sommer, zieht sich zurück. Der Mensch ist auf sich zurückgewiesen. Was jetzt erwachen muß, wo die Natur einen verläßt, das ist der Seelenmut. Wiederum werden wir hingewiesen, wie es ein Fest des Seelenmutes, der Seelenkraft, der Seelenaktivität sein muß, was wir als Michael-Fest auffassen können.

Das ist es, was allmählich dem Festesgedanken einen Erinnerungscharakter geben wird, der aber schon angedeutet worden ist mit einem monumentalen Worte, mit welchem darauf hingewiesen wurde, daß in aller Zukunft dasjenige, was vorher Feste der Gaben waren, Erinnerungsfeste werden oder werden sollen. Dieses monumentale Wort, das das Fundament für alle Festgedanken sein muß, also auch derjenigen, die wieder entstehen werden, dieses monumentale Wort ist: «Dieses tut zu meinem Angedenken.» Da ist der Gedanke des Festes nach der Erinnerungsseite hingewendet.

So wie das andere, was im Christus-Impuls liegt, lebendig fortwirken muß, sich gestalten muß, nicht bloß totes Produkt bleiben darf, zu dem man zurückschaut, so muß auch dieser Gedanke empfindungs- und gedankenzeugend weiterwirken, und man muß verstehen, daß die Feste bleiben müssen, trotzdem der Mensch sich ändert, und daß daher auch die Feste Metamorphosen durchmachen müssen.

Wandtafelaufschrift zu diesem Vortrag von Rudolf Steiner:

Feste des Gebens
Feste der Erinnerung

Du schaust in dem, was die N.E. (Naturerkenntnis) zeigt, dasjenige, was du von der Menschenerkenntnis ausschliessen mußt.

MICHAELS KAMPF MIT DEM DRACHEN

DIE ANTHROPOSOPHIE UND DAS MENSCHLICHE GEMÜT

Wien, 27. September 1923

Es wird, wenn von Anthroposophie heute in manchen Kreisen die Rede ist, neben manchem unzutreffenden Worte auch dieses gesagt: daß Anthroposophie intellektualistisch sei, daß sie zu stark an den wissenschaftlichen Verstand appelliere, und daß sie zu wenig Rücksicht nehme auf die Bedürfnisse des menschlichen Gemütes. Deshalb habe ich gerade für diesen kurzen Vortragszyklus, den ich zu meiner großen Befriedigung wieder in Wien hier vor Ihnen halten darf, das Thema gewählt: «Die Anthroposophie und das menschliche Gemüt.»

Das menschliche Gemüt ist gewiß von der Erkenntnis ausgeschlossen worden durch die intellektualistische Entwicklung der Zivilisation in den letzten drei bis vier Jahrhunderten. Man wird heute allerdings nicht müde, immer wieder und wieder zu betonen, daß der Mensch nicht stehen bleiben könne bei dem nüchternen, trockenen Verstande und seinen Einsichten, aber man baut doch, wenn es sich um Erkenntnisse handeln soll, ausschließlich auf diesen Verstand. Auf der andern Seite wird immer wieder und wieder hervorgehoben, das menschliche Gemüt müsse zu seinem Rechte kommen; allein man gibt ihm dieses Recht nicht. Man spricht ihm jede Möglichkeit ab, irgendwie eine Beziehung zu den Weltengeheimnissen draußen zu gewinnen; man schränkt sozusagen das menschliche Gemüt gerade in das ein, was nur die persönlichen Angelegenheiten des Menschen sind, in dasjenige, worüber nur die persönlichsten Angelegenheiten des Menschen entscheiden sollen.

Heute wollen wir nun zunächst, ich möchte sagen, wie in einer Art historischer Erinnerung davon sprechen, wie dieses menschliche Gemüt in älteren Zeiten der Menschheitsentwicklung auch erkenntnismäßig sprechen durfte, wie es große, gewaltige Bilder vor die Menschenseele hinzaubern durfte, die aufklärend auf den Menschen wirken sollten, wenn es sich darum handelte, daß der Mensch seine Eingliederung in den ganzen Weltengang finden könne, in den Kosmos, in die Zeitenfolge. Diese Bilder bildeten im Grunde genommen in jener Zeit, als das menschliche Gemüt noch weltanschauungsmäßig sprechen durfte, gerade das Wichtigste in diesen Weltanschauungen. Sie stellten die großen, umfassenden Weltenzusammenhänge dar und stellten den Menschen in diese großen, umfassenden Weltenzusammenhänge hinein.

Ich möchte, weil ich gerade dadurch eine Grundlage für die weitere Betrachtung des menschlichen Gemütes vom anthroposophischen Gesichtspunkte aus schaffen kann, heute eines jener grandiosen, majestätischen Bilder vor Ihre Seele führen, die so zu wirken bestimmt waren, wie ich es jetzt angedeutet habe; zugleich eines jener Bilder, welche vor allen Dingen dazu bestimmt sind, in einer neuen Art, von der wir noch sprechen wollen, auch in der Gegenwart wieder an den Menschen herangerückt zu werden. Ich möchte heute zu Ihnen sprechen von dem Bilde, das Sie alle kennen, dessen Bedeutung aber nach und nach im menschlichen Bewußtsein zum Teil verblaßt ist, zum Teil mißverständlich erfaßt ist: von dem Bilde des Kampfes, des Streites Michaels mit dem Drachen. Ergreifend wirkt es noch auf viele Menschen, aber der eigentliche tiefere Gehalt, wie gesagt, ist entweder verblaßt oder wird mißverstanden, mindestens wird er nicht so an das menschliche Gemüt herangebracht, wie er einst zu diesem menschlichen Gemüt gestanden hat, ja wie er selbst noch im 18. Jahrhundert im Gemüte vieler Menschen gestanden hat. Man macht sich heute gar keinen Begriff davon, wieviel sich in dieser Beziehung geändert hat, wieviel von dem, wovon der sogenannte gescheite Mensch sagt, es seien phantastische Bilder, als die ernstesten Bestandteile der alten Weltanschauungen genommen wurde. So war das insbesondere mit dem Bilde vom Streit des Michael mit dem Drachen.

Wenn heute der Mensch darüber nachdenkt, wie er sich selber auf der Erde entwickelt hat, dann kommt er – im Sinne seiner materialistischen Weltauffassung – dazu, die jetzige, in einem gewissen Sinne relativ vollkommenere Menschengestalt auf unvollkommenere Gestalten, auf physisch-tierische Vorfahren, immer weiter und weiter zurückzuführen. Man kommt dadurch eigentlich von dem jetzigen Menschen, der in der Lage ist, sein eigenes Wesen innerlich seelisch-geistig zu erleben, zu viel materielleren Geschöpfen, von denen der Mensch abstammen solle, die dem materiellen Dasein eben viel näher standen. Man nimmt an, daß sich die Materie allmählich immer mehr und mehr zu einem Erleben des Geistigen heraufentwickelt habe. So war die Anschauung einer verhältnismäßig noch kurz zurückliegenden Zeit nicht, sie war gegenüber dieser Anschauung eigentlich geradezu umgekehrt. Wenn noch im 18. Jahrhundert diejenigen Menschen, die damals – viele waren das ja auch noch nicht – nicht angefressen waren von materialistischer Anschauung, von materialistischer Gesinnung, mit dem Seelenblick zurückschauten in die Vorzeit der Menschheit, dann sahen sie nicht auf weniger menschliche Wesen als ihre Vorfahren hin, sondern sie sahen auf geistigere Wesen hin, als es der Mensch selber ist. Sie sahen auf Wesen hin, denen die Geistigkeit so eigen war, daß diese Wesen noch nicht einen physischen Leib annahmen in dem Sinne, wie es der Mensch heute auf der Erde – die übrigens auch noch nicht in diesen älteren Zeiten vorhanden war – tut. Wenn sie auf die Menschheit zurückschauten, schauten sie hin auf Wesenheiten, die in einer höheren, geistigeren Art lebten, und die, wenn ich mich grob ausdrücken darf, einen Leib von viel dünnerer, mehr geistiger Substanz hatten. In diese Sphäre, von der die Menschen da sprachen, versetzte man noch nicht hinein Wesen von der Art des heutigen Menschen, sondern höherstehende Wesen mit höchstens einem ätherischen Leib, nicht mit einem physischen Leib, Wesen, die gewissermaßen die Menschenvorfahren sein sollten. Man schaute zurück in eine Zeit, in der auch noch nicht die sogenannten höheren Tiere da waren, in der höchstens diejenigen Tiere da waren, die man heute wie in ihren Nachkommen in den gallertartigen Tieren der Meere findet. Das war sozusagen auf dem Vorfahr der Erde als unter dem Menschen stehendes Tierreich vorhanden; darüber ein Reich, das, wie gesagt, nur Wesen hatte in höchstens einem ätherischen Leib. Das, was wir heute aufzählen im Sinne meiner «Geheimwissenschaft im Umriß» als die Wesen der höheren Hierarchien, würde in anderer Form heute noch das sein, was dazumal in einer gewissen Beziehung als Vorfahrenschaft des Menschen gedacht worden ist.

Diese Wesenheiten – Angeloi, Archangeloi, Archai – in ihren damaligen Formen, sie waren vor allen Dingen noch nicht zur Freiheit bestimmt in dem Sinne, wie wir heute beim Menschen von Freiheit sprechen. Der Wille dieser Wesen wurde nicht so erlebt, daß sie selber jenes eigentümliche Gefühl gehabt hätten, das wir aussprechen mit den Worten: wir wollen willkürlich etwas. – Diese Wesen wollten nicht willkürlich etwas, sie wollten das, was als der göttliche Wille in ihre Wesenheit einfloß. Diese Wesenheiten hatten ihren Willen vollständig in dem göttlichen Willen beschlossen. Die göttlichen Wesen, die über ihnen standen oder stehen und die in ihren Zusammenhängen die göttliche Weltenlenkung bedeuten, «wollten» gewissermaßen durch die niedrigeren Geister der Archangeloi und Angeloi, so daß diese niedrigeren Geister durchaus in der Richtung, im Sinne des über ihnen stehenden göttlich-geistigen Willens wollten.

So war die Ideenwelt dieser älteren Menschheit, daß sie sich sagte: In jener alten Zeit war überhaupt der Zeitpunkt noch nicht gekommen, wo sich Wesen entwickeln konnten, die in ihrem Bewußtsein das Freiheitsgefühl haben sollten. – Im Sinne der göttlich-geistigen Weltenordnung war dieser Zeitpunkt auf eine spätere Epoche verlegt. Da sollte dann gewissermaßen ein Teil der im göttlichen Willen beschlossenen Geister zum eigenen, freien Willen kommen. Er sollte zum eigenen, freien Willen kommen, wenn in der Weltenentwicklung dazu die Zeit wäre.

Ich will mit alledem heute nicht etwas schildern, was ich vom anthroposophischen Gesichtspunkte aus irgendwie schon rechtfertigen wollte, darüber werden wir dann in den nächsten Tagen sprechen, sondern ich will die Vorstellungen schildern, die gerade bis ins 18. Jahrhundert herein bei erleuchtetsten Geistern gelebt haben. Ich will sie historisch schildern, denn nur dadurch, daß wir sie uns in ihrer historischen Gestalt vor die Seele rücken, werden wir auch zu einer neuen Anschauung darüber kommen, inwiefern diese Vorstellungen in einer andern Form wieder erneuert werden könnten.

Da aber – so sagten sich diese Menschen – erhob sich unter diesen Geistern, deren kosmisches Schicksal es eigentlich war, im Willen der göttlichen Geister beschlossen zu sein, eine Anzahl von solchen Wesenheiten, die ihren Willen gewissermaßen abschnüren wollten von dem göttlichen Willen, die ihren Willen emanzipieren wollten vom göttlichen Willen. Es erhoben sich in einem übermenschlichen Hochmut Wesenheiten, die, bevor die Zeit dazu da war, in der die Freiheit reifen sollte, zu dieser Freiheit ihres Willens kommen wollten. Und als den Bedeutendsten, den Anführer dieser Wesenheiten dachte man sich dasjenige Wesen, das dann Gestalt bekommen hat in dem Drachen, den Michael bekämpft, jener Michael, der oben geblieben ist im Reiche derjenigen Geister, die ihren Willen auch weiterhin orientieren wollten im Sinne des göttlich-geistigen Willens, der über ihnen steht.

Aus diesem Stehenbleiben im göttlich-geistigen Willen entstand bei Michael der Impuls, das Richtige zu tun mit demjenigen Wesen, das vorzeitig, wenn ich so sagen darf, zur Freiheit gegriffen hat. Denn die Gestalten, welche die Wesenheiten der Hierarchie der Archangeloi, Angeloi, Archai hatten, waren einfach nicht angemessen einem Wesen, das in der angedeuteten Art einen freien, von dem Göttlichen emanzipierten Willen haben sollte. Dazu sollte im Laufe der Entwicklung der Welt die Gestalt erst später entstehen, nämlich die menschliche Gestalt. Aber das alles wird in eine Zeit versetzt, in der im Zusammenhange des Kosmos die menschliche Gestalt noch nicht möglich war; auch die höheren tierischen Gestalten waren noch nicht möglich, nur jene niederen tierischen Gestalten, die ich vorhin charakterisiert habe. Und so mußte sozusagen eine kosmisch widerspruchsvolle Gestalt entstehen. In die mußte gewissermaßen der widersetzliche Geist gegossen werden. Es konnte nicht eine Tiergestalt sein, die erst später entstehen durfte, es konnte auch nicht eine der Tiergestalten sein, wie sie dazumal waren in der gewöhnlichen, sozusagen weichen Materie. Es konnte nur eine Tiergestalt sein, welche von den in der physischen Welt möglichen Tiergestalten abwich, aber doch wiederum, weil sie einen kosmischen Widerspruch darstellen sollte, tierähnlich wurde.

Und die Gestalt, die einzig und allein aus dem heraus, was damals möglich war, geschaffen werden konnte, diese Gestalt ist die Gestalt des Drachen. Natürlich wurde sie dann von dem einen so, von dem andern anders aufgefaßt, wenn sie gemalt oder sonstwie wiedergegeben werden sollte; sie wird mehr oder weniger treffend oder auch unzutreffend dargestellt werden, je nachdem derjenige, der sie darstellt, eine innere imaginative Einsicht hat in das, was dazumal möglich war für eine Wesenheit, die einen widersetzlichen Willen entwickelt hat.

Aber unter denjenigen Gestalten jedenfalls, die in der physischen Welt in der Tierreihe bis zum Menschen herauf möglich geworden sind, ist diese Gestalt nicht. Sie mußte eine übersinnliche bleiben. Aber eine solche übersinnliche Gestalt konnte nicht in jenem Reiche sein, in dem die Wesen der höheren Hierarchien, Archangeloi, Angeloi und so weiter sind, sie mußte sozusagen unter diejenigen Gestalten versetzt werden, die im Laufe der physischen Entwicklung entstehen konnten. Das ist der Sturz des Drachen vom Himmel auf die Erde. Das ist die Tat des Michael, daß gewissermaßen diese Gestalt in eine Form kam, die übertierisch ist, übersinnlich ist, die aber nicht im Reiche des Übersinnlichen verbleiben darf, denn trotzdem sie eine übersinnliche ist, widerspricht sie dem Reiche des Übersinnlichen, in dem sie vor ihrer Widersetzlichkeit war.

Und so wurde diese Gestalt in die Welt versetzt, welche die physische Welt ist, aber als eine überphysische, übersinnliche. Sie lebte fortan in dem Reiche, in dem die Mineralien, Pflanzen, Tiere sind; sie lebte fortan in dem, was als Erde entstand. Aber sie lebte nicht so, daß Menschenaugen sie sehen könnten, wie Menschenaugen die gewöhnlichen Tiere sehen können. Wenn das Seelenauge sich hinaufrichtet in die Welten, die sozusagen in dem höheren Weltenplane vorgesehen waren, so schaut es in seinen Imaginationen die Wesenheiten der höheren Hierarchien. Wenn das menschliche physische Auge sich richtet auf die physische Welt, so schaut es das, was in den verschiedenen Reichen der Natur bis herauf zur physisch-sinnlichen Menschengestalt entstanden ist. Wenn sich aber das Seelenauge auf das richtet, was in der physischen Natur ist, dann schaut es diese in sich widerspruchsvolle Gestalt des Widersachers, desjenigen, der tierisch und doch wieder nicht tierisch ist, der in der sichtbaren Welt lebt und wieder selbst nicht sichtbar ist: es schaut die Gestalt des Drachen. Und in dem ganzen Entstehen des Drachen schauten diese Menschen einer älteren Zeit die Tat des Michael, der im Reiche des Geistigen in jener Gestalt zurückgeblieben war, die dem Reiche des Geistigen angemessen ist.

Und nun entstand die Erde, mit der Erde der Mensch, und der Mensch sollte so entstehen, daß er gewissermaßen ein Doppelwesen wurde. Auf der einen Seite sollte er mit einem Teil seines Wesens, mit seinem seelisch-geistigen Teile hinaufragen in das, was man die himmlische, die übersinnliche Welt nennt; mit dem anderen Teile seines Wesens, mit dem physisch-ätherischen Teile, sollte er angehören derjenigen Natur, die als die Erdennatur, als ein neuer Weltenkörper entstand, jener Weltenkörper, auf den der abtrünnige Geist, der Widersacher, versetzt wurde. Dort mußte der Mensch entstehen. Er war dasjenige Wesen, das in diese Welt gehört nach dem ursprünglichen Ratschluß, der dem Ganzen zugrunde liegt. Der Mensch gehörte auf die Erde. Der Drache gehörte nicht auf die Erde, war aber auf die Erde versetzt worden.

Und nun bedenken Sie, was der Mensch auf der Erde, als er im Laufe der Entwicklung mit der Erde erstand, nun antraf auf dieser Erde. Er traf das an, was als äußere Natur sich aus den früheren Naturreichen entwickelt hatte, was dann die Tendenz annahm, die dann gipfelte in dem jetzigen Mineralreich, in unserem Pflanzenreich, Tierreich bis herauf zu seiner eigenen physischen Menschengestalt. Das traf er an. Er traf, mit anderen Worten, das an, was wir gewohnt sind, die außermenschliche Natur zu nennen. Was war diese außermenschliche Natur? Sie war die Fortsetzung und ist heute noch die Fortsetzung desjenigen, was von den höchsten schaffenden Mächten im fortlaufenden Entwicklungsplane der Welt gemeint war. Der Mensch darf daher, indem er dies in seinem Gemüte erlebt, in die äußere Natur hinausschauen, darf die Mineralien anschauen mit alledem, was mit der mineralischen Welt zusammenhängt, darf in die wunderbaren Kristallformen hinausschauen, darf aber auch auf die Berge, die Wolken und die anderen Formen hinschauen, und er schaut dann diese äußere Natur gewissermaßen in ihrem Ertötetsein, in ihrem Unlebendigsein. Aber der Mensch schaut sie so an, wie das, was als Unlebendiges da ist, was eine ehemalige göttliche Welt selbst aus sich herausgesetzt hat, so wie der menschliche Leichnam – allerdings jetzt in einer anderen Bedeutung – aus dem lebendigen Menschen im Tode herausgesetzt wird. Ist dieser Anblick des menschlichen Leichnams zunächst, so wie er dem Menschen entgegentritt, nicht irgend etwas, was auf den Menschen einen bejahenden Eindruck machen kann, so darf aber dasjenige, was in gewissem Sinne auch göttlicher Leichnam ist, aber Leichnam auf einer höheren Stufe und im Mineralreich erstanden ist, von dem Menschen als das angesehen werden, was in der Form, in der Gestalt das ursprünglich gestaltlos-lebendige Göttliche spiegelt. Und in dem, was dann als die höheren Naturreiche hervorgebracht wird, wird eine weitere Spiegelung desjenigen gesehen, was ursprünglich als gestaltlos Göttliches vorhanden war. So darf der Mensch hinausschauen in die ganze Natur und darf fühlen von der Natur, daß diese außermenschliche Natur ein Spiegel des Göttlichen in der Welt ist.

Das ist schließlich dasjenige auch, was die Natur dem menschlichen Gemüte geben soll. Naiv, nicht durch Spekulation, soll der Mensch in der Lage sein, beim Anblicke dieser oder jener Naturwesenhaftigkeit Freude, Sympathie, ja vielleicht inneres Jauchzen, inneren Enthusiasmus gegenüber den Gestaltungen, gegenüber dem Sprießen und Blühen in der Natur zu empfinden. Und dann soll in bezug auf das, was er sich nicht ganz klar macht bei diesem Jauchzen, bei diesem Enthusiasmus, bei dieser überströmenden Freude über die Natur, in seinen Untergründen eigentlich die Empfindung leben, wie er in seinem ganzen Gemüte sich so innig verwandt fühlt mit dieser Natur, indem er sich sagen kann – wenn es ihm auch nur dumpf zum Bewußtsein kommt –: Das haben die Götter aus sich heraus als ihren Spiegel in die Welt hineingestellt, dieselben Götter, denen mein eigenes Gemüt entstammt, dieselben Götter, von denen ich auf einem andern Wege komme. – Und eigentlich sollte alles innere Jauchzen über die Natur, alle Freude über die Natur, alles was als ein so befreiendes Gefühl in uns aufkommt, wenn wir die Frische in der Natur innerlich lebendig nacherleben, darauf gestimmt sein, daß das menschliche Gemüt sich verwandt fühlt mit dem, was in der Natur draußen als Spiegel der Gottheit lebt.

Aber der Mensch steht so in seiner Entwicklung drinnen, daß er die Natur in sich hereinnimmt, hereinnimmt durch das Ernähren, hereinnimmt durch das Atmen, hereinnimmt – wenn auch auf geistige Weise – dadurch, daß er die Natur mit seinen Sinnen anschaut, sie wahrnimmt. Auf dreifache Weise nimmt so der Mensch die äußere Natur in sich herein: indem er sich ernährt, indem er die Luft atmet, indem er wahrnimmt. Dadurch ist der Mensch ein Doppelwesen. Er ist mit seiner geistig-seelischen Wesenheit verwandt den Wesenheiten der höheren Hierarchien, und er muß einen Teil seines Wesens aus dem gestalten, was als Natur draußen vorhanden ist. Das nimmt er in sich herein. Und indem es aufgenommen wird als Nahrungsmittel, als Atmungsanregung, ja selbst in jener feinen ätherischen Weise, in der es lebt im Wahrnehmungsprozeß, setzt es im Menschen die Vorgänge, die man draußen in der Natur sieht, fort. Das lebt im Menschen auf als Instinkt, als Trieb, als tierische Lust, als alles das, was aus den Tiefen der Menschennatur als Animalisches im Menschen aufsteigt.

Betrachten wir das nur recht. Da haben wir draußen die wunderbar gestalteten Kristalle, die Mineralmassen, die sich zu den gigantischen Bergen auftürmen, die frischen Mineralmassen, die als Wasser über die Erde in der verschiedensten Weise sich ergießen; da haben wir die in einer höheren Gestaltungsfähigkeit vor uns sprießende pflanzliche Substanz und Wesenhaftigkeit, da haben wir die verschiedensten tierischen Gestalten, und da haben wir auch die menschlich-physische Gestalt selber. Das alles, was da draußen lebt, ist Spiegel der Gottheit, steht in wunderbarer naiver Unschuld vor dem menschlichen Gemüte, weil es die Gottheit spiegelt und im Grunde genommen nichts ist als das reine Spiegelbild. Man muß nur die Spiegelung verstehen. Verstehen kann sie der Mensch zunächst nicht mit seinem Intellekt; verstehen kann er sie, wie wir in den nächsten Vorträgen noch hören werden, gerade mit seinem Gemüt. Aber wenn er sie mit seinem Gemüte recht versteht – und er hat sie in den früheren Zeiten, von denen ich jetzt spreche, mit seinem Gemüte verstanden –, dann sieht er sie als den Spiegel der Gottheit. Aber jetzt betrachtet er, was draußen in der Natur lebt in den Salzen, was in den Pflanzen lebt und in den tierischen Bestandteilen, die dann in seinen eigenen Leib hineinkommen, und beobachtet, was im unschuldigen Grün der Pflanzen sprießt, und was selbst noch in naiver Weise im tierischen Leibe animalisch vorhanden ist. Das betrachtet der Mensch nun, sich innerlich anschauend, wie es in ihm als die Triebe aufwallt, als die tierischen, animalischen Lüste, als tierische Instinkte; er sieht, was die Natur in ihm wird.

Das war das Gefühl, das noch viele der erleuchtetsten Menschen im 18. Jahrhundert gehabt haben. Sie haben lebendig noch den Unterschied gefühlt zwischen der Natur draußen und der Natur, wie sie wird, wenn der Mensch sie verzehrt, veratmet, wahrnimmt. Sie haben so recht den Unterschied gefühlt zwischen der naiven äußeren, sinnenfälligen Natur und der menschlichen innerlich quellenden Sinnlichkeit. Was da als Unterschied lebte, das stand in einer wunderbar scharfen Lebendigkeit vor vielen Menschen noch, die im 18. Jahrhundert vor sich selber und ihren Schülern geschildert haben Natur und Mensch und das Eingespanntsein von Natur und Mensch in den Streit zwischen Michael und dem Drachen.

Indem wir nun diesen polarischen Gegensatz, Natur draußen in ihrer elementarischen Unschuld, Natur im Menschen in ihrer Schuld, vor dem Seelenauge des Menschen selbst noch des 18. Jahrhunderts sehen, müssen wir uns jetzt an den Drachen erinnern, den Michael in diese Welt der Natur hereingestellt hat, weil er ihn in der Welt der Geistigkeit zu belassen nicht würdig fand. Draußen in der Welt der Mineralien, in der Welt der Pflanzen, selbst in der Welt der Tiere, da hat jener Drache, der in seiner Gestalt der Natur widerspricht, keine der Formen angenommen, welche die Naturwesen angenommen haben. Er hat jene für uns heute vielfach so phantastische Drachenform angenommen, die in der Übersinnlichkeit bleiben muß. Sie kann nicht hinein in ein Mineral, sie kann nicht hinein in eine Pflanze, sie kann nicht hinein in ein Tier, und sie kann auch nicht hinein in einen physischen Menschenkörper. Aber sie kann hinein in das, was im physischen Menschenkörper jetzt die äußere unschuldige Natur in Form der Schuld im aufwallenden Triebleben geworden ist. Und so sagten sich noch viele Menschen im 18. Jahrhundert:

Und es ward der Drache, die alte Schlange, heruntergeworfen vom Himmel zur Erde. Da hatte sie aber zunächst keine Stätte. Dann aber errichtete sie ihr Bollwerk im Wesen des Menschen, und so ist sie nun in der menschlichen Natur verschanzt.

So lieferte jenes gewaltige Bild vom Michael und dem Drachen für jene Zeiten noch ein Stück Menschenerkenntnis. Wollte man noch für das 18. Jahrhundert die der damaligen Zeit entsprechende Anthroposophie hinstellen, dann müßte man davon sprechen, daß im Menschen, insofern er die äußere Natur durch Ernähren, Eratmen und Wahrnehmen in sich hereinnimmt, die Stätte für den Drachen geschaffen wird. Der Drache wohnt in der menschlichen Natur. Ich möchte sagen, so genau lebte das in den Gemütern der Menschen des 18. Jahrhunderts noch, daß man sich ganz gut vorstellen könnte, solche Menschen des 18. Jahrhunderts hätten vielleicht irgendein Seherwesen auf einen fremden Weltenkörper verpflanzt und es die Erde aufzeichnen lassen. Da würde dieses Seherwesen die Erde so gezeichnet haben, daß alles, was im Mineralischen, Pflanzlichen, Tierischen, kurz, im Außermenschlichen lebte, drachenfrei gezeichnet worden wäre, daß dagegen sich der Drache geschlungen hätte durch die animalische Wesenhaftigkeit des Menschen und damit ein Erdenwesen dargestellt hätte.

Damit aber war die Situation für jene Menschen auch noch des 18. Jahrhunderts eine andere geworden gegenüber der Situation, aus der das Ganze in der vormenschlichen Zeit hervorgegangen ist. Für die vormenschliche Zeit mußte man den Drachenstreit des Michael sozusagen ins Objektiv-Äußerliche verlegen. Jetzt aber war der Drache nirgendwo äußerlich zu finden. Wo war denn der Drache, wo mußte man ihn suchen? Überall, wo Menschen auf der Erde sind, da war er! Wollte also jetzt Michael seine Mission fortsetzen, die er in der vormenschlichen Zeit in der objektiven Natur gehabt hat, wo er den Drachen äußerlich als das Weltengetier zu besiegen hatte, so mußte er jetzt seinen Kampf im Inneren der Menschennatur verrichten. Es wurde der Streit Michaels – schon seit langen Zeiten, seit dem grauen Altertum, aber eben bis zum 18. Jahrhundert – in das Innere des Menschen verlegt. Doch diejenigen, die so sprachen, wußten, daß sie nun in das Innere des Menschen ein Ereignis verlegt hatten, das früher ein kosmisches Ereignis war. Und sie sagten etwa: Schauet hin in uralte Zeiten. Da muß man sich vorstellen, daß damals der Drache durch Michael vom Himmel auf die Erde verstoßen wurde, – ein Ereignis, das sich in den außermenschlichen Welten abspielte. Und schauet hin auf die neuere Zeit. Da muß man sich denken, wie der Mensch auf die Erde kommt, wie er die äußere Natur in sich hereinnimmt, sie umgestaltet, so daß der Drache von ihr Besitz ergreifen kann. Und man muß den Drachenkampf des Michael von da an auf die Erde verlegen.

Solche Wendung des Gedankens war nicht von jener Abstraktheit, in der man heute oftmals so gerne spricht. Heute liebt man es, mit möglichst kurzmaschigen Gedanken auszukommen. Man sagt: Nun ja, früher haben die Menschen ein solches Ereignis wie den Streit Michaels mit dem Drachen eben nach außen verlegt. Im Verlaufe der Entwicklung ist die Menschheit innerlicher geworden, und jetzt wird daher ein solches Ereignis nur noch im Inneren geschaut. – Man braucht diejenigen wahrhaftig nicht zu beneiden, die bei diesen Abstraktionen stehenbleiben können, aber den Gang der Weltgeschichte der menschlichen Gedanken treffen diese Leute ganz gewiß nicht. Denn so, wie ich es jetzt dargestellt habe, geschah es, daß der äußere kosmische Streit des Michael mit dem Drachen in die innere menschliche Wesenheit hineinversetzt wurde, weil der Drache nur noch in der Menschennatur seinen Platz finden konnte.

Damit aber war gerade in das Michael-Problem hineingelegt das Aufkeimen der menschlichen Freiheit, denn der Mensch wäre rein zum Automaten geworden, wenn der Kampf in ihm sich ebenso fortgesetzt hätte, wie er früher draußen war. Indem der Kampf in das Innere des Menschen verlegt wurde, wurde er, gewissermaßen äußerlich abstrakt genommen, ein Kampf der höheren gegen die niedere Natur im Menschen. Aber er konnte für das menschliche Bewußtsein nur diejenige Form annehmen, welche die Menschen zum Aufschauen nach der Gestalt des Michael in den übersinnlichen Welten hinleitete. Und im Grunde genommen gab es noch im 18. Jahrhundert zahlreiche Anleitungen für die Menschen, die alle darauf hinausliefen, wie sie sich in die Sphäre des Michael begeben könnten, um mit Hilfe der Michael-Kraft in sich den in ihrem eigenen Animalischen wesenden Drachen zu bekämpfen.

Ein solcher Mensch, der hineingeschaut hätte in das tiefere Geistesleben noch des 18. Jahrhunderts, hätte malerisch etwa so dargestellt werden müssen: Äußerlich die menschliche Gestalt, im niederen animalischen Teile der Drache, sich windend und selbst das Herz umwindend. Dann aber, hinter dem Menschen gewissermaßen – weil der Mensch das Höhere mit dem Hinterhaupte sieht –, die äußere kosmische Gestalt des Michael, überragend, glanzvoll, sein kosmisches Wesen behaltend, aber spiegelnd dieses Wesen im Inneren der menschlichen höheren Natur, so daß der Mensch ein ätherisches Spiegelbild in seinem eigenen Ätherleibe bietet von der kosmischen Gestalt des Michael. Und dann wäre in diesem Menschenhaupt sichtbar geworden, aber hinunterwirkend zum Herzen, die Kraft des Michael, zermalmend den Drachen, so daß sein Blut herunterfließt vom Herzen in die Gliedmaßen des Menschen. Das war das Bild, das vom innermenschlichen Streit Michaels mit dem Drachen noch zahlreiche Menschen des 18. Jahrhunderts in sich herumtrugen. Das war zu gleicher Zeit das Bild, welches in der damaligen Zeit vielen Menschen nahelegte, wie der Mensch mit Hilfe des Oberen das Untere, wie man sich ausdrückte, zu besiegen hat, wie der Mensch die Michael-Kraft für sein eigenes Leben braucht.

Der Verstand sieht die Kant-Laplacesche Theorie, sieht den Kant-Laplaceschen Urnebel, vielleicht einen Spiralnebel; aus diesem gliedern sich die Planeten ab, lassen in der Mitte die Sonne erscheinen; auf einem der Planeten entstehen nach und nach die Naturreiche, entsteht der Mensch. Und wenn dann die Zukunft vorausgeschaut wird, dann geht das alles wiederum in den großen Kirchhof des Naturdaseins über. Der Verstand kann nicht anders, als die Sache so zu denken. Deshalb, weil diesem Verstande immer mehr und mehr die Alleinherrschaft in der menschlichen Erkenntnis zugestanden worden ist, wurde nach und nach die Weltanschauung dasjenige für die allgemeine Menschheit, was sie jetzt geworden ist. Aber bei allen diesen Leuten, auf die ich vorhin hingewiesen habe, wirkte, ich möchte sagen, das Auge des Gemütes. Im Verstande kann sich der Mensch isolieren von der Welt, denn es hat jeder seinen eigenen Kopf und im Kopfe seine eigenen Gedanken. Im Gemüte kann er das nicht, denn das Gemüt ist nicht an den Kopf, das Gemüt ist an den rhythmischen Organismus des Menschen gebunden. Die Luft, die ich jetzt in mir habe, habe ich vor kurzem noch nicht in mir gehabt, da war sie die allgemeine Luft, und sie wird, wenn ich sie wieder ausatme, wiederum die allgemeine Luft sein. Nur der Kopf isoliert den Menschen, nur der Kopf macht ihn zum Eremiten auf der Erde. Selbst in bezug auf die Organe ist der Mensch in dem, was die physische Organisation seines Gemütes ist, nicht in dieser Weise isoliert, da gehört er dem allgemeinen Kosmos an, ist nur ein Stück im Kosmos. Aber nach und nach ist das Gemüt unsehend geworden, der Kopf allein ist sehend geworden. Der Kopf allein aber entwickelt nur die Intellektualität, isoliert den Menschen. Ja, als der Mensch noch mit dem Gemüte sah, da sah er nicht abstrakte Gedanken in den Kosmos hinein zu dessen Deutung, zur Erklärung, sondern da sah er hinein noch grandiose Bilder wie das Bild des Kampfes Michaels mit dem Drachen. Da sah dieser Mensch, was in seiner eigenen Natur und Wesenheit lebte, etwas, was in der Art, wie ich es heute geschildert habe, aus der Welt, aus dem

Kosmos sich herausgebildet hat. Da sah er wie lebendig werden den inneren Michael-Kampf im Menschen, im Anthropos, hervorgehend aus dem äußeren Michael-Kampf im Kosmos. Da sah er Anthroposophie aus Kosmosophie sich herausentwickeln.

Und so werden wir überall, indem wir zu einer älteren Weltanschauung zurückgehen, von abstrakten Gedanken, die uns kalt und nüchtern berühren, die uns frösteln machen ob ihrer Intellektualität, zu Bildern geführt, deren eines der grandiosesten dieses Bild Michaels im Streite mit dem Drachen ist, Michaels, der den Drachen erst auf die Erde gestoßen hat, wo dann der Drache, ich möchte sagen, seine Menschenfestung gewinnen konnte. Und dann wurde Michael der Bekämpfer des Drachen im Menschen in der geschilderten Art. In diesem Bilde, das ich vor Ihre Seele hingestellt habe, ist Michael kosmisch hinter dem Menschen. Im Menschen lebt ein ätherisches Abbild des Michael, das den eigentlichen Kampf im Menschen ausführt, wodurch der Mensch im Michael-Kampfe allmählich frei werden kann, weil nicht Michael den Kampf ausführt, sondern die menschliche Hingabe und das dadurch hervorgerufene Abbild des Michael. In dem kosmischen Michael bleibt immer noch jenes Wesen leben, zu dem der Mensch aufschauen kann, und das den ursprünglichen kosmischen Kampf mit dem Drachen eingeleitet hat.

Wahrhaftig, nicht bloß auf der Erde geschehen Ereignisse! Diese Ereignisse, die auf der Erde geschehen, sind im Grunde genommen für den Menschen unverständlich, wenn er sie nicht als die Bilder von Ereignissen ansehen kann, die in der übersinnlichen Welt geschehen, wenn er nicht die Ursachen dazu in der übersinnlichen Welt sehen kann. Und so geschah schon einmal im Reiche des Übersinnlichen, kurz vor unserer Zeit, eine Michael-Tat, jene Michael-Tat, die ich etwa in der folgenden Art charakterisieren möchte. Ich muß dabei in der Art reden, die man heute als anthropomorphisch verpönt, aber wie sollte ich sie denn anders erzählen, als daß ich Menschenworte gebrauche für dasjenige, was sich in der übersinnlichen Welt abspielt.

Jene Zeit wurde weit zurückliegend gedacht als die vormenschliche Zeit, in der Michael den Drachen auf die Erde herabwarf.

Aber dann trat der Mensch auf der Erde auf, und da stellte sich das ein, was ich geschildert habe: immer mehr und mehr kommend der innere menschliche Kampf des Michael mit dem Drachen. Gerade gegen das Ende des 19. Jahrhunderts war es, daß Michael sagen konnte: Nun hat sich das Bild im Menschen so verdichtet, daß der Mensch es innerlich gewahr werden kann, daß er nun in seinem Gemüte erfühlen kann den Drachenbesieger, wenigstens im Bilde etwas erfühlen kann. In der Entwicklung der Menschheit bedeutet das letzte Drittel des 19. Jahrhunderts wahrhaftig etwas außerordentlich Wichtiges. In den älteren Zeiten war zunächst nur etwas wie ein dünnes Bild des Michael im Menschen; es verdichtete sich immer mehr und mehr. Im letzten Drittel des 19. Jahrhunderts war es folgendermaßen: In den früheren Zeiten war stark der unsichtbare übersinnliche Drache, der in den Trieben und Instinkten, in den Wünschen und in der animalischen Menschenlust wirkte; er bleibt für das gewöhnliche Bewußtsein untersinnlich, er lebt im Animalischen des Menschen. Aber da lebt er, lebt sich aus; da lebt er aufstachelnd den Menschen, allmählich ihn untermenschlich zu machen, da lebt er in alledem, was den Menschen herabziehen will.

Es war so, daß Michael immer selber eingriff in die menschliche Natur, damit die Menschen nicht gar zu sehr herabkamen. Aber im letzten Drittel des 19. Jahrhunderts war es so, daß das Michael-Bild im Menschen so stark wurde, daß es nur sozusagen von dem guten Willen des Menschen abhing, um, nach oben fühlend, bewußt sich zum Michael-Bilde zu erheben, damit ihm auf der einen Seite wie im unerleuchteten Gefühlserlebnis sich das Drachenbild darstelle, und dann auf der andern Seite, in geistiger Schau und doch schon für das gewöhnliche Bewußtsein, die Leuchtgestalt des Michael vor dem Seelenauge stehen kann. So kann dann vor dem Menschen der Gemütsinhalt stehen: Da wirkt in mir die Drachenkraft, die mich herunterziehen will; ich schaue sie nicht; ich fühle sie als das, was mich unter mich bringen will. Aber ich schaue im Geiste den leuchtenden Engel, dessen kosmische Aufgabe es immer war, den Drachen zu besiegen. Ich konzentriere mein Gemüt auf diese Leuchtgestalt, ich lasse ihr Licht in mein Gemüt hereinstrahlen. – Dann wird das so erleuchtete und erwärmte Gemüt die Michael-Kraft in sich tragen, und im freien Entschlusse wird der Mensch in der Lage sein, durch sein Bündnis mit Michael die Drachenkraft in seinem Untermenschen zu besiegen.

Würde der gute Wille in den weitesten Kreisen aufgebracht, eine solche Vorstellung zu einer religiösen Kraft zu erheben und in jedes Gemüt einzuschreiben, dann würden wir nicht matte Ideen haben in unserem Leben der Gegenwart, wie wir sie heute überall finden können, wie sie als Reformgedanken und dergleichen auftreten, sondern dann würden wir etwas haben, was wieder innerlich den ganzen Menschen erfassen kann, weil solches sich einschreiben kann in das lebendige Gemüt, in jenes lebendige Gemüt, das in dem Augenblick, wo es nur wirklich lebendig wird, auch in eine lebendige Beziehung zum ganzen Kosmos kommen wird. Und es würden dann jene Leuchtgedanken des Michael die ersten Ankündiger sein des Wiederhineindringens des Menschen in die übersinnliche Welt. Es würde das erkenntnismäßige Schauen sich religlös verinnerlichen, sich religiös vertiefen können. Der Mensch würde dadurch vorbereitet sein für die Feste des Jahres, deren Verständnis ihm aus alten Zeiten auch nur noch herabdämmert, aber wenigstens dämmert, um jenes Fest mit vollem Bewußtsein zu begehen, das im Kalender am Ende des September, im Beginne des Herbstes steht: das Michael-Fest.

Eine Bedeutung wird dieses Fest erst wieder haben, wenn wir in die Lage kommen, eine solche lebendige Schauung vor die Seele hinzustellen. Und indem wir in der Lage sind, es in lebendiger Weise zu empfinden und es zu dem instinktiven sozialen Impuls der Gegenwart zu machen, könnte dieses Michael-Fest, weil hier die Impulse unmittelbar aus dem Geistigen kommen, als die Krönung, ja als der eigentliche Anfang der Impulse angesehen werden, die wir brauchen, wenn wir aus dem heutigen Niedergange herauskommen wollen, wenn wir zu allem Reden über Ideale etwas hinzufügten, was nicht aus dem Menschenkopfe oder der Menschenbrust wäre, sondern was ein Ideal wäre, herausgesprochen aus dem Kosmos. Und indem dann die Bäume ihr Laub verlieren, die Blüten zu Früchten reifen, indem die Natur uns ihren ersten Frost schickt und sich anschickt, in den Wintertod zu gehen, könnten wir dann, so wie wir das Osterfest mit dem sprießenden, sprossenden Frühling fühlen, so das Aufgehen des Geistigen, mit dem sich der Mensch verbinden soll, fühlen. Und dann würden wir als Bürger des Kosmos Impulse hineinbringen können in das Leben, die, weil sie keine abstrakten Gedanken sind, nicht so unwirksam bleiben werden, wie sonst abstrakte Impulse unwirksam sind, sondern die ihre Wirksamkeit unmittelbar erweisen werden. Seeleninhalt wird das Leben erst wieder bekommen, wenn wir Impulse in unserem Gemüte aus dem Kosmos heraus entwickeln können.

DIE MICHAEL-IMAGINATION
GEISTIGE MEILENZEIGER IM JAHRESLAUF

Stuttgart, 15. Oktober 1923

Was ich heute zu Ihnen zu sprechen habe, wird in der Sprache der Bildlichkeit gesprochen sein aus dem imaginativen Leben heraus, aus jenem imaginativen Leben, das der Ausdruck, die Offenbarung ist der geistigen Welt, jener geistigen Welt, in die der Mensch mit seinem ganzen Sein und seiner ganzen Tätigkeit einverwoben ist. Wir wissen ja aus den verschiedensten Darstellungen, die hier gemacht worden sind, daß man in derselben abstrakten Weise, wie man über die äußere sinnenfällige Natur spricht, über die geistige Welt, wenn es sich um deren konkrete Erscheinungen handelt, nicht sprechen kann. Wir wissen aber auch, daß die Art und Weise, wie da gesprochen werden muß, keine unwirkliche, sondern im Gegenteil eine viel wirklichere ist als das logische, abstrakte Sprechen, dessen wir uns bedienen, wenn wir bloß Naturwahrheiten ausdrücken wollen. Damit wollte ich nur hingewiesen haben auf die ganze Haltung der Betrachtung, die ich jetzt vor Ihnen anstellen will.

Wenn der Mensch mit dem Geistesauge hinausdringt über die physisch-sinnliche Welt, dann offenbart sich ihm eine geistige Welt, gegenüber welcher er sich veranlaßt fühlt, die Erscheinungen der physischen Welt als Bilder zu gebrauchen, um dasjenige auszusprechen, was sich ihm geistig offenbart. Und so lassen Sie mich denn sogleich an die Spitze dieser Ausführungen ein Bild stellen, das aber wahrhaftig eine tiefe Wirklichkeit ist. Es war immer so in der Entwicklungsgeschichte der Menschheit, daß diese Menschheit die Impulse ihrer Tätigkeit aus der geistigen Welt heraus empfangen hat. Und diejenigen, die da schauen konnten, fanden diese Impulse gewissermaßen in einem Geisteslichte mit ehernen Lettern eingeschrieben, damit sie sich darnach richten konnten. Es ist das so in der geistigen Welt, daß wir das, um was es sich handelt, vergleichen können mit Meilenzeigern in der physischen Welt, – aber nicht solchen, bei denen vielleicht bloß ein Handzeichen mit irgendeinem Ortsnamen darauf steht, sondern mit Meilenzeigern, in welchen mit gewaltig klingenden Worten ausgesprochen ist, was übergehen soll in des Menschen Denken, Empfinden, Wollen. Geistige Meilenzeiger sind es, wovon ich spreche. Solche Hinweisungen in der geistigen Welt sind aber für den Menschen gewöhnlich in einer merkwürdigen Art abgefaßt, und zu allen Zeitepochen waren sie in einer solchen, nämlich in einer Art Rätselsprache abgefaßt. Man muß sich erst in einer gewissen Weise anstrengen, um hinter das eigentliche Rätsel zu kommen. Man muß manches von dem, was man weiß, zusammenhalten, damit einem der Meilenzeiger in seiner Rätselsprache ein wirklicher Impuls für das Leben werden kann. Und so findet man denn gerade heute in Angemessenheit unserer Gegenwart und der nächsten Zukunft solche weisende Worte im – meinetwillen nenne man es so – astralischen Lichte, die dem Menschen Impulse werden können.

Bei den verschiedensten Anlässen, ich möchte sagen, an den verschiedensten Orten scheint uns heute – wenn wir dazu die Fähigkeit haben, es anzuschauen –, dasjenige mahnend, aber auch etwas rätselhaft entgegen, was in dem Menschen dann die Empfindung hervorruft, er solle sich darnach richten, er solle es aufnehmen wie einen starken Impuls in seinen Willen, in sein ganzes Seelenleben. Und dasjenige, was da wie ein solcher geistiger Meilenzeiger im Astrallichte uns entgegenglänzt, das sind etwa die Worte:

Du bildest es zu deinem Dienste,
Du offenbarst es seinem Stoffeswerte nach
In vielen deiner Werke.
Es wird dir Heil jedoch erst sein,
Wenn dir sich offenbart
Seines Geistes Hochgewalt.

Zunächst eine Aufforderung, dahinterzukommen, was eigentlich gemeint ist. Es ist von irgendeinem Impuls die Rede, von irgend etwas, was da ist, was der Mensch kennt, denn sonst könnte man nicht darauf rechnen, daß er eine Antwort finde.

Du bildest es zu deinem Dienste,
Du offenbarst es seinem Stoffeswerte nach
In vielen deiner Werke.
Es wird dir Heil jedoch erst sein,
Wenn dir sich offenbart
Seines Geistes Hochgewalt.

Der Erklärung dieser Worte, die wie der Zeigerimpuls aus dem Astrallichte dem Menschen sich offenbart, soll eben die heutige Betrachtung gewidmet sein.

Erinnern wir uns an manches, was von mir hier auch schon auseinandergesetzt worden ist. Erinnern wir uns daran, daß der Jahreslauf durch Frühling, Sommer, Herbst, Winter in seiner Gesetzmäßigkeit einen geistigen Inhalt hat, daß sich geistiges Geschehen, übersinnliches Geschehen offenbart in demjenigen, was im Jahreslaufe geschieht, so wie sich des Menschen übersinnliche Seele und übersinnlicher Geist offenbaren in demjenigen, was in seinem Leibesleben geschieht zwischen der Geburt und dem Tode. Denken wir daran, daß in dem, was äußerlich im Jahreslaufe erscheint, im Schnee des Winters, im sprossenden, wachsenden Leben des Frühlings, im blühenden Leben des Sommers, im reifenden, fruchtenden Leben des Herbstes, daß in all dem, was so physisch für den Menschen sich enthüllt, ein Geistiges sich birgt, ein Geistiges der Träger ist. Und lenken wir unseren Blick zunächst auf dasjenige, was da vorgeht im Jahreslaufe so vom Frühling gegen den Sommer und Herbst hin.

In allem, was die Erde offenbart, in Stein und Pflanze, in allen Wesen leben geistige Wesenheiten, – nicht bloß eine allgemeine verwaschene Geistigkeit, sondern einzelne geistige Wesenheiten, Naturgeister. Diese Naturgeister bergen sich während der Winterzeit im Schoße der Erde; diese Naturgeister sind gewissermaßen alle eingeatmet von der Erde, sie sind in der Erde darinnen. Wenn der Frühling kommt, atmet gewissermaßen die Erde ihre Geistigkeit heraus, diese Naturgeister streben nach oben. Sie streben mit den Kräften des sprießenden, sprossenden Lebens nach oben, sie streben mit dem Leben, das sich kundtut in der lichtdurchglänzten, sonnenerwärmten Luft, sie strömen mit dem nach oben. Und wenn wir dann hin zur Johannizeit, zur Hochsommerzeit kommen, dann haben wir da oben in den Höhen, wenn wir zu ihnen hinaufschauen, das Bild, das sich eben offenbart, verkörpert in der Wolkenbildung, verkörpert aber auch gewaltig in Blitz und Donner, verkörpert in alledem, was meteorisch da oben ist, dasjenige, was als Naturgeister während der Winterzeit im Schoße der Erde lebte. Wir müssen während der Winterzeit den Blick hinunter richten zur Erde und müssen ahnen oder schauen, wie unter der Schneedecke verborgen die Naturgeister arbeiten, damit aus dem Winter wieder Frühling und Sommer werde von der schaffenden Erde aus.

Richten wir während des Sommers den Blick nach unten auf die Erde zu, dann ist die Erde gewissermaßen verarmt an diesen Naturgeistern. Aber diese Naturgeister sind hinausgezogen in das Weltenall. Sie haben sich verbunden dem Wolkengebilde und alledem, was eben der Menschenblick in den Höhen treffen kann. Diese Naturgeister sind in all dem, was ich schon angeführt habe, nach den Höhen hinaufgeströmt, aber sie haben in ungeheurer Feinheit, in ungeheuer feiner Verdünnung mitgenommen dasjenige, was sich grob offenbart, äußerlich leblos, in dem Schwefel, in dem sogenannten Sulfur. Und eigentlich weben und leben diese Naturgeister zur Hochsommerzeit, indem sie wellen und wogen in Wolkengebilden und ähnlichem, vorzugsweise im Sulfur, im Schwefel, der in außerordentlich feiner Weise gerade während der Sommerzeit in den Höhen des Erdenseins vorhanden ist. So daß also, wenn wir etwa mit dem schmeckenden Gefühl durcheilen könnten die Höhen unserer Erdenbildung während der Hochsommerzeit, wir Schwefelgeschmack oder wohl auch Schwefelgeruch wahrnehmen würden, aber in einer außerordentlich dünnen, in einer außerordentlich intim feinen Weise. Dennoch ist das, was da oben sich entwickelt unter dem Einflusse von Sonnenwärme und Sonnenlicht, ähnlich demjenigen, was im menschlichen Organismus vor sich geht, wenn aus diesem menschlichen Organismus herausquillt Begierde, Wunsch, Emotion und dergleichen. Und wer solche Dinge zu schauen, zu empfinden vermag, der weiß, daß die Naturgeister in einem Elemente da oben in den Höhen zur Hochsommerzeit leben, das eigentlich so begierdedurchtränkt ist wie das Begierdenleben, das mit dem Animalischen des Menschen verbunden ist, – mit jenem Animalischen des Menschen, worinnen der Mensch auch sulfurisiert, von sehr verdünntem Schwefel durchsetzt ist. Gewissermaßen sehen wir das Untere des Menschen, das Animalisierte des Menschen, als sich wölbende Naturbildung, durchlebt von den Naturgeistern, im Hochsommer über uns.

Was wir, wenn es in der Menschennatur webt und lebt, als solches Sulfurisiertes erkennen, das bezeichnen wir als Ahrimanisches, darinnen lebt eigentlich das Ahrimanische. So daß wir auch sagen können: Wenn wir den geistigen Blick zur Hochsommerzeit hinauf in die Höhen wenden, dann offenbart sich uns in der kosmischen Schwefelbegierde das Ahrimanische. – Wenn wir uns den Menschen hineingestellt denken in diesen ganzen Weltenzusammenhang, dann müssen wir uns sagen: Dasjenige, was in ihm die niedere Natur ist, das nimmt die Erde zur Winterzeit auf, breitet den kristallenen Schnee darüber; dadurch nimmt die Erde diesem das Ahrimanische. Ist es frei zur Hochsommerzeit, dann wirkt es als die kosmische Begierde draußen im Weltenraum, ist sogar unterworfen den Gesetzen, die von den der Erde benachbarten Planeten ausgehen und auf dieselbe wirken.

Und nun zeigt sich, daß gegen dieses Ahrimanisch-Begierdenhafte, gegen dieses gewissermaßen kosmisch hinausversetzte animalisch-begierdenhaft Menschliche im Kosmos die Gegenkraft vorliegt. Dasjenige, was den Menschen emotionell bändigt, was den Menschen herunterzieht unter das Menschliche in das Animalische, und was sich offenbart oben in den Höhen zur Hochsommerzeit, gegen das ist die Gegenkraft hineingestellt in den Kosmos. Und diese Gegenkraft offenbart sich in jenen merkwürdigen Produkten, die aus dem Kosmos zuweilen zur Erde herabfallen: in den Meteoreisen enthaltenden kosmischen Produkten. Wenn Sie sich ein Stück Meteoreisen ansehen, so haben Sie in diesem Stück Meteoreisen ein merkwürdiges Zeugnis für das im Kosmos ausgebreitete Eisen. In den im August häufigen Sternschnuppenfällen, die sozusagen das

Meteoreisen ganz besonders im Kosmos in Gang bringen, offenbart sich äußerlich diese Gegenkraft der Natur gegen das Begierdenhafte, das in dieser Zeit in den Kosmos hinausgegangen ist. Und in dem kosmischen Eisen, das sich zusammendrängt in den Meteorsteinen, haben wir die Pfeile, die der Kosmos aussendet gegen das Begierdenhaft-Animalische, das sich auf diese Weise, die ich Ihnen eben geschildert habe, im Kosmos offenbart.

So können wir mit verständnisvoller Verehrung hinschauen auf die weisheitsvolle Führung des Kosmos. Wir wissen ja, der Mensch braucht gerade deshalb diese animalische Natur, weil er in ihrer Überwindung allein diejenigen Kräfte entwickeln kann, die ihn zum vollen Menschen erst machen. Und der Mensch könnte diese Begierdennatur, dieses Animalisierende nicht haben, wenn dieses Animalisierend-Begierdenhafte nicht auch ein Teil des Kosmos wäre. So ist denn das Sulfurische, das Schwefelartige, Ahrimanisch-Schwefelartige gewissermaßen der eine Pol draußen im Kosmos. Und die Pfeile, welche vom Kosmos durch den Raum gesandt werden zur Bekämpfung dieses Schwefelhaften, dieses Sulfurischen, die sind dann konzentriert im Meteoreisen, in den meteorischen Geschossen, möchte ich sagen, des Weltenalls.

Nun aber ist der Mensch ein wirklicher Mikrokosmos, wirklich eine kleine Welt. Alles, was draußen in der großen Welt sich offenbart in solch majestätisch-gigantischen Erscheinungen, wie es die meteorischen Erscheinungen sind, das offenbart sich auch im Inneren selbst seines physisch Wesenden. Denn dieses physisch Wesende ist nur ein Ausdruck, eine Offenbarung seines geistigen Wesens. Und so tragen wir in uns, gewissermaßen von dem animalischen Unteren des Menschen ausgehend, das Sulfurische. Wir müssen uns sagen, dieses Sulfurisch-Ahrimanische durchstürmt den menschlichen Organismus, regt seine Begierdennatur auf, regt seine Emotionen auf. Wir fühlen es im Inneren, wir schauen es zur Hochsommerzeit in der kosmischen Begierdendecke über uns. Wir schauen aber auch, wie in diese kosmische Begierdendecke hineinschießen die Eisenpfeile des Meteorischen, reinigend und klärend, gewissermaßen als Gegenpol gegen das Animalisch-Begierdenhafte. Denn in diesem Hineinschießen der Meteoreisenpfeile aus dem Kosmos reinigt sich die animalisch-begierdenhafte Decke der Hochsommerzeit über uns.

So wie das aber draußen im großen Kosmos grandios, majestätisch geschieht, so geschieht es fortwährend auch in uns. Wir erzeugen in uns die Eisenteilchen unseres Blutes in Verbindung mit andern Stoffen, und während auf der einen Seite durch unser Blut pulsiert der Sulfurisierungsprozeß, wirkt entgegen als anderer Pol, innerlich meteorisch, das innerliche Eisen, dasselbe ausführend, was draußen im Kosmos vom meteorischen Eisen ausgeführt wird. Wir dürfen uns das Verhältnis des Menschen zum Kosmos so vorstellen, daß wir in dem Aufleuchten des Meteorischen das kosmische Gegenbild desjenigen finden, was fortwährend in uns millionen- und millionenfach ein meteorisch innerliches Aufleuchten ist dessen, was aus dem Eisen unseres Blutes uns befreit, uns klärend, uns reinigend gegen den Sulfurisierungsprozeß, der in eben diesem Blute vor sich geht.

So sind wir ein innerliches Abbild des Kosmos. Der Kosmos vollzieht das zur Hochsommerzeit. Der Mensch, weil er emanzipiert von der Natur in bezug auf die Zeit in dieser Natur darinnen steht, hat fortwährend diese Hochsommerzeit neben den andern Jahreszeiten in sich, wie er fortwährend in der Erinnerung dasjenige in sich hat, was er früher erlebt hat. Draußen verschwindet es, im Inneren bleibt es. So ist es auch mit dem, was den Menschen als Mikrokosmos gegenüber dem Makrokosmos darstellt. Aber der Mensch muß das, was er also in seinem physischen Leibe trägt, geistig-seelisch erfassen, er muß es in sich erleben können, also dieses meteorische Hineinschießen des Bluteisens in den Blutsulfur so erleben können als die Freiheit, als die Initiative, als die Stärke seines Willens. Sonst bleibt es in ihm ein im höchsten Falle animalischer oder vegetativer Prozeß. Darin besteht ja gerade unser Geistig-seelisch-Werden als Mensch, daß wir die Prozesse, die in uns sich so abspielen wie dieser Eisen-Sulfurprozeß, mit dem Geistig-Seelischen in uns erfassen, das Geistig-Seelische in sie als Impuls hineinsenden. Geradeso, wie wir in der Lage sind, wenn wir uns ein Werkzeug machen, wenn wir das Werkzeug handhaben können, mit Hilfe dieses Werkzeuges dieses oder jenes zu tun, können wir dasjenige, was in uns wirkt und lebt wie dieser Eisen-Sulfurprozeß, in unseren Dienst stellen durch unseren Willen, wenn wir es eben handhaben, wenn wir als Menschen handhaben dasjenige, was innere Prozesse unseres Leibes sind.

Schauen wir jetzt vom Menschen noch einmal zurück zum Kosmos. Das, was sich im Kosmos da draußen abspielt, es ist eine ernste Mahnung an den Menschen. Denn es erinnert wirklich dieser Meteoreisenprozeß im Kosmos an unser physisches Innere, das aber in den Dienst unseres geistigen Inneren gestellt werden kann. Jetzt kommen wir darauf, welche Deutung wir jener ehernen Schrift im Astrallichte zu geben haben:

Du bildest es zu deinem Dienste,
Du offenbarst es seinem Stoffeswerte nach
In vielen deiner Werke.

Sehen wir uns gerade im neuzeitlichen Leben um, in demjenigen Leben, das heraufgekommen ist im Laufe der letzten Jahrhunderte, und sehen wir, was da hauptsächlich zur materialistischen Kultur gehört: der Gebrauch des Eisens im Bereiche des irdischen Lebens. Sehen wir überall hin, wo unsere Kultur in der letzten Zeit geblüht hat: das Eisen war es, das uns alles das hineingestellt hat in die physische Welt, was zur Blüte der materialistischen Kultur geführt hat. Wir sehen hin auf das, was die Menschen in einer so unerhörten Weise zustande gebracht haben, was in einer so unerhörten Weise den materialistischen Kulturzweigen die Wege vorgezeichnet, die Wege geebnet hat: wir sehen überall auf das Eisen und seine Verarbeitung.

Wenn wir im geistigen Leben von Materialismus sprechen, so besteht ja das Wesen des Materialismus im Geistigen darinnen, daß wir überall denken, alles sei Stoff, und der Geist sei gewissermaßen nur die Ausdünstung des stofflichen Wirkens. Aber der Materialismus der Menschheit der letzten vier Jahrhunderte offenbart sich nicht nur darinnen, daß der Mensch materialistisch denkt, sondern der Materialismus offenbart sich auch in der Handhabung der äußeren Dinge. Der Mensch hat aus den Impulsen der neueren Kultur heraus das Eisen zur materiellen Kultur verwendet und er hat dasjenige, was ihm aus Himmelshöhen zufällt im Meteoreisen, höchstens wie eine Rarität betrachtet, oder mit einer Wissenschaft erklären wollen, die davon nicht viel erfassen kann. Aber dieses Meteoreisen, das aus dem Kosmos der Erde zufällt, das reinigend und klärend auf das animalische Leben wirkt, ist die Mahnung, daß wir aufschauen sollen von der materiellen Verwendung des Eisens in irdischen Diensten zu dem, was in himmlischen Diensten das Eisen als meteorisches Gebilde über uns spielt, und vor allen Dingen in uns spielt. Denn diese meteorischen Prozesse gehen immer in uns vor sich. Und so erscheint uns der erste Teil dieses im Astrallichte uns entgegenleuchtenden Mahnspruches als ein in ehernen Lettern geschriebenes Wort:

O Mensch,
Du hast das Eisen in deine irdischen Dienste gestellt.

Du bildest es zu deinem Dienste,
Du offenbarst es seinem Stoffeswerte nach
In vielen deiner Werke.
Es wird dir Heil jedoch erst sein,
Wenn dir sich offenbart
Seines Geistes Hochgewalt.

Nicht nur, daß wir aufschauen sollen von der gedanklichen materialistischen Weltanschauung zu einer spirituellen Weltanschauung, sondern wir sollen auch aufschauen von dem, was wir im Dienste der materiellen Kultur gebrauchen, zu der geistigen, kosmischen Seite dieser im materiellen Dienste stehenden Gebilde. So werden wir hingewiesen gerade durch diesen Spruch, den man eigentlich erst enträtseln muß, zu jenem Geiste, der im Weltenall lebt in der Offenbarung der meteorischen Erscheinungen insbesondere zur Hochsommerzeit. Denn da ist der sonst nur im Inneren des Menschen vorhandene ahrimanische Sulfurisierungsprozeß ein kos-mischer

Prozeß, und der meteorische Prozeß ist ein Gegenprozeß: es sind die Pfeile, die der Kosmos hineinsendet in die animalisierten Begierden in den Höhen.

Wenn man das alles auf seine Seele wirken läßt, dann fühlt man ja den Menschen so recht in Verbindung mit der ganzen Weltumgebung, und fühlt hinein das eigene Blut des Menschen, das seelendurchzogene, das geistdurchtränkte Blut. Man fühlt darinnen diesen Gegensatz des Ahrimanischen und des das Ahrimanische reinigenden Bluteisens, man fühlt den inneren meteorischen Prozeß. Man schaut verständnisvoll hinauf zu dem, was sich da draußen vollzieht, indem die kosmischen Geisteskräfte die Eisenpfeile hineinsenden in die animalisierte Begierdenwelt des Kosmos; man fühlt sich ganz verbunden, ganz hingegeben an den Kosmos. Gerade in diesen einzelnen Erscheinungen fühlt man sich so recht hingegeben an den Kosmos.

Wenn man aber das ganz im Ernste fühlt, dann formt sich aus diesem Fühlen eine kosmische Imagination heraus, dann kann man gar nicht anders, als diese kosmische Imagination formen und bilden. Wie das Tier anders vor die äußere, sinnliche Natur sich stellt, sich keine Begriffe, Vorstellungen davon bilden kann, sondern nur allgemeine Eindrücke, der Mensch aber sich die Vorstellungen bildet, so kann die schauende Seele, der die exakte Hellsichtigkeit aufgegangen ist, nicht anders, als das, was sie so erlebt, hinfühlend auf den eigenen meteorischen Prozeß, anschauend den kosmischen meteorischen Prozeß als die reiche Fülle des Lebens, die sich durch so etwas offenbart, in ein Zusammenfassendes zu bringen, in ein innerlich gesättigtes Bild, in eine Imagination, welche das Verwachsensein des Menschen, des Mikrokosmos, mit dem Makrokosmos darstellt. Daher ist eine solche Imagination eben nicht bloß etwas phantasiemäßig Gebildetes, sondern es ist eine solche Imagination der wirklich reale Ausdruck dessen, was durch die Welt und durch den Menschen lebt, also in unserem Falle durch die Erscheinungen des Jahreslaufes lebt.

Die Imagination, die sich nun aus diesem Erleben vor den Menschen hinstellt, sie ist eben diejenige, die sich herausbildet aus dem

Miterleben der Jahreslauf-Naturvorgänge vom Hochsommer nach dem Herbste zu, bis zum Ende des Hochsommers, bis zum Herbstbeginn. Und aus diesem Erleben heraus springt eben, in lebendiger Wirklichkeit sich vor die Seele hinstellend, die Gestalt des Michael. Aus dem heraus, was ich Ihnen geschildert habe, offenbart sich die Gestalt des Michael in seinem Streite mit dem Drachen, mit der animalischen Natur des Menschen, mit dem Sulfurisierungsprozeß. Und versteht man das, was sich da eigentlich vollzieht, dann schafft einfach die Seele, die aus dem kosmischen Leben und Weben selber heraustretend gestaltet ist, den Streit Michaels mit dem Drachen. Es erscheint als der äußere Ausdruck dessen, was draußen im Kosmos wirkt, bekämpfend die animalisierte Begierdennatur, Michael selber. Aber er erscheint mit dem weisenden Schwerte, durch das er auf die höhere Menschennatur hinweist. Er erscheint mit dem weisenden Schwerte, und wir stellen uns den Michael in der richtigen Weise vor, wenn wir auf kosmische Weise geschmolzen und geschmiedet das Eisen finden zu seinem Schwerte. So tritt uns, ich möchte sagen, aus einem geistigen Wolkengebilde heraus die Gestalt des Michael mit dem positiven, hinschauenden, weisenden Blick, mit dem Auge, das wie ein Zeiger ist, das den Blick aus sich heraussendet, nicht ihn zurücknimmt nach dem Inneren, und es erscheint uns der Arm des Michael von allen Seiten umsprüht von Meteoreisengebilden, die, wie von den kosmischen Begierdekräften geschmolzen und wieder zusammengefaßt, sich zu dem Flammenschwerte des Michael formen.

Wir stellen ihn uns in der richtigen Weise vor, diesen Michael, ganz wirklichkeitsgemäß, wenn wir uns aus dem goldenen Lichte des Sommers gewoben sein Antlitz denken, mit dem positiven Blick, der wie ein Zeiger ist, der gewissermaßen herausführt, der wie einen Lichtstrahl von innen heraussendend ist. Wir stellen uns den Michael richtig vor, wenn wir seinen ausgestreckten Arm umflammt finden von sprühendem Meteoreisen, das sich zusammenschmilzt zu dem Schwerte, mit dem er der Menschheit die Wege weist von der animalischen zu der höheren Menschennatur, die Wege weist von der Sommerzeit, in der der Mensch am meisten mitmacht die äußere Natur, in der der Mensch am meisten zum Naturbewußtsein kommt, zu jener Zeit, zu der Herbsteszeit, wo der Mensch nur miterleben kann, wenn er die Natur miterlebt, die absterbende, die sich ertötende Natur. Aber es wäre grausig für den Menschen, wenn er nur miterleben könnte, wenn der Herbst sich naht, diese sich ertötende, sich ablähmende Natur. Erleben wir den Frühling und sind wir wirklich ganzer Mensch, dann geben wir uns hin der sprießenden, sprossenden, der wachsenden und gedeihenden Natur. Sind wir solch ein ganzer Mensch, dann blühen wir mit jeder Blume, dann sprossen wir mit jedem Blatte, dann reifen wir mit jedem Samen selber. Da geben wir uns hin der aufsteigenden, sprießenden, sprossenden Natur. Ihr können wir uns hingeben, sie will das Leben. Wir fühlen das Leben, indem wir ihr Leben miterleben. Da tun wir recht, wenn wir uns der Natur hingeben, denn da finden wir das Leben. Im Herbst können wir nicht dieses Naturbewußtsein in uns entwickeln, denn entwickeln wir es einseitig, so müssen wir ja das sich ertötende, das lähmende Leben miterleben. Dem gegenüber darf der Mensch nicht mitgehen, dem gegenüber muß er sich erkraften. So wie er die lebende Natur mit seinem eigenen Leben miterleben muß, so muß er der absterbenden Natur, dem Tode gegenüber das Selbst entgegensetzen. Naturbewußtsein muß übergehen in Selbstbewußtsein.

Das ist das große, gewaltige Bild des herannahenden Herbstes, daß wir aus dem, was im Kosmos geschieht, die Mahnung sehen: Naturbewußtsein gehe im Menschen über in Selbstbewußtsein! Aber dazu braucht der Mensch die Kraft, das innerlich Ertötende der animalischen Natur seelenhaft, geisteshaft zu überwinden. Dazu gibt ihm die Anleitung sein Hinschauen auf die Erscheinungen des Kosmos, dazu gibt ihm die Anleitung dasjenige, was sich offenbart in der Gestalt des Michael mit dem weisenden, mit dem positiven Blick, mit dem flammenden Meteorschwerte in der Rechten. Und dieser Michael erscheint uns eben im Streite mit der animalisierten Begierdennatur, für die sich uns auch das Bild aus dem ganzen webenden Leben heraus ergibt. Wollen wir die ganze Imagination malen, können wir sie nicht aus der menschlichen

Willkür heraus malen; wir können sie nur aus dem heraus malen, was uns der Kosmos inspiriert. Und da können wir nur das Sulfurische, das Gelblich-Rötliche, mit den Elementargeistern in die Höhe Hinaufgehende, sich verbildlichen lassen zu der Drachengestalt, die aus dem Sulfur heraus sich bildet, so daß wir über dem sulfurischen Drachen, als dessen, ich möchte sagen, brandender Kopf sich eben dieser begierdenhafte Prozeß darstellt, über diesem ahrimanisierten sulfurisierten Drachen den Michael haben in der Gestalt, wie ich es dargestellt habe.

Wer die Welt versteht, kann die Welt in Imaginationen darstellen. Und wer da glaubt, daß man in beliebiger Weise malen kann den Streit Michaels mit dem Drachen, der versündigt sich an der inneren Wirklichkeit der Welt. Denn die Welt enthält dasjenige, was ihr an Kräften innewohnt, in einer bestimmten Gestalt für den Menschen. Alle großen malerischen und sonstigen Kunstwerke in der Welt sind nicht aus der beliebigen Willkür des Menschen herausgewachsen – da würden sie wenig durch Jahrhunderte, ja Jahrtausende die Menschen anziehen –, sondern sie sind herausgewachsen aus dem wirklichen Verständnis dessen, was da draußen webt und lebt und was auch im Menschen webt und lebt. Und wenn dann geschaffen wird aus dem Lebenden und Webenden der Natur und des Menschen in ihrer Gemeinsamkeit dasjenige, was sich in Imaginationen ergibt, was sich bis auf die Farben, bis auf den Glanz, bis auf die einzelne Gestaltung hin aus den Geheimnissen der Natur abschauen läßt, wenn das künstlerisch gestaltet wird, dann entstehen eben die wirklichen, die großen Kunstwerke; jene großen Kunstwerke, die von den Sehern geschaffen worden sind, die von den Nachahmern nachgeahmt werden, und die von den Stümpern mit allerlei Firlefanz behängt werden, so daß man nicht mehr erkennt das wirklich Große, das aus diesen Werken hervorgehen soll aus dem kosmischen Schaffen und Weben. So werden dann diese Kunstwerke zu dem, was durch Zeiten hindurch in den Menschen als Impuls wirken kann. Niemals wären die großen künstlerischen, malerischen, bildbauerischen Motive dasjenige geworden, was sie sind, wenn sie nicht geschaffen worden wären aus den geschauten Impulsen des Natur- und Menschenlebens.

So vermögen wir hinzuschauen auf das, was, wenn in der geistigen Auffassung von heute gemalt wird dieser Michael mit dem Drachen – die alte Auffassung hat es eben nach dem, was sie gewußt hat, gemacht –, was dann so erscheint: das Antlitz aus dem goldigen Sonnenglanze heraus gebildet, mit dem positiven Blick, mit dem hinschauenden Blick, mit dem Flammenschwerte, geschmolzen und wiederum gebildet aus dem meteorischen Eisen des Kosmos; darunter der Drache, der Plager der menschlichen Natur, der zur Hochsommerzeit sich offenbarende Drache, der aus dem in sich webenden, entstehenden und gleich wieder vergehenden Aufflammen sich offenbarende sulfurische Drache. Dieser bewegliche Drache unten in seiner sulfurischen Eigenart, dieser sich gestaltende Plager der Menschen und Gegner der höheren Hierarchien, der wird der nötige Kontrast sein gegenüber dem kämpfenden Michael, der das meteorische Eisen in seiner Geistigkeit bezwingt.

Hier haben Sie ein Beispiel, wie das wirkliche Wissen in Kunst übergeht, in Kunst immer übergehen muß, weil man mit abstrakten Begriffen die Wirklichkeit nicht erschöpfen kann. Es ist aber die Mahnung an unsere Zeit, gerade ein solches Bild zur Erkraftung, zur Aufweckung der Menschheit zu ergreifen. Daher möchte man gerade dieses Bild, dieses modernisierte Bild des Streites des Michael mit dem Drachen, tief, tief in die menschlichen Seelen, in die menschlichen Herzen einschreiben, damit es wirke in den menschlichen Willens- und Gedankenkräften der Gegenwart und Zukunft. Und man kann schon wissen: Würde ein Teil der Menschheit ernst nehmen dieses Bild, würde ein Teil der Menschheit verstehen, wie dieses Bild herausgestaltet ist aus der Natur selber und herausgestaltet ist aus den wegweisenden Mahnungen des astralischen Lichtes, dann würde zu dem materiellen Verwenden des Eisens in den letzten Jahrhunderten, insbesondere im 19. Jahrhundert, das geistige Sich-Durchdringen mit dem Sinn des Eisens kommen. Dann würde der Mensch an diesem Bild entflammen die geistig-seelische Kraft, die ihn fähig macht, zu handhaben dasjenige, was in ihm das innere, im Blute dahinschießende, den Sulfur bekämpfende, innerliche meteorische Eisen will. Wir müssen lernen, diesen Prozeß sich nicht bloß im Unterbewußten zur Ausgestaltung der niedern Natur des Menschen abspielen zu lassen, wir müssen lernen, diesen Prozeß, diesen Eisenprozeß im menschlichen Blute in den Dienst des Geistig-Seelischen zu stellen. Das ist dasjenige, was Michael in uns will.

Das ist dasjenige, was uns aus dem astralischen Lichte heraus auffordert, das Michael-Fest wiederum würdig zu begehen mit dem Herbstbeginne. Wenn jetzt gesprochen wird in unseren Reihen von jenem Michael-Feste, das sich zu dem Oster- und Weihnachtsfeste und zu dem Johannifeste hinzugesellen soll, so darf das wahrhaftig nicht so aufgefaßt werden, daß man in äußerlicher Weise da oder dort ein Fest feiert, sondern es handelt sich darum, daß wir ein solches Fest nur feiern können, wenn wir es anzuknüpfen wissen an etwas Bedeutsames. Das Weihnachtsfest ist nicht durch einen bloß willkürlichen bequemen Entschluß zustande gekommen, sondern dadurch, daß es angeknüpft hat an die Geburt des Christus Jesus. Das Osterfest hat angeknüpft an das Mysterium von Golgatha. Das sind ganz bedeutsame Ereignisse im geschichtlichen Leben der Menschheit. Das Michael-Fest muß anknüpfen an ein Bedeutsames, an ein großes, an ein tragendes inneres Erlebnis des Menschen, an jene innere Kraft, die den Menschen aufruft, aus einem Naturbewußtsein das Selbstbewußtsein zu entwickeln durch die Kraft seiner Gedanken, durch die Kraft seines Willens, damit er Meister werden könne des meteorischen Eisenprozesses in seinem Blute, der Gegner ist des Sulfurisierungsprozesses.

Gewiß, Sulfur und Eisen rannen im menschlichen Blute, seit es ein Menschengeschlecht gibt. Es bedingt dasjenige, was sich abspielt zwischen Sulfur und Eisen, die unbewußte Natur des Menschen. Ins Bewußtsein muß es heraufgehoben werden. Wir müssen lernen, diesen Prozeß als den Ausdruck des inneren Streites des Michael mit dem Drachen zu erkennen. Wir müssen lernen, diesen Prozeß zum Bewußtsein heraufzuheben! Dann ist der Vorgang da, an den das Michael-Fest anknüpfen darf. Das aber muß zuerst da sein, voll verstanden sein, innerlich tief verstanden sein. Dann wird das Michael-Fest gefeiert werden können, so wie ein aus dem Kosmos heraus geholtes Fest von Menschen gefeiert werden kann. Dann werden wir die Erkenntnis haben, die wirklich in dem Eisen noch etwas anderes sieht als das, was der heutige Chemiker oder Mechaniker im Eisen sieht. Dann werden wir dasjenige haben, was uns das Eisen handhaben lernt in unserem eigenen Organismus, in unserer inneren menschlichen Wesenheit. Dann werden wir haben das majestätische Bild des Michael im Streite mit dem sulfurischen Drachen, des Michael mit dem flammenden Eisenschwerte als Begeisterungsimpuls für das, was der Mensch werden muß, wenn der Mensch die Kräfte der Entwicklung nicht zum Niedergang, sondern zum Fortschritt entwickeln will.

Das ist es, was sich uns als eine Mahnung aus der geistigen Welt heraus zeigt in den ehernen Lettern, die sich formen zu den Rätselworten, die aber gerade aus der heutigen Zeit heraus verstanden werden können:

O Mensch,
Du bildest es zu deinem Dienste,
Du offenbarst es seinem Stoffeswerte nach
In vielen deiner Werke.
Es wird dir Heil jedoch erst sein,
Wenn dir sich offenbart
Seines Geistes Hochgewalt.

Das ist das Eisen. Lernen wir das Eisen wie alle Stoffe nicht nur ihrem Stoffeswerte nach kennen, lernen wir sie kennen in ihres Geistes Hochgewalt! Dann gibt es wieder Menschenfortschritt, Erdenfortschritt, und den müssen wir wollen, wenn wir im wahren Sinne des Wortes Menschen sein wollen.

MICHAEL-IMAGINATION

Sonnenmächten Entsprossene,
Leuchtende, Welten begnadende
Geistesmächte, zu Michaels Strahlenkleid
Seid ihr vorbestimmt vom Götterdenken.

Er, der Christusbote, weist in euch
Menschentragenden, heil'gen Welten-Willen;
Ihr, die hellen Ätherwelten-Wesen,
Trägt das Christuswort zum Menschen.

So erscheint der Christuskünder
Den erharrenden, durstenden Seelen;
Ihnen strahlet euer Leuchte-Wort
In des Geistesmenschen Weltenzeit.

Ihr, der Geist-Erkenntnis Schüler,
Nehmet Michaels weises Winken,
Nehmt des Welten-Willens Liebe-Wort
In der Seelen Höhenziele wirksam auf.

WEIHNACHTEN UND JAHRESWENDE

ZUR WEIHENACHT 1920

Es schläft der Erde Seele
In Sommers heißer Zeit;
Da strahlet helle
Der Sonne Spiegel
Im äußern Raum.

Es wacht der Erde Seele
In Winters kalter Zeit;
Da leuchtet geistig
Die wahre Sonne
Im innern Sein.

Sommers-Freude-Tag
Ist Erdenschlaf;
Winters-Weihe-Nacht
Ist Erden-Tag.

WEIHE-NACHT-STIMMUNG

Ich fühle wie entzaubert
Das Geisteskind im Seelenschoß,
Es hat in Herzenshelligkeit
Gezeugt das heil'ge Weltenwort
Der Hoffnung Himmelsfrucht,
Die jubelnd wächst in Weltenfernen
Aus meines Wesens Gottesgrund.

DER WEIHNACHTSBAUM – EIN SYMBOLUM

Berlin, 21. Dezember 1909

An diesem Tage, der uns das Fest der Weihnacht darstellen soll, ist es wohl angemessen, ein wenig unsere sonstigen Gepflogenheiten dahin zu ändern, daß wir absehen von dem Suchen nach Erkenntnis und nach Wahrheit und statt dessen Einkehr halten in jene Gefühls- und Empfindungswelt, welche auferweckt werden soll durch jenes Licht, das wir aus der Geisteswissenschaft heraus erhalten.

Jenes Fest, das nun wieder herannaht und das unzähligen Menschen ein Fest der Beseligung im schönsten Sinne des Wortes ist, es ist in dem Sinne, wie es aufgefaßt werden muß durch unsere anthroposophische Weltanschauung, noch nicht ein sehr altes Fest. Was man die christliche Weihnacht nennt, war nicht sogleich da, als das Christentum in die Welt eingezogen ist. Die ersten Christen hatten ein solches Weihnachtsfest noch nicht. Sie feierten nicht die Geburt des Christus Jesus. Und es vergingen fast drei Jahrhunderte, bevor das Geburtsfest des Christus Jesus innerhalb der Christenheit gefeiert worden ist.

In den ersten Jahrhunderten, als das Christentum sich durch die Welt verbreitete, da war es entsprechend den Empfindungen und Gefühlen in den Seelen derer, welche den Christus-Impuls gefühlt hatten, daß sich diese Menschen recht sehr zurückzogen von dem in der damaligen Zeit statthabenden äußeren Leben, wie es sich seit alten Zeiten heraufverpflanzt hatte und wie es zur Zeit des Christus-Impulses geworden war. Denn als eine dunkle Ahnung stieg es in den Seelen der ersten Christen auf, daß sie entstehen lassen sollten den Impuls zu einer Neugestaltung der Erdendinge, zu einer solchen Gestaltung der Erdendinge, welche durchzogen ist gegenüber dem Früheren von neuen Empfindungen, neuen Gefühlen, vor allem aber von einer neuen Hoffnung und einer neuen Zuversicht für die Menschheitsentwicklung. Und was dann heraustreten sollte auf den Horizont des großen Weltendaseins, das sollte seinen Ausgangspunkt nehmen wie ein geistiger Keim – wir können sagen: buchstäblich – im Innern der Erde. Wir haben uns ja schon öfter im Geiste versetzt in die römischen Katakomben, wo abgeschlossen von dem damaligen Leben die ersten Christen feierten die Feier ihrer Herzen und die Feier ihrer Seelen. Wir haben uns im Geiste hineinversetzt in diese Andachtsstätten. Da wurden zuerst nicht Geburtsfeste gefeiert; höchstens waren es die Sonntagsfeste jeder Woche, um jede Woche einmal zu gedenken des großen Ereignisses von Golgatha. Und außerdem wurden noch gefeiert in den ersten Jahrhunderten die Totenfeiern derjenigen, die mit besonderer Begeisterung, mit tiefem Gefühl von diesem Ereignis von Golgatha gesprochen hatten, und die in bedeutungsvoller Weise eingegriffen hatten in den Gang der Menschheitsentwicklung, so daß sie verfolgt wurden von der alt gewordenen Welt. Die Todestage der Märtyrer, da diese Märtyrer eingezogen waren in das Geistesleben, wurden in den ersten Jahrhunderten als die Geburtstage der Menschheit von den ersten Christen gefeiert.

Damals gab es auch noch kein Christgeburtstagsfest. Aber gerade die Entstehung dieses Christgeburtstagsfestes kann uns zeigen, wie wir auch heute noch ein volles Recht haben, zu sagen: Das Christentum ist nicht mit diesem oder jenem Dogma, mit dieser oder jener Einrichtung einmal da – und diese Einrichtungen und diese Dogmen haben sich nur fortzupflanzen von Geschlecht zu Geschlecht –, sondern wir haben ein Recht, uns zu berufen auf Christi Ausspruch: daß er bei uns ist, daß er uns mit seinem Geiste erfüllt alle Tage. Wenn wir diesen Geist bei uns erfüllt fühlen, so dürfen wir uns berufen halten zu einer stetigen und nimmer aufhörenden Fortentwicklung des christlichen Geistes. Und gerade durch die anthroposophische Geistesentwicklung sind wir berufen, nicht ein totes, starres Christentum fortzupflanzen, sondern ein immer neues Christentum, das immer neue Weistümer und Erkenntnisse hervortreibt aus sich selber, in die Zukunft hinein zu entwickeln. Niemals sprechen wir von dem gewesenen Christus, sondern immer von dem ewig lebendigen Christus. Und wir dürfen uns an den ewig lebendigen, den ewig wirksamen Christus, an den in uns arbeitenden Christus insbesondere dann erinnern, da wir sprechen von dem Geburtsfest des Christus Jesus. Schon in den ersten Jahrhunderten fühlten es die Christen, daß sie Neues einprägen durften dem Organismus der christlichen Entwicklung, daß sie hinzufügen durften dasjenige, was ihnen aus dem Geiste Christi wirklich zuströmt.

So ist denn das Weihnachtsfest erst eine Einrichtung des vierten christlichen Jahrhunderts. Wir können sagen, im Jahre 354 wurde in Rom die erste christliche Weihnacht gefeiert. Und es zeigt sich uns insbesondere, daß in einer weniger kritischen Zeit, als die unsrige es ist, die Bekenner des Christentums durchdrungen waren von der richtig ahnenden Erkenntnis, daß sie dem großen christlichen Lebensbaum immer neue Früchte entlocken sollten. Deshalb dürfen wir vielleicht dabei auch gedenken eines äußeren Symbols der Weihnacht, des Symbols des Weihnachtsbaumes, das wir hier vor uns haben, das unzählige Menschen in den nächsten Tagen vor sich haben werden, und welches die Geisteswissenschaft berufen ist, immer tiefer und tiefer in seiner besonderen Bedeutung den Herzen und Seelen der Menschen einzuprägen.

Wir könnten fast mit der Zeitentwicklung in Widerspruch kommen, wenn wir uns gerade an dieses Symbolum hielten. Es wäre ein Irrtum, zu glauben, daß dieses Symbolum ein altes sei. Es könnte ja leicht in der Seele des heutigen Menschen der Glaube entstehen, der poetische Tannenbaum in der Weihnacht sei eine uralte Einrichtung. Es gibt ein Bild, welches darstellt den Weihnachtsbaum in der Familienstube Luthers. Dieses Bild, das natürlich erst im 19. Jahrhundert gemalt worden ist, stellt etwas durchaus Falsches dar, denn im weiten Umkreis der deutschen Lande wie auch in den andern Gegenden Europas gab es einen solchen Weihnachtsbaum zu Luthers Zeit noch nicht. Er ist erst ein späteres Symbolum. Gerade dieser Weihnachtsbaum zeigt uns vielleicht etwas ganz Merkwürdiges. Können wir nicht vielleicht auch so sagen, daß der Weihnachtsbaum heute etwas ist, was in dem Sinne als zukunftverheißend aufgefaßt werden könnte, daß die Menschen immer mehr in diesem Weihnachtsbaum sehen könnten – vielleicht nach und nach sehen könnten – ein Sinnbild für etwas außerordentlich Bedeutungsvolles und Wichtiges?

Da dürfen wir die Blicke auf diesen Weihnachtsbaum richten, wenn wir uns keiner Illusion in bezug auf sein historisches Alter hingeben und dürfen uns dabei in gewisser Weise in Erinnerung rufen, was uns schon öfter vor die Seele getreten ist, die sogenannte Heilige Legende. Sie erzählt uns:

Als Adam aus dem Paradiese vertrieben worden war – die Legende erzählt es in der mannigfaltigsten Weise, wir wollen es jetzt nur so kurz als möglich wiedergeben –, da habe er mitgenommen drei Samenkörner von dem Baume des Lebens, wovon die Menschen nicht essen sollten, nachdem sie von dem Baume der Erkenntnis des Guten und Bösen gegessen hatten. Als Adam dann gestorben war, nahm Seth diese drei Samenkörner und senkte sie in Adams Grab, und daraus wuchs aus dem Grabe Adams heraus ein Baum. Aus dem Holze dieses Baumes – so erzählt die Legende – ist mancherlei gebildet worden: Moses habe aus diesem Holze seinen Stab gebildet, und später sei aus diesem Baume auch das Holz genommen worden zu dem Kreuze von Golgatha.

So erinnert uns eine Legende in bedeutsamer Weise an jenen Paradiesesbaum, der als der zweite dastand: Die Menschen hatten genossen von dem Baume der Erkenntnis, entzogen wurde ihnen der Genuß vom Baume des Lebens. Aber es blieb in den Herzen der Menschen immerdar eine Sehnsucht, ein Trieb nach jenem Baum. Hinausgetrieben aus den geistigen Welten, die mit dem Paradiese bezeichnet werden, in die äußere Erscheinungswelt, fühlten die Menschen in ihren Herzen den Trieb hin zu dem Baume des Lebens. Was sie nicht haben durften ohne ihr Verdienst, ohne ihre Entwicklung, das sollten sie sich dadurch erringen, daß sie sich nach und nach mit Hilfe der Erkenntnis Verdienste erwarben, daß sie nach und nach durch ihre Arbeit auf dem physischen Plan sich reif und fähig machten, die Früchte des Baumes des Lebens zu empfangen.

Jene drei Samenkörner repräsentieren uns die Sehnsucht nach den Früchten des Baumes des Lebens. Die Legende erzählt uns, daß in dem Holze des Kreuzes dasjenige enthalten war, was aus dem Baume des Lebens stammte. Und man hat ein Bewußtsein dafür gehabt durch die ganze Entwicklung hindurch, daß das dürre Kreuzesholz dennoch den Keim des neuen geistigen Lebens enthält, daß daraus hervorwachsen soll dasjenige, was die Menschen, wenn sie es in der richtigen Weise genießen, mit ihrer Seele vereinigen können als die Frucht vom Baum des Lebens, als die Frucht, die ihnen Unsterblichkeit gibt im wahren Sinne des Wortes, die ihnen das Licht der Seele anzündet und die Seele so erleuchtet, daß sie den Weg findet aus den dunklen Tiefen der physischen Welt in die lichten Höhen des geistigen Daseins und sich dort fühlt als Angehörige eines unsterblichen Lebens.

Ohne daß wir uns einer Illusion hingeben, dürfen wir – wenn auch nicht als Historiker, so doch als fühlende Menschen – in dem Baume, der als Weihnachtsbaum vor uns steht, etwas fühlen wie ein Symbolum jenes Lichtes, das im Inneren unserer Seele aufgehen soll, damit es uns die Unsterblichkeit im geistigen Dasein erwerbe. Wir blicken in unser Inneres, und wir fühlen uns durch die anthroposophische Geistesströmung durchdrungen von jener Kraft, die uns in die geistige Welt hinaufblicken läßt. Wir sehen dann auf jenes äußere Symbolum, das wir als den Weihnachtsbaum vor uns stehen haben, und dürfen uns sagen: Er sei uns ein Symbolum für das, was in unseren Seelen leuchten und brennen soll, um uns hinaufzutragen in die geistige Welt!

Dieser Baum ist sozusagen auch entsprossen wie aus dunklen Tiefen. Nur jene Menschen mögen eine solche unhistorische Anschauungsweise tadeln, wie sie eben gekennzeichnet worden ist, die nicht wissen, daß dasjenige, dessen äußere Gründe physisches Erkennen nicht einsieht, dennoch seine tieferen geistigen Gründe hat. Dem äußeren Auge mag es sich entziehen, wie dieser Weihnachtsbaum sich merkwürdig hineinschleicht in das äußere menschliche Leben. Er hat sich in verhältnismäßig kurzer Zeit als ein beseligender Brauch eingeführt in den allgemeinen Weltenverkehr. Äußerlich mag es sich dem Auge entziehen; aber wer da weiß, daß alle äußeren Ereignisse Abdrücke eines geistigen Werdeganges sind, der muß fühlen, daß auch vielleicht ein besonderer tieferer Grund im äußeren physischen Plan vorlag für das Auftreten des Weihnachtsbaumes, daß das Auftreten des Weihnachtsbaumes herausgekommen ist wie aus einem tiefen geistigen Impuls, der unsichtbar die Menschen führt und vielleicht sogar unfühlbar einzelnen recht empfindenden Seelen die Inspiration eingegeben hat: das innere Licht, das in der Welt leuchten soll, in dem wunderschönen Weihnachtsbaum zum äußeren Ausdruck zu bringen. Und wenn ein solches Wissen zur Weisheit erwacht, dann kann dieser Baum durch unseren Willen ein äußeres Symbolum auch für das Höchste werden.

Soll Anthroposophie Weisheit sein, so darf sie tätige Weisheit sein und weisheitsvoll durchdringen, das heißt vergolden die äußeren Eindrücke und Gebräuche. So darf vielleicht Anthroposophie, indem sie nach und nach erwärmend und erleuchtend sich ausbreitet über die Herzen und Seelen der Menschen der Gegenwart und der Zukunft, auch den so materialistisch gewordenen äußerlichen Gebrauch des Weihnachtsbaumes vergolden, mit ihrer Weisheit durchdringen, und mag ihn zu einem wichtigsten Symbolum machen, nachdem er wie aus dunklen Untergründen der Seele im Laufe der allerletzten Zeiten in das Erdenleben seinen Einzug gehalten hat. Und wenn wir dennoch vielleicht etwas tiefer schürfen und voraussetzen, daß eine tiefere geistige Leitung die Impulse gelegt hat in die menschlichen Herzen, erweist es sich uns auch nicht ganz ohne Grund, wenn die Menschen die Gedanken, die ihnen von einer geistigen Leitung eingegeben sind, ausleben in tieferen Empfindungen an dem brennenden Baum.

Es ist ja ein alter Gebrauch auch schon in den verschiedensten Ländern Europas gewesen, daß man die ganzen Wochen vor dem Weihnachtsfest gesucht hat nach allerlei Baumsprossen, nach allerlei Sträuchern, die meistens Laubpflanzen entnommen waren, welche in der Christnacht zum Aufbrechen oder wenigstens zum Sprossentreiben gebracht werden konnten. Und in gar mancher Seele entstand etwas von der Ahnung des niemals besiegbaren Lebens, jenes Lebens, das Sieger sein soll über allen Tod, wenn in der Christweihnacht die sorgfältig gesammelten Sprossen oder Zweige der Bäume in der Stube feierlich standen und künstlich in der Nacht des tiefsten

Sonnenstandes zum Aufbrechen gebracht worden sind. Das war ein alter Gebrauch. Aber der Weihnachtsbaum selber ist jüngeren Datums. Wo haben wir den Gebrauch des Weihnachtsbaumes zuerst zu suchen?

Wir wissen von der eindringlichen Sprache, die unsere großen deutschen Mystiker geführt haben, insbesondere von Johannes Tauler, der im Elsaß gewirkt hat. Wer die Predigten Johannes Taulers mit ihrer tiefen Innerlichkeit, mit ihrem unendlichen Gefühlswert auf sich wirken läßt, der wird sich sagen, daß dazumal im Elsaß, als Tauler die Vertiefung und Vergeistigung, sogar die Verherzlichung des Christentumes anstrebte, ein ganz besonderer Geist umging, der überall die Seele suchte, die erfüllt war von dem Mysterium von Golgatha. Als Tauler seine Predigten zu Straßburg gehalten hat, da haben sich seine eindringlichen Feuerworte tief in die Seelen hinein versenkt, und mancher bleibende Eindruck mag manchmal in den Seelen der Menschen ersprossen sein. Mancher Eindruck mag von dem gekommen sein, was Johannes Tauler auch oft in seinen wunderschönen Weihnachtspredigten gesagt hat. Dreimal, so sagte er, wird der Gott für die Menschen geboren: zuerst, indem er abstammt von dem Vater, von dem großen Weltenall; dann, indem er zu den Menschen heruntergedrungen ist und menschliche Hüllen angenommen hat, und zum drittenmal wird der Christus in jeder menschlichen Seele geboren, die in sich selber die Möglichkeit findet, dasjenige, was Gottesweisheit ist, mit sich zu vereinigen und in sich einen höheren Menschen zu gebären.

In allen möglichen schönen, feierlichen Wendungen sprach Johannes Tauler gerade in der Gegend von Straßburg die tiefste Weisheit aus, insbesondere am Weihnachtstage. Gerade eine solche tiefe Weisheit mag sich in die Seelen gesenkt haben, und sie mag geblieben sein und nachgewirkt haben. Auch die Gefühle haben ihre Traditionen. Von Jahrhundert zu Jahrhundert mag nachgewirkt haben, was dazumal in die Seelen gesenkt worden ist. So mag das Gefühl, das sich dazumal in die Menschenseelen gesenkt hat, es mag wie alle wirklichen, vom Geist durchdrungenen Gefühle sich gedrängt haben in Auge und Hand, mag dem Auge das Gefühl eingegeben haben, auch im äußeren Sinnbild zu schauen die Auferstehung, die Geburt des menschlichen Geisteslichtes. Deshalb ist es vielleicht für das materialistische Denken ein schöner Zufall, aber für den, der weiß, wie die geistige Führung durch alles Physische durchgeht, ist es mehr als ein bloßer Zufall, wenn wir hören, daß die ersten Nachrichten von einem Weihnachtsbaum, der in einer deutschen Stube gestanden habe, aus dem Elsaß stammen, und zwar aus Straßburg. 1642 haben wir die allererste Nachricht darüber, daß ein solcher Weihnachtsbaum in einem Hause gestanden habe zur inneren Beseligung derer, die an einem äußeren Sinnbild sehen wollten das Licht, das in uns selber erweckt werden soll durch die Aufnahme der geistigen Weisheit.

Wie die deutsche Mystik von jenem Christentum, das an den äußeren Formen klebt, schlimm aufgenommen ist, das sehen wir zum Beispiel an Meister Eckhart, dem großen Vorgänger Johannes Taulers: Er wurde noch nach dem Tode zum Ketzer erklärt, nachdem man vergessen hatte, es bei seinen Lebzeiten zu tun. Und die Feuerworte Johannes Taulers, die aus einem wirklichen christerfüllten Herzen hervorgegangen sind, fanden auch wenig Anerkennung. Wie jenes äußere Christentum, das nicht an den wirklichen Geist glaubt, zu der Vertiefung des Christentums durch Meister Eckhart, Johannes Tauler und so weiter sich gestellt hat, das sehen wir daraus, daß uns die erste Nachricht vom Weihnachtsbaum verkündet wird von einem geistigen Gegner. Der Betreffende meinte, das wäre ein Kinderspiel; die Leute sollten lieber dahin gehen, wo sie hörten, wie ihnen die richtige Lehre verkündet wird.

Langsam hat sich zunächst dieser Weihnachtsbaum verbreitet. Wir sehen ihn in Mitteldeutschland auftreten um die Mitte des 18. Jahrhunderts, aber auch da nur an einzelnen Orten. Erst gegen das 19. Jahrhundert zu wird der Weihnachtsbaum dieser immer häufigere geistige Schmuck der Weihnacht, ein neueres Symbolum für etwas, was durch Jahrhunderte hindurch gelebt hat. Bei denjenigen, welche so recht fühlen konnten alle Dinge im Glanze – nicht des Wortchristentums, sondern im Glanze des echten geistigen Christentums, bei denen war es immer so, daß der Weihnachtsbaum auslösen konnte schöne menschliche Gefühle. Und Sie werden es ohne weiteres glauben, daß der Weihnachtsbaum so jungen Datums ist, wenn Sie sich vor die Seele führen, daß die größten deutschen Dichter kein Gedicht geschrieben haben über den Weihnachtsbaum. Wäre er schon früher da gewesen, so würde ein Klopstock zum Beispiel sich gewiß über dieses Symbolum dichterisch haben vernehmen lassen. Daher sei uns auch dieser Weihnachtsbaum eine Bürgschaft dafür, daß Symbole für das Höchste und das Größte neu erstehen können. Und diese Symbole können uns besonders dann vor die Seele treten, wenn wir fühlen die geistige Wahrheit von der Auferweckung des Ich in der Menschenseele, jenes Ich, das die geistigen Bande fühlt von Seele zu Seele, und sie besonders dann recht fühlt, wenn edle Menschen zusammen wirken.

Nur ein Beispiel sei erwähnt, an dem wir sehen können, wie in die Seele eines großen Menschheitsführers das Licht des Weihnachtsbaumes hineingeleuchtet hat. Im Jahre 1822 war es, daß Goethe, dem wir so oft schon da begegneten, wo wir das Geistesleben im Lichte der Anthroposophie betrachteten, beim Abschlusse seines «Faust» so recht fühlte, wie die christlichen Symbole die einzig möglichen waren, um seine poetischen Intentionen darzustellen. Und er fühlte auch so recht, wie das Christentum die edelsten Bande schlingen muß von Menschenseele zu Menschenseele, wie es jene Bande der Bruderliebe zu begründen hat, die nicht an das Blut, sondern die an die Seele gebunden sind, die an den Geist gefügt sind. Wir fühlen, was in dem Christentum noch als Impuls liegt, wenn wir an den Schluß der Evangelien denken. Vom Kreuz von Golgatha herab sieht der Christus Jesus die Mutter, sieht den Sohn, und da stiftet er jene Gemeinschaft, die vorher nur durch das Blut gestiftet worden ist. Ein Sohn wurde der Mutter, eine Mutter wurde dem Sohn vorher nur durch das Blut gegeben. Die Blutsbande sollen nicht durch das Christentum aufgehoben werden. Bleiben sollen die Blutsbande. Aber die geistigen Bande sollen hinzukommen, welche die Blutsbande überstrahlen mit geistigem Lichte. Daher sprach der Christus Jesus vom Kreuz herab die Worte: «Weib, siehe, das ist dein Sohn!», und zu dem Jünger: «Siehe, das ist deine

Mutter!» Was früher nur die Blutsbande gestiftet haben, das wird vom Kreuz herab gestiftet durch geistige Bande.

Wo der Geist in edler geistiger Gemeinschaft lebt, da fühlte sich auch Goethe immerdar gedrängt, hinzublicken zum echten christlichen Geist. Für ihn war es auch ein Bedürfnis, diesen christlichen Geist vom Herzen in die Augen dringen zu lassen. 1822 hatte er einen besonderen Anlaß dazu. Die Menschen jenes Fürstentums, dem Goethe so viel seiner Kraft gewidmet hat, hatten sich zusammengetan, um eine höhere Bürgerschule zu begründen. Es war gleichsam ein Geschenk, das dem Fürsten von Weimar gemacht wurde. Goethe hat nicht besser diesen kleinen Impuls des geistigen Fortschrittes zu feiern gewußt, als daß er vor dem Weihnachtsfest eine Anzahl von Menschen aufrief, diesen Fortschritt des Geistes in einzelnen Dichtungen zu feiern, wie sie es nach ihrem Können imstande waren. Dann sammelte er diese aus dem Volke entsprungenen Dichtungen, gab ihnen selber eine poetische Vorrede, und der spätere Großherzog Karl Alexander, der damals ein dreijähriger Knabe war, mußte das Büchlein dem Fürsten Karl August unter dem Weihnachtsbaum überreichen. Denn der Weihnachtsbaum war 1822 bereits ein ständiges Symbolum.

Goethe hat mit dieser kleinen Tat angezeigt, daß ihm der Weihnachtsbaum ein Symbolum ist für das Fühlen und Empfinden des geistigen Fortschrittes im Kleinen und im Großen. Und in der poetischen Vorrede, die er diesem kleinen Büchlein gegeben hat, das heute noch in der Bibliothek zu Weimar vorhanden ist, hat Goethe den Weihnachtsbaum als dieses Symbol besungen mit den Worten:

> Bäume leuchtend, Bäume blendend,
> Überall das Süße spendend,
> In dem Glanze sich bewegend,
> Alt- und junges Herz erregend –
> Solch ein Fest ist uns bescheret,
> Mancher Gaben Schmuck verehret;
> Staunend schaun wir auf und nieder,
> Hin und her und immer wieder.

Aber, Fürst, wenn dir's begegnet
Und ein Abend so dich segnet,
Daß als Lichter, daß als Flammen
Vor dir glänzten allzusammen
Alles, was du ausgerichtet,
Alle, die sich dir verpflichtet:
Mit erhöhten Geistesblicken
Fühltest herrliches Entzücken.

Wir dürfen dieses Gedicht unseres Goethe sozusagen mit unter die ersten Weihnachtsdichtungen zählen. Wenn wir auf dem Felde der Geisteswissenschaft von Sinnbildern reden, dürfen wir auch davon sprechen, daß Sinnbilder, die wie unbewußt oder unterbewußt heraufdringen in die Seelen der Menschen, hineintreten in den Lauf der Zeit, vergoldet, mit Weisheit umkleidet werden dürfen.

So sehen wir im 4. Jahrhundert erst die christliche Weihnacht entstehen, sehen, wie sie dazumal zuerst in Rom gefeiert wurde. Und fast wiederum wie eine Schickung muß es angesehen werden, daß in ein uraltes Fest hinein – nicht auf äußerliche materialistische Weise, sondern durch eine geheimnisvolle Schickung – das Weihnachtsfest hineingeschoben wird für die Gegenden Mittel- und Nordeuropas in eine Zeit hinein, wo seit alters her der tiefste Sonnenstand gefeiert wurde: das Wintersonnenfest. Man darf nicht glauben, daß etwa das Weihnachtsfest in Mittel- und Nordeuropa in dieses Fest, in diese Zeit verlegt worden wäre, weil man das alte Fest hätte umwandeln wollen in das Weihnachtsfest, sozusagen um die Völker zu versöhnen. Das Weihnachtsfest wurde rein herausgeboren aus dem Christentum. Gerade durch die Aufnahme des Weihnachtsfestes in den nordischen Gegenden hat sich gezeigt die tiefe geistige Verwandtschaft dieser Völker und ihrer Sinnbilder zu dem Christentum. Während zum Beispiel in Armenien das Weihnachtsfest gar nicht als Gebrauch aufgenommen wurde, und selbst in Palästina die Christen sich lange dagegen ablehnend verhalten haben, hat es sich in Europa schnell eingebürgert.

Versuchen wir, durch die anthroposophische Betrachtung das

Weihnachtsfest selber richtig zu verstehen, um den Weihnachtsbaum als ein Sinnbild aufzufassen. Das Jahr hindurch, wenn wir hier zusammen sind, lassen wir aus den geistigen Quellen heraus zu uns dringen diejenigen Worte, die nicht bloß Worte, sondern Kraft sein sollen, die in unserer Seele immer mehr und mehr wirksam sein sollen, damit die Seele zu einem Bürger der Ewigkeit werden kann. Das ganze Jahr versammeln wir uns, um diese Worte, diesen Logos in der mannigfaltigsten Weise in diesem Raum ertönen zu lassen: daß der Christus immerfort bei uns ist und daß, wenn wir zusammen sind, der Geist des Christus hineinwirkt, so daß unsere Worte durchdrungen werden von dem Geiste des Christus. Wenn wir die Dinge nur aussprechen mit dem Bewußtsein, daß das Wort ein Flügelträger ist für die Offenbarungen des Geistes an die Menschheit, dann lassen wir einfließen in unsere Seele dasjenige, was das Wort des Geistes ist. Aber wir wissen, daß das Wort des Geistes nicht von uns ganz ergriffen wird, nicht uns alles sein kann, was es sein soll, wenn wir es bloß in äußerlich-abstrakter Form als Erkenntnis aufnehmen. Wir wissen, daß es erst das sein kann, was es sein soll, wenn es jene innerliche Wärme erzeugt, wodurch sich die Seele ausdehnt und fühlt, sich ausdehnt durch innere Wärme, und endlich, sich ergießend in alle Erscheinungen des Weltendaseins, sich eins fühlen lernt mit demjenigen Geiste, der über alle Erscheinungen ausgegossen ist.

Fühlen wir, daß in uns Kraft, Leben werden muß, was als Geisteswort an unser Ohr dringt, indem wir, wenn die Zeit dazu da ist, das Symbolum vor uns hinstellen, das uns bekräftigend in die Seele rufen kann: Lasse in dir erstehen als ein Neues, als den Geistesmenschen, dasjenige, was als Wärme entzünden, als Licht erleuchten kann das Wort, das aus geistigen Quellen, aus geistigen Untergründen zu uns kommt. Dann fühlen wir auch, daß es eine Bedeutung hat, was da als Geisteswort zu uns tönt. Fühlen wir in einem solchen Augenblick, wie es der heutige ist, einmal ernsthaft, was die Geisteswissenschaft an solchem Seelenlicht und solcher Seelenwärme uns geben kann! Fühlen wir es etwa in der folgenden Weise:

Schauen wir uns die heutige materialistische Welt an mit ihrem Getriebe, wie die Menschen hasten und treiben vom Morgen bis zum

Abend, und wie sie alles beurteilen im Sinne des materialistischen Nutzens, nach dem Maßstabe des äußeren physischen Planes, wie sie gar nicht ahnen, daß hinter allem der Geist lebt und webt. Die Menschen schlafen des Abends ein, ahnungslos gegenüber etwas anderem, als daß sie glauben, sie seien eben ohne Bewußtsein, und daß sie morgens wiederum aufwachen in das Bewußtsein des physischen Planes hinein. Ahnungslos schläft der Mensch ein, nachdem er am Tage gehastet und gearbeitet hat, ohne sich aufzuklären über den Sinn des Lebens. Wenn der nach spiritueller Erkenntnis Strebende aufgenommen hat die Worte des Geistes, dann weiß er etwas, was nicht bloß Theorie und Lehre ist. Er weiß etwas, was ihm Seelenlicht und Seelenwärme gibt, er weiß: Würdest du am Tage nur aufnehmen die Vorstellungen des physischen Lebens, du würdest vertrocknen. Öde wäre dein ganzes Leben, ersterben würde alles, was du gewinnst, wenn du nur die Vorstellungen des physischen Planes hättest. Wenn du dich abends zum Schlummer hinlegst, gehst du hinein in eine Welt des Geistes, tauchst unter mit allen deinen Seelenkräften in eine Welt von höheren geistigen Wesenheiten, zu denen du mit deinem Sein hinaufwachsen sollst. Und indem du morgens aufwachst, kommst du neu gestärkt heraus aus einer geistigen Welt und gießest über das, was du aus dem physischen Plan empfängst, göttlich-geistiges Leben aus, ob bewußt oder unbewußt. Aus dem Ewigen verjüngst du selber das Zeitliche deines Daseins an jedem Morgen.

Wenn wir das Wort des Geistes so verwandeln in das Gefühl, das wir an jedem Abend haben können: Ich gehe nicht bloß in die Bewußtlosigkeit, sondern ich tauche ein in die Welt, wo die Wesen des Ewigen sind, denen meine eigene Wesenheit angehören soll. Ich schlafe ein mit dem Gefühl: hinein in die geistige Welt, – und ich erwache mit dem Gefühl: heraus aus dem Geist, – dann durchdringen wir uns mit jenem Gefühl, in das sich verwandeln soll das Wort des Geistes, das wir hier in einem der spirituellen Erkenntnis gewidmeten Leben aufgenommen haben, von Tag zu Tag, von Woche zu Woche. Dann wird der Geist in uns Leben, dann wachen wir anders auf und schlafen anders ein.

Fühlen wir uns verbunden mit dem Geiste des Weltenalls, fühlen wir uns als Missionare des Weltengeistes an jedem Morgen, fühlen wir uns nach und nach verbunden mit dem, was als Weltengeist alles äußere Sein durchsetzt und durchwebt, dann fühlen wir auch, wenn die Sonne im Sommer hoch steht und ihre lebenspendenden Strahlen der Erde zusendet, wie der Geist wirkt auf äußerliche Art und wie er, weil er uns sein Antlitz, sein äußerliches Antlitz in den äußeren Sonnenstrahlen zusendet, seine innere Wesenheit gleichsam zurücktreten läßt.

Wo sehen wir diesen Geist des Weltenalls, den schon Zarathustra in der Sonne verkündet hat, wenn uns nur die äußeren physischen Sonnenstrahlen entgegenstrahlen? Wir sehen diesen Geist des Weltenalls, wenn wir erkennen können, wo er sich selber sieht. Wahrhaftig, dieser Geist des Weltenalls schafft sich seine Sinnesorgane, durch die er sich sehen kann, während des Sommers. Äußere Sinnesorgane schafft er sich. Lernen wir verstehen, was als grüne Pflanzendecke vom Frühling an die Erde bedeckt, die Erde mit einem neuen Antlitz bekleidet! Was ist das? Spiegel für den Weltengeist der Sonne. Wenn die Sonne uns ihre physischen Strahlen zusendet, schaut der Weltengeist zur Erde hernieder. Was da an Pflanzenwachstum, an Blüten und Blättern herausquillt, nichts anderes ist es als die Ebenbildlichkeit des reinen, keuschen Weltengeistes, der sich selber gespiegelt sieht in seinem Werke, das er hervorsprießen läßt aus der Erde. Sinnesorgane des Weltengeistes sind enthalten in der Pflanzendecke.

Wir sehen dann, wenn die Pflanzendecke zum Herbst verschwindet, wie die äußere Kraft der Sonne sich verringert, wie das Antlitz des Weltengeistes sich zurückzieht. Sind wir vorbereitet in der rechten Weise, so fühlen wir den Geist, der durch das Weltenall pulst, in uns selber. Dann können wir jetzt dem Weltengeist auch folgen, wenn er sich dem äußeren Anblick entzieht. Dann fühlen wir, wenn unsere Augen nicht ruhen können auf der Pflanzendecke, wie der Geist in dem Maße in uns erwacht, als er sich aus den äußeren Welterscheinungen zurückzieht. Und der erwachende Geist wird uns ein Führer für die Tiefen, in die sich das Geistesleben zurückzieht, da hinein, wo wir dem Geiste übergeben die Keime für den nächsten

Frühling. Da lernen wir mit unserem geistigen Blick schauen und uns sagen: Wenn das äußere Leben für die äußeren Sinne nach und nach unsichtbar wird, wenn die Herbsteswehmut in unsere Seele schleicht, folgt die Seele dem Geiste in das tote Gestein, um daraus herauszuziehen jene Kräfte, die im Frühling die Erde mit neuen Sinnesorganen für den Weltengeist bedecken.

So fühlten diejenigen Menschen, die den Geist im Geiste erfaßten, ihr Mitgehen mit dem Weltengeist, ihr Mitgehen mit dem Samenkorn hinunter im Winter. Wenn die äußere Sonne am wenigsten Kraft hat, am wenigsten leuchtet, wenn die äußere Finsternis am stärksten ist, fühlt sich der Geist in uns durch den Geist aus dem Weltenall, mit dem er sich verbunden hat, unten verbunden hat, mit jenen Kräften vereinigt, die am deutlichsten wahrnehmbar und sichtbar werden, indem sie das Samenkorn einem neuen Dasein zuführen.

So leben wir uns gleichsam mit der Kraft des Samens wörtlich in die Erde hinein, durchdringen die Erde. Während wir uns zur Sommerszeit dem leuchtenden Luftkreis zugewendet haben, den sprießenden und sprossenden Früchten der Erde, wenden wir uns nun zu dem toten Gestein, wissen aber jetzt: In diesem toten Gestein ruht das, was wiederum als äußeres Dasein erscheinen soll. – Wir folgen mit unserer eigenen Seele im Geiste der sprießenden, sprossenden Kraft, die sich entzieht dem äußeren Anblick und ganz in den Stein hinein verborgen wird durch die Winterzeit hin. Und wenn diese Winterzeit an ihrer Mitte angekommen ist, wenn die stärkste Dunkelheit herrscht, dann fühlen wir gerade dadurch, daß uns die Außenwelt nicht abhält, uns mit dem Geiste verbunden zu fühlen, wie in den Tiefen, in die wir uns zurückgezogen haben, das Geisteslicht ersprießt, jenes Geisteslicht, für das der Menschheit den gewaltigsten Impuls der Christus Jesus gegeben hat. Da fühlen wir nach, was die Menschen empfunden haben zu alten Zeiten, die davon sprachen, daß sie heruntersteigen müssen da, wo das Samenkorn im Winter ruht, um den Geist in seinen verborgenen Kräften zu erkennen. Da fühlen wir, daß wir den Christus im Verborgenen zu suchen haben, in jenem Verborgenen, das dunkel und finster ist, wenn wir uns in der Seele nicht selber erst erleuchtet haben, das aber hell und leuchtend wird, wenn wir das Christus-Licht in der Seele aufgenommen haben. Da finden wir, daß wir uns in jeder Weihnacht stärken und kräftigen durch jenen Impuls, der durch das Mysterium von Golgatha in die Menschheit hineingedrungen ist.

So fühlen wir jedes Jahr wie eine Bekräftigung unseres Strebens wirklich den Christus-Impuls und nehmen von diesem Impuls die Gewähr und Bürgschaft dafür, daß wir von Jahr zu Jahr jenes Leben in uns verstärken, das uns hineinführt in eine geistige Welt, in welcher es einen Tod, wie er in der physischen Welt vorhanden ist, nicht geben kann. Dann können wir vergeistigen und beseligen, was dem heutigen materialistischen Menschen gar kein Symbolum ist, sondern nur eine äußerliche materialistische Sinnesfreude. Und wir ahnen dann in dem Symbolum die Wirklichkeit, wir ahnen dasselbe, was Johannes Tauler zum Beispiel meint, wenn er davon spricht, daß der Christus dreimal geboren wird: einmal von dem ewigen Vatergott, der die Welt durchwebt und durchlebt, einmal als Mensch zur Zeit der Begründung des Christentums, und dann immer wieder und wieder in den Seelen derer, die das geistige Wort in sich zur Erweckung bringen. Ohne diese letzte Geburt wäre das Christentum nicht vollständig und die Anthroposophie nicht fähig, den christlichen Geist zu erfassen, wenn sie nicht versteht, was es heißt, daß das Wort, das von Jahr zu Jahr uns ertönt, nicht Theorie und Lehre bleiben soll, sondern Wärme und Licht und Leben wird, damit wir durch diese Kraft uns einfügen Leben der Geistigkeit der Welt, aufgenommen werden von ihr und mit ihr selber der Ewigkeit einverleibt werden.

Das sollen wir fühlen, wenn wir vor dem Symbolum der Weihnacht stehen, uns gleichsam untertauchen fühlen in die tiefe, frostige, scheinbar tote Welt unter der Erde, ahnend nicht nur, sondern erkennend, daß der Geist neues Leben weckt aus dem Tode. Auf welcher Stufe der Entwicklung wir auch stehen, wir können nachfühlen, was zu allen Zeiten diejenigen gefühlt haben, welche da eingeweiht waren, die wirklich dann in dieser Weihnacht hinuntergestiegen sind um die Mitternachtsstunde, um dort zu schauen die

Geistessonne um die Weihnachtmitternacht, wo die Geistessonne der Weihnachtmitternacht hervorruft aus dem scheinbar toten Gestein zuerst das sprießende, sprossende Leben, damit es erscheinen kann im neuen Frühling.

Wir selber fühlen uns vereint mit jenen Kräften der Welt, die da walten, auch wenn sie sich äußerlich physisch in Frost und Lichtlosigkeit zurückgezogen haben. Das wollen wir fühlen, wie es alle diejenigen empfinden werden, welche um die Weihnachtszeit wirklich immer gedenken der geistigen Sonne, jener Christus-Sonne, die hinter der physischen Sonne steht. Wir wollen ihnen nachfühlen, um nach und nach emporzusteigen, erleben und dann schauen zu können dasjenige, was der Mensch schauen kann, wenn er in sich immer neue Kräfte entwickelt, die ihn mit dem Geistigen verbinden. Und wovon wir schon vor einigen Jahren sprachen, als wir das Weihnachtsfest feierten, das möge auch diese Betrachtung beschließen als das Wichtigste, was wir im Jahr aufnehmen und in unsere Seele gießen können:

Die Sonne schaue
Um mitternächtige Stunde.
Mit Steinen baue
Im lebenlosen Grunde.

So finde im Niedergang
Und in des Todes Nacht
Der Schöpfung neuen Anfang,
Des Morgens junge Macht.

Die Höhen laß offenbaren
Der Götter ewiges Wort,
Die Tiefen sollen bewahren
Den friedensvollen Hort.

Im Dunkel lebend
Erschaffe eine Sonne
Im Stoffe webend
Erkenne Geistes Wonne.

WEIHNACHTEN – EIN INSPIRATIONSFEST

Berlin, 21. Dezember 1911

Innerhalb unseres Arbeitens in der geisteswissenschaftlichen Bewegung blicken wir vorwärts, vorwärts in die Zukunft der Menschheit, und durchdringen unsere Seelen und unsere Herzen mit demjenigen, wovon wir glauben, daß es sich einverleiben soll in die Entwicklungsströmungen und in die Entwicklungskräfte der Menschenzukunft. Und auch wenn wir zu den großen Wahrheiten des Daseins aufblicken, aufblicken zu den Kräften, Mächten und Wesen, welche sich uns in der spirituellen Welt als die Ursachen und Urgründe dessen offenbaren, was uns in der äußeren Sinneswelt entgegentritt, auch da sind wir beseelt davon, daß die Wahrheiten, die wir also aus den geistigen Welten herunterholen, allmählich sich einleben sollen und einleben müssen in die Seelen, in die Herzen der Menschen der Zukunft.

So ist denn im größten Teil des Jahres unser geistiger Blick entweder der unmittelbaren Gegenwart oder aber der Zukunft zugewendet. Um so mehr fühlen wir uns gedrungen, an den Merktagen des Jahres, an den Festen, welche wie fixierte Erinnerungen an das, was die Vormenschheit erdacht und ersonnen hat, aus der Zeit und ihrem Wandel zu uns hereinragen, unsere Verbindung mit dieser Vormenschheit zu empfinden, ein wenig uns zu versenken in dasjenige, was aus den Seelen, aus den Herzen der Menschen der Vergangenheit dazu geführt hat, jene Merkzeichen in den Lauf der Zeiten hineinzustellen, welche uns als die Feste des Jahres erscheinen.

Ist das Osterfest ein solches, das, wenn wir es verstehen, in uns Gedanken wachruft an menschliche Kräfte und an Überwindungsfähigkeit alles Niederen durch das Höhere, alles äußerlich Physischen durch das Geistige, ist es ein Fest der Auferstehung, der Erweckung, ein Fest der Hoffnung und der Zuversicht an die geistigen Kräfte, die in der Menschenseele erweckt werden können, so ist auf der anderen Seite das Weihnachtsfest ein Fest der Harmonieempfindung mit dem ganzen Kosmos, ein Fest der Gnadenempfindung, ein

Fest, das uns immer wieder und wieder den Gedanken nahe bringen kann: Wie sich auch alles um uns herum erweisen mag, wie auch in den Glauben sich die herbsten Zweifel hineinmischen können, wie sich auch in die kühnsten Hoffnungen die schlimmsten Enttäuschungen hineinmischen können, wie auch um uns herum alle guten Dinge des Lebens wanken können – es gibt etwas in der menschlichen Natur und Wesenheit, das kann uns der richtig verstandene Gedanke des Weihnachtsfestes sagen, das nur vor die Seele lebendig, geisthaft hingestellt zu werden braucht, um uns immerwährend zu offenbaren, daß wir von den Kräften des Guten abstammen, von den Kräften des Rechten, von den Kräften des Wahren. – Auf unsere siegenden Kräfte in die Zukunft hin weist uns der Ostergedanke. Auf den Menschenursprung in urferner Vergangenheit weist uns in einer gewissen Beziehung demnach der Weihnachtsgedanke.

Bei einer solchen Gelegenheit kann man so recht sehen, wie die unbewußte oder die unterbewußte Vernunft und Geistigkeit der Menschen weit, weit höher steht als das, was der Mensch mit seinem Bewußtsein dann umschließen kann. Wir haben oftmals Grund, dasjenige, was die Menschen aus den verborgenen Seelentiefen in der Vergangenheit festgesetzt haben, viel mehr zu bewundern als das, was sie festsetzten aus ihren verstandesmäßigen Gedanken und aus dem, was sie begrifflich erfassen konnten. Wie unendlich weise erscheint es uns, wenn wir den Kalender aufmachen und für den 25. Dezember verzeichnet finden das Geburtsfest des Christus Jesus und dann im Kalender verzeichnet sehen für den 24. Dezember «Adam und Eva». Man möchte sagen: Anschaulich, vernünftig, geistig konnte einem das vor Augen treten aus dem dumpfen, unterbewußten Schaffen im Mittelalter, wenn da oder dort gegen die Weihnachtszeit die mittelalterlichen Weihnachtsspiele von Leuten dieser oder jener Orte aufgeführt werden sollten. Wenn, wie man sie nannte, die «Singer» zu ihren Weihnachtsspielen zogen, da wurde vorangetragen der «Paradiesbaum». Wie im Kalender «Adam und Eva» vor dem Christ-Geburtstagsfest erschien, so erschien in den mittelalterlichen Weihnachtsspielen der Baum des Paradieses vorangetragen der Truppe, welche zur Aufführung dieser Weihnachtsspiele schritt. Kurz also: Es gab einmal etwas, was die tiefen, verborgenen Seelenuntergründe der Menschen veranlaßte, irdischen Menschenanfang und Jesu-Geburtsfest unmittelbar zusammenzustellen. Im Jahre 353 gab es selbst im kirchlichen Rom noch nicht den 25. Dezember als Jesu-Geburtstagsfest. Denn 354 wurde zum ersten Male auch im kirchlichen Rom das Jesu-Geburtstagsfest am 25. Dezember gefeiert. Vorher wurde etwas gefeiert, bei dem man ein ähnliches Bewußtsein hatte wie später an dem Jesu-Geburtstagsfest, nämlich der 6. Januar als der Tag der Erinnerung der Johannestaufe im Jordan, als der Tag, welcher der Gedenktag war des Herunterkommens des Christus aus den spirituellen Höhen und des Sich-Versenkens des Christus in den Leib des Jesus von Nazareth. Das war ursprünglich die Geburt des Christus in dem Jesus, die Erinnerung an den großen geschichtlichen Augenblick, der uns symbolisch dargestellt wird durch das Weilen der Taube über dem Haupt des Jesus von Nazareth. Der 6. Januar war der Erinnerungstag an die Geburt des Christus in dem Jesus von Nazareth.

Aber im 4. Jahrhundert war eigentlich für die sich ankündigende materialistische Weltanschauung des Abendlandes längst die Möglichkeit dahin, den großen Gedanken der Durchdringung des Jesus mit dem Christus zu verstehen. Wie ein gewaltiges Licht war zu kurzer Aufklärung dieser Gedanke vorhanden bei den Gnostikern, die in gewisser Beziehung Zeitgenossen oder unmittelbare Nachfolger des Ereignisses von Golgatha waren und in der Lage waren, daß sie die Tiefe dieser Weisheit von dem «Christus in dem Jesus» nicht in der Weise suchen mußten, wie wir durch das moderne Hellsehen diese Weisheit wieder suchen müssen; sondern bei den Gnostikern war es so, daß sie durch das letzte Aufflackern gerade alter, ursprünglicher menschlicher hellseherischer Kräfte das wie im Gnadenlichte geschaut haben, was wir uns wieder erobern müssen über die großen Geheimnisse von Golgatha. Da leuchtete so manches bei den Gnostikern auf, was wir uns wieder erobern müssen, so zum Beispiel besonders das Geheimnis von dem Geborenwerden des Christus in dem Jesus von Nazareth bei der Johannestaufe im Jordan.

Aber wie das alte Hellsehen überhaupt, so schwand auch für die Menschheit jenes eigentümliche Aufflammen höchster hellseherischer Kräfte, höchsten Weihnachtslichtes der Menschheit dahin, wie es bei den Gnostikern vorhanden war. Und im 4. Jahrhundert war das abendländische Christentum längst nicht mehr im Stande, diesen großen Gedanken zu verstehen. Daher hatte im 4. Jahrhundert das eigentliche Erscheinungsfest des Christus in dem Jesus den Sinn für die abendländische christliche Kultur verloren. Man hatte vergessen, was eigentlich dieses Erscheinungsfest, der 6. Januar, bedeutet. Man mußte für eine Zeitlang, ja bis in unsere Gegenwart herein, unter mancherlei materialistischem Verstandesschutt die Empfindung gegenüber der Christus-Gestalt in der Menschheitsentwicklung begraben. Und konnte man nicht begreifen, daß ein gegenüber der Menschheit Höchstes sich offenbart hat in der Johannestaufe im Jordan, so konnte man, weil das dem materialistischen Bewußtsein nicht widersprach, doch noch begreifen, daß jene Leibesorganisation, welche dazu ausersehen war, den Christus aufzunehmen, etwas Bedeutsames war. Daher rückte man die Geistgeburt, die eigentlich in der Johannestaufe im Jordan zutage trat, zurück zu der Kindesgeburt des Jesus von Nazareth, und setzte das Jesu-Geburtsfest an die Stelle des Erscheinungsfestes.

Aber wenn man das auch in den wenigsten Fällen klar aussprechen mochte, so lebten doch immer bedeutsame Empfindungen, hohe erhabene Empfindungen in dem, was das Weihnachtsfest der Menschheit wurde. Es lebte etwas Bedeutendes immer in der menschlichen Seele auf, wenn das Weihnachtsfest herannahte. Es lebte das auf, was man nennen möchte: Der Mensch kann, wenn er im richtigen Sinne die Welt beschaut, sich doch gegenüber gewissen Dingen, gegenüber allen Fährlichkeiten und Schicksalsschlägen des Daseins beleben in dem Glauben an die Menschheit, der Mensch kann sich beleben in tiefster Seele an dem Gefühl von Liebe und Frieden gegenüber aller Disharmonie und allem Streit des Lebens.

Das ist etwas, was in Anknüpfung an das Weihnachtsfest, an das Jesu-Geburtsfest immerdar aufdämmert. Denn was war es denn eigentlich, woran man sich erinnerte? Fassen wir das, woran man sich erinnerte, in geisteswissenschaftlichem Sinne auf. Wir wissen, welche bedeutsamen, großen und gewaltigen Veranstaltungen die Menschheitsentwicklung machen mußte, damit das Mysterium von Golgatha in diese Menschheitsentwicklung hereinbrechen konnte. Da mußte geboren werden ein Mensch, welcher der wiederverkörperte Zarathustra war, der eine der beiden Jesusknaben. Es mußte aber noch derjenige geboren werden, für den das eigentliche Jesu-Geburtsfest das Erinnerungsfest war, es mußte der geboren werden, der seiner Seelensubstanz nach zurückgeblieben war in den geistigen Welten. Solange die Menschheit das alles durchgemacht hat, was sich innerhalb der Vererbung durch die Generationen durchmachen ließ bis zum Mysterium von Golgatha – alle anderen Menschenseelen waren durch die Generationen gegangen –, so lange hatte man alles das aufgenommen, was sich an zerstörenden Kräften bis in das Blut hineingeschlichen hat. Nur eine einzige Seelensubstanz war in den spirituellen Welten zurückgeblieben, gehütet von den reinsten Mysterien und den reinsten Kultstätten, war dann ausgegossen worden in die Menschheit als Seele des zweiten Jesusknaben, desjenigen, den das Lukas-Evangelium schildert, jenes Jesusknaben, an dessen Geburt namentlich alle Erinnerungen und alle Darstellungen des Christfestes, des Weihnachtsfestes anknüpfen.

Zum Menschenursprung hinauf, zur Menschenseele, als diese noch nicht heruntergestiegen war, selbst noch nicht heruntergestiegen war in Adams Natur, erinnerte sich der Mensch zur Weihnachtszeit. Er wollte sagen, daß in Bethlehem, in Palästina, jene Seelensubstanz geboren wurde, die nicht mit teilgenommen hat an dem Abstieg der Menschheit, sondern zurückgeblieben war und zum ersten Male eigentlich in einen Menschenleib einzog, indem sie in den Lukas-Jesusknaben verkörpert wurde.

Man kann an die Menschheit glauben, man kann zur Menschheit Vertrauen haben, – so kann die Menschenseele empfinden, wenn ihr Gedanke sich hinlenken darf zu der Tatsache: Wie auch Streit, wie auch Unglaube, wie auch Disharmonie Platz gegriffen haben innerhalb der Menschheitsentwicklung – und sie haben Platz gegriffen durch alles, was sich in die Menschheit hineinergossen hat von Adams Zeit bis in unsere Gegenwart –, blickt man zurück auf das, was die alten Zeiten «Adam Kadmon» genannt haben, was dann zum Christus-Begriff geworden ist, dann entflammt sich in der Menschenseele Vertrauen zur Richtigkeit der Menschenkraft, entflammt sich das Vertrauen in die ursprüngliche Friedens- und Liebesnatur der Menschheit. Daher rückte das unterbewußte Seelische das Jesu-Geburtsfest unmittelbar zusammen mit dem Adam-und-Eva-Fest, indem der Mensch eigentlich in dem Christkindlein, das geboren wird, seine eigene Natur sieht, aber seine eigene Natur in ihrer Unschuld, in ihrer Unverdorbenheit.

Warum wurde denn das göttliche Kind durch Jahrhunderte, durch Jahrtausende vor die Menschheit hingestellt als das, was es als am höchsten zu Verehrendes für die Menschenseele gibt? Aus dem Grunde, weil der Mensch, hinblickend zu dem Kinde – dann, wenn dieses Kind noch nicht so weit gekommen ist, daß es zu sich «Ich» sagen kann –, schauen kann, wissen kann, daß es noch an dem menschlichen Leib arbeitet, an dem Tempel des ewig Göttlichen, und weil der Mensch, der noch nicht «Ich» sagt, noch deutlich das Zeichen seines Ursprunges aus der spirituellen Welt zeigt. Durch diesen Hinblick auf des Menschen Kindesnatur lernt der Mensch volles Vertrauen haben zur Menschennatur. Da, wo der Mensch sich am meisten sammeln kann, wo die Sonne am wenigsten leuchtet und den Erdball wärmt, wo der Mensch nicht mit der Bestellung der äußeren Angelegenheiten beschäftigt ist, da, wo die Tage am kürzesten, die Nächte am längsten sind, wo alle Gelegenheit auf der Erde so ist, daß sich der Mensch am besten sammeln kann, am besten in sich selber gehen kann, da, wo sich ihm aller äußere Glanz, alle äußere Schönheit für eine Weile dem äußeren Blick entzieht, da stellte die abendländische Kulturentwicklung das Geburtsfest des göttlichen Kindes hin, das heißt des Menschen, der unverdorben die Welt betritt, und durch das unverdorbene Betreten der Welt dem Menschen in der Zeit seiner intensivsten Sammlung das stärkste, das höchste Vertrauen durch das Bewußtsein seines göttlichen Ursprunges geben kann.

Es ist wie eine Bekräftigung der großen Wahrheit, daß man vom Kinde viel lernen kann, wenn man sieht, daß eines Kindes Geburtstagsfest als ein großes, bedeutsames Vertrauensfest für die Menschheitsentwicklung hineingestellt ist in der Zeiten Lauf. Und so bewundern wir die unterbewußte, die spirituelle Vernunft der Menschen der Vorzeit, die solche Marksteine hineingestellt haben in der Zeiten Lauf. Wir fühlen uns dann wie Entzifferer von merkwürdigen Hieroglyphen, die gegeben sind durch das Hineinstellen solcher Feste in die Schrift der Zeiten durch die Menschen der Vorzeit, fühlen uns eins mit diesen Menschen der Vorzeit. Während sonst unser Blick der Zukunft zugewendet ist, während wir sonst willig sind, unsere besten Kräfte der Zukunft zur Verfügung zu stellen, allen Glauben an die Zukunft zu kräftigen und zu stärken, versuchen wir gerade an solchen Festtagen in Erinnerungen zu leben, die alte Gedanken wie verkörpert zu uns herübertragen, die uns lehren, daß wir zwar gegenwärtig nur in unserer Art denken können, was der äußeren Welt im Spirituellen zugrunde liegt, daß aber noch in der Vorzeit – in anderer Art zwar, aber nicht minder richtig, nicht minder grandios und bedeutend – das Wahre, das Erhabene gedacht und empfunden worden ist durch das Sich-Einsfühlen mit der Menschheit, mit allem, was die Menschheit zu ihren Höhen tragen soll. Das ist unser geisteswissenschaftliches Ideal, daß man sich eins fühlen kann mit dem, was die Menschheit der Vorzeit geschaffen hat, manchmal aus den verborgensten Seelentiefen herauf. Dafür sorgen die Feste, sorgen insbesondere die großen Feste, wenn wir nur ihre in der Zeiten Schrift hineingezeichnete hieroglyphische Zeichenbedeutung uns durch die Wahrheiten der Geistesforschung vor die Seele malen können.

Oh, es ist ein wunderbarer Gedanke, der wie mit einer wunderbaren Empfindung in unserer Seele sich vermählt, wenn wir sehen, wie in jenen Jahrhunderten, die auf das vierte folgten, welches das Jesu-Geburtstagsfest zuerst auf den 25. Dezember verlegt hat, sich hineingießt in die Seele jener Menschen gerade das Bewußtsein von dem durch die kindliche Natur zu erweckenden Vertrauen, indem in der Malerei, in den Weihnachtsspielen, allüberall sich zeigt, wie vor dem Jesuskinde, vor dem göttlichen Kinde, vor dem göttlichen Ursprung des Menschen sich beugen die Wesen aller Erdenreiche. Es tritt uns entgegen das wunderbare Krippenbild, wie sich die Tiere neigen vor dem Ursprungsmenschen; es gliedern sich daran jene wunderbaren Erzählungen wie etwa diese, daß, als Maria das Jesuskind auf der Reise nach Ägypten getragen hat und die Grenze überschritten worden war, sich ein Baum gebeugt hat, ein uralter Baum, vor Maria mit dem Jesusknaben. Daß sich in einer merkwürdigen Weise in der Weihnachtsnacht die Bäume dem großen Ereignis beugen, tritt uns sagenhaft entgegen in den Legenden fast ganz Europas. Wir könnten nach Elsaß, nach Bayern gehen, überall treten uns die Legenden entgegen, wie gewisse Bäume Früchte tragen in der Weihnacht, wie sie sich neigen in der Weihnacht: alles wunderbare Symbole, die ankündigen sollen, wie sich tatsächlich die Geburt des Jesuskindes offenbart als etwas, das mit dem ganzen Leben der Erde zusammenhängt.

Und wenn wir uns an das erinnern, was wir so oft gesagt haben: Wie die uralten spirituellen Strömungen von den Göttern der Menschheit gegeben waren, und wie die Menschen in den Urzeiten hellseherische Einblicke in die göttlich-geistige Welt hatten, wie dieses Hellsehen allmählich schwand, damit die Menschen zur Eroberung des Ich kommen konnten –, wenn man sich vorstellt, wie da in der ganzen menschlichen Organisation etwas vor sich geht wie ein Abdorren, wie ein Dürrwerden der alten Gotteskräfte und wie ein Durchsetzen der dürren Gotteskräfte mit neuem Lebenswasser durch den Christus-Impuls, durch welchen sich dasjenige vollzieht, was durch das Mysterium von Golgatha geschah, – dann erscheint uns dies in einem wunderbaren Bilde, wenn uns die Weihnachtslegenden erzählen, wie die verdorrten und vertrockneten Rosen von Jericho in der Weihenacht von selbst immer aufsprießen. Das war eine Legende, die wir überall im Mittelalter verzeichnet finden, daß die Rosen von Jericho in der Christnacht aufsprießen und sich entfalten, weil sie sich zuerst entfaltet hatten unter den Schritten der Maria, die, als sie auf der Reise nach Ägypten den Jesusknaben trug, über eine Stelle geschritten ist, wo ein Rosenstrauch gewachsen war. Ein wunderbares Symbol für das, was mit den menschlich-göttlichen Kräften geschah, daß selbst so dürre, so leblose Dinge wie Rosen, die man verdorrt am Wege finden kann, die scheinbar tot sind, wieder aufquellen, wieder aufsprießen durch den Christus-Impuls, der eintritt in die Zeitenentwicklung.

Daß dem Menschen so erst gegeben war in Wirklichkeit, was ihm von Ursprung an zugedacht war, das drückt sich aus in dem Jesu-Geburtsfest, in dem Fest der Geburt des Jesuskindleins. Ehe Adam und Eva waren, war zugedacht der Menschheit – so will man sagen in der Weihnachtslegende – dasjenige, was noch in der ganz unverdorbenen göttlichen Kindesnatur des Menschen liegt. Aber in Wahrheit – wegen des Einflusses Luzifers – hat es die Menschheit erst erlangen können, nachdem der ganze Zeitenverlauf sich abgespielt hatte von Adam und Eva bis zum Mysterium von Golgatha. Oh, man muß sagen, es erweckt tatsächlich eine tiefe Empfindung in unserer Seele, wenn wir, wie zusammengedrängt in die eine Nacht vom 24. zum 25. Dezember, für unser Nachdenken, für unser Nachempfinden das haben, was die Menschheit durch die luziferischen Kräfte geworden ist von Adam und Eva bis zur Geburt des Christus in dem Jesus. Wenn wir das empfinden, dann empfinden wir schon genug die Bedeutung dieses Festes und empfinden dann auch, was man damit vor die Menschheit hinstellen konnte.

Es ist, wie wenn die Menschheit, wenn sie die Gelegenheit benützt, diese Marksteine der Zeit als Meditationsstoffe zu nehmen, wirklich einmal gewahr werden kann ihres reinen Ursprunges in den kosmischen Kräften des Universums. Da den Blick hinaufhebend in die kosmischen Kräfte des Universums und ein wenig eindringend durch Theosophia, durch wirkliche spirituelle Weisheit in die Geheimnisse des Universums –, da kann die Menschheit erst wieder reif werden, das zu begreifen, daß eine höhere Stufe des Geburtsfestes des Jesus das ist, was als Christgeburtsfest einmal begriffen worden ist durch die Gnostiker: das Christgeburtsfest, das am 6. Januar eigentlich gefeiert sein sollte, das Fest der Geburt des Christus in dem Leibe des Jesus von Nazareth. Aber, wie um sich vertiefen zu können in die zwölf universellen Kräfte des Kosmos, stehen die zwölf heiligen Nächte da zwischen dem Christfest und dem Fest, das am 6. Januar gefeiert sein sollte, das jetzt das Fest der Heiligen Drei Könige ist, und das eigentlich das charakterisierte Fest ist.

Wieder, ohne daß man es so recht gewußt hat in der bisherigen Wissenschaft, stehen sie da, diese zwölf heiligen Nächte, wie aus den verborgenen weisen Seelentiefen der Menschheit festgesetzt, wie wenn sie sagen wollten: Empfindet alle Tiefe des Christfestes, aber versenkt euch dann während der zwölf heiligen Nächte in die heiligsten Geheimnisse des Kosmos! – Das heißt in das Land des Universums, aus dem der Christus heruntergezogen ist auf die Erde. Denn nur, wenn die Menschheit den Willen haben wird, sich inspirieren zu lassen durch den Gedanken an den heiligen kindlichen Gottesursprung des Menschen, sich inspirieren zu lassen von jener Weisheit, welche in die zwölf Kräfte, in die zwölf heiligen Kräfte des Universums dringt, die symbolisch dargestellt sind in den zwölf Zeichen des Tierkreises, die sich aber nur in Wahrheit darstellen durch die spirituelle Weisheit – nur, wenn die Menschheit sich vertieft in die wahre spirituelle Weisheit und der Zeiten Lauf erkennen lernt im großen Weltenall und im einzelnen Menschen, nur dann wird zu ihrem eigenen Heile die Menschheit der Zukunft, durch Geisteswissenschaft befruchtet, die Inspiration finden, die da kommen kann von dem Jesu-Geburtsfest zum Eindringen in die zuversichtlichsten, hoffnungsreichsten Zukunftsgedanken.

So dürfen wir das Weihnachtsfest auf unsere Seele wirken lassen als ein Inspirationsfest, als ein Fest, das uns den Gedanken des Menschenursprungs in dem heiligen göttlichen Menschenursprungskind so wunderbar vor die Seele führt. Jenes Licht, das in der Heiligen Nacht, als Symbol des Menschenlichtes, an seinem Ursprung selber uns erscheint, jenes Licht, das uns in den neueren Zeiten die Lichter des Weihnachtsbaumes symbolisieren: es ist zugleich, richtig verstanden, das Licht, das uns die besten, stärksten Kräfte für unsere nach dem wahren, echten Weltenfrieden, nach der wahren, echten Weltenbeseligung, nach der wahren, echten Weltenhoffnung strebenden Seele geben kann.

Fühlen wir uns durch solche Gedanken an die Taten der Vergangenheit, an die Festsetzungen der Vergangenheit, gekräftigt durch das, was wir immer brauchen an Impulsen für die Zukunft: Weihnachtsgedanken, Erinnerungsgedanken an der Menschheit Ursprung, Gedanken zugleich wurzelhaft, um sich zu entfalten zur echten, zur kräftigsten Seelenpflanze, zur echten Menschenzukunft.

KINDESKRAFT UND EWIGKEITSKRAFT

EINE WEIHNACHTSGABE

Berlin, 23. Dezember 1913,
nach einer Aufführung des Oberuferer Dreikönig-Spiels

Leicht könnte es scheinen, als ob jene einfache, liebe Freude, die sich durch lange Zeiten hindurch in Hunderten und aber Hunderten von Herzen ausgesprochen hat, wenn an diesen Herzen ein solches Spiel von dem göttlichen Kinde und seinem Schicksale auf Erden vorbeizog, leicht könnte es scheinen, als ob diese einfache, liebe Freude beeinträchtigt würde durch unsere geisteswissenschaftliche Weltanschauung, durch die scheinbar so komplizierten, so vieles herbeiholenden Erkenntnisse von dem Christus Jesus, zu denen wir innerhalb unserer Weltanschauung aufstreben müssen. Es wird ganz gewiß jedes Herz, jedes Gemüt freudig ergriffen, wenn es an einem solchen Spiele wieder gewahr werden kann, wie von den Städten bis hinaus in die einsamsten Einöden durch die Jahrhunderte hindurch in dieser Weihnachtszeit die Herzen der Menschen, sowohl derjenigen Menschen, die durch ein gewisses Geistesleben hindurchgegangen sind, wie auch derjenigen Menschen, die in der Einfachheit des Landlebens geblieben sind, wie alle diese Herzen sich hingedrängt fühlten zu dem göttlichen Kinde, in dem sie die Kräfte wahrnahmen, die einst in das Menschheitswerden eingezogen sind und dieses Menschheitswerden errettet haben von dem geistigen Tode, dem man es sonst vermöge der ewigen Weltengesetze verfallen glaubte. Jedes Herz, jedes Gemüt muß ergriffen werden, wenn es wieder sieht, wie dieses göttliche Kind verehrt worden ist.

Und doch, es ist nur scheinbar, wenn man glauben wollte, daß durch unsere komplizierter werdende Erkenntnis des Wunders von Bethlehem irgendwie diese unmittelbare Wärme, dieses elementarische Gefühl beeinträchtigt werden könnte. Es ist, sage ich, nur dem Scheine nach die Verhältnisse angeschaut, wenn man so denken kann. Denn wir stehen doch heute einer anderen Welt gegenüber und werden immer mehr und mehr einer anderen Welt gegenüberstehen als diejenigen Jahrhunderte, die nicht in einer solchen Erinnerung, wie wir es tun, sondern in unmittelbarem Leben in dieser Weihnachtszeit solche Spiele an sich haben vorübergehen sehen. Unsere komplizierte Zeit, die so viele Blicke in das naturwissenschaftliche Denken und Vorstellen getan hat, braucht einen anderen Impuls der Seele, um wieder zu dem göttlichen Kinde aufblicken zu können, das den größten Impuls in das Menschheitswerden hineingetragen hat. Nur scheinbar komplizierter ist unsere Anschauung, die da spricht von den beiden Jesusknaben, von dem salomonischen und dem nathanischen Jesusknaben. Denn wir sehen in dem nathanischen Jesusknaben gewissermaßen das Kind der ganzen Menschheit, jenes Menschheitswesen, das, als die andere Menschheit ihren Erdenweg antrat, zurückgeblieben ist, zurückgeblieben in geistigen Welten, bevor der Versucher, das luziferische Prinzip, an die Menschheit herangetreten ist. Wir sehen, daß es gleichsam auf der Menschen-Kindheitsstufe bewahrt geblieben ist und als der Menschheit geistiger Kindheitsimpuls im Geisterlande zurückbehalten wurde, bis «die Zeit erfüllet war», das als ein Ausnahmemensch geboren worden ist in dem nathanischen Jesusknaben und als ein Menschen-Ich erschien, das nicht durch die Erdeninkarnationen vorher durchgegangen ist, sondern das zum ersten Male in einer irdischen Verkörperung erschien und das schon gleich nach der Geburt seine Mutter anredete in einer nur ihr verständlichen Sprache, einer Sprache, die wie aus Himmelshöhen herunter klang. Und immer mehr wird man sich davon überzeugen, daß man dem andersartigen Menschheitsverstehen unserer Zeit gegenüber brauchen wird den Aufblick zu dem göttlichen Kinde, das wir im nathanischen Jesusknaben verehren, das zurückgeblieben ist auf der Kindheitsstufe der Menschheit im Geisterlande, das geboren worden ist mit jenen Menschheitsqualitäten, mit jenen Ureigenschaften, welche die Menschen alle gehabt hätten, wenn sie nicht durch die luziferische Versuchung in das Erdenwerden eingetreten wären. Mit all diesen Eigenschaften, die der Menschheit vor der luziferischen Versuchung ureigen waren, trat der nathanische Jesusknabe in die Menschheit ein.

Wir müssen dies heute wissen, müssen wissen, daß wir die Kindheit der ganzen Menschheit in diesem Jesusknaben haben, damit wir aus dem Tiefsten unserer Seele heraus dasselbe fühlen können, was die einfachen Menschen früher fühlten – aber eben nur fühlten, was wir wissen können, wenn wir die Geisteswege weitergehen wollen –, wenn sie der Glorifizierung des göttlichen Kindes bei solchen Spielen gegenüberstanden. Was am meisten zu unserer Seele spricht bei einem solchen Spiele, wie es uns entgegengetreten ist, das ist gerade des Kindes tiefste Unschuld, der Menschheit eigene göttliche Kindesunschuld gegenüber dem, was der Versucher in der Gestalt Luzifers oder des späteren Ahriman – den man ja als den mittelalterlichen «Teufel» anzusehen hat – aus der Menschheit gemacht hat. Tief ergreifend ist dieser Kontrast zwischen dem vom Teufel verführten und vom Teufel geholten Herodes aus unserem Spiel und dem des Menschen Unschuldsprinzip, des Menschen heiliges Prinzip wahrenden und zum ewigen Leben führenden Kinde der Menschheit.

Solche Vorstellungen, wie sie in einem solchen Spiele leben, sie waren wahrhaftig nicht hervorgegangen aus oberflächlichem Fühlen. Sie waren hervorgegangen aus dem erahnenden Erkennen der tiefsten Weltengeheimnisse, die man durch das Mittelalter hindurch von den Städten bis hinaus in die Einöden der Gebirge und Länder, wenn auch nur erahnend, aber doch erkannte. Nur anders wandten sich die Menschenseelen hin zu jenen Geheimnissen, als wie wir sie wieder ergründen müssen.

Und leicht wird einem der Seelenblick von einem solchen Spiele zu Darstellungen hingewendet, in welchen, man möchte sagen, mit allen Mitteln höchster Kunst, wie sie im 13., 14. Jahrhundert aus der Fülle des christlichen Fühlens entstanden sind, dargestellt wurde das ganze Geheimnis des Menschheitswerdens über die Erde hin und das Verhältnis der Menschenseele zu dem, was als ewiges Göttliches in dem Menschenwesen lebt. So möchte ich denn heute, an diesem Tage, wo wir in unserer Art die heilige Weihenacht feiern wollen, den Blick von diesen Spielen zu einer großartigen Darstellung hinwenden, an der wir gewissermaßen die Urgründe zu bewundern vermögen, die von dem höchsten Empfinden und von dem, man möchte sagen, für das Mittelalter «wissenschaftlich-künstlerischen Erkennen» aus, zu solchen einfachen Spielen führen.

Hinlenken möchte ich den Blick zu einer solchen höchsten künstlerischen Darstellung, die gleichsam die Urgründe enthält von dem, was dann in solchen einfachen Spielen liegt. In Pisa, der westitalienischen Stadt, ist der berühmte Dom, in dem Galilei, wie wir es öfter erwähnt haben, jene schwingende Kirchenlampe beobachtete, an der er durch seine Genialität die Gesetze entdeckt hat, ohne welche heute die moderne Physik nicht zu denken wäre. An diese Kirche anstoßend finden wir den berühmten Gottesacker, den Camposanto, eingeschlossen von hohen Wänden, an denen die mittelalterliche Kunst verkörpert hat, was gedacht wurde über die göttlichen Geheimnisse und den Zusammenhang des Menschen mit diesen göttlichen Geheimnissen, mit dem im Menschenwesen gedachten urewigen seelischen Prinzip. Manche von diesen mittelalterlichen Geheimnissen sind malerisch dargestellt an den Wänden des Camposanto von Pisa. Bedeckt wurde ja dieser Gottesacker mit Erde, welche die Kreuzfahrer vom Grabe Jesu Christi mitgebracht haben. Und wer heute noch diesen Gottesacker besucht und eine Handvoll Erde aufhebt, kann das Gefühl bekommen, daß unter dieser Erde etwas ist von dem, was einst die Kreuzfahrer aus Palästina mitbrachten, um es auf diesem Gottesacker auszubreiten, der als besonders heilig gelten sollte.

Unter den Malereien an den Wänden des Camposanto ist ein Gemälde, «Der Triumph des Todes». So wird es aber erst seit dem Jahre 1705 genannt. Vorher hieß es bei allen, die es besahen und kannten und davon sprachen, das «Fegefeuer», «Purgatorium». Und ganz gewiß waren an den Wänden des Camposanto auch ein «Himmel» und eine «Hölle». Dieses «Purgatorium» enthält nun aber am tiefsten ausgesprochen die Art, wie sich die mittelalterliche Seele zu dem Geheimnis der Menschenseele und ihrem Zusammenhange mit dem Urewigen im Menschenwesen stellte. Heute ist ja manches von diesem Bilde schon korrumpiert. Aber man kann durch das Korrumpierte noch auf das hindurchsehen, was der heute für die Geschichte unbekannte Maler auf die Wand hat hinzaubern wollen von den großen Geheimnissen des Menschenwerdens.

Da sehen wir zunächst, wie aus einer Erdhöhlung eines Berges herauskommend und mächtig sich entwickelnd, einen Zug von Königen und Königinnen, voller Selbstbewußtsein und Hochmut und erfüllt von dem Gefühl: Wir wissen, was man ist auf der Erde, wenn man einem solchen Stande angehört! – Aus der Höhlung eines Berges kommt der Zug heraus, und er trifft, indem er aus der Höhle heraustritt, auf drei von einem Einsiedler bewachte Särge. Plötzlich also steht diese Jagdgesellschaft vor diesen drei Särgen. Charakteristisch unterschieden ist das, was in diesen Särgen sich findet: In dem einen ein Skelett, in dem zweiten ein Leichnam, der schon soweit in Verwesung übergegangen ist, daß die Würmer an ihm nagen, und in dem dritten ein kürzlich erst Verstorbener, der eben erst in Verwesung übergegangen ist. Halt macht der Zug vor diesen drei Särgen. Ein Einsiedler sitzt vor diesen Särgen, gleichsam durch seine Gebärde andeutend: Haltet ein! Schaut, was ihr als Menschen wirklich seid, an diesem Memento mori. – Weiter oben, über dem Berge, auf einer zweiten hinaufsteigenden Anhöhe, sehen wir drei Eremiten sitzen, solche, die Nahrung herbeischaffen, solche aber auch, die tief über ihre Bücher gebeugt den Geheimnissen des Menschenwerdens nachsinnen, das Ganze so angeordnet, daß der eine Berg gleichsam oben die Decke bildet. Dort, wo der Jagdzug auf die Särge auftrifft, sitzen oben die drei Einsiedler, die den Frieden darstellen und die vermögend sind, in das Innere der Menschenseele einzugehen, um den Zusammenhang dieser Menschenseele mit den Gefilden des Ewigen zu finden. Und wenn wir weiter hinschauen, sehen wir allerlei durcheinandergeworfene bresthafte Menschen unmittelbar sich anschließen an den Jagdzug, der vor dem Memento mori steht. Weiter sehen wir Leute, die den Tönen einer Harfe lauschen, hinter der Harfe steht eine Gestalt, die den Finger an den Mund hält. Über dem ganzen sehen wir sich ausbreiten lauter engelartige Wesen auf der einen Seite, teufelartige Wesen in abscheulichen Bildern – der Maler hat seine ganze Phantasie angewendet, um die Teufel auszuprägen – auf der anderen Seite. So daß ganz rechts auf dem Bilde die Engel zu sehen sind, die sich herniederneigen zu den Menschen, die den Harfentönen

Aufnahme: Alinari, Florenz

lauschen. Zwischen diesen und dem Berge, aus dessen Krater Feuer herauskommt, sehen wir die Teufel sich entwickeln.

Das alles aber ist für den, der die Sache betrachtet, eigentlich da, um den Blick auf etwas hinzulenken, was man vielleicht bei oberflächlicher Betrachtung nicht bemerken möchte, was aber nach und nach zu einem Einblick in die tiefsten Menschengeheimnisse hinführt. Was soll denn eigentlich dargestellt werden? Oh, es ist charakteristisch für die Anschauung jener mittelalterlichen Wissenschaft, wenn wir sehen, wie der Jagdzug vor den drei Leichen hält: zunächst ein Skelett, dann die zweite, eine Leiche, schon von den Würmern zerfressen, dann die dritte, ein aufgedunsener Körper, einer, der erst kurz verstorben ist –, ein Motiv, wie wir es oft finden im Mittelalter. Wir verstehen es erst, wenn wir fragen: Warum kommen die Leute aus dem Berge heraus? Was sind die, welche dort in dem Jagdzuge sind? – und wenn wir wissen: Das sind keine Lebenden, das sind Verstorbene, die im Kamaloka sich befinden. – Solche Leiber habt ihr an euch – will das Bild sagen: das Skelett als den physischen Leib, den von den Würmern angefressenen Leichnam als den Ätherleib, und den, der dem eben Verstorbenen angehört als den astralischen Leib. Erinnert euch, ihr Lebenden, was ihr schauen sollt von den Geheimnissen des Daseins nach dem Tode! – So sehen wir in mittelalterlicher Weise ausgedrückt das Geheimnis von den drei menschlichen Hüllen.

Eigenartig, wunderbar möchte man sagen. Der Eremit, der unmittelbar vor den drei Särgen etwas erhöht sitzt, deutet uns durch die ganze Gebärde an, daß der Mensch wohl nötig hat, in die Geheimnisse des Daseins einzudringen, um zu erkennen, wie er für sein vorübergehendes Dasein mit den urewigen Quellen verknüpft ist. Das Bild setzt sich dann so fort, daß sich über dem Ganzen der Berg oben selber wölbt, und oben die Eremiten sitzen, in stiller Beschaulichkeit und in einem friedsamen Naturleben, indem sie uns gleichsam zeigen, wie man sich durch das In-sich-Gehen mit dem Inneren der Menschennatur verbinden kann.

Das wollte der Maler darstellen, und nicht einen «Triumph des Todes», wie man das Bild später genannt hat, als man seinen Sinn nicht mehr verstanden hat. An dem Bilde selbst können wir sehen, wie recht diejenigen hatten, welche von dem Purgatorium sprachen, das heißt von dem, was wir das Kamaloka nennen. Was der Maler beabsichtigte, war, daß er zeigen wollte, daß wir so, wie wir im Leben sind, nicht immer zu denen gehören, die die Bedeutung des Lebens nach dem Tode erkennen und sich in richtiger Weise zu dem Urewigen in der Menschennatur verhalten, wie der Maler uns dies an denen zeigt, die nicht mehr im Leben stehen, sondern im Leben nach dem Tode; denn wir haben es ja bei denen, die im Jagdzug sind, mit Menschen zu tun, die im Kamaloka sind, die bereits gestorben sind. Sie sehen, was nach dem Tode aus dem Leibe wird.

Und wenn wir auf die Kranken, auf die bresthaften Menschen schauen, so sehen wir einerseits das, was das Leibliche ist, und anderseits sehen wir, wie die Teufel und die Engel mit den Menschenseelen abziehen. Und wir sehen das Tiefe, das da vor uns sich zeigt: Jeder Teufel hat in seinen Klauen eine Seele, die er wegführt, und jeder Engel führt unter seinen Flügeln eine Seele mit sich, aber verschieden sind diese Seelen. Und das ist es, worauf ich hinweisen möchte in dieser Weihnachtsstunde. Die Seelen, die von den mit Recht mißgestalteten, aber mit rechtem Verständnis gestalteten Teufeln geholt werden, das sind Seelen, die die Gestalt älter gewordener Menschen haben. Und die, welche von den Engeln geholt werden zu den Seligkeiten der Himmel, das sind Seelen, die vom Maler als Kinder gestaltet wurden. Darin spüren wir die Anschauung, die durch das ganze Mittelalter geht: daß etwas im Menschen durch das ganze Erdendasein hindurch kindlich bleiben muß, daß sich die Menschen etwas bewahren können, selbst wenn sie noch so alt und äußerlich greisenhaft werden, an Kindlichkeit, an Unschuld des Fühlens durch das ganze Leben hindurch; daß es dagegen Menschen gibt, die nicht nur äußerlich physisch, sondern auch seelisch alt werden dadurch, daß sie das Seelisch-Irdische annehmen. Denn nur auf Erden wird man alt. Die, welche alt werden, können es nur werden durch Schuld, durch das, was ablenkt von dem Urewig-Himmlischen. Daher schauen ihre Seelen aus wie alt gewordene Menschen, wogegen die Seelen derer, die verbunden bleiben mit dem, was den

Zusammenhang bewahrt mit dem Urewigen in der geistigen Welt, die kindliche Gestalt behalten.

Das ist es, was so ungeheuer groß, so gewaltig aus diesem Bilde des Camposanto in Pisa zu dem Beschauer spricht: daß es etwas in der Menschennatur gibt, was wir als solches anzusprechen haben als ausdrückend des Menschen Ewiges in den ersten drei Kindheitsjahren – was ich darzustellen versuchte in dem kleinen Buche «Die geistige Führung des Menschen und der Menschheit» –, daß der Mensch in den ersten Kindheitsjahren in der Tat anders ist als später. Dieses in der Kindheit auftretende Verwachsensein mit den göttlich-geistigen Höhen, das empfand man im Mittelalter. Das drückte man selbst in einem so grandiosen Kunstwerke aus wie auf diesem Bilde des Camposanto zu Pisa, dem vielleicht in dieser Beziehung in seiner Komposition interessantesten Bilde der früheren Zeit des Mittelalters, das als Bild so großartig war, daß es ja – was aber unmöglich ist, weil es in der Zeit nach Giotto gemalt worden ist – dem Giotto und manchem anderen großen Zeitgenossen zugeschrieben wurde. Wie der mittelalterliche Mensch zu dem Kinde stand, das drückt am großartigsten dieses Bild aus. Dieses Empfinden, wir treffen es ja überall. Wir finden es so wunderbar in diesen einfachen Weihnachtskindspielen, wir finden es in der Tatsache, wie gerade die Legende von dem Jesuskinde in allen Herzen sich einbürgerte in unsäglicher Wärme, und wie gerade diese Kindeslegende den Menschen wissend machte, wie er mit dem Christus-Impuls verbunden ist. Die Menschen brauchten die Gewißheit, daß in dem Kinde hereingekommen ist das die Ewigkeit der Menschenseele rettende Prinzip. Wie der Mensch, der sich sein Ewiges bewahrt hat, auf dem Bilde des Malers als Menschenwesen in Kindesform von den Engeln in die Gefilde der Seligen geholt wird, so muß man sich auch vorstellen, daß in der Gestalt des unschuldigen Kindes hineinzog in die Welt dasjenige, wovon wir wissen, daß es sich dann in seinem dreißigsten Lebensjahre mit dem christlichen Gottesimpuls, mit dem christlichen Gotteswesen verbunden hat.

So ist, möchte ich sagen, die Verbindung von den Höhen des geistigen Lebens im Mittelalter, wie sie sich uns in einem solchen

Bilde im Camposanto zu Pisa darstellen, zu den einfachen Spielen, die allerdings in der Art, wie eines hier vorgeführt wurde, erst später entstanden sind, die aber alle die Impulse enthalten, welche das zum Ausdruck brachten, was wir im Ton und in der Art unserer Zeit wiederum suchen. So war es auch nicht «einfach» bloß – was man heute so gerne den Leuten vorschwatzen möchte –, wie die Seelen der Menschen in früheren Jahrhunderten zu dem Jesuskinde standen. Wie wir jetzt die Lehre von dem nathanischen Jesuskinde in uns aufzunehmen haben, das in seinem zwölften Lebensjahre das Ich des Zarathustra in sich aufnahm und in seinem dreißigsten Jahre die Christus-Wesenheit, wie wir das verstehen müssen, um uns zu vergegenwärtigen, was im Menschenwerden zu geschehen hatte, damit der Mensch das Ewige in seiner Wesenheit rettet, so brauchte der mittelalterliche Mensch alle jene Wissenschaft nicht, die in Begriffen und Theorien gegeben wird, sondern das, was an solchen grandiosen Anschauungen über das Wesen der Menschenseele gegeben wurde, wie sie in dem eben charakterisierten Bilde zum Ausdruck gebracht worden sind. Andere Zeiten fordern andere Arten der Darstellung der ewigen Geheimnisse, und die verschiedenen Zeiten haben ihre verschiedenen Arten der Darstellung der ewigen Geheimnisse gehabt. Immer und immer wieder ist es die Manifestation dessen, daß der Mensch eine große Hoffnung haben darf für seine Seele. In der Zeit vor dem Mysterium von Golgatha war es die Hoffnung, daß da kommen werde, was im Menschen geistig dem entspricht, was die Sonne in unserem Planetensystem in physischer Beziehung ist. Was wir heute wissen können, man fühlte es tief zu allen Zeiten.

Wir sehen im Frühling das Leben, die Pflanzen aus der Erde heraussprießen und -sprossen und sehen sie gegen den Sommer zu wachsen. Wir richten den Blick hinauf zur Sonne und wissen: Von der Sonne gehen sie aus, die Kräfte, welche die Erde befruchten, so daß sie aus sich herausholen kann das lebendige Leben der sprießenden und sprossenden Pflanzen und der anderen Wesen. Und neben dem, was sich so regelmäßig in heiliger Ordnung von Jahr zu Jahr vollzieht, sehen wir in das Regelmäßige des Sonnenganges, der zu seiner exakten Stunde jeden Ort mit der Segenskraft erfüllt, mit der er erfüllt werden muß, dasjenige sich hineinmischen, was sozusagen der Erdenatmosphäre selber angehört: die Stürme, die hinfegen über die Äcker, der Regen, der aus den Wolken strömt, der Nebel, der über die Erde sich breitet, sehen das, was nicht Regel und Ordnung hat. Wir sehen Regel und Ordnung vielleicht in dem, was für das Erdenleben von der Sonne ausgeht. Wir haben im Frühling und Sommer das Gefühl, wenn wir die Natur sinnig anschauen, daß die Sonne, sieghaft hineilend über die Erde, etwas vermag über das, was die Erde sozusagen auf ihrer Oberfläche an Wind und Wetter entstehen läßt. Wenn wir uns aber dem Herbste nahen, und der Winter herankommt, und die Kraft der Sonne ihre Stärke verliert und weniger in das Erdensein eingreift, dann wird uns in anderer Weise fühlbar das Wetterwendische der eigenen Erdenwirkungen. Und wer ein wenig sinnig dieses Abwechseln von Frühling und Sommer auf der einen Seite und Herbst und Winter auf der anderen Seite betrachtet, der kann sich sagen: Im Frühling siegt die Sonne mit ihrer heiligen Ordnung über das, was der Egoismus der Erde aus der Erdennatur hervorbringt an wetterwendischen Wirkungen. Im Winter aber ist die Zeit, in welcher die Erde dasjenige herausbildet, was in der egoistischen Atmosphäre ist, wo das, was in ihr ist, über das siegt, was vom Kosmos her segnend in die Erde hereinwirkt.

Der Mensch, der sein Inneres in Denken, Fühlen und Wollen betrachtet, sieht, wie die Gefühlsimpulse, die Affekte, die Kräfte des Wollens vom Aufwachen bis zum Einschlafen regellos in ihm aufsteigen. Er kann fühlen, wie dieses Wetterwendische in seinem eigenen Inneren sich nur mit dem vergleichen läßt, was in der Atmosphäre der Erde ist. Und in der Tat, so wie die Erdenatmosphäre, ist das, was unser Denken, Fühlen und Wollen beherrscht. Unsere Seele hat dieselben Kräfte in sich, wenn auch nur embryonal, wie diejenigen, die draußen in Luft und Wetter und in den elementarischen Gewalten wirken. Sie beherrschen in uns als Kräfte Denken, Fühlen und Wollen. Draußen sind es elementarische Kräfte, dämonische Gewalten, die in Luft, Wasser und Feuer leben und in dem, was wir in Blitz und Donner, in den wetterwendischen Wirkungen unserer Atmosphäre um uns haben. Wir sind im Grunde genommen, wenn wir denken, fühlen und wollen, nur verwandt mit dem, was winterlich die Erde aus ihrem eigenen Egoismus entwickelt. Und das fühlte man zu allen Zeiten. Wenn der Winter herankam, der den Egoismus der Erde mit den Elementargewalten wirksamer werden ließ, die jetzt nicht der Sonne folgten, wie sie der herrschenden Sonne im Frühling und Sommer folgen, dann fühlte man, daß das alles verwandt ist mit des Menschen eigenem Inneren. O Winterzeit – so fühlte der Mensch, wenn er es auch nicht deutlich aussprach –, du bist verwandt mit meinem eigenen Inneren! – Wenn aber dann die Tiefe der Winternacht kam, wenn die Zeit der Wintersonnenwende kam, dann fühlte der Mensch an dem, wie die Sonne nun ihre Kräfte neu entwickelte, damit sie wachsen und immer mehr wachsen und kraften könne gegen den Frühling und Sommer hin, da fühlte der Mensch: Der Sonne Kraft siegt stets über den Egoismus der Erde. – Und dann fühlte der Mensch in sich selber Mut und Hoffnung und konnte sich sagen: Wie in der physischen Welt immer die kosmische Sonne siegt über die terrestrischen Kräfte der Erde, wie immer der Sonnensieger in der dunklen Winternacht hereinbricht, wenn wir ihn nur fühlen, so muß in des Menschen Inneren auch ein Etwas sein, was in den Tiefen der Seele als geistige Sonne waltet, die da kommen wird und siegen wird – wie die Jahressonne siegt in der Wintersonnenwende –, die da kommen wird als Geistessonne in der großen Wintersonnenwende! Erst hoffte man es, dann wußte man es, daß die Zeit der großen Wintersonnenwende hereingebrochen ist, als man verstehen lernte die Zeit des Mysteriums von Golgatha als das Aufgehen der Geistessonne im Mencheninneren.

Und jetzt blicken wir hin auf jene alten Zeiten in der Erdenentwicklung, als Erdenfrühling und Erdensommer war, bevor das Mysterium von Golgatha gekommen war. Da hat der Mensch noch das Erbstück der alten Zeiten, das alte Hellsehen in sich getragen, das ihm das Schauen in der geistigen Welt möglich machte, wo das Bewußtsein des Zusammenhanges mit der göttlich-geistigen Welt noch vorhanden war. Wir aber leben im Erdenwinter, das kann nicht in Abrede gestellt werden, in der Zeit, in welcher wirklich das eingetreten ist, daß wir nicht nur draußen immer mehr und mehr von den mechanischen Kräften umgeben sein werden, die in den Maschinen, in der Industrie, in den kommerziellen Verhältnissen des Erdenbetriebes wirksam sind, sondern wir leben auch so, daß wir nicht mehr, wie in der Zeit des Erdenfrühlings und des Erdensommers, um uns haben die geistig-göttliche Welt. Aber was der Mensch als Symbolum empfand, den Sieg der Sonne zur Wintersonnenzeit als den Sieg der Geistessonne in den Tiefen der Menschenseele, das darf die heutige Menschheit empfinden gegenüber dem Mysterium von Golgatha und seiner Vorbereitung durch jene Geburt, die wir jedes Jahr erneuert feiern in der Weihnacht. Wie der Mensch niemals, wenn er gegen den Winter zu lebt, an der Macht der Sonne verzweifeln braucht, sondern wie er hoffen darf, daß die Freuden, die ihm der Herbst genommen hat, wiedererscheinen werden nach der Tiefe der Winternacht, so darf der Mensch auf das hinblicken, was sich im Zusammenhang mit dem Mysterium von Golgatha vollzogen hat, und darf sich sagen: Wenn auch, wie die Winterstürme in der Winternacht, regellos walten möge im eigenen Inneren der Egoismus der menschlichen Winternacht, so kann doch niemals die Hoffnung schwinden, daß sich gegenüber dem, was sich als Wetterwendisches in unserer eigenen Seele kundgibt, geltend machen muß, was seit dem Mysterium von Golgatha verbunden ist mit allem menschlichen Erdenwallen: der Christus-Impuls, der durch den Leib des nathanischen Jesusknaben in die Erdenmenschheitsentwicklung hereinzog, der dadurch hereinziehen konnte, daß in dem nathanischen Jesus geboren wurde das Menschheitskind, das Kind mit jenen Eigenschaften, die der Menschenseele angehörten, als sie noch nicht durchgegangen war durch irdische Inkarnationen, denen noch nicht eingepflanzt war, was aus dem Eintreten in die Erdeninkarnationen kommt, – das Kind, das noch die Eigenschaften der geistigen Höhen hatte, in denen es ewig sein darf.

Diese Vorstellungen wollte ich vor Sie hinstellen, damit wir aus ihnen entnehmen können, wie im Hinblick auf des Menschen Kindeskräfte, die zugleich seine Ewigkeitskräfte sind, die Menschen ein Höchstes empfinden können, was man immerzu empfunden hat und weiter empfinden soll beim Anblick des göttlichen Kindes in der Weihnacht. Und wenn auch unsere Erkenntnis eine andere werden muß, wenn auch an die Stelle dessen, was die mittelalterliche Vorstellung in dem Bilde sah, das ich andeutete, wir die anderen Vorstellungen gewinnen müssen – die Vorstellung der zwei Jesusknaben, das Herüberziehen der Wesenheit des einen in den anderen, das In-Besitznehmen des Körpers des nathanischen Jesusknaben durch die Christus-Wesenheit –, so bleibt doch das bestehen, daß wir mit unseren heiligsten Gefühlen und mit unseren stärksten Hoffnungen hinblicken können auf die Erkenntnis, die uns sagt: Seit dem Mysterium von Golgatha lebt in unserem Menschenwerden etwas, was in unsere Erdenaura hereingezogen ist, an das wir nur appellieren brauchen in unserer Festesfreudigkeit, als Hoffnung auf die Unzerstörbarkeit unseres Menschenwesens. Daran uns zu erinnern ist uns ebenso notwendig, wie es den Menschen gewesen ist, die ihre Freude an den einfachen Spielen gehabt haben. Ja, wir dürfen noch anderes sagen: Wir haben nicht minder unsere Freude an den einfachen Spielen. Wir fühlen uns verbunden mit jenen Menschen, welche ihre Freude an diesen Spielen hatten, weil wir in unserer Art zu schätzen wissen, was den Menschen gegeben worden ist, indem das Menschheitskind in das Erdenwerden eingezogen ist, wie ihnen gegeben worden ist die stärkste Hoffnung, der stärkste Impuls, den der Mensch braucht, damit er im Erdenwinter, in der Zeit nach dem Mysterium von Golgatha, sich aufrecht erhalten kann an dem Anblick, daß, wie im physischen Kosmos die Sonne siegt über den Erdenegoismus, so in den Tiefen der Menschenseele immer mehr und mehr der Impuls leben wird, der ausgeflossen ist durch das Mysterium von Golgatha als der geistige Sonnenimpuls der menschlichen Erdenentwicklung. Einstmals war das Ereignis da als ein historisches, durch das dieser Impuls in das Erdenleben eingezogen ist, aber aufwachen soll er immer wieder und wieder in der Erinnerung, wie es durch solche Feste geschehen kann. Denn wahr ist auf der einen Seite, daß einstmals das Christus-Wesen eingezogen ist in die Erdenaura durch das Mysterium von Golgatha, wahr ist auf der anderen Seite, was Angelus Silesius mit den schönen Worten gesagt hat:

Wird Christus tausendmal zu Bethlehem geboren
Und nicht in dir, du bleibst noch ewiglich verloren!

Was in Bethlehem geboren ist, soll tief und immer tiefer in unserer eigenen Seele geboren werden, damit wir an dieser eigenen Seele erfüllt sehen, was das mittelalterliche Empfinden erfüllt sehen wollte, indem es das Schicksal der von dem Christus-Impuls durchzogenen Seelen in jenen kindlichen Gestalten sah, die von den Engeln heraufgetragen werden in die Gefilde der Seligen und nicht den Klauen des Ahriman verfallen, dem nur diejenigen Seelen bleiben, die sich mit dem Erdenleben so weit verbunden haben, daß sie alt erscheinen, während das Seelenschicksal nicht ist, auf Erden alt zu werden, sondern jung zu bleiben. Und nur des Leibes Schicksal auf Erden ist es, alt zu werden. Des Menschen höheres Schicksal ist es, in diesem alt werdenden Leibe die geistige Jugend zu erhalten im Zusammenhange mit dem Mysterium von Golgatha, um so in sich immer mehr und mehr die Hoffnung zu fühlen, daß, wie auch die Winterstürme in der Seele walten mögen und die Anfechtungen in der Seele leben mögen, niemals die lebendige Zuversicht ersterben kann, daß aus den Tiefen der Seele heraufkommen kann, was in die Erdenaura eingeflossen ist durch das Mysterium von Golgatha, und was wir erinnernd in unseren Seelen durch solche Feste beleben wollen.

So versuchte ich zusammenzufassen, was wir als Weihnachtsstimmung gerade aus einer Betrachtung heraus empfinden können, die mit diesen wenigen Worten zusammenzuschließen sucht, was wir aus unserer anthroposophischen Weltanschauung heraus gegenüber dem Weihnachtsfeste fühlen, mit dem, was die Menschen in früheren Zeiten erlebten an der Botschaft von dem göttlichen Kinde bei einem solchen Spiele, wie wir es vorgeführt haben. Das sollen zum Ausdruck bringen die Worte:

In des Menschen Seelengründen
Lebt die Geistes-Sonne siegessicher;
Des Gemütes rechte Kräfte,
Sie vermögen sie zu ahnen
In des Innern Winterleben,
Und des Herzens Hoffnungstrieb:
Er erschaut den Sonnen-Geistes-Sieg
In dem Weihnacht-Segenslichte,
Als dem Sinnbild höchsten Lebens
In des Winters tiefer Nacht.

«ET INCARNATUS EST...»

DIE UMLAUFZEITEN GESCHICHTLICHER EREIGNISSE

Basel, 23. Dezember 1917

Der Sinn, der verbunden ist mit der Kraft des menschlichen Sehnens, wie sie viele Jahrhunderte hindurch in den menschlichen Herzen Platz gegriffen hat mit dem Feste, dessen Symbolum in der neueren Zeit der Weihnachtsbaum geworden ist, dieser Sinn ist auszudrücken in den Worten, die da ertönen seit dem Beginn der Zeitrechnung, welche vom Mysterium von Golgatha ausgeht, und die sich in die Entwicklung des Erdenwesens weiter hineinverpflanzen sollen. Dieser Sinn, der durch diese Zeit hindurchleuchtet, ist verbunden mit den Worten:

«Et incarnatus est de spiritu sancto ex Maria virgine.»

Man darf sagen, ein großer Teil der neueren Menschheit wird mit den Worten ebensowenig Bedeutung verbinden wie mit dem Auferstehungsmysterium der Osterzeit. Man darf gewissermaßen sagen, so unwahrscheinlich es dem nicht mehr der spirituellen Welt zugewandten neueren Sinn erscheint, das Mittelpunktsmysterium des Christentums in der Auferstehung vom Tode zu sehen, ebensowenig erscheint es demselben Denken, demselben Empfinden wahrscheinlich, die geistige Tatsache anzunehmen, die mit dem Weihnachtsmysterium verbunden ist: die Fleischwerdung, die Verkörperung aus der jungfräulichen Geburt heraus. Ja, man kann wohl sagen, ein großer Teil der neueren Menschheit wird dem Naturforscher, welcher das Mysterium der jungfräulichen Geburt genannt hat «eine freche Verhöhnung der menschlichen Vernunft», mehr zustimmen als demjenigen, der im spirituellen Sinne dieses Mysterium ernst nehmen will.

Und dennoch, in dem christlichen Sinne ist das Mysterium von der Inkarnation vom Heiligen Geiste aus Maria der Jungfrau heraus geltend seit dem Mysterium von Golgatha. In einem andern Sinne war es gültig bereits vor dem Mysterium von Golgatha. Diejenigen, welche dem in der Krippe liegenden Kind dargebracht haben die Symbole, oder besser gesagt: die symbolischen Gaben Gold, Weihrauch, Myrrhen, sie haben in den Sternen gelesen im Sinne der alten Wissenschaft seit Jahrtausenden das Mysterium von der jungfräulichen Geburt, also das Weihnachtsmysterium. Und sie, die Magier mit dem Golde, dem Weihrauch, den Myrrhen, sie sind gekommen, weil sie die Zeichen der Zeit geschaut haben. Was waren das für Zeichen der Zeit? Die Magier mit dem Golde, dem Weihrauch, den Myrrhen, sie waren in dem Sinne, in dem die alte Weisheit dies verstand, Astrologen. Sie waren bekannt mit jenen geistigen Vorgängen, die sich im Kosmos abspielen, wenn sich gewisse Zeichen am Himmel zeigen. Ein solches Zeichen war für sie, daß in der Nacht vom 24. auf den 25. Dezember – in dem Jahre, das wir heute als das der Geburt des Christus Jesus bezeichnen – die Sonne, das große Weltensymbolum des Weltenerlösers, herfunkelte vom Himmelsgewölbe, herfunkelte aus dem Sternbilde der Jungfrau. Sie sagten, wenn die Konstellation am Himmel eintreten werde, daß die Sonne in der Nacht vom 24. auf den 25. Dezember in dem Sternbilde der Jungfrau stehen werde, dann wird mit der Erde eine wichtige Verwandlung vor sich gehen. Dann ist die Zeit gekommen, wo wir das Gold, das heißt das Symbolum unserer Erkenntnis der göttlichen Weltenlenkung, die wir bisher in den Konstellationen der Sterne allein gesucht haben, darbringen werden jenem Impuls, der sich einfügt der irdischen Menschheitsentwicklung; wo wir den Weihrauch, den Opfersinn, der zu gleicher Zeit symbolisiert die höchste menschliche Tugend, so hinzuopfern haben, daß wir uns zur Verrichtung dieser höchsten menschlichen Tugend verbinden mit der Kraft, die von dem Christus ausgeht, der inkarniert werden soll in derjenigen menschlichen Persönlichkeit, der wir den Weihrauch als symbolische Gabe darbringen; und als drittes die Myrrhen als das Symbolum desjenigen, was ewig ist im Menschen. Was wir verbunden gefühlt haben durch die Jahrtausende mit den Kräften, die aus den Sternenkonstellationen herunter sprechen, wir suchen es im weiteren, indem wir es als Gabe darbringen dem, der der Menschheit ein neuer Impuls werden sollte. Wir suchen unsere Unsterblichkeit dadurch, daß wir unsere Seele verbinden dem Impulse des Christus Jesus. Wenn aus der Jungfrau das kosmische Symbolum der Weltenkraft, der Sonnen-Weltenkraft, herunterleuchten wird, dann wird eine neue Erdenzeit beginnen.

So war es geglaubt, so war es angesehen durch Jahrtausende hindurch. Und als sich die Magier veranlaßt fühlten, die Weisheit vom Göttlichen, den menschlichen Tugendsinn, die Erfühlung der menschlichen Unsterblichkeit – symbolisch ausgedrückt in Gold, Weihrauch und Myrrhen – hinzulegen vor dem göttlichen Kinde, da wiederholten sie als in einem geschichtlichen Ereignisse dasjenige, was in unzähligen Mysterien, in unzähligen Opferhandlungen durch die Jahrtausende eben symbolisch dargestellt worden ist, indem man wie eine prophetische Hinweisung auf das Ereignis, das eintreten sollte, wenn die Sonne um die Mitternacht vom 24. auf den 25. Dezember aus der Jungfrau vom Himmel herunterscheint, dem symbolischen Götterkinde, das in den alten Tempeln als der Repräsentant der Sonne aufbewahrt wurde, in dieser Weihnachtsnacht opferte Gold, Weihrauch, Myrrhen. So spricht auf christliche Weise das

«Et incarnatus est de spiritu sancto ex Maria virgine.»

seit bald zwei Jahrtausenden, so spricht dasselbe Incarnatus seit Menschengedenken auf der Erde. Die Zeit, in der wir leben, ihr gegenüber stellen wir die Frage: Wissen die Menschen noch so recht, wozu sie eigentlich aufschauen sollen, wenn sie ihr Weihnachtsfest feiern? Ist in der Gegenwart ein volles Bewußtsein vorhanden davon, daß aus kosmischen Höhen, unter kosmischen Zeichen erschienen ist eine Weltenkraft durch jungfräuliche Geburt, im spirituellen Sinne erfaßt, und daß die Weihnachtslichter in unser Herz gießen sollen ein Bewußtsein davon, daß die menschliche Seele verbunden ist, durch ihre innigsten Bande verbunden ist mit dem, was da nicht nur als ein irdisches Ereignis, was als ein kosmisch-irdisches Ereignis erschaut werden kann?

Die Zeiten sind ernst, und es ist wohl auch angemessen, in solchen ernsten Zeiten Fragen wie die eben aufgeworfenen in heiligen Stunden sich ernst zu beantworten. Und so wollen wir denn einmal zunächst eine kleine Umschau halten bei Gedanken von besten Mitgliedern der Menschheit im abgelaufenen 19. Jahrhundert, um zu sehen, ob die Idee des Christus Jesus so lebte in der neueren Menschheit, daß wir finden können: das Weihnachtsmysterium hat seinen Sinn dadurch, daß die Menschheit ein Ewiges feiern will unter dem Schein der Weihnachtslichter.

Wir wollen uns einige Stimmen bester Persönlichkeiten des 19. Jahrhunderts vergegenwärtigen. Zunächst seien Worte einer Persönlichkeit angeführt, die sich viel beschäftigt hat mit der Ergründung des Wesens Jesu, die versucht hat, ein Bild von dem Christus Jesus zu geben aus dem Bewußtsein des 19. Jahrhunderts heraus: Ernest Renan. Ernest Renan richtete seinen Blick in echt realistisch-materialistischer Weise mit äußeren physischen Augen auf die Stätten von Palästina. Wieder auferwecken will er aus der unmittelbar materiellen Anschauung in seiner eigenen Seele ein Bild derjenigen Persönlichkeit, die durch die Jahrhunderte, ja Jahrtausende hindurch genannt worden ist der Weltenerlöser. Wir hören von Ernest Renan aus dem «Leben Jesu»:

«Eine reizende Natur trug dazu bei, jenen, wenn ich sagen darf, monotheistischen Geist zu schaffen, der allen Träumen Galiläas eine idyllische und reizende Prägung gab. Der traurigste Landstrich der Welt mag vielleicht die Umgebung Jerusalems sein. Galiläa dagegen war ein sehr begrüntes, sehr schattiges und sehr lachendes Gefilde, die rechte Heimat des Hohenliedes und der Lieder des Vielgeliebten. In den Monaten März und April ist dieses Gebiet ein Blumenteppich von unvergleichlicher Farbenfrische. Die Tiere sind hier klein, aber sehr zahm. Zierliche, lebhafte Turteltauben, blaue Amseln, so leicht, daß sie sich auf einen Halm setzen, ohne ihn niederzudrücken, Haubenlerchen, die sich fast vor den Füßen des Wanderers niederlassen, kleine Bachschildkröten mit lebendigen, sanften Augen, Störche mit gravitätischen, ernsten Mienen lassen den Menschen ganz nah an sich herankommen, ja sie scheinen ihn sogar zu rufen. »

Und Ernest Renan wird nicht müde, so recht zu schildern dieses von der großen Weltgeschichte so vollständig abgelegene Idyll von Galiläa, damit sich in diesem Idyll, in dieser anspruchslosen Landschaft mit den Turteltäubchen und Störchen, dasjenige habe abspielen können, was die Menschheit durch die Jahrhunderte in Verbindung bringt mit dem Weltenerlöser.

Der Sinn der Erde, dasjenige, wozu die Menschheit durch Jahrhunderte hat aufblicken wollen, ist für den Denker des 19. Jahrhunderts nur dann reizend, wenn er es schildern kann als ein Idyll mit Turteltäubchen und Störchen.

«So ist denn die ganze Geschichte der Entstehung des Christentums» – sagt Ernest Renan weiter – «eine köstliche Idylle geworden. Ein Messias beim Hochzeitsgelage, den die Courtisane und der gute Zacchäus zu seinen Festen gerufen, die Stifter des göttlichen Reichs wie ein Zug Brautführer – das ist es, was Galiläa gewagt hat, was es zur Annahme gebracht hat. »

Dies eine der Stimmen. Hören wir daneben aus dem weiteren Chor der Stimmen des 19. Jahrhunderts eine andere Stimme, die Stimme John Stuart Mills, der sich auch zurechtfinden will aus dem Bewußtsein des 19. Jahrhunderts mit derjenigen Wesenheit, in welcher die Menschheit durch Jahrhunderte und der prophetische Sinn der Menschheit durch Jahrtausende vorher den Weltenerlöser gesehen hat.

«Was immer sonst» – sagt John Stuart Mill – «die Vernunftkritik am Christentum zerstören mag, Christus bleibt uns: eine einzig dastehende Gestalt, seinen Vorgängern so unähnlich wie allen seinen Nachfolgern, sogar denen, die sich des Vorteils seiner persönlichen Unterweisung erfreuten. Dieser Schätzung tut es keinen Eintrag, wenn man sagt, der Christus der Evangelien sei nicht historisch, und daß wir nicht wissen können, wieviel von dem, was bewunderungswürdig an ihm ist, von seinen Anhängern hinzugefügt worden sei

... [Denn] wer unter seinen Jüngern oder den von diesen Bekehrten ist imstande gewesen, die Jesus zugeschriebenen Reden zu ersinnen oder ein Leben auszudenken und eine Persönlichkeit zu gestalten, wie sie uns aus den Evangelien entgegentritt? Sicherlich nicht die Fischerleute aus Galiläa, und ebensowenig St. Paulus, dessen Charakter und Neigungen von ganz anderer Art waren; am wenigsten jedoch die ersten christlichen Schriftsteller. Was von einem Schüler hinzugefügt und eingeschoben werden konnte, läßt sich aus den mystischen Teilen des Evangeliums Johannes ersehen, welche dem Philo und den alexandrinischen Platonikern entlehnt und dem Heiland in den Mund gelegt werden, und zwar in langen Reden über sich selbst, wovon die anderen Evangelien nicht die leiseste Spur enthalten ... Der Orient war voll von solchen Männern, die jede beliebige Menge von solchem Zeug gestohlen haben konnten, wie es die vielerlei Sekten der orientalischen Gnostiker später taten. Aber dem Leben und den Reden Jesu ist der Stempel des Tiefsinns und eine so persönliche Originalität aufgeprägt, daß sie – wenn wir der müßigen Erwartung entsagen, wissenschaftliche Genauigkeit da zu finden, wo es auf etwas ganz anderes abgesehen war – den Propheten von Nazareth, selbst in der Schätzung derer, welche an seine Inspiration nicht glauben, in die erste Reihe der erhabensten Männer stellen, deren unser Geschlecht sich rühmen darf. Da dieser außerordentliche Geist außerdem noch mit den Eigenschaften des wahrscheinlich größten Reformators und Märtyrers ausgestattet war, der je auf Erden gelebt hat, so kann man nicht sagen, daß die Religion eine schlechte Wahl getroffen habe» – eine Wahl getroffen! Man wählt ja im 19. Jahrhundert! – «daß die Religion eine schlechte Wahl getroffen habe, indem sie diesen Mann als idealen Vertreter und Führer der Menschheit aufstellte; auch jetzt würde es, selbst für einen Ungläubigen, nicht leicht sein, eine bessere Übertragung der Tugendregeln vom Abstrakten ins Konkrete zu finden, als so zu leben, daß Christus unser Leben guthieße. Berücksichtigt man schließlich noch, daß sogar für den Skeptiker immerhin die Möglichkeit bestehen bleibt, daß Christus wirklich das war, wofür er sich selbst ausgab – nicht Gott, denn der zu sein hatte er nie den leisesten Anspruch erhoben; auch würde er in einem solchen Anspruch wahrscheinlich eine ebenso große Gotteslästerung erblickt haben wie die Männer, die ihn verurteilten –: wohl aber der von Gott ausdrücklich mit der einzigen Mission, die Menschheit zur Wahrheit und zur Tugend zu führen, betraute Mann, so dürfen wir sicherlich schließen, daß die Einflüsse der Religion auf den Charakter, die verbleiben werden, nachdem die Vernunftkritik ihr Äußer-stes gegen die Beweise der Religion getan haben wird, der Erhaltung wohl wert sind, und daß, was ihnen im Vergleiche mit denen eines andern, besser begründeten Glaubens an direkter Beweiskraft abgeht, durch die größere Wahrheit und Richtigkeit der Sittlichkeit, die sie sanktionieren, mehr als aufgewogen wird.»

Da haben wir das Bild, welches die Philistrosität des 19. Jahrhunderts, indem sie Geist von ihrem Geiste nahm, dem Wesen aufprägte, das die Menschheit durch Jahrhunderte den Weltenerlöser genannt hat!

Sehen wir uns noch eine andere Stimme an eines in gewissem Sinne internationalen Geistes, Heinrich Heines:

«Christus ist der Gott, den ich am meisten liebe – nicht weil er so ein legitimer Gott ist, dessen Vater schon Gott war und seit undenklicher Zeit die Welt beherrschte: sondern weil er, obgleich ein geborener Dauphin des Himmels, dennoch, demokratisch gesinnt, keinen höfischen Zeremonialprunk liebt, weil er kein Gott einer Aristokratie von geschorenen Schriftgelehrten und galonierten Lanzenknechten, und weil er ein bescheidener Gott des Volkes ist, ein Bürgergott, un bon dieu citoyen. Wahrlich, wenn Christus noch kein Gott wäre, so würde ich ihn dazu wählen, und viel lieber als einem aufgezwungenen absoluten Gotte würde ich ihm gehorchen, ihm, dem Wahlgotte, dem Gotte meiner Wahl …

Nur solange die Religionen mit anderen zu rivalisieren haben und weit mehr verfolgt werden als selbst verfolgen, sind sie herrlich und ehrenwert, nur da gibt's Begeisterung, Aufopferung, Märtyrer und Palmen. Wie schön, wie heilig lieblich, wie heimlich süß war das

Christentum der ersten Jahrhunderte, als es selbst noch seinem göttlichen Stifter glich im Heldentum des Leidens. Da war's noch die schöne Legende von einem heimlichen Gotte, der in sanfter Jünglingsgestalt unter den Palmen Palästinas wandelte und Menschenliebe predigte und jene Freiheits- und Gleichheitslehre offenbarte, die auch später die Vernunft der größten Denker als wahr erkannt hat, und die, als französisches Evangelium, unsere Zeit begeistert.»

Nun haben wir dieses Heine-Bekenntnis, worinnen derjenige, den die Menschheit durch Jahrhunderte den Weltenerlöser genannt hat, gelobt wird, weil man ihn nach demokratischer Weise jetzt wählen würde, wenn er nicht schon dastehen würde, und weil er dasselbe Evangelium, das dann am Ende des 18. Jahrhunderts gepredigt worden ist, auch schon gepredigt hat. Er war also brav genug dazu, schon so groß zu sein wie diejenigen, die dieses Evangelium verstehen können!

Nehmen wir einen andern Geist des 19. Jahrhunderts. Sie wissen, daß ich Eduard von Hartmann sehr schätze. Ich führe nur diejenigen an, die ich schätze, um an ihnen zu zeigen, in welchem Sinne sich die Gedanken über den Christus Jesus im 19. Jahrhundert bewegt haben.

«Man sieht» – sagt Eduard von Hartmann, der Philosoph –, «daß ohne den Zauber einer imponierenden und gewinnenden Persönlichkeit Jesus durch seine geistigen Fähigkeiten nicht wohl solche Erfolge hätte erzielen können. Diese Persönlichkeit äußerte sich zunächst in einer ungewöhnlichen oratorischen Begabung. Es muß aber auch seine stille Hoheit und hingebende Weichheit etwas ungemein Fesselndes für die sich ihm Anschließenden gehabt haben, nicht bloß für Männer, sondern auch für Weiber, deren viele sich ihm anschlossen, Prostituierte (Luc. 7, 37), verheiratete Frauen höherer Stände (Luc. 8, 3) und ehrbare Jungfrauen ohne Unterschied. Meist waren es exaltierte Personen, Epileptische, Hysterische und Wahnsinnige, zum Teil vielleicht solche, die sich von ihm geheilt glaubten. Bekanntlich sind solche Frauen immer am leichtesten geneigt, ihre religiöse Schwärmerei auf einen anziehenden männlichen

Gegenstand zu konzentrieren und zu individualisieren und diesen mit einem Kultus zu umgeben. Es kann nichts näherliegen, als daß diese Frauen es auch gewesen sind, die in Jesus die Idee seiner Messianität wo nicht geweckt, so doch genährt haben und durch ihre vergötternden Huldigungen haben Wurzel schlagen lassen. Nach unseren heutigen psychologischen und psychiatrischen Ansichten kann auf solchem krankhaften Boden eine gesunde Religiosität nicht erwachsen, und wir würden heute einem religiösen Reformator oder Propheten den Rat geben, solche Bestandteile aus seinem Gefolge nach Möglichkeit auszuscheiden, da sie ihn und seine Sache allzu leicht kompromittieren können.»

Noch eine andere Stimme möchte ich anführen, die Stimme einer der Hauptpersönlichkeiten in einem Romane, der im letzten Drittel des 19. Jahrhunderts großen Einfluß gewonnen hat auf die Urteile der sogenannten gebildeten Menschen eines weiten Gebietes. In Paul Heyses «Die Kinder der Welt» findet sich das Tagebuch der Lea. In diesem Tagebuch der Lea ist ein Urteil über den Christus Jesus enthalten, und derjenige, der die Welt kennt, der weiß, daß das Urteil, das die Lea in den «Kindern der Welt» über den Christus Jesus fällt, dasjenige ist, das unzählige Menschen im Laufe des 19. Jahrhunderts gefällt haben. Paul Heyse läßt Lea schreiben:

«Ich habe vorgestern zu schreiben aufgehört, weil es mich plötzlich trieb, einmal wieder im Neuen Testament zu lesen. Ich hatte es nicht wieder aufgeschlagen, seit so mancher unbegreifliche, drohende und verdammende Spruch darin mein Herz befremdet und ganz auf sich selbst zurückgewiesen hat. Jetzt, da ich die kindische Furcht verloren, als erschalle darin die Stimme eines unfehlbaren Geistes, eines Allwissenden, seit ich die Geschichte eines der edelsten und wunderbarsten Menschen darin erblicke, jetzt habe ich viel darin gefunden, was mich sehr erquickt hat. Nur die gedämpfte Stimmung des Ganzen hat mich zuletzt wieder beklommen gemacht. Was haben wir Menschen Befreienderes, Holderes, Tröstlicheres als die Freude, die Freude an der Schönheit, an der Güte, an der Heiterkeit der Welt! Und während wir diese Schrift lesen» – sie meint also das Neue Testament – «wandeln wir immer im Halbdunkel der Erwartung und Hoffnung, das Ewige ist nie erfüllt, sondern soll erst anbrechen, wenn wir uns durch die Zeit hindurchgerungen haben, nie erglänzt ein voller Schein der Fröhlichkeit, kein Scherz, kein Lachen – die Freude dieser Welt ist eitel – wir werden in eine Zukunft verwiesen, die alle Gegenwart wertlos macht, und die höchste Erdenwonne, uns in einen reinen, tiefen und liebevollen Gedanken zu versenken, soll uns auch verdächtig werden, da nur derer das Himmelreich sein soll, die arm an Geist sind. – Ich bin es, aber es macht mich unselig, daß ich es fühle und zugleich fühle, wenn ich diese Beschränkung durchbrechen könnte, würde ich nicht mehr die sein, die ich bin, also meiner Erlösung und Beseligung doch nicht gewahr werden. Denn was über mich hinausgeht, ist doch nicht mehr mein.

Und dann, daß dieser sanfte, gottbewußte Mensch, um der ganzen Menschheit anzugehören, mit so seltsamer Härte sich von den Seinigen abwandte, daß er familienlos wurde – es hat wohl sein müssen –, aber es erkältet meine Empfindung. Alles Große, was ich sonst liebgewonnen habe, war traulich, heiter, mitten in der Majestät durch die Fäden menschlicher Bedürftigkeit mit meinem Wesen verbunden.»

Nun, da haben Sie es, wie das Neue Testament sein müßte, wenn es solch einer Repräsentantin des 19. Jahrhunderts hätte genügen sollen! Denn sie sagt, daß alles Große, was sie sonst liebgewonnen, traulich, heiter, mitten in der Majestät durch die Fäden menschlicher Bedürftigkeit mit dem eigenen Wesen verbunden sei. – Weil das Neue Testament nun doch eine Kraft enthält, die man nicht gerade bezeichnen kann so, daß man sie sanft liebzugewinnen hat, daß sie traulich ist, heiter, mitten in der Majestät durch die Fäden menschlicher Bedürftigkeit mit dem eigenen Wesen verbunden ist, so taugt das Evangelium für einen Menschen des 19. Jahrhunderts nicht mehr so recht.

«Wenn ich Goethe's Briefe lese – Schillers enge Häuslichkeit – von Luther und den Seinigen – von Ältern noch, bis zu Sokrates' böser Frau – immer spüre ich einen Hauch von dem Mutterboden, aus dem die Pflanze ihres Geistes gewachsen ist,» – also selbst von der seligen Xanthippe fühlt sich die gute Lea noch mehr angezogen, als von den Gestalten des Neuen Testaments! – «der auch meinen so viel geringeren nährt und trägt.»

So ist dasjenige, was die Meinung von Tausenden und aber Tausenden von Menschen des 19. Jahrhunderts ist .

«Aber die Weltlosigkeit ängstigt und entfremdet mich, und zur Entschuldigung dafür habe ich freilich nicht den guten Glauben, daß das alles, als bei Gott, ganz in der Ordnung sei.

Es geziemt sich wohl, in dieser ernsten Stunde zu fragen: Was ist also eigentlich der Gehalt in der Seele, den heute die Menschheit den Weihnachtslichtern entgegenbringt? Denn dieser Gehalt in den Seelen setzt sich zusammen aus solchen Stimmen, wie wir sie jetzt vernommen haben und wie wir sie vermehren könnten ins Hundertfache, ins Tausendfache. Und es geziemt sich nicht, in ernster Stunde leichten Sinnes hinwegzusehen über dasjenige, was in bezug auf das größte Mysterium des Erdenwesens gesagt worden ist. Es geziemt sich vielmehr, heute zu fragen: Was vermochten die offiziellen Vertreter des Christentums aller Konfessionen zu tun, um hintanzuhalten eine Entwicklung, die also hinweggeführt hat von einem wirklich innerlich wahrhaftigen und ehrlichen Sich-Bekennen zu demjenigen, was hinter den Weihnachtslichtern steht? Denn, kann eine Menschheit ein solches Fest als etwas anderes denn als eine umfassende Lüge feiern, wenn sie die eben vorgebrachten Gedanken in ihren besten Repräsentanten an diejenige Wesenheit anknüpft, welche durch das Weihnachtsmysterium geschaut werden soll als der Impuls, der sich aus dem Kosmos heraus mit dem Erdengeschicke verbunden hat?

Was wollten die Magier aus dem Morgenlande, als sie göttliche Weisheit, Tugend und Unsterblichkeit hintrugen zu der Krippe, nach dem Ereignisse, das sie in dem Zeichen des Erscheinens der Sonne aus dem Sternbilde der Jungfrau geschaut hatten in der Nacht vom 24. auf den 25. Dezember, im ersten Jahre unserer Zeitrechnung? Was wollten die Magier aus dem Morgenlande? Sie wollten damit den großen geschichtlichen Beweis liefern, daß sie verstanden haben, daß dasjenige, was an Kräften aus dem Kosmos auf die Erde herunterströmte bisher, nicht in derselben Weise – durch bloßes Hinaufblicken zum Kosmos, zu den Konstellationen der Sterne – in der Zukunft für die Menschen erreichbar ist. Sie wollten zeigen, daß notwendig ist, daß die Menschen nunmehr beginnen, den Blick hinzuwenden selbst auf dasjenige, was innerhalb des geschichtlichen Werdens, des sozialen, des sittlichen Werdens in der Erdenmenschheit selbst geschieht, daß der Christus heruntergestiegen ist aus den Regionen, aus denen die Sonne aus der Jungfrau erscheint, aus denen alle Sternkonstellationen mit ihren Kräften kommen, die den Mikrokosmos als ein Nachbild des Makrokosmos erscheinen lassen. Daß dieser Geist, daß dieses Wesen eingezogen ist in die unmittelbare Erdenentwicklung, daß die Erdenentwicklung selber fortan mit solcher innerer Weisheit nur durchschaut werden kann, wie früher die Sternkonstellationen durchschaut worden sind – das wollten die Magier aus dem Morgenlande sagen. Und dessen muß man heute noch immer eingedenk sein.

Der Mensch sieht heute auf die Geschichte so hin, als ob immer nur das Frühere die Ursache des Späteren wäre, als ob, wenn wir die Ereignisse des Jahres 1914, 1915, 1916, 1917 betrachten wollen, wir einfach zurückgehen müßten auf 1913, 1912, 1911 und so weiter, um das geschichtliche Werden so zu betrachten, wie man auch das natürliche Werden betrachtet, wo man von der Wirkung aus auf das Anstoßende geht, um in diesem Anstoßenden die Ursache zu finden. Aus dieser Gesinnung heraus hat sich jene «Fable convenue» gebildet, die heute unserer Jugend zu deren Unheil als «Geschichte» eingeimpft wird.

Wahres Christentum und insbesondere ehrliches und aufrichtiges Durchschauen des Weihnachts- und Ostermysteriums ist der schärfste Protest gegen diese ins Naturwissenschaftliche verkarikierte Weltgeschichte. Das Christentum hat die Weltgeheimnisse in Zusammenhang gebracht mit dem Jahreslauf. Es läßt in der Zeit, die immer erinnern soll an die Urkonstellation vom Jahre 1, vom 24. auf den 25. Dezember, vom Erscheinen der Sonne aus dem Sternbilde der Jungfrau, es läßt diese Zeit jedes Jahr als das Weihnachtsfest feiern. Die christliche Anschauung hat das Weihnachtsfest unter diesem Gesichtspunkt festgesetzt. Sie läßt dann Ostern feiern, indem sie eine gewisse Himmelskonstellation nimmt; wir wissen, der Sonntag nach dem ersten Vollmond nach Frühlingsanfang ist der festgesetzte Tag – der heute schon von der materialistischen Gesinnung bestritten wird –, der festgesetzte Tag für die Feier des Osterfestes.

In der Zeit von Weihnachten bis zu Ostern schaut im Jahreslauf als einen Teil desselben derjenige, der in ehrlicher und aufrichtiger Weise seinen Sinn verbinden will mit dem Mysterium von Golgatha, ein Bild des dreiunddreißigjährigen Christus-Lebens. Vor dem Mysterium von Golgatha, zu dem ich auch das Weihnachtsmysterium rechne, wiesen die Magier auf den Himmel, wenn sie irgendwelche Geheimnisse, auch über die Menschheitsentwicklung, behandeln wollten. Auf die Konstellationen wiesen sie hin. Wie ein Stern sich zum andern stellt, in dem erschauten sie, was hier unten auf der Erde vor sich geht. In dem Augenblicke aber, als sie geschaut haben, was auf der Erde vor sich ging, aus dem Zeichen des Standes der Sonne in der Jungfrau vom 24. auf den 25. Dezember, da sagten sie: Es muß nun auch die Sternenkonstellation in den menschlichen Handlungen auf der Erde selbst in unmittelbarer Weise geschaut werden.

Ist Sternenkonstellation in den menschlichen Handlungen? Meine lieben Freunde, lesen können – das ist die Anforderung – lesen können dasjenige, was gemeint ist mit der wunderbaren Anleitung zum Lesen, die in den Jahresmysterien des Christentums gegeben ist, welche Jahresmysterien nur wiederum aufgebaut sind auf den sämtlichen andern Jahresmysterien aller Völker des Erdenlebens. Dreiunddreißig Jahre sind gemeint für die Zeit von Weihnachten zu Ostern. Das muß verstanden werden, das muß ins Auge gefaßt werden. Dreiunddreißig Jahre, so ist die Meinung, sollen vergehen zwischen Weihnachten und Ostern.

Was folgt daraus? Daraus folgt, daß das Weihnachtsfest, das wir dies Jahr feiern, erst gehört zu dem Osterfeste, das in dreiunddreißig Jahren kommen wird, und daß das Osterfest, das wir in diesem Jahre [1917] feierten, zu dem Weihnachtsfeste gehört vom Jahre 1884. 1884 feierte die Menschheit ein Weihnachtsfest, welches zu dem diesjährigen Osterfest gehört. Und das Weihnachtsfest, das wir in diesem Jahre feiern, das gehört nicht zu dem Osterfeste des nächsten Jahres, das gehört zu dem Osterfeste, das dreiunddreißig Jahre darauf folgen wird. Eine vollständige Menschheitsgeneration ist die Zeit von dreiunddreißig Jahren, so rechnet man. Eine Menschheitsgenerationszeit muß vergehen zwischen dem zusammengehörigen Weihnachts- und Osterfeste. Dies ist die Anleitung, um die neue Astrologie zu lesen, jene Astrologie, welche auf die Sterne, die in der geschichtlichen Menschheitsentwicklung selber glänzen, das Augenmerk hinlenkt.

Wie kann das erfüllt werden? So kann das erfüllt werden, daß der Mensch das Weihnachtsfest dazu anwendet, um sich bewußt zu werden: Dasjenige, was ungefähr – man kann natürlich von diesen Dingen nur sagen: ungefähr – in dieser Zeit geschieht, weist im historischen Zusammenhang so zurück, daß es seinen Geburtsausgang genommen hat vor dreiunddreißig Jahren, daß es selber wiederum der Geburtsausgang ist für dasjenige, was sich im Lauf der nächsten dreiunddreißig Jahre abwickelt.

Im einzelnen persönlichen Leben, im individuellen Dasein, waltet unser Karma. Da ist jeder für sich selbst verantwortlich; da muß aber auch jeder dasjenige, was in seinem Karma liegt, hinnehmen. Da muß er erwarten, daß ein unbedingter Zusammenhang besteht im karmischen Sinne zwischen dem Vorangehenden und Nachfolgenden.

Wie ist es mit dem geschichtlichen Zusammenhang? Mit dem geschichtlichen Zusammenhang ist es so, daß für unseren gegenwärtigen Menschheitszyklus wir nicht verstehen können, wir nicht begreifen und richtig empfinden können ein Ereignis, das sich heute, 1917, vollzieht, wo sein Osterjahr ist, wenn wir nicht zurückschauen bis in die Zeit, da sein Weihnachtsjahr war, wenn wir nicht zurückschauen in das Jahr 1884. Für das Jahr 1914 ist also zurückzuschauen in das Jahr 1881. Was die Generation, die vorher an der Geschichte mitgetan hat, für Impulse hineingeworfen hat in den Strom des geschichtlichen Werdens, das hat eine Lebenszeit von dreiunddreißig Jahren; dann ist sein Osteranfang, dann ist seine Auferstehung. Wann wurde der Keim gelegt zu jenen Ostern, die die Menschheit nun durch Jahre, seit dem Jahre 1914 hat? Vor dreiunddreißig Jahren!

Zusammenhänge in Intervallen von dreiunddreißig zu dreiunddreißig Jahren, das ist dasjenige, was Verständnis bringt in dem fortlaufenden Strom des geschichtlichen Werdens. Und eine Zeit muß kommen, wo der Mensch in der Weihezeit, die ihren Anfang nimmt mit der Weihenacht vom 24. auf den 25. Dezember, sich darauf besinnt: Was du – so möge er sich sagen –, was du jetzt tust, das wird fortwirken und erst auferstehen und erst äußere Tat werden nicht im persönlichen, im geschichtlichen Sinne – nach dreiunddreißig Jahren. Ich verstehe dasjenige, was jetzt geschieht, wenn ich zurückblicke – selbst im äußeren Geschehen verstehe ich dasjenige, was jetzt geschieht – auf die Zeit, die sich jetzt nach der Regel der dreiunddreißig Jahre erfüllen muß.

Als im Beginne der achtziger Jahre der Aufstand des mohammedanischen Propheten, des Mahdi, auftrat, als er damit endete, daß die englische Herrschaft sich über Ägypten ausdehnte, als in derselben Zeit von französischer Seite Hinterindien sogar durch einen Krieg mit China für die europäische Herrschaft erobert werden mußte, als die Kongo-Konferenz gehalten worden ist, als die anderen Ereignisse von dieser Art stattfanden – studieren Sie alles, was jetzt, 1917, eine dreiunddreißigjährige Erfüllung hat! –, da wurde die Ursache gelegt zu demjenigen, was jetzt geschieht. Damals hätten die Menschen sich fragen sollen: Welche Aussichten für das Ostern nach dreiunddreißig Jahren verspricht das Weihnachten von diesem Jahre? – Denn alle Dinge im geschichtlichen Werden erstehen nach dreiunddreißig Jahren in verwandelter Gestalt aus dem Grabe, durch eine Gewalt, die zusammenhängt mit dem Heiligsten und Erlösendsten, das die Menschheit durch das Mysterium von Golgatha bekommen hat.

Aber das Mysterium von Golgatha will nicht nur sentimental beschwätzt werden; das Mysterium von Golgatha will verstanden werden mit den höchsten Weisheitskräften, die dem Menschen zugänglich sind. Das Mysterium von Golgatha will empfunden werden mit dem Tiefsten, was der Mensch in seiner Seele erregen kann, wenn er das, was die Weisheit in ihm entzünden kann, in den Untergründen der Seele selber sucht, wenn er von Liebe nicht bloß redet, sondern diese Liebe entflammt dadurch, daß er seine Seele verbindet mit dem, was als Weltenseele wallt und strömt durch der Zeiten Wende, wenn er sich aneignet Sinn und Verständnis für die Geheimnisse des Werdens. Denn so, wie einstmals zu den alten Magiern sprach der Sternenhimmel, wie sie ihn fragten, wenn sie irgend etwas vollbringen wollten im sozialen Menschenwerden, so hat derjenige, der in der heutigen Zeit irgend etwas im sozialen Menschenwerden vollbringen will, hinzuschauen auf die Sterne, die auf- und untergehen im geschichtlichen Werden. Und wie berechnet worden ist die Umlaufszeit der Sterne um die Sonne, so ist berechnet in der wahren geschichtlichen Menschenweisheit die Umlaufszeit der geschichtlichen Ereignisse. Und diese Umlaufszeit ist von einem Weihnachten zu einem Ostern, das dreiunddreißig Jahre nachher liegt. So regeln die Geister der Umlaufszeiten dasjenige, in dem die Menschenseele lebt und webt, indem sie nicht bloß eine persönliche Wesenheit ist, indem sie eine in das geschichtliche Werden hineinverwobene Wesenheit ist.

Wenn wir in dieser Zeit uns versenken in das Weihnachtsmysterium, tun wir es dann am besten, wenn wir uns bekannt machen mit den Geheimnissen, die enthüllt werden sollen gerade in unserer Zeit, um die bereichert werden soll der Strom der christlichen Überlieferung, wie sie sich anschließt an das Mysterium von Golgatha und an dasjenige, was durch das Weihnachtsmysterium ausgedrückt wird.

Der Christus sprach zu der Menschheit: «Ich bin bei euch alle Tage bis ans Ende der Erdenzeit.» Diejenigen, die sich heute seine Jünger nennen, die sprechen aber oftmals davon, daß die Offenbarungen aus der geistigen Welt wohl da waren zur Zeit des Christus Jesus selber, daß sie aber aufgehört haben, und daß heute derjenige etwas Ruchloses vollbringt, der behauptet, daß jetzt noch immer in wunderbarer Weise aus der geistigen Welt heraus die spirituellen

Offenbarungen geschehen können. So ist in vieler Beziehung dasjenige, was sich heute offizielles Christentum nennt, eine Bestrebung geworden zur Verhinderung der christlichen Entwicklung.

Dasjenige aber, was geblieben ist, die heiligen Symbole – und eines der heiligsten ist dasjenige, das aus dem Weihnachtsmysterium spricht – sie sind selber ein lebendiger Protest gegen die Unterdrückung des wahren Christentums, wie sie oftmals durch das offizielle Christentum verkündet wird.

Zeugnis geben will anthroposophisch orientierte Geisteswissenschaft – unter manchem andern, was sie will – von der Bedeutung des Mysteriums von Golgatha, von der Bedeutung des Weihnachtsmysteriums. Und es gehört zu ihrer Aufgabe, Zeugnis von dem zu geben, was der Erde Sinn, und Bedeutung gibt dem Menschenleben. Und wenn der Weihnachtsbaum in der neueren Zeit – er ist ja kaum mehr als einige Jahrhunderte alt – zum Symbolum der Weihnachtsfeier geworden ist, so möge derjenige, der heute unter dem Weihnachtsbaum steht, sich fragen: Ist es noch eine Wahrheit für dich, was über dem Weihnachtsbaum geschrieben steht – geschrieben steht durch das Zeugnis der Geschichte –, ist es noch eine Wahrheit für dich? – Daß es Wahrheit ist, das zu erkennen, dazu braucht man spirituelle Erkenntnis. Und keine Naturforschung kann Antwort geben auf die Fragen nach der jungfräulichen Geburt und nach der Auferstehung, sondern jede Naturforschung muß ablehnen die jungfräuliche Geburt und die Auferstehung. Verstanden werden können sie nur aus einem Gebiete heraus, in dem da nicht waltet Geburt in der Art, wie sie in der Sinneswelt waltet, und nicht der Tod waltet, wie er in der Sinneswelt waltet. Wie der Christus Jesus so durch den Tod gegangen ist, daß dieser Tod eine Maja ist und die Auferstehung die Wahrheit – was das Ostermysterium enthält –, so ist auch der Christus Jesus durch die Geburt gegangen, so daß diese Geburt eine Maja ist, und die Wahrheit eine Verwandlung des Wesens innerhalb der geistigen Welt ist. Denn in der geistigen Welt gibt es nicht Geburt und Tod, sondern nur Verwandlung, wie wir wissen, nur Metamorphose.

Nur wenn die Menschheit geneigt sein wird, aufzublicken zu derjenigen Welt, wo Geburt und Tod im sinnenfälligen Sinne ihren Sinn verlieren, werden Weihnachtsfest und Osterfest ihren würdigen Inhalt bekommen. Dann, aber auch nur dann wird sich auch unser Herz, wird sich unsere Seele erfüllen mit jener Wärme des Tones, mit der ausgerüstet wir wiederum hintreten können vor diejenigen, vor die wir hintreten sollen, um ihnen schon in der allerfrühesten Kindheit zu sprechen von dem Kinde, das in der Krippe gelegen hat, und von den Magiern des Morgenlandes, und wie von ihnen jenem Kinde Weisheit, Tugend und Unsterblichkeit dargebracht worden sind. Den Kindern gegenüber müssen wir davon reden können. Denn, was wir zu dem Kinde von dem Weihnachtsmysterium heute sagen, das wird in dem Kinde das Osterfest feiern, auferstehen, nachdem das Kind dreiunddreißig weitere Jahre durchgemacht hat.

Im geschichtlichen Werden ist die Menschheit so mit Verantwortlichkeit durchtränkt, daß die vorhergehende Generation in den Weihnachtsimpuls nur legen kann, was die nachfolgende Generation als Osterimpuls zu empfangen hat. Werde man sich bewußt, daß eine Generation zu der nachfolgenden so hinzuschauen hat, daß sie zu gedenken hat: Im Weihnachtssterne lehre ich dich pflanzen in deiner Seele als Geburt dasjenige, was auferstehen wird im Ostersterne nach dreiunddreißig Jahren. Weiß ich diesen Zusammenhang zwischen dieser und der folgenden Generation, dann habe ich gewonnen – so kann sich jeder sagen – einen Impuls in aller Arbeit, der hinausreicht über den Tag. Denn die Zeit zwischen Weihnachten und Ostern dauert nicht nur die Wochen, die verlaufen zwischen Weihnachten und Ostern; sie dauert in Wahrheit dreiunddreißig Jahre, so lange als umläuft ein Impuls, den ich in die Seele eines Kindes versenkt habe als einen Weihnachtsimpuls, der nach dreiunddreißig Jahren auferstehen wird als ein Osterimpuls.

Solche Dinge sind nicht allein für theoretisches, eitles Wissen. Solche Dinge gewinnen einen Wert allein, wenn sie praktische Tat werden, wenn unsere Seele sich erfüllt mit der Überzeugung von ihnen also, daß sie gar nicht anders kann, als in ihrem Lichte handeln. Dann aber ist die Seele voll von Liebe zu denjenigen Wesen, an denen die Taten in diesem Lichte getan werden sollen. Dann ist die Liebe eine konkrete, dann ist die Liebe eine solche, welche mit der Weltenwärme verbunden ist, und hat nichts von jener sentimentalen Liebe, die heute auf allen Lippen ist und die zum größten Hassesimpuls in der Menschheit in unserem katastrophalen Zeitalter geführt hat.

Diejenigen, die lange Zeit die Liebe im Munde führten, die haben kein Recht, weiter zu sprechen von dieser Liebe, die sich in Haß umgedreht hat; sie haben vielmehr die Pflicht, sich zu fragen: Was haben wir mit unserem Liebesgerede, mit unserem Weihnachts-Liebesgerede unterlassen, daß also eine Saat des Hasses daraus werden konnte? – Zu fragen aber hat die Menschheit: Was haben wir zu suchen in den geistigen Welten, damit wir wieder finden können dasjenige, was verloren ist: die Liebe, welche durch alle Wesen wärmend wallt und lebt, aber Liebe nur ist, wenn sie herausquillt aus dem lebendigen Verständnis des Seins. Denn lieben ein Wesen heißt, dieses Wesen verstehen. Lieben heißt nicht, sein Herz mit egoistischer Wärme so zu erfüllen, daß der Mund in sentimentalen Reden übersprudelt; lieben heißt, die Wesen, an denen man Taten tun soll, so in sein Auge fassen zu können, daß man sie bis ins Innerste hinein versteht, versteht nicht nur mit dem Intellekt, versteht mit dem ganzen Wesen seines menschlichen Seins.

Daß solche Liebe, die aus spirituell-innigstem Verständnis quellen kann, in der Menschheit Platz greife, daß nach solcher Liebe Sehnsucht ist, daß es Wille werde, solche Liebe zu pflegen, das möge sich jetzt in dieser ernsten Zeit der Mensch sagen, der nachfolgen will den Magiern aus dem Morgenlande zur Krippe von Bethlehem hin. Er möge sich sagen: So wie die Magier aus dem Morgenlande Verständnis suchten, um zu finden den Weg, den Weg der Liebe zu der Krippe von Bethlehem hin, so will ich suchen den Weg, der mir den Einblick eröffnet in jenes Licht, unter dem die wahren Taten der Menschenliebe getan werden.

Wie die Magier aus dem Morgenlande die äußeren Sternenkonstellationen als nicht mehr maßgeblich hielten, sondern hintrugen das Wissen von diesen Sternenkonstellationen, den Opfersinn für diese Sternenkonstellationen, die Verbindung der Unsterblichkeit mit diesen Sternenkonstellationen vor das Christus-Kind der Weihnachtsnacht, so trage die neuere Menschheit dasjenige, was sie an tiefsten Impulsen in ihrer Seele aufbringen kann, hin vor dasjenige, wofür das Weihnachtsfest der symbolische Jahresausdruck ist! In solchem Bewußtsein werden wiederum würdige Weihnachtsfeste, ehrliche, aufrichtige Weihnachtsfeste von der Menschheit gefeiert werden. Denn in dem Feiern wird liegen nicht eine Ableugnung, sondern ein Wissen von dem Wesen, dem wir die Weihnachtslichter anzünden.

WEIHNACHT

Im Seelenaug' sich spiegelt
Der Welten Hoffnungslicht,
Dem Geist ergebne Weisheit
Im Menschenherzen spricht:
Des Vaters ew'ge Liebe
Den Sohn der Erde sendet,
Der gnadevoll dem Menschenpfade
Die Himmelshelle spendet.

Isis-Sophia,
Des Gottes Weisheit,
Sie hat Lucifer getötet
Und auf der Weltenkräfte Schwingen
In Raumesweiten fortgetragen.

Christus-Wollen
In Menschen wirkend,
Es wird Lucifer entreißen
Und auf des Geisteswissens Booten
In Menschenseelen auferwecken
Isis-Sophia,
Des Gottes Weisheit.

DIE ZWEI WEIHNACHTSVERKÜNDIGUNGEN

Stuttgart, 1. Januar 1921

Lassen Sie uns heute eine Betrachtung anstellen, welche sich anschließen soll an die Festeszeit, an jene Zeit, die ja in jedem Jahr wiederum erneuert die Erinnerung und das Gedenken an das Mysterium von Golgatha, auch die unmittelbare Empfindung des Mysteriums von Golgatha.

Wir haben eigentlich drei solcher Festeszeiten innerhalb der christlichen Entwicklung: das Weihnachtsfest, das Osterfest und das Pfingstfest. Und man kann sagen, daß diese drei Feste in verschiedener Art den Menschen in ein Verhältnis bringen zu demjenigen, worin die christliche Entwicklung den Sinn des ganzen Erdengeschehens sieht. Auch in bezug auf die menschlichen Seelenkräfte unterscheiden sich diese drei Feste.

Das Weihnachtsfest knüpft mehr an die Empfindung an. Es ist auch dasjenige Fest, welches in gewissem Sinne das populärste ist, weil sein Verständnis eben die Vertiefung der Empfindung, die Vertiefung des Gefühls fordert, und weil es dasjenige ist, was dem Menschen im weitesten Umkreis zugänglich ist.

Das Osterfest, das notwendig macht, daß der Mensch sich aufschwingt zu einem Verständnis des eigentlichen Mysteriums von Golgatha, des Hereindringens einer übersinnlichen Wesenheit in die menschheitliche Entwicklung, es stellt die größten Anforderungen an das menschliche Verstehen. Es ist ein Fest, das gewissermaßen das menschliche Verstehen auf das höchste Niveau hinauf erhebt, das ja natürlich auch allgemein begangen wird, aber nicht in derselben Weise populär sein kann wie das Weihnachtsfest.

Das dritte Fest, das Pfingstfest, stellt besonders ein Verhältnis her zwischen dem menschlichen Willen und der übersinnlichen Welt, der Welt namentlich, welcher das Christus-Wesen als solches angehört. Die Überleitung von Willensimpulsen, die dann wiederum auf die Welt übertragen werden, sie wird ja dem Menschen zum Bewußtsein gebracht durch den rechten Sinn des Pfingstfestes.

So wird in dreifacher Weise dasjenige, was man das christliche Geheimnis nennen könnte, anschaulich gemacht durch diese jährlichen Festeszeiten. Wie das Weihnachtsmysterium an den Menschen herantritt, das kann man sich in der verschiedensten Weise vor das Bewußtsein stellen, und wir haben ja im Laufe der Jahre den Weihnachtsgedanken von den verschiedensten Gesichtspunkten aus gerade gelegentlich der Weihnachtsfeste ins Auge gefaßt.

Diesmal wollen wir erinnern an etwas, was jedem klar werden kann, der das Weihnachtsmysterium von seiten der Evangelien aus betrachtet. In den Evangelien wird uns eine zwiefache Verkündigung der Geburt des Christus Jesus dargestellt. Die eine Verkündigung ist diejenige, welche ergeht an die armen Hirten auf dem Felde draußen, denen – man nenne es nun im Traume oder irgendwie – ein Engel verkündet die Geburt des Christus Jesus. Wir haben es da zu tun mit dem Gewahrwerden dieses Ereignisses durch die inneren Seelenkräfte, die in einer besonderen Verfassung sind bei diesen Hirten aus der Umgebung des Geburtsortes des Christus Jesus. Und es wird uns eine zweite Verkündigung dargestellt in den Evangelien: diejenige, welche ergeht an die drei Könige oder die drei Magier aus dem Morgenlande. Sie folgen – so wird uns gesagt – der Sprache eines Sternes, die ihnen verkündigt, daß der Christus Jesus in die Welt gekommen ist.

Wir werden da verwiesen auf zwei Arten, wie eine frühere Menschheit zu ihren höheren Erkenntnissen kam. Es handelt sich auch da um etwas, was in der Gegenwart eigentlich niemals mehr in der richtigen Weise angeschaut wird. In der Gegenwart stellt man sich vielfach vor, daß die Menschen nun einmal eine Wahrnehmung, ein Denken haben, und daß diese Wahrnehmung, dieses Denken, kurz, die Entfaltung der inneren Seelenkräfte, im Grunde genommen durch alle Jahrhunderte und Jahrtausende, wenn sie auch in früheren Zeiten primitiver waren, so doch im wesentlichen so waren, wie sie heute sind. Wir wissen aus unserer anthroposophischen Geisteswissenschaft, wie die Seelenverfassung der Menschen sich im Laufe der Zeiten geändert hat, wie in alten Zeiten, etwa im 7., 8. Jahrtausend der nachatlantischen Zeit oder früher, die Menschheit in einer ganz anderen Weise sowohl das eigene Leben wie auch das Wesen der Umwelt angesehen hat, und wie sich dann diese Seelenverfassung immer wieder gewandelt hat, wie sie dann diejenige geworden ist, die wir als die verstandesmäßige Zergliederung der Welt in der Gegenwart kennen und als die rein sinnliche Auffassung, die wir auch in der Gegenwart in den äußeren Dingen haben. Diese Entwicklung geht von einem gewissen älteren, instinktiven Hellsehen durch unsere gegenwärtige Seelenverfassung, um in der Zukunft sich wiederum zurückzuwenden zu einer Art Hellsichtigkeit, zu einem Schauen der Welt, das aber dann durchsetzt sein soll von der vollen Bewußtheit der Menschheit.

Zur Zeit, als das Mysterium von Golgatha sich auf der Erde ereignete, war das alte Hellsehen, das ein instinktives war, zum großen Teil schon, wenn ich so sagen darf, abgelähmt. Die Menschen hatten zwar eine andere Seelenverfassung, als die heutige ist, aber sie hatten auch nicht mehr das alte Hellsehen; sie hatten auch nicht mehr die alten Formen, durch allerlei Weisheit die Welt sich genauer zu zergliedern. Sowohl die alten Weisheitslehren wie auch das alte instinktive Hellsehen waren abgeglommen, als das Mysterium von Golgatha an die Menschheit herankam. Aber Reste davon waren noch vorhanden, und wir werden gerade durch die Evangelien deutlich darauf hingewiesen, wenn wir sie richtig verstehen, daß solche Reste vorhanden waren. Bei einzelnen auserlesenen Persönlichkeiten waren solche Reste vorhanden. Solche auserlesenen Persönlichkeiten können nun sowohl gewesen sein die armen Hirten auf dem Felde, die aus ihrem frommen Herzen heraus eine gewisse hellsichtige Kraft, die wie traumhaft über sie gekommen ist, besessen haben; es können auch gewesen sein solche Persönlichkeiten, die uns auf der Spitze der sozialen Stufenleiter vorgeführt werden, wie die drei Magier aus dem Morgenlande, welche aus alten Zeiten die Fähigkeit bewahrt haben, durch eine gewisse Weisheitslehre hineinzuschauen in den Gang der Weltenereignisse. Und so konnten die armen Hirten in einer Art traumhaften Erlebens, in einer Art innerlicher Wahrnehmung dasjenige an sich herankommen sehen, was in dem Ereignis der Geburt des Christus Jesus sich vollzog. Auf der anderen Seite konnten die drei Magier aus dem Morgenlande eine solche Wissenschaft entwickeln, daß sie aus der Verfolgung der Weltenerscheinungen, der Erscheinungen am Himmel, dasjenige sich zu vergegenwärtigen vermochten, was über den gewöhnlichen Gang des Lebens hinausliegend Bedeutungsvolles auf der Erde geschah.

Wir werden also auf zwei ganz bestimmte, aber voneinander verschiedene Erkenntnisarten verwiesen. Wenden wir uns zunächst demjenigen zu, was bei den drei Magiern aus dem Morgenlande vorhanden war als ein letzter Rest einer alten Weisheitslehre. Es wird uns ja deutlich gezeigt, wie diese Magier den Gang der Sterne enträtseln konnten. Wir werden also durch diese Darstellung verwiesen auf eine alte Sternenkunde, auf eine alte Anschauung über die Geheimnisse der Sternenwelt, in der sich auch die Geheimnisse des menschheitlichen Geschehens offenbarten. Diese alte Sternenkunde war etwas anderes als unsere Sternenkunde. Unsere Sternenkunde ist ja auch in einer gewissen Weise prophetisch; sie kann voraussagen den Gang von Sonnen- und Mondfinsternissen und ähnliches. Aber unsere Sternenkunde ist bloß mathematisch-mechanisch. Unsere Sternenkunde spricht bloß von den Verhältnissen des Raumes und der Zeit, insofern man sie mathematisch zum Ausdruck bringen kann. Dasjenige aber, was sich in bezug auf das innere Menschenleben abseits von Raum und Zeit, aber doch im Raum und in der Zeit, jedoch mit einer höheren Bedeutung abspielt, das sah eine alte Sternenkunde, eine alte Sternenweisheit aus dem Gang der Sterne heraus.

Wenn wir die Wissenschaft einer älteren Menschheit uns vor das Bewußtsein bringen, so finden wir, daß diese Sternenweisheit im wesentlichen das ist, was dieser alten Wissenschaft überhaupt den Inhalt gab. Aus den Sternen erforschten die Menschen dasjenige, was auf der Erde geschah. Aber ihnen war die Sternenwelt nicht jenes abstrakte, maschinenartige Wesen, das sie der heutigen Menschheit geworden ist. Ihnen war die Sternenwelt etwas, was voll Leben war. Sie empfanden bei jedem einzelnen der Planeten ein Wesenhaftes in der Welt. Gewissermaßen sprachen sie durch eine innere Seelensprache mit jedem einzelnen Planeten so, wie wir heute nur von Mensch zu Mensch durch die äußere Sprache sprechen. Man war sich klar darüber, daß man im Inneren seelisch etwas erlebt, was in einer gewissen Weise abspiegelt und wiedergibt dasjenige, was draußen im großen Raume durch den Gang der Sterne sich vollzieht. Es war eine lebendige, durchgeistigte Anschauung des Weltenalls. Und der Mensch selber fühlte sich in einer geistigen, in einer seelenhaften Weise in dieses Weltenall hineingestellt. Es wurde die Weisheit von diesem Weltenall auch gepflegt in Schulen, die man Mysterienschulen nennen könnte, in denen die Zöglinge in einer sorgfältigen, intimen, innerlichen Art vorbereitet wurden, den Gang der Sterne so verstehen zu können, daß er das menschliche Leben auf der Erde verständlich machte.

Welcher Art waren diese Vorbereitungen? Diese Vorbereitungen gerade für die Erkenntnis des Sternenhimmels und seiner Wirkungen waren so, daß der Mensch auch damals schon, in der Zeit instinktiven Hellsehens, erzogen wurde zu einem wacheren Leben, als das normale äußere Leben war. Die Menschen der breiten Massen hatten eine Art instinktiven Hellsehens. Das entsprach einer Seelenverfassung, die weniger wach war als es unsere normale Seelenverfassung ist. Man konnte in alten Zeiten der Menschheitsentwicklung nicht in solcher Weise wach denken, wie man das heute kann. Man konnte nicht in demselben Sinne wie heute zu der Mathematik, zu der Geometrie kommen. Es war des Menschen Leben durch das ganze Dasein zwischen Geburt und Tod mehr ein hinträumendes gewesen, das aber eben gerade deshalb, weil es ein hinträumendes war, in einer lebendigeren Art als unser ganz waches Leben die Umwelt wahrnahm. Und das Eigentümliche ist, daß die einzelnen Zöglinge der Mysterien, in deren letzten Resten eben solche Menschen wie die drei Magier standen, damals, in alten Zeiten, man könnte sagen noch etwa bis in das 2. Jahrtausend, sogar anfangs des 1. Jahrtausends vor dem Mysterium von Golgatha, eingeführt wurden in ein Wissen, das ganz ähnlich unserem geometrischen oder mathematischen Wissen ist.

Für die äußere Menschheit hat Euklid zuerst die Geometrie hingestellt. Das war aber eben nur eine Übermittlung der Geometrie an die äußere, große Menschheit. Was Euklid als Geometrie hingestellt hat, das war in den Mysterien lebendig durch Jahrtausende schon; es wurde aber nur mitgeteilt an die auserlesenen Schüler der Mysterien. Bei ihnen wirkte es anders, als es später wirkte. Es sieht sonderbar und paradox aus, ist aber doch so: Was heute bei uns schon die Kinder lernen, unsere Geometrie, unsere Rechenkunst, das lernten in den Mysterienschulen einzelne Menschen, die besonders dazu auserlesen wurden, die man innerhalb der Masse für besonders befähigt hielt und die man hineinnahm in die Mysterien.

Man kann heute oftmals hören, in den Mysterien seien geheimnisvolle Dinge gelehrt worden. Ihrem rein abstrakten Inhalte nach sind diese geheimnisvollen Dinge dieselben, die heute den Kindern gelehrt werden. Es sind gar keine anderen Dinge, und das Mysterienhafte liegt nicht darin, daß diese Dinge heute den Menschen etwa unbekannt seien, sondern es liegt in der anderen Art, wie die Sache an die Menschen herangebracht worden ist. Es ist natürlich etwas ganz anderes, wenn man den Inhalt unserer Geometrie einfach appellierend an den Verstand an die Kinder heranbringt in einem Zeitalter, wo der Mensch vom Aufwachen bis zum Einschlafen in unserem Wachbewußtsein lebt, oder ob man im Zeitalter des alten, instinktiven Hellsehens mit einer traumhaften Art des Bewußtseins diese Dinge an besonders auserlesene Menschen mit reiferem Bewußtsein heranbrachte. Es sind heute durchaus nicht immer zutreffende Vorstellungen in der Menschheit über diese Dinge vorhanden.

Sehen Sie, es gibt ein Gedicht an Varuna in der morgenländischen Literatur. Das spricht davon, daß Varuna erscheint in der Luft, die als Wind die Wälder durchweht, daß Varuna erscheint in dem Donner, der aus dem Wolkenwasser hervorzuckt, daß Varuna erscheint in dem menschlichen Herzen, wenn es zum Willen sich aufrafft, daß Varuna erscheint am Himmel, wenn die Sonne über den Himmel geht, daß Varuna enthalten ist auf den Bergen in dem Somasaft. Sie werden heute in den Büchern meistens finden, daß man eigentlich nicht wisse, was der Somasaft ist. Die Menschen konstatieren heute in ihrer Gelehrsamkeit, daß man nicht wisse, was der Somasaft ist, trotzdem es Menschen gibt, die ihn literweise trinken und von einem gewissen Gesichtspunkte aus sehr gut kennen. Aber es ist etwas anderes, die Sachen vom Mysterienstandpunkt aus zu kennen, als vom Standpunkte des wachen Bewußtseins in profaner Empfindung. Und Sie können heute lesen vom Stein der Weisen, der gepflegt wurde in einer gewissen Zeit, in der man das Wesen der Substantialität eben anders angesehen hat als heute. Und wiederum werden Ihnen die Geschichtsschreiber der Alchimie sagen, man kenne den Stein der Weisen nicht. Ich habe schon immer da und dort in meinen Vorträgen angedeutet, daß dieser Stein der Weisen den meisten Menschen sehr gut bekannt ist. Sie kennen nur nicht seine Wesenheit und wissen nicht, warum er so genannt wird. Er ist den meisten Menschen sehr gut bekannt, da sie ihn eigentlich kiloweise verwenden.

Es handelt sich eben bei den Dingen zuweilen um etwas ganz anderes als um dasjenige, was sich unsere heute abstrakt-theoretische und lebensfremde, wirklichkeitsfremde Anschauung vorzustellen vermag. Es gibt heute auch keine rechte Anschauung davon, was es heißt, mit ganz anderer Seelenverfassung, als diejenige der heutigen Menschheit ist, im reifen Zustande aufzunehmen unsere geometrische, unsere arithmetische Wissenschaft. Ich habe auf diese besondere Artung des Mysterienwesens in meiner Schrift «Das Christentum als mystische Tatsache» ja hingewiesen. Allein solch wichtige Dinge versteht man gewöhnlich nicht in der richtigen Weise; man nimmt sie gewöhnlich nicht tief genug. Daß die Art und Weise, wie die Dinge an die Menschen herangebracht worden sind, das Mysterienhafte in alten Zeiten ausmachte, das ist dasjenige, was man verstehen sollte. Und so war es wirklich bei rein mathematischen Betrachtungen, deren Gefühls- und vollmenschlichen Inhalt Novalis noch nachgefühlt hat, als er die Mathematik wie ein großes Gedicht empfand, was die meisten Menschen heute gewiß nicht darin finden. So war es dieses gefühlsmäßige, aber in mathematische Formen ergossene Erfassen der Welt, in das der Zögling der alten Mysterien eingeführt wurde. Und wenn so das mathematische Verständnis des Weltenalls an den Zögling der alten Mysterien herantrat, dann wurde er ein Mensch mit einer solchen Weltbetrachtung, wie es diejenige war, die uns als die der Magier aus dem Morgenlande geschildert wird. Dann enthüllte die Mathematik des Weltenalls, die bei uns zu etwas ganz Abstraktem geworden ist, Wesenhaftes, weil das, was sie enthüllte, durch anderes ergänzt wurde, was ihm entgegenkam. Und so war dasjenige, was als äußeres Wissen einer alten Kultur entsprach, was sich in den letzten Resten für die Magier erhalten hatte, was an die Magier aus dem Morgenlande herangekommen ist, die Veranlassung zu der einen Verkündigung: der Verkündigung durch die Weisheitslehre, durch die äußere Wissenschaft.

Auf der anderen Seite konnte sich das innerliche Erleben der Menschheitsgeheimnisse bei besonders dazu veranlagten Menschen entwickeln, wie diejenigen waren, die uns dargestellt werden sollten in den Hirten auf dem Felde. Da mußten die inneren Kräfte, die im Menschen sind, eine besondere Stufe erreichen. Dann wurde unmittelbare Anschauung, imaginative, instinktiv-imaginative Bilderwahrnehmung dasjenige, was in der Menschheitswelt geschah. So kündigte sich durch inneres Schauen für die armen Hirten auf dem Felde dasjenige an, was sich ihnen zusammenfaßte in den Verkündigungsspruch: «Es offenbart sich der Gott in den Himmelshöhen, und durch ihn kann sein der Friede bei allen Menschen, die eines guten Willens sind.»

Es sprachen also die Weltengeheimnisse sowohl zum Innersten der armen Hirten auf dem Felde wie zu dem Äußersten, wozu sich menschliche Weisheit aufschwingen konnte in der damaligen Zeit; es sprachen die Weltengeheimnisse sowohl zu den Hirten wie zu den Magiern aus dem Morgenlande. Und es wurde verkündigt von zwei Seiten das große Mysterium des Erdenlebens.

Was erlebten die Magier aus dem Morgenlande? Was wurde bei solchen Schülern besonders entwickelt dadurch, daß die Mathematik in ihre Seelenverfassung hereingebracht wurde, wenn diese Seelenverfassung schon eine besonders reife war? Sehen Sie, Kant sagt von den mathematischen Erkenntnissen, sie seien a priori. Mit dem a priori meint er: sie sind vor der äußeren, empirischen Erkenntnis, vor der Erfahrung errungen. Das ist eine Wortweisheit. Es ist gar nichts gesagt mit diesem a priori. Das Wort bekommt erst einen Sinn, wenn man aus der Geisteswissenschaft heraus darauf hinweisen kann, daß die Mathematik aus uns aufsteigt, daß sie etwas ist, das aus dem Inneren des Menschen in das menschliche Bewußtsein kommt. Und woher kommt sie? Nun, sie kommt aus den Erlebnissen, die wir vor der Empfängnis oder vor der Geburt in der geistigen Welt durchgemacht haben. Da lebten wir im großen, weiten Weltenall. Da erlebten wir dasjenige, was wir erleben konnten, bevor wir unsere Leibesaugen und Leibesohren hatten. Da erlebten wir a priori gegenüber dem Leben auf der Erde. Dasjenige, was da a priori erlebt wird, es steigt heute für unser Bewußtsein unbewußt aus dem Inneren herauf. Der Mensch weiß nicht, wenn er es nicht wie Novalis durch solch eine Ahnung erlebt, daß da aufsteigen die Erlebnisse von vor der Geburt oder Empfängnis, wenn er mathematisiert. Für denjenigen, der diese Dinge in der richtigen Weise anzuschauen vermag, ist allein schon das mathematische Erkennen ein Beweis dafür, daß er vor der Empfängnis in einer geistigen Welt da war. Für jene, denen das kein Beweis ist für ein vorgeburtliches Leben, für die besteht die andere Tatsache, daß sie eben nicht gründlich genug über die Erscheinungen des Lebens nachdenken, daß sie keine Ahnung haben von dem, was eigentlich der Ursprung des Mathematischen ist.

Die Schüler der alten Mysterien, die in jener Weisheitsverfassung waren, wie sie sich als letzte Reste bei den Magiern aus dem Morgenlande erhalten hatte, bekamen einen deutlichen Eindruck davon: Wenn wir so die Sterne anschauen, daß wir sie durchdringen mit den mathematischen Linien, mit unserer Rechnung, dann breiten wir über die äußeren Raumesweiten dasjenige aus, worin wir gelebt haben vor unserer Geburt. Und so kam sich solch ein Schüler der heiligen Mysterien vor, daß er sich sagte: Jetzt lebe ich hier auf der Erde, schaue durch meine Augen hinaus in den Weltenraum, bemerke dasjenige, was räumlich um mich herum ist. Ich habe auch gelebt innerhalb dieser Erscheinungen des Weltenraumes vor meiner Geburt oder Empfängnis. Da habe ich selber gezählt von Stern zu Stern dasjenige, was ich mir jetzt hier nur nachbildlich vergegenwärtige durch Mathematik; da bin ich selber hingeeilt mit den inneren Kräften von Stern zu Stern; da lebte ich in dem, was ich jetzt nur konstruiere. – Gegenwärtig wurde den Menschen dadurch alles, was sie erlebt hatten vor der Geburt oder Empfängnis. Daher nahmen sie es auch in einem heiligen Sinne auf. Daher wußten sie auch: Es ist die geistige Welt, in die sie sich da einleben, es ist die Welt, in der sie gelebt haben, bevor sie die Erde betreten haben. Dieses Wissen um die Welt, die der Mensch durchlebt, bevor er die Erde betritt, war in einem letzten Rest bei den Magiern aus dem Morgenland vorhanden; durch das erkannten sie das Herannahen der Christus-Wesenheit.

Woher kam denn die Christus-Wesenheit? Sie kam ja aus jener Welt, die wir durchleben zwischen dem Tod und einer neuen Geburt, und vereinigte sich mit dem Leben, das wir durchleben zwischen Geburt und Tod. Diejenige Wissenschaft, die handelt von der Welt, die wir durchleben zwischen dem Tod und einer neuen Geburt, kann daher so etwas wie das Mysterium von Golgatha enthüllen. Auf dem Wege dieser Wissenschaft wurde also den Magiern verkündet das Mysterium von Golgatha, das Weihnachtsmysterium.

Indem der Mensch hier auf der Erde lebt und das entfaltet, was ihm seine Erkenntnisse bringen über die Umwelt, was die Impulse zu seinem Handeln, seinem sozialen Leben sind, erlebt er ja in sich unbewußt noch etwas anderes. Er weiß es nicht, aber geradeso wie er die Nachwirkungen seines vorgeburtlichen Lebens erlebt, erlebt er auch dasjenige, was dann durch die Pforte des Todes schreitet und der Inhalt des Lebens nach dem Tode wird. Das sind die Kräfte, die keimhaft schon vorhanden sind zwischen Geburt und Tod und die erst im nachtodlichen Leben sich zur vollen Blüte entfalten. Diese Kräfte wirkten mit einer großen Intensität im alten instinktiven Hellsehen; und sie wirkten im letzten Rest noch bei den armen Hirten auf dem Felde durch ihre besondere Frömmigkeit. In diesen Kräften leben wir ja insbesondere zwischen dem Einschlafen und dem Aufwachen, wenn unsere Seele aus der Körperlichkeit draußen ist und im äußeren Raume lebt. Dann lebt sie auf solche Art, wie sie bewußt erst wiederum leben wird, wenn sie den äußeren physischen Leib abgelegt hat nach dem Tode. Diese Kräfte, die aus der Traumes-, aus der Schlafeswelt heraus in besonderen Zuständen in das Tagesleben eindringen können, waren da sehr regsam in dem alten instinktiven Hellsehen. Die armen Hirten erlebten diese Kräfte, und in ihnen enthüllte sich dasjenige, was ihnen, von einer anderen Seite als den drei Magiern, das Mysterium von Golgatha ankündigen konnte.

Was erfährt man durch diejenigen Kräfte, die dem Menschen besonders eigen sind zwischen dem Tod und einer neuen Geburt, wenn sie in dem Leben zwischen Geburt und Tod angefacht werden wie bei den Magiern aus dem Morgenlande? Man erfährt dasjenige, was außer dem Irdischen geschieht. Man wird von der Erde hinweggetragen in die Welt der Sterne, in der man ist zwischen dem Tod und einer neuen Geburt. Das war die Weit, in die eingeführt wurden die Magier aus dem Morgenlande, von der Erde weg in den Himmelsraum.

Was erfährt man durch diejenigen Kräfte, die innerlich aufsteigen, besonders in der Traumeswelt, die überhaupt aus dem menschlichen Inneren kommen? Da erfährt man, was im Inneren der Erde geschieht. Da wirken vorzugsweise die tellurischen Kräfte, diejenigen Kräfte, die wir haben durch unseren Leib, durch das Wohnen in unserem Leibe. Die wirken besonders in demjenigen, was wir durchleben zwischen dem Einschlafen und dem Aufwachen. Wir sind auch da in der äußeren Welt, aber vorzugsweise in jener äußeren Welt, die zur Erde gehört.

Sie werden sagen: Das ist ein Widerspruch gegenüber der Wahrheit, daß wir außerhalb unseres Leibes sind. – Das ist kein Widerspruch. Man nimmt immer nur das wahr, was man außerhalb hat; dasjenige, in dem man lebt, das nimmt man nicht wahr. Nur diejenigen Menschen, die über irgendwelche Gebiete besonders unwissend sind und ein reines Phrasenwissen entwickeln möchten, bringen es fertig, über solche Dinge leicht hinwegzugleiten mit Phrasen und etwa zu sagen: Es käme nicht darauf an, eine Geisteswissenschaft zu begründen mit einem Wissen, gewonnen außerhalb des Menschen, denn das Wichtige sei gerade, daß der Mensch zu dem äußeren Naturwissen ein Wissen durch das Innere bekäme. – Ja, mit einem solchen Phrasenschwall kann man heute Darmstädter Weisheitsschulen begründen, aber man bleibt doch eben bloß ein Phraseur, auch wenn man Weisheitsschulen begründet. Denn wenn man die Sache in der richtigen Weise versteht, kann man sogar sagen: Ja, man muß die Welt von innen beschreiben, um zum Übersinnlichen zu kommen; aber dann muß man ja erst ins Innere hineinkommen. Und das, was dann äußerlich ist, das muß man betrachten aus dem Leibe heraußen, und man muß den Leib zurück betrachten. Die Keyserlingschen Reden von einem Betrachten von seelischen Gesichtspunkten aus wollen aber eigentlich nicht in das menschliche Innere hinein, sondern sie bedienen sich bloßer Phrasen. Daher ist es auch so: Wenn wir in dem Zustand zwischen Einschlafen und Aufwachen sind, schauen wir zurück und empfinden gewissermaßen zurück in unseren Leib. Wir empfinden also dasjenige, worin unser Leib mit dem Irdischen zusammenhängt; er ist ja von der Erde. Die armen Hirten auf dem Felde empfanden eigentlich die Offenbarung der Erde aus ihrem Leibe, indem sie in einem traumhaften Zustande dasjenige, was geschah, als die Stimme des Engels wahrnahmen.

Und es entspricht das ganz dem Mysterium von Golgatha, daß von zwei Seiten her die Offenbarung gekommen ist: die der Magier aus der Himmelskunde, die der Hirten aus der Erdenoffenbarung. Denn ein himmlisches Wesen, ein Wesen, das bis dahin nicht zur Erde gehört hat, das kommt an. Das muß man also erkennen in seiner Ankunft aus der Himmelsweisheit heraus. Da lernt man erkennen, daß vom Himmel etwas heruntersteigt. – Hat man die Hirtenweisheit, so lernt man die Erde kennen; man empfindet sich hinein in das Weben und Leben der Erde, welches die Ankunft des Himmelswesens wahrnimmt. Es ist von der anderen Seite dieselbe Ankündigung. In wunderbarer Weise ist zusammengeflossen dasjenige, was als einheitliches Ereignis von zwei Seiten her den Menschen mitgeteilt wird.

Und wenn man nun sieht auf die Art und Weise, wie die Menschheit das Ereignis von Golgatha aufnahm, so muß man sagen: Es waren ja in dieser und in anderer Beziehung nur noch Reste der alten

Weisheit vorhanden. Ich habe schon darauf hingedeutet, wie mit den Resten der alten Weisheit, mit einer gewissen Gnosis zunächst in den ersten Jahrhunderten unserer Zeitrechnung das Mysterium von Golgatha verstanden worden ist. Dann versuchte man immer mehr und mehr mit dem bloßen verstandesmäßigen Zergliedern in das Ereignis von Golgatha einzudringen. Und im 19. Jahrhundert kam allmählich der Naturalismus auf diesem Bekenntnisgebiet herauf. Es wurde nichts mehr begriffen von dem übersinnlichen Inhalt des Ereignisses von Golgatha. Der Christus wurde zum bloßen naturalistisch aufgefaßten weisen Mann aus Nazareth. Es wurde eben notwendig eine neue, geistige Erfassung des Mysteriums von Golgatha. Man darf nicht verwechseln die Tatsache des Mysteriums von Golgatha mit der Art und Weise, wie die Menschen in ihrem Verständnis sich zu dieser Tatsache verhalten.

Nun, solche Seelenverfassung, wie sie die Hirten auf dem Felde hatten, wie sie die Magier aus dem Morgenland hatten, war ja in den letzten Resten vorhanden zur Zeit, als das Mysterium von Golgatha eintrat. Das hat sich alles in der Menschheitsentwicklung geändert. Die Dinge ändern sich und erleiden Metamorphosen.

Was ist geworden aus der Magierweisheit aus dem Morgenlande? Es ist daraus geworden unsere Mathematik mit ihrer Himmelskunde. Die Magier hatten ein überirdisches Wissen, das im Grunde genommen ein grandioses Erinnern an das vorgeburtliche Leben war. Das ist bei uns zusammengeschrumpft und abgelähmt zu unserem mathematisch-mechanischen Himmelserfassen, wo wir auf die äußeren Erscheinungen nichts mehr anwenden als die Gesetze der Mathematik, der Mechanik. Was aus unserem Inneren heraufsteigt, gerade wenn wir auf das hinschauen, was uns als mathematische Astronomie geblieben ist, das ist die heutige Metamorphose desjenigen, was die Magier gehabt haben.

Und wenn wir auf dasjenige hinschauen, was unser äußeres Sinneswissen ist – bloßes Augenwahrnehmen, Ohrenwahrnehmen –, so ist es das veräußerlichte innere Wissen der Hirten auf dem Felde. Was den Hirten auf dem Felde noch die inneren Geheimnisse des Erdendaseins gegeben hat, das läßt uns kalt anschauen die äußere

Welt in unserer naturwissenschaftlichen Beobachtung. Unsere naturwissenschaftliche Beobachtung ist die Tochter der Hirtenweisheit. Aber die Tochter schaut der Mutter sehr unähnlich aus. Und unsere Mathematik, die zur Himmelskunde wird, ist die Tochter der Magierweisheit. Die Menschheit mußte durch das hindurchgehen. Wenn unsere Naturforscher mit ihrem trockenen Forschen in den Laboratorien, in den Kliniken sitzen, haben sie ja nicht mehr viel Gemeinschaftliches mit den Hirten, aber es ist die gradlinige Metamorphose der Hirtenweisheit. Und unsere Mathematiker sind die in gradliniger Strömung gekommenen Nachfolger der Magier aus dem Morgenlande. Das Äußerliche ist innerlich, das Innerliche ist äußerlich geworden. Und damit sind wir zunächst im Grunde genommen sehr abgekommen von dem Verständnis des Mysteriums von Golgatha; und dessen sollten wir uns bewußt werden. Ja, wir sind sehr abgekommen von diesem Verständnis! Vielleicht am meisten aber sind viele von denjenigen abgekommen von diesem Verständnis, die sich im offiziellen Sinne heute die Prediger und Verkündiger des Christentums nennen.

Mit denjenigen Erkenntniskräften und Empfindungskräften und Glaubenskräften, die heute im Menschen spielen, ist auch das Ereignis von Golgatha in seiner wahren Wesenheit nicht mehr zu durchschauen. Es muß schon durchaus neu gefunden werden. Zur trockenen Mathematik, durch deren Bilder nur der Himmel noch angeschaut wird, ist die Magierweisheit geworden; sie ist innerlich geworden. Das Innerliche muß sich wieder beleben. Es muß gewissermaßen das, was äußerlich ist, wiederum aufbauen von innen her.

Versuchen Sie jetzt, von diesem Gesichtspunkte aus zu verstehen den Inhalt eines solchen Buches, wie es meine «Geheimwissenschaft im Umriß» ist. Die Magier überschauten die Sternenwelten; sie sahen in den Sternenwelten das Geistige, weil sie in das menschliche Erleben vor der Geburt hineinschauen konnten. Das ist abstrakt geworden in unserer Mathematik. Aber dieselben Kräfte, die unsere Mathematik entwickelt, können wiederum verlebendigt werden, verintensiviert werden im imaginativen Anschauen. Dann gebiert sich aus unserem Inneren eine Welt, die wir nun wiederum, obwohl wir sie aus dem Inneren heraus schaffen, als die äußere Welt anschauen, die uns nun wiederum wie Saturn, Sonne, Mond, Erde, Jupiter, Venus, Vulkan ist. Wir sehen den Himmel durch innere Anschauung, wie die Weisen aus dem Morgenlande durch äußere Anschauung die Geheimnisse des Mysteriums von Golgatha wahrgenommen haben. Das Äußere ist innerlich geworden, ist bis zur Abstraktheit der Mathematik gekommen; also muß das Innerliche wiederum erweitert werden zum äußerlichen Weltenall, indem uns wiederum das innerliche Anschauen zu einer neuen Astronomie, zu einer innerlich erlebten Astronomie führt.

Nur durch eine solche Hinwendung zu einem neuen Christus-Verständnis erfüllen wir heute mit einem gewissen Sinn dasjenige, was das Weihnachtsfest ist. Hat denn für die meisten Menschen heute das Weihnachtsfest noch einen besonderen Sinn? Es ist eine sehr schöne Sitte geworden, die noch nicht sehr alt ist, kaum hundertfünfzig Jahre alt, den Weihnachtsbaum zum Symbol des Weihnachtsfestes zu machen. Der Weihnachtsbaum ist ja erst im 19. Jahrhundert heraufgekommen. Was ist er? Man kann sich anstrengen, den Sinn des Weihnachtsbaumes zu finden. Gerade wenn man sich anstrengt und wenn man weiß, wie der Weihnachtsbaum allmählich erwachsen ist, wie er aus dem kleinen Zweige, den zuerst der Knecht Ruprecht, der Nikolaus, zum 6. Dezember in seinem Arme trug, zum Weihnachtsbaum ausgewachsen ist, gerade wenn man die Geschichte des Weihnachtsbaumes verfolgt, kommt man darauf, wie der Weihnachtsbaum doch wieder mit dem Paradiesesbaum unmittelbar etwas zu tun hat. Das menschliche Bewußtsein lenkt sich zum Paradiesesbaum, zu Adam und Eva hin. Was heißt das? Es ist die eine Seite, wie in unserer Zeit das Mysterium von Golgatha wieder verkündet wird.

Man wendet sich vom Mysterium von Golgatha zurück zur Welterschaffung, zu dem Ausgangspunkte der Welt. Man begreift nicht den Sinn der Welterlösung und wendet sich wiederum zum weltschaffenden Gott. Das drückt sich darin aus, daß allmählich verschwindet das eigentliche Weihnachtssymbol, das Krippensymbol, das so großartig da war noch in den Weihnachtsspielen der früheren Jahrhunderte, und indem heraufkommt der Weihnachtsbaum, der eigentlich der Paradiesesbaum ist. Die alte Jahve-Religion trat wiederum an die Stelle der Christus-Religion, und der Weihnachtsbaum ist das Symbolum für dieses Heraufkommen der Jahve-Religion. Nur tritt diese Jahve-Religion vervielfacht auf bei den Menschen. Denn Jahve ist als der Einheitliche mit Recht verehrt worden in einer Zeit, als sein Volk sich eben als das Einheitsvolk fühlte, das nicht über seine Grenzen hinaus sah und in der Erwartung war, daß es einmal ganz die Erde erfüllen würde.

In unserer Zeit reden die Leute vom Christus Jesus und verehren nur den Jahve. Denn in den einzelnen Nationalitäten, das hat sich besonders im Kriege gezeigt, wurde zwar von Christus gesprochen; es war aber nur der ursprüngliche Gott, der in der Vererbung, in der Natur lebende Gott Jahve. Der Weihnachtsbaum auf der einen Seite, die Nationalgötter, die nicht bis zum Christlichen hinaufkamen auf der anderen Seite, waren das, wodurch die Menschen von der Erfassung des Mysteriums von Golgatha zu der Erfassung einer viel früheren Zeit zurückkehrten. In der Geltendmachung des Nationalitätenprinzips, in der Verkündigung, daß die einzelnen Völker ihren Göttern folgen, ist ein Rückschritt vorhanden in die alte Jahve-Religion. Den Christus verleugnen am meisten diejenigen, die ihn in irgendeiner nationalen Form anbeten wollen.

Sehen Sie, was man berücksichtigen muß, das ist, daß in jeder Art von Verkündigung, in der Hirtenverkündigung und in der Magierverkündigung, etwas ganz allgemein Menschliches gegeben ist; denn die Erde ist allen Menschen gemeinschaftlich. Und indem die Hirten die Erdenverkündigung bekommen haben, haben sie eine Verkündigung bekommen, die nicht volksmäßig verschieden sein kann, die nicht volksmäßig sich differenzieren kann. Und indem die Magier die große Sonnen-, die Himmelsverkündigung bekommen haben, haben auch sie ein allgemein Menschliches empfangen. Denn wenn die Sonne zuerst auf dem Territorium des einen Volkes geschienen hat, dann scheint sie auch im Territorium des anderen. Der Himmel ist allen gemeinschaftlich, die Erde ist allen gemeinschaftlich. Das ganz allgemein Menschliche wird mit dem Christentum in der Menschheit rege. Darauf weist auch jene Weihnachtsdarstellung hin, die sich in der zweifachen Verkündigung darstellt. Solche Dinge, die für eine ganz andere Seelenverfassung voll verständlich waren, werden heute erst wiederum verständlich durch die Geisteswissenschaft.

Und wie wird diese Geisteswissenschaft behandelt? – Ja, sie wird sehr sonderbar behandelt gerade von denjenigen, welche sich offizielle Vertreter des Christentums nennen. Es sind gewiß auch eine Anzahl unter Ihnen, welche jene Gruppe in Dornach gesehen haben, mit der Christus-Figur in der Mitte, die am Ostende des Dornacher Goetheanums stehen soll. Sie wissen, wenn ich diese Christus-Figur erkläre, so erkläre ich, wie oben ein ideales Antlitz des Menschen ist, wie es mir erscheint als das wirkliche Antlitz des Christus. Diejenigen, welche die Figur gesehen haben, werden sich erinnern, daß es ein rein menschliches, idealisiertes Angesicht ist. Jetzt ist die Figur etwas weiter gediehen in der letzten Zeit, aber sie war, solange sie gezeigt wurde, bis zur Mitte unten ein Holzklotz, wie ihn die Arbeiter gemacht haben. Denn unten wird namentlich der Wille im Schreiten sich auszudrücken haben. Diese Figur ist umgeben oben von zwei luziferischen Gestalten, die abgesondert sind von der Christus-Gestalt, und unten von zwei ahrimanischen Gestalten. – Nun gibt es einen gewissen Missionsprediger, der den Namen Frohnmeyer trägt. Der hat ein Büchelchen erscheinen lassen über die Theosophie. Das behandelt auch in ganz äußerlicher Weise die Anthroposophie. Da steht – und nicht, als ob dem Manne das irgend jemand gesagt hätte, sondern als ob er selber dagewesen wäre und es sich angesehen hätte –, da steht in dieser Schrift: In Dornach soll ein Christus dargestellt werden, welcher oben luziferische Züge trägt und unten tierische Merkmale.

Ich habe oftmals die Erzählung gehört, daß man in einer ganz besonderen Weise abends manchmal seinen Seelenzustand prüfen kann, indem man, wenn man nach Hause kommt, sich ins Bett legt und den Zylinder auf die Bettdecke legt. Ist der Zylinder einfach vorhanden, so ist man nüchtern, ist er doppelt vorhanden, so ist man entschieden betrunken. – Nun, wer in Dornach die Christus-Figur oben mit luziferischen Zügen sieht und unten mit tierischen Merkmalen, der war gewiß in der Lage eines Mannes, der zwei Zylinderhüte sieht, wenn er einen auf die Bettdecke gelegt hat.

Die Sache hat einen sehr ernsthaften Hintergrund, denn das schreibt ein Mensch, welcher ein christlicher Missionsprediger ist. Das erscheint in einer Schrift, in der andere Sachen stehen von gleichem Wahrheitsgehalt. Der Mann wurde vor einiger Zeit von einer theologischen Fakultät zum Dr. theol. gemacht. Der Mann lehrt an einer theologischen Fakultät, wo er als Dozent eingeschrieben ist. Sie können sich vorstellen, von welchem Wahrheitsgehalt die Lehre eines Menschen durchdrungen sein kann, der ein solches Verhältnis zur Wahrheit hat und der behauptet, er hätte das gesehen, was er da beschreibt.

So steht es heute mit der Wahrhaftigkeit derjenigen, die offiziell das Christentum vertreten wollen. Ich frage Sie: Beweisen nicht gerade diese christlichen, das heißt antichristlichen Vertreter – antichristlich wegen ihres unwahrhaftigen, verlogenen Sinnes – die Notwendigkeit einer Erneuerung des Christentums? Sind diese Leute nicht der lebendige Beweis dafür, daß das Christentum einer Erneuerung bedarf? Vielleicht ist es auch aus diesem Grunde heraus am meisten begreifbar, warum man an diesen Leuten die schärfsten Feinde hat: weil herauskommen soll, was für Christen diese Menschen sind! Das wollen sie natürlich nicht. Sie wollen weiter im trüben fischen, wollen ihre Verleumdungen und Unwahrheiten überall verkündigen und dann selber als Leuchten des Christentums dastehen.

Das sollen wir uns heute ins Herz schreiben: Wir haben nötig, wenn wir an das Weihnachtsmysterium denken, tatsächlich auf eine Geburt hinzuschauen. Wir haben nicht bloß zu schwätzen über das Weihnachtsfest und auch nicht bloß zu schwätzen in unserer Empfindung, sondern wir haben hinzuschauen auf etwas, was in unserer Zeit neu geboren werden muß. Das wahre Christentum, wahrhaftig, es muß neu geboren werden. Wir brauchen ein Welten-Weihnachtsfest! Geisteswissenschaft will sein dasjenige, was ein Welten-Weihnachtsfest unter den Menschen in der richtigen Weise vorbereitet.

Sterne sprachen einst zu Menschen,
Ihr Verstummen ist Weltenschicksal;
Des Verstummens Wahrnehmung
Kann Leid sein des Erdenmenschen;

In der stummen Stille aber reift
Was Menschen sprechen zu Sternen;
Ihres Sprechens Wahrnehmung
Kann Kraft werden des Geistesmenschen.

UR-WEIHENACHT

In der Zeiten Wende
Trat das Welten-Geistes-Licht
In den irdischen Wesensstrom;
Nacht-Dunkel
Hatte ausgewaltet;
Taghelles Licht
Erstrahlte in Menschenseelen;
Licht,
Das erwärmet
Die armen Hirtenherzen;
Licht,
Das erleuchtet
Die weisen Königshäupter –

Göttliches Licht,
Christus-Sonne,
Erwärme
Unsere Herzen;
Erleuchte
Unsere Häupter;
Daß gut werde,
Was wir
Aus Herzen gründen,
Was wir
Aus Häuptern
Zielvoll führen wollen.

WELTEN-NEUJAHR

DAS TRAUMLIED VOM OLAF ÅSTESON

Dornach, 31. Dezember 1914
Feier zum Jahresende

Wir beginnen diese Feier unseres Jahresschlusses damit, daß uns Frau Dr. Steiner die schöne norwegische Legende von Olaf Åsteson zum Vortrag bringen wird, von jenem Olaf Åsteson, der, als die Weihnachtszeit herannahte, in eine Art von Schlaf verfiel, welcher dreizehn Tage dauerte: die heiligen dreizehn Tage, die wir ja bei verschiedenen unserer Betrachtungen kennengelernt haben. Während dieses Schlafes hatte er wichtige Erlebnisse, von denen er dann, als er wieder erwachte, zu erzählen wußte.

Wir haben verschiedene Betrachtungen angestellt, die uns darauf aufmerksam machen konnten, wie wir durch die geisteswissenschaftliche Weltanschauung in einer anderen Weise alte Erkenntnisschätze für die menschliche Erkenntnis wieder gewinnen, die in vergangenen Tagen gewußt worden sind von den Menschen als dasjenige, was den geistigen Welten angehört. Immer wieder und wieder werden wir durch das eine oder andere auf dieses vorweltliche Wissen von den geistigen Welten stoßen, und immer wieder werden wir daran erinnert, daß dieses Wissen der Vorzeit darauf beruhte, daß der Mensch vermöge seiner früheren Organisation in einem solchen Zusammenhang stehen konnte mit dem ganzen Weltenall und seinem Geschehen, daß, wie wir uns in unserer Sprache ausdrücken, der menschliche Mikrokosmos eintauchte in die Gesetzmäßigkeit, in das Geschehen des Makrokosmos, und daß er bei diesem Eintauchen in den Makrokosmos Erlebnisse haben konnte über Dinge, die sein Seelenleben innig angehen, die ihm aber verborgen bleiben müssen, solange er auf dem physischen Plane als Mikrokosmos wandelt und nur mit derjenigen Erkenntnis ausgestattet ist, die den Sinnen und dem an die Sinne gebundenen Verstande gegeben ist.

Wir wissen ja, wie nur eine materialistische Weltanschauung des Glaubens sein kann, daß allein der Mensch innerhalb der Weltenordnung mit einem Erkenntnis-, Gefühls- und Willensvermögen begabt sei, während man anerkennen muß vom Standpunkte einer spirituellen Weltanschauung, daß ebenso, wie es unterhalb der Menschenstufe Wesenheiten gibt, es auch Wesenheiten gibt oberhalb der menschlichen Stufe des Denkens, Fühlens und Wollens. In diese Wesenheiten kann sich der Mensch einleben, wenn er eben als Mikrokosmos im Makrokosmos untertaucht. Wir müssen aber dann von diesem Makrokosmos so sprechen, wie wenn er nicht nur ein Raumesmakrokosmos sei, sondern wie wenn die Zeit in ihrem Verlaufe Bedeutung habe im Leben des Makrokosmos. Wie der Mensch sich zurückziehen muß von all den Eindrücken, die auf seine Sinne ausgeübt werden können aus seiner Umgebung, wie er gleichsam um sich herum durch das Abschließen seiner Sinneswahrnehmung Finsternis erzeugen muß, um im Inneren das Licht des Geistes anzuzünden, wenn er in die Tiefen seiner Seele hinuntersteigen will, so muß derjenige Geist, den wir als den Erdgeist bezeichnen können, abgeschlossen sein von den Eindrücken des übrigen Kosmos. Es muß das geringste Maß von Wirkungen von dem äußeren Kosmos auf den Erdgeist ausgeübt werden, damit der Erdgeist selber sich innerlich konzentrieren, seine Fähigkeiten innerlich zusammenziehen kann. Denn dann werden die Geheimnisse entdeckt, die der Mensch deshalb durchzumachen hat mit diesem Erdgeist, weil die Erde als Erde aus dem Kosmos herausgesondert ist.

Solch eine Zeit, wo das größte Maß der Eindrücke vom äußeren Makrokosmos auf die Erde ausgeübt wird, ist die Sommersonnenwendezeit, die Johannizeit. Es erinnern uns daher viele Nachrichten aus alten Zeiten, die an Festesdarstellungen und Festesbegehungen anknüpfen, wie solche Feste inmitten der Sommerzeit stattfanden, wie die Seele in der Mitte des Sommers dadurch, daß sie sich des Ich entäußert und aufgeht im Leben des Makrokosmos, trunken hingegeben ist den Eindrücken vom Makrokosmos.

Aber umgekehrt erinnern uns die legendarischen oder sonstigen Darstellungen desjenigen, was in der Vorzeit erlebt werden konnte dann, wenn das geringste Maß der Eindrücke vom Makrokosmos zur Erde kommt, daran, daß der Erdgeist, in sich konzentriert, die Geheimnisse des Erdenseelenlebens im unendlichen All erlebt, und daß der Mensch, wenn er sich hineinbegibt in dieses Erleben zu der Zeit, in welcher am wenigsten Licht und Wärme gesendet wird aus dem Makrokosmos zur Erde, dann die heiligsten Geheimnisse miterlebt. Daher wurden diese Tage um die Weihnachtszeit herum immer so heilig gehalten, weil der Mensch, als er in seinem Organismus noch die Fähigkeit hatte, mitzuerleben das Erdenerleben in der Zeit, wo es am konzentriertesten ist, mit dem Erdgeist zusammensein konnte.

Olaf Åsteson, Olaf der Erdensohn, erlebt in diesen dreizehn kürzesten Tagen, indem er entrückt ist in den Makrokosmos, mancherlei Geheimnisse des Weltenalls. Und die nordische Legende, die in neuerer Zeit wieder ausgegraben worden ist aus alten Nachrichten, berichtet uns von den Erlebnissen, die Olaf Åsteson hatte zwischen der Weihnachts- und Neujahrszeit bis zum 6. Januar. Und wir haben wohl Veranlassung, meine lieben Freunde, öfter zu gedenken dieser alten Art des Einlebens des Mikrokosmos in den Makrokosmos; unsere Betrachtung wird ja an solche Dinge dann anknüpfen können. Vorerst aber wollen wir hören die Legende von Olaf dem Erdensohn, der in der Zeit, in der wir jetzt sind, die Geheimnisse des Weltendaseins erlebte dadurch, daß er mit dem Erdgeist zusammenlebte. Hören wir also diese Erlebnisse:

(Es folgt die Rezitation des Traumliedes, siehe S. 344)

Meine lieben Freunde, wir haben gehört, wie Olaf Åsteson entschlief in jenem Schlaf, der für ihn eine Offenbarung werden sollte der Geheimnisse derjenigen Welten, die dem Sinnenleben, dem gewöhnlichen Leben auf dem physischen Plane entzogen sind. Wir haben in der Legende erhalten die Kunde von jenen alten Erkenntnissen, von jenen alten Einsichten in die geistigen Welten, die wieder errungen werden sollen durch dasjenige, was wir die geisteswissenschaftliche Weltanschauung nennen.

Oftmals ist angeführt worden der Ausspruch, der durch alle

Kundgebungen hindurch geht, die von dem Eintritt der Menschenseele in die geistige Welt handeln, und der da besagt, daß der Mensch erst dann die geistige Welt schauen kann, wenn er mit seinem Erleben an die Pforte des Todes kommt und dann untertaucht in die Elemente. So daß er die Elemente des Erdendaseins nicht so um sich herum hat, wie sie im gewöhnlichen Leben des physischen Planes um ihn herum sind als die Erde, das Wasser, die Luft, das Feuer, sondern daß er herausgehoben ist über diese Außenseite, diese sinnliche Außenseite der Elemente, und untertaucht in dasjenige, was diese Elemente sind, wenn man sie ihrer wahren Natur, ihrer echten, wahren Natur nach kennenlernt, wo Wesen in ihnen anwesend sind, die im Zusammenhange stehen mit dem Erleben der Menschenseele.

Daß Olaf Åsteson etwas von diesem Untertauchen in die Elemente erlebte, man konnte es noch nachspüren da, wo zunächst erzählt wird, wie Olaf an die Gjallarbrücke kommt, und wie er über die Brücke wandelt in den Wegen der geistigen Welt, die weithin sich dehnen. Wie anschaulich wird uns geschildert das Erlebnis mit dem Erdenelement, wird dargestellt, wie er in das Erdenelement eintaucht. Das wird bis zu jener Anschaulichkeit gebracht, die uns sagt, daß er wie Tote, die in Gräbern liegen, selbst Erde im Munde fühlt. Und deutlich wird uns dann angedeutet, wie er das Wasserelement durchlebt und alles dasjenige, was im Wasserelement erlebt werden kann, wenn man dieses Wasserelement zugleich mit seinem moralischen Inhalt erlebt. Dann wiederum wird angedeutet, wie der Mensch zusammenkommt mit dem Feuerelement, mit dem Luftelement.

Das alles ist in einer wunderbar anschaulichen Weise geschildert und zusammengebracht in dem Erleben des Zusammenseins der Menschenseele mit den Geheimnissen der geistigen Welt. Die Legende ist später aufgefunden worden; sie ist gesammelt worden da, wo sie noch lebte im Munde des Volkes. Und es ist manches in dieser Legende, so wie sie heute ist, nicht mehr so, wie es ursprünglich war. Ursprünglich war ohne Zweifel erst die anschauliche Schilderung der Erlebnisse im Erdengebiete, dann der Erlebnisse im Wassergebiete. Und dann waren die Erlebnisse im Luft- und im Feuergebiete wohl noch viel differenzierter, als es der Fall ist in dem schwachen Nachklange, der nach Jahrhunderten aufgefunden worden ist und der uns heute vorliegt.

Ebenso war zweifellos viel großartiger und weniger sentimental der Schluß, der gar nicht mehr, so wie er heute dasteht, an die ursprünglich ungeheuer grandiose Sprache erinnert, an das übermenschlich Ergreifende, das in solchen Volkslegenden lag, während der heutige Schluß eben nur menschlich ergreifend ist; ergreifend deshalb, weil er mit so tiefen Geheimnissen des Makrokosmos und des menschlichen Erlebens im Zusammenhange steht.

In solchen Zeiten, wie diejenige ist, in der wir jetzt leben, in solchen Jahreszeiten, wenn wir sie richtig verstehen, ist viel Veranlassung gegeben, zu gedenken der Tatsache, daß die Menschheit – allerdings mit einem anders gearteten, mehr dumpfen, dämmerigen Erkennen – in der Vorzeit durchdrungen war von einem Wissen, das verloren gegangen ist und das wieder errungen werden muß. Und da kann vor unsere Seele die Frage wiederum hintreten: Müssen wir es nicht, da wir heute schon erkennen können, wie ein solches Wissen wiederum zum Heil der Menschheit kommen muß, als eine unserer dringendsten Aufgaben betrachten, alles zu tun, was ein solches Wissen herbeiführen kann, was die jetzige Menschheitskultur mit einem solchen Wissen durchdringen kann?

Mancherlei wird notwendig sein, damit in der richtigen Weise dieser eben angedeutete Umschwung im ganzen menschlichen, ich möchte jetzt sagen, Weltanschauungsfühlen eintreten kann. Vor allen Dingen wird eines notwendig sein – eines sage ich, denn es ist eines unter vielen, aber man kann immer nur eines nehmen –: Notwendig wird sein, daß sich die Menschenseelen aneignen auf dem Boden unserer geisteswissenschaftlichen Weltanschauungsströmung Ehrfurcht und Hingebung gegenüber dem, was in uralten Zeiten in alter Art gewußt worden ist von den großen Geheimnissen des Daseins. Zu der Empfindung wird man gelangen müssen, wie es in den materialistischen Zeiten versäumt worden ist, diese Ehrfurcht und diese Hingebung in der Seele zu entwickeln.

Eine Empfindung wird man davon bekommen müssen, wie trocken und nüchtern diese materialistische Zeit ist, und wie hochmütig auf die Verstandeserkenntnis die Menschheit in den ersten Jahrhunderten der fünften nachatlantischen Kulturperiode dagestanden hat vor den Offenbarungen alter Religions- und alter Wissensüberlieferungen, die wahrhaftig, wenn man mit der nötigen Ehrfurcht ihnen naht, ahnen lassen, daß tiefe, tiefe Weisheit in ihnen ruht. Wie ehrfurchtslos im Grunde genommen stehen wir heute auch vor der Bibel! Ich will gar nicht sprechen von jener Art moderner Greuelforschung, welche die ganze Bibel zerzaust und zerfasert. Ich will nur sprechen von der nüchternen, trockenen Art, wie wir heute, gleichsam ausgerüstet nur mit Sinnenerkenntnis und den gewöhnlichen Verstandeskräften, uns der Bibel nahen, und wie wir nicht mehr eine Empfindung aufbringen können für die ungeheure Größe menschlicher Anschauung, die aus manchen Stellen uns entgegentritt. Auf eine Stelle aus dem 2. Mosesbuche, 33. Kapitel, Vers 18, möchte ich hinweisen:

Und Moses spricht zu Gott: «Zeige mir doch die Gestalt deiner Offenbarung.»

Worauf Jehova sprach: «Ich will vorüberziehen lassen alle meine Güte an deinem Angesicht, und ich will rufen den Namen Jehovas vor dir und will gnadevoll sein dem, den ich begnaden darf, und will Erbarmen üben mit dem, mit dem ich Erbarmen üben darf.»

Dann aber spricht Jehova: «Du kannst mein Antlitz nicht sehen, denn mich sieht kein Mensch, der dann noch lebend bleiben kann.»

Und es spricht Jahve: «Hier ist ein Ort bei mir, stelle dich auf den Felsen, und wenn meine Herrlichkeit vorüberzieht, so will ich dich in eine Höhlung des Felsens stellen und meine Hand über dich decken, bis ich vorüber bin. Wenn ich dann meine Hand entferne, so wirst du meine Rückseite sehen, aber mein Antlitz kann nicht geschaut werden.»

Wenn man zusammennimmt so manches, was in den verflossenen Jahren unseres geisteswissenschaftlichen Strebens in unsere

Seelen und unsere Herzen hineinziehen konnte, und sich naht dieser Stelle, dann kann man die Empfindung haben: Ja, was spricht denn da für eine unendliche Weisheit aus dieser Stelle, und wie taub sind die Menschenohren des materialistischen Zeitalters, daß sie so gar nichts vernehmen können von der unendlich tiefen Weisheit, die aus dieser Stelle spricht. – Ich möchte zugleich die Gelegenheit ergreifen, Sie hinzuweisen auf ein Büchelchen, das erschienen ist mit dem Titel «Worte Mosis» in Bruns' Verlag in Minden in Westfalen, und zwar deshalb, weil manches in diesem Büchelchen aus den Fünf Büchern Moses besser übersetzt ist als in andern Ausgaben. Es hat sich da Dr. Hugo Bergmann, welcher der Herausgeber der «Worte Mosis» ist, für die Interpretation viele Mühe gegeben.

Daß im Grunde genommen der Mensch sich aneignen müsse eine ganz andere Art des Sich-Verhaltens zur Welt, wenn er in die geistigen Welten eintauchen will, als das Verhalten zur Sinnenwelt ist, das haben wir öfter hervorgehoben. Die Sinneswelt hat der Mensch um sich. Er schaut hin auf die Sinneswelt, er sieht sie in ihren Farben und Formen, hört ihre Töne. Die Sinneswelt ist da, wir stehen ihr gegenüber; sie wirkt auf uns, wir nehmen sie in der Wahrnehmung auf, wir denken über sie nach. So ist unser Verhalten zur Sinneswelt. Wir sind passiv; sie arbeitet sich gleichsam in unsere Seele hinein. Wir denken über die Sinneswelt, wir stellen die Sinneswelt vor.

Ganz anders ist unser Verhalten, wenn wir uns hinaufleben in die geistige Welt. Darin besteht eine der Schwierigkeiten, richtige Vorstellungen zu gewinnen über das, was der Mensch erlebt, wenn er in die geistige Welt eintritt. Ich habe versucht, einige dieser Schwierigkeiten zu charakterisieren in dem Büchelchen «Die Schwelle der geistigen Welt.» Wir stellen die Sinneswelt vor, wir denken über die Sinneswelt. Wenn wir alles das durchmachen, was derjenige durchzumachen hat, der den Pfad der Initiation gehen will, dann tritt etwas ein, was man so charakterisieren kann: Wie die Dinge um uns herum sich zu uns verhalten, so verhalten wir uns selber zu den Wesenheiten der höheren Hierarchien: die stellen uns vor, die denken uns. Wir denken die Gegenstände außer uns, die Mineralien, Pflanzen und Tiere; sie werden unsere Gedanken. Wir wiederum sind die Vorstellungen, Gedanken und Wahrnehmungen der Geister der höheren Hierarchien. Wir werden zu den Gedanken der Angeloi, Archangeloi, Archai und so weiter. Wir werden aufgenommen von ihnen, wie wir selber aufnehmen die Pflanzen, Tiere und Menschen. Und wir müssen uns geborgen fühlen, indem wir uns sagen können: Es denken uns die Wesen der höheren Hierarchien, sie stellen uns vor. Diese Wesen der höheren Hierarchien ergreifen uns mit ihren Seelen. Ja, wir können uns geradezu vorstellen: Indem jener Olaf Åsteson vor dem Kirchentor einschlief, wurde er eine Vorstellung der Geister der höheren Hierarchien, und während er schlief, erlebten die Wesen der höheren Hierarchien dasjenige, was erleben die Wesen des Erdgeistes, der für uns ja eine Pluralität ist. Und indem Olaf Åsteson wieder heruntersinkt in die physische Welt, erinnert er sich an dasjenige, was die Geister der höheren Hierarchien in ihm erlebt haben.

Stellen wir uns einmal vor: wir begeben uns auf den Pfad der Initiation. Wie können wir uns verhalten zu den geistigen Welten, in die wir als in eine Summe von geistigen Wesenheiten der höheren Hierarchien unseren Einzug halten wollen? Wie können wir uns zu ihnen verhalten? – Wir können sie ansprechen und können zu ihnen sagen: Wie gelangen wir in euch hinein, wie offenbart ihr euch uns? – Und dann, wenn wir Verständnis gewonnen haben für die andere Art des Verhaltens der Menschenseele zu den höheren Welten, wird uns gewissermaßen entgegentönen aus den geistigen Welten: Ja, so wie du die Sinneswelt wahrnimmst, daß sie vor deinem Blicke erscheint, vor deinen Sinnen auftritt, so kannst du die geistige Welt nicht wahrnehmen. Wir müssen dich vorstellen, und du mußt dich in uns empfinden. Du mußt dich so empfinden, wie der Gedanke, den du in der Sinneswelt denkst, sich erleben würde, wenn er sich in dir erleben könnte. Du mußt dich hingeben der geistigen Welt, dann wird in dich einziehen alles das, was sich dir offenbaren kann an Wesenheiten der höheren Hierarchien. Dann wird es in deine Seele einfließen und gnadevoll in deiner Seele leben, wie du in deinen Gedanken lebst, wenn du über die Sinneswelt denkst. Wenn dich die geistige Welt begnadigen will, dann wird sie dich durchdringen mit ihrer Liebe, wenn sie sich deiner erbarmen und dich mit ihrer Liebe durchdringen will.

Denn du mußt nicht glauben, daß du dich den geistigen Wesen so gegenüberstellen kannst wie der sinnlichen Welt. Wie Moses in die Höhlung gehen mußte, so mußt du in die Höhlung der geistigen Welt dich hineinbegeben. Du mußt dich da hineinstellen. Wie der Gedanke in dir lebt, so mußt du dich in die geistigen Wesen hineinleben. Du mußt selber als Weltgedanke in dem Makrokosmos darinnen leben. Das, was du so erlebst, von selbst zu erleben, das kannst du nicht während deines Erdenlebens zwischen der Geburt und dem Tode; das kannst du nur nach dem Tode, wenn du gestorben bist. Niemand kann die geistige Welt so erleben, bevor er gestorben ist. Aber vorüberziehen kann an dir die geistige Welt, dich begnadigen, dich mit ihrer Liebe durchfluten. Und dann, wenn du nachher oder während du darinnen bist in dieser geistigen Welt, dein Erdenbewußtsein entwickelst, dann erglänzt dir herein in dein Erdenbewußtsein dasjenige, was die geistige Welt ist.

Wie der Gegenstand draußen ist und der Mensch dem Gegenstande gegenübersteht, wie der Gegenstand hineinragt in sein Bewußtsein und dann darinnen ist (Zeichnung 1),

Zeichnung 1

so ist der Mensch mit seiner Seele in der Höhlung der geistigen Welt (Zeichnung 2).

Zeichnung 2

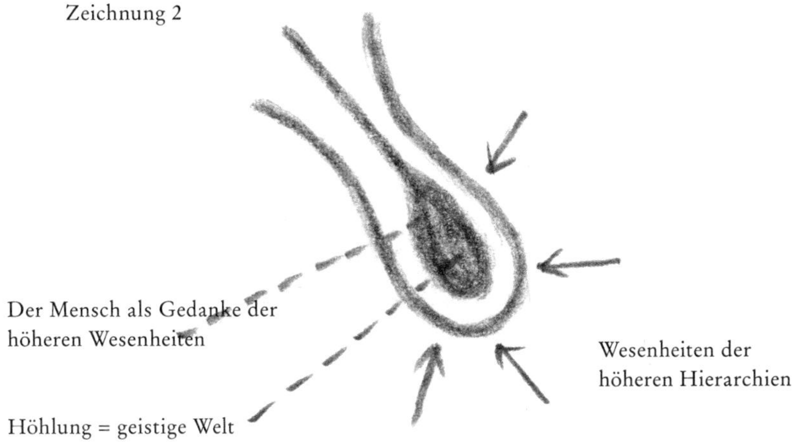

Die geistige Welt zieht durch ihn durch. Hier ist der Mensch vor den Dingen. Wenn der Mensch eingeht in die geistige Welt, sind die Wesenheiten der höheren Hierarchien hinter ihm. Da kann er nicht ihr Angesicht sehen, so wie die Gedanken nicht unser Antlitz sehen, wenn sie in uns sind. Das Antlitz ist vorn; die Gedanken sind dahinter, sie sehen nicht das Antlitz. Das ganze Geheimnis der Initiation ruht in den Worten, die Jahve zu Moses spricht:

Und Moses spricht zu Gott: «Zeige mir doch die Gestalt deiner Offenbarung.»

Worauf Jehova sprach: «Ich will vorüberziehen lassen alle meine Güte an deinem Angesicht, und ich will rufen den Namen Jehovas vor dir und will gnadevoll sein dem, den ich begnaden darf, und will Erbarmen üben mit dem, mit dem ich Erbarmen üben darf.»

Dann aber spricht Jehova: «Du kannst mein Antlitz nicht sehen, denn mich sieht kein Mensch, der dann noch lebend bleiben kann.»

– An die Pforte des Todes kommt man ja durch die Initiation.

Und es spricht Jahve: «Hier ist ein Ort bei mir, stelle dich auf den Felsen, und wenn meine Herrlichkeit vorüberzieht, so will ich dich in eine Höhlung des Felsens stellen und meine Hand über dich decken, bis ich vorüber bin. Wenn ich dann meine Hand entferne, so wirst du meine Rückseite sehen, aber mein Antlitz kann nicht geschaut werden.»

Es ist die entgegengesetzte Art, wie man die Sinneswelt wahrnimmt. Man muß vieles von dem, was man sich durch Jahre hindurch erwirbt an geisteswissenschaftlichem Streben, aufbringen, um in der richtigen Weise in Ehrfurcht und Hingabe vor einer solchen Offenbarung zu stehen. Dann aber kommt allmählich immer mehr und mehr dieses Gefühl der Ehrfurcht gegenüber diesen Offenbarungen in die Menschenseele hinein, und unter dem mancherlei, was wir brauchen, damit der angedeutete Umschwung in der geistigen Menschheitskultur hervortreten kann, ist diese Ehrfurcht, diese Hingebung.

Die Zeit, in welcher das geringste Maß von Eindrücken aus dem Makrokosmos zur Erde kommt, die Zeit von Weihnachten bis über das Neujahr hinaus, ungefähr bis zum 6. Januar, ist wohl geeignet, daß man sich nicht nur erinnere an das Gegenständliche der geistigen Erkenntnis, sondern an die Empfindungen, die wir in uns entwickeln müssen durch das Aufnehmen der Geisteswissenschaft. Wahrhaft leben wir uns also wieder hinein in den Erdgeist, mit dem wir zusammen doch eine Ganzheit bilden, und mit dem lebte das alte, hellseherische Erkennen, wie es uns etwa in dieser Legende von Olaf Åsteson dargestellt ist. Ehrfurcht und Hingebung gegenüber dem geistigen Leben hat die Menschheit des materialistischen Zeitalters vielfach verlernt. Notwendig ist es vor allen Dingen, darauf zu achten, daß diese Ehrfurcht und diese Hingebung wiederum kommt, denn nur dadurch werden wir die Stimmung entwickeln können, die uns auch in der richtigen Weise an die neue Geisteswissenschaft heranbringt. Vorerst ist immer noch jene Stimmung da, welche an diese Geisteswissenschaft so herantritt, wie man an die andere, gewöhnliche Wissenschaft herantritt. In dieser Beziehung muß aber eine gründliche Umkehr stattfinden.

Dadurch, daß der Menschheit verloren gegangen ist die Einsicht in die geistige Welt, ist auch verloren gegangen das richtige Verhältnis des Menschen zum ganzen Menschenwesen, zur Menschheit. Die materialistische Weltanschauung erzeugt chaotische Empfindungen über das Weltendasein. Diese chaotischen Empfindungen über das Welt- und Menschheitsdasein mußten hereinbrechen in der Zeit des Materialismus. Nehmen wir eine Zeit – und diese Zeit ist die unsrige: es sind die ersten Jahrhunderte der fünften nachatlantischen Kulturperiode –, wo man so gar keine wirkliche Ahnung mehr davon hatte, daß des Menschen Wesen ein dreifaches ist: das leibliche, das seelische und das geistige Wesen. Denn wahrhaftig, so ist es: Dasjenige, was für uns schon zu den ersten Elementen des geisteswissenschaftlichen Erkennens gehören muß, die Dreigliederung des Menschen in Leib, Seele und Geist, – es fehlte von den ersten vier Jahrhunderten der fünften nachatlantischen Kulturperiode an bis in unsere Zeit hinein jede Ahnung davon. Der Mensch war eben Mensch, und alles Sprechen über eine menschliche Gliederung von der Art, wie wir sie haben in Leib, Seele und Geist, galt als törichte, phantastische Rederei.

Man könnte glauben, daß diese Dinge nur bedeutsam sind für die Erkenntnis. Das sind sie aber nicht. Sie sind nicht allein bedeutsam für die Erkenntnis, sondern sie sind auch bedeutsam für die ganze Art, wie sich der Mensch in das Leben hineinstellt. Im dritten Jahrhundert der neuzeitlichen Entwicklung – oder auch, wie wir in unserer Sprache sagen, der Entwicklung der fünften nachatlantischen Kulturperiode –, brachen in diese Zeit hinein drei gewaltige Worte, in denen diese Zeit gewissermaßen verstand oder wenigstens zu verstehen versuchte das Zentrum menschlichen Wollens im Erdenerleben. Drei Worte, die bedeutsam sind, die aber ihre Eigentümlichkeit erhielten dadurch, daß sie in der Zeit in die Menschheit hineinbrachen, in welcher man nichts wußte von der Dreigliederung der menschlichen Natur. Die Menschheit hörte von Freiheit, Gleichheit und Brüderlichkeit.

Daß diese Worte hineintönten in einer bestimmten Zeit in die neuzeitliche Kultur, war eine tiefe Notwendigkeit. Verstehen wird man diese Worte wirklich erst, wenn man die dreifache Gliederung der menschlichen Natur verstehen wird, weil man dann erst wissen wird, welche Bedeutung diese Worte für die Menschennatur, im wahren Sinne des Wortes, haben können. Solange man mit jenen chaotischen Empfindungen diese drei Worte erfüllt, die da ausgehen von dem Gedanken: Mensch ist Mensch, und die Dreigliederung des Menschen ist ein törichtes Wahngebilde! – so lange kann der Mensch auch nicht innerhalb des Gebietes der Richtlinie dieser drei Worte sich zurechtfinden. Denn so, wie uns die drei Worte entgegentreten, können sie nicht unmittelbar, man möchte sagen, auf gleichen Niveauflächen des menschlichen Erlebens angewendet werden. Das können sie nicht. Einfache Erwägungen, die Ihnen vielleicht deshalb, weil sie so einfach sind, nicht gleich in dem Schwerwiegenden, das sie bedeuten, vor das Seelenauge treten werden, können Ihnen andeuten, wie auf der gleichen Niveaufläche des Lebens das, was diese drei Worte bedeuten, in ernste Lebenskonflikte geraten kann.

Nehmen wir zunächst das Gebiet, in dem uns auf die natürlichste Weise der Welt die Brüderlichkeit entgegentritt. Nehmen wir die menschliche Blutsverwandtschaft, die Familie, wo wir die Brüderlichkeit nicht erst herzustellen brauchen, wo sie dem Menschen naturgemäß angeboren ist, und bedenken wir, wie es zu unseren Empfindungen spricht, wenn wir sehen können, daß in einer Familie echte, wahre Brüderlichkeit herrscht, daß alles brüderlich verbunden ist. Aber jetzt – ohne daß wir in geringstem Maße etwas zu dämpfen brauchen von der wundervollen Empfindung, die wir von dieser Brüderlichkeit haben können – werfen wir den Blick hinein, um zu sehen, was innerhalb der Brüderlichkeit der Familie entstehen kann, gerade wegen der Brüderlichkeit der Familie. Ein Glied kann in der Familie sein, welches sich gerade wegen der innerhalb der Familie gerechtfertigten Brüderlichkeit nicht wohlfühlt, sich heraussehnt aus der Brüderlichkeit der Familie, weil es fühlt, daß es die Seele nicht entfalten kann in der Brüderlichkeit der Familie, weil es fühlt, daß es heraus muß zur freien Entfaltung der Seele aus der Familie, in der es so brüderlich leben kann. Wir sehen: die Freiheit, die freie Entfaltung des Seelenlebens, kann in Konflikt kommen mit der allerbestgemeinten Brüderlichkeit.

Selbstverständlich kann der Oberflächling sagen, das wäre nicht die rechte Brüderlichkeit, die mit der Freiheit einer Seele innerhalb der Brüderlichkeit sich nicht verträgt Aber sagen kann man alles, was sich vorstellen läßt. Man kann sagen, daß sich alles miteinander verträgt, daran ist ja gar kein Zweifel. Ich habe neulich einmal eine Dissertation in die Hand bekommen. Unter den Thesen, die da zu verteidigen waren, war die These aufgestellt: Ein Dreieck ist ein Viereck. Man kann natürlich auch das verteidigen – ja, man kann es sogar streng beweisen, daß ein Dreieck ein Viereck ist! So kann man auch voll beweisen, daß Brüderlichkeit und Freiheit vereinbar sind. Aber darum handelt es sich nicht, sondern es handelt sich darum, wie um der Freiheit willen manches Gebiet der Brüderlichkeit verlassen werden muß und auch verlassen wird. So könnten wir noch manches andere anführen.

Wenn man die Diskrepanzen zwischen Brüderlichkeit und Gleichheit aufzählen wollte, so würde man sehr lange darüber reden müssen. Selbstverständlich, in abstracto kann man sich wieder vorstellen: alle können gleich sein, – und kann zeigen, daß sich Brüderlichkeit und Gleichheit vertragen. Aber es handelt sich nicht um Abstraktionen, sondern um die Beobachtung der Wirklichkeit, wenn wir es mit dem Leben ernst und ehrlich nehmen. In dem Augenblicke, da wir wissen, daß die menschliche Wesenheit aus dem Leiblichen, das auf dem physischen Plane sich auslebt, besteht, aus dem Seelischen, das in der Seelenwelt eigentlich sich auslebt, und aus dem Geistigen, das in der geistigen Welt sich auslebt, in diesem Augenblicke eröffnet sich auch die richtige Perspektive für den Zusammenhang der drei gewaltigen Worte, die wir angeführt haben. Brüderlichkeit ist das wichtigste Ideal für die physische Welt. Freiheit für die Seelenwelt, und insofern der Mensch in der

Seelenwelt darinnensteht, sollte man sprechen von der Freiheit der Seele, das heißt von einem solchen sozialen Zustande, welcher der Freiheit der Seele volle Gewähr leistet. Und wenn man bedenkt, daß wir, jeder von uns, streben müssen von unserem individuellen Standpunkte aus nach Geist-Erkenntnis, nach der Entwicklung unseres Geistes, um mit dem Geiste im Geisterland darinnen zu stehen, so wird uns sehr bald vor das geistige Auge treten, wohin wir kämen mit unserer Geistauffassung, wenn jeder nur auf seinem eigenen Wege suchte und jeder zu einem ganz andern Geistesinhalt käme!

Wir können uns überhaupt als Menschen nur im Leben zusammenfinden, wenn wir – jeder für sich selber – den Geist suchen und zuletzt zu einem gleichen geistigen Inhalte kommen können; von der Gleichheit des Geisteslebens kann gesprochen werden; von Brüderlichkeit auf dem physischen Plane und in bezug auf alles das, was mit den Gesetzen des physischen Planes zusammenhängt und in die Menschenseele sich hineinlebt von dem physischen Plane aus. Freiheit in bezug auf alles das, was sich als Gesetze der Seelenwelt in die menschliche Seele hineinlebt; Gleichheit in bezug auf alles, was von den Gesetzen des Geisterlandes in die menschliche Seele sich hineinlebt.

Sie sehen, ein Weltenneujahr muß angehen, in dem eine Sonne wachsen wird in bezug auf ihre wärmende und leuchtende Kraft: jene Sonne, welche für manches, was in der Zeit der Verdunkelung zwar lebt, aber unverstanden lebt, die leuchtende Wärme geben muß. Das ist gerade das Eigentümliche unserer Zeit, daß manches erstrebt, manches ausgesprochen wird, ohne daß es verstanden wird.

Aber auch dieses kann uns zur Ehrfurcht führen und zur Hingebung gegenüber der geistigen Welt. Denn wenn wir bedenken, daß viele im dritten Jahrhundert der fünften nachatlantischen Periode die Worte Brüderlichkeit, Freiheit und Gleichheit erstrebten und ausgesprochen haben, ohne daß sie im Grunde genommen verstanden wurden, dann haben wir schon die Möglichkeit, zu verstehen und eine Antwort zu finden auf die Frage: Woher also sind diese Worte gekommen?

Die göttlich-geistige Weltenordnung hat sie zunächst im voraus der noch nicht verstehenden Menschenseele eingeimpft, damit sich diese an solchen Leitworten hinaufranke zum wahren Weltverständnis. Selbst in solchen Tatsachen können wir die weisheitsvolle Führung in der Weltenevolution beobachten. In uns mehr oder weniger fern- oder naheliegenden Zeiten können wir überall diese Führung beobachten; beobachten, wie wir oftmals erst hinterher einsehen, daß das, was wir vorher gemacht haben, eigentlich weisheitsvoller war, als wir es mit der damaligen Weisheit, die wir beherrscht haben, hätten machen können. Ich habe darauf aufmerksam gemacht gleich im Beginne meiner Schrift über «Die geistige Führung des Menschen und der Menschheit».

Aber wenn Sie so etwas nehmen wie die Tatsache, daß in die Weltentwicklung, in die Entwicklung des Menschen hinein Richtungsworte fallen, die erst nach und nach verstanden werden können, dann werden Sie wohl aufmerksam werden auf ein Bild, das man gebrauchen kann, wenn man diese abgelaufene Periode der fünften nachatlantischen Kulturepoche charakterisieren will. Sie ist nämlich wirklich in bezug auf gewisse Dinge zu vergleichen mit der Zeit des Advents, wo die Zeiten des Tageslichtes immer kürzer und kürzer werden. Und nun tritt die Entwicklung in dieser unserer Zeit, in der wir wiederum etwas wissen können von den Offenbarungen der geistigen Welt, in die Phase ein, in der wir die Vorstellung gewinnen können, daß die lichtvollen Zeiten länger und länger werden und wir davon sprechen können, daß uns dieser Zeitenlauf wirklich analog erscheinen kann den dreizehn Tagen und dem Wiederhineinleben in die wieder wachsenden Tage.

Aber die Sache geht noch tiefer. Es ist nicht richtig, ganz und gar nicht richtig, wenn wir nur böse Worte finden für die materialistische Zeit der letzten vier Jahrhunderte. Es kam ja diese neue Zeit dadurch herauf, daß man die großen Entdeckungen und Erfindungen machte, wie man sie eben «groß» nennt im materialistischen Zeitalter, zum Beispiel, daß man die Erde umschiffte, Länder entdeckte, die man früher nicht gekannt hat, daß man begann, die Erde zu kolonisieren. Das war der Beginn der materiellen Kultur. Und dann rückte nach und nach die Zeit heran, in der man fast erstickte in der materiellen Kultur. Die Zeit kam herauf, wo man alles, was man an geistigen Kräften hatte, zum Begreifen und Erfassen des materiellen Lebens anwendete. Immer mehr und mehr wurde vergessen, wie wir gesehen haben, dasjenige, was an Einblicken und Einsichten, an Schauungen in die geistige Welt aus alten Erkenntnissen vorhanden war.

Aber es ist nicht richtig, wenn man nur böse Worte für die materialistische Zeit hat. Richtig ist vielmehr ein anderes: richtig ist, wenn man bedenkt, daß diese Menschenseele in ihrem wachen Teile materialistisch gedacht, materialistisch gesonnen hat, daß sie materialistisch die Wissenschaft und die Kultur begründet hat, daß aber diese Menschenseele ein Ganzes ist. Man könnte sagen: der eine Teil der Menschenseele begründete die materialistische Kultur. Früher war dieser Teil untätig, die Menschen wußten nichts von äußerer Wissenschaft, wußten nichts von äußerlichem, materiellem Leben; da war der spirituelle Teil mehr wach. In den letzten vier Jahrhunderten war gerade jener Teil wach, der die materialistische Kultur begründete, der andere aber hat geschlafen; er schlief, dieser andere Teil der Menschenseele. Und wahrhaftig, das, was wir jetzt an Kräften entwickeln in der Menschheit, um uns wieder hinaufzuarbeiten zur Spiritualität, ist veranlagt worden in der Zeit der materialistischen Kultur in den Seelengliedern, die unten geschlafen haben. Die Menschheit war wirklich in bezug auf die Geist-Erkenntnis in diesen Zeiten: Olaf Åsteson. Das war sie wirklich. Nur ist sie noch nicht erwacht, diese Menschheit. Die Geisteswissenschaft muß sie zum Erwachen bringen!

Die Zeit muß kommen, wo junge und auch alte Leute Worte hören, die gesprochen werden aus dem Teil der Menschenseele heraus, der geschlafen hat in der finsteren Zeit. Gar lange hat diese Menschenseele also geschlafen, aber es werden die Weltengeister an diese Menschenseele herantreten und ihr schon zurufen: Erwache nun, o Olaf Åsteson! – Wir müssen uns nur in der richtigen Weise vorbereiten, daß wir nicht vor den Ruf gestellt werden: Erwache nun, o Olaf Åsteson! – und nicht Ohren haben, zu hören. Dazu

betreiben wir eben die Geisteswissenschaft, daß wir Ohren haben, wenn der Ruf nach dem spirituellen Wachsein in der Menschheitsentwicklung ertönen wird.
Es ist gut, wenn der Mensch manchmal sich erinnert, daß er ein Mikrokosmos ist und daß ihm manches werden kann an Erlebnissen, wenn er in dem Makrokosmos aufgeht. Und wir haben gesehen: die Zeit, die Jahreszeit ist günstig, in der wir jetzt leben. Versuchen wir einmal, uns diese Neujahresnacht das Symbolum sein zu lassen für jene der Erdenentwicklung der Menschheit notwendige Neujahrsnacht, in der heranrücken wird die neue Zeitepoche, in der wachsen wird und immer mehr wachsen wird das Licht, das Seelenlicht, das Schauen, das Erkennen desjenigen, was im Spirituellen lebt und von dem Spirituellen aus die Menschenseele durchwallen und durchfluten kann. Bringen wir den Mikrokosmos unseres Erlebens in dieser Neujahrsnacht in Zusammenhang mit dem Makrokosmos des Menschheitserlebens über die Erde hin: dann werden wir erleben können, was wir an Empfindungen erleben sollen, da wir etwas ahnen können von dem Anbruch des neuen großen Weltentages in der fünften nachatlantischen Periode, an dessen Anbruch wir stehen, dessen Mitternacht wir würdig erleben wollen.

DAS TRAUMLIED

I.

So höre meinen Sang!
Ich will dir singen
Von einem flinken Jüngling:

Es war das Olaf Åsteson,
Der einst so lange schlief.
Von ihm will ich dir singen.

II.

Er ging zur Ruh' am Weihnachtsabend.
Ein starker Schlaf umfing ihn bald,
Und nicht konnt' er erwachen,
Bevor am dreizehnten Tag
Das Volk zur Kirche ging.

Es war das Olaf Åsteson,
Der einst so lange schlief.
Von ihm will ich dir singen.

Er ging zur Ruh' am Weihnachtsabend,
Er hat geschlafen gar lange!
Erwachen konnt' er nicht,
Bevor am dreizehnten Tag
Der Vogel spreitet die Flügel!

Es war das Olaf Åsteson,
Der einst so lange schlief.
Von ihm will ich dir singen.

Nicht konnte erwachen Olaf,
Bevor am dreizehnten Tag
Die Sonne über den Bergen glänzte.
Dann sattelt' er sein flinkes Pferd,
Und eilig ritt er zu der Kirche.

Es war das Olaf Åsteson,
Der einst so lange schlief.
Von ihm will ich dir singen.

Schon stand der Priester
Am Altar lesend die Messe,
Als an dem Kirchentore
Sich Olaf setzte, zu künden
Von vieler Träume Inhalt,
Die in dem langen Schlafe
Die Seele ihm erfüllten.

Es war das Olaf Åsteson,
Der einst so lange schlief.
Von ihm will ich dir singen.

Und junge und auch alte Leute,
Sie lauschten achtsam der Worte,
Die Olaf sprach von seinen Träumen.

Es war das Olaf Åsteson,
Der einst so lange schlief.
Von ihm will ich dir singen.

III.

«Ich ging zur Ruh' am Weihnachtsabend.
Ein starker Schlaf umfing mich bald;
Und nicht konnt' ich erwachen,
Bevor am dreizehnten Tag
Das Volk zur Kirche ging.

Der Mond schien hell
Und weithin dehnten sich die Wege.

Erhoben ward ich in Wolkenhöhe
Und in den Meeresgrund geworfen,
Und wer mir folgen will,
Ihn kann nicht Heiterkeit befallen.

Der Mond schien hell
Und weithin dehnten sich die Wege.

Erhoben ward ich in Wolkenhöhe
Gestoßen dann in trübe Sümpfe,
Erschauend der Hölle Schrecken
Und auch des Himmels Licht.

Der Mond schien hell
Und weithin dehnten sich die Wege.

Und fahren mußt' ich in Erdentiefen,
Wo furchtbar rauschen Götterströme.
Zu schauen nicht vermocht' ich sie,
Doch hören konnte ich das Rauschen.

Der Mond schien hell
Und weithin dehnten sich die Wege.

Es wiehert' nicht mein schwarzes Pferd,
Und meine Hunde bellten nicht,
Es sang auch nicht der Morgenvogel,
Es war ein einzig Wunder überall.

  Der Mond schien hell
  Und weithin dehnten sich die Wege.

Befahren mußt' ich im Geisterland
Der Dornenheide weites Feld,
Zerrissen ward mir mein Scharlachmantel
Und auch die Nägel meiner Füße.

  Der Mond schien hell
  Und weithin dehnten sich die Wege.

Ich kam an die Gjallarbrücke.
In höchsten Windeshöhen hänget diese,
Mit rotem Gold ist sie beschlagen
Und Nägel mit scharfen Spitzen hat sie.

  Der Mond schien hell
  Und weithin dehnten sich die Wege.

Es schlug mich die Geisterschlange,
Es biß mich der Geisterhund,
Der Stier, er stand in Weges Mitte.
Das sind der Brücke drei Geschöpfe.
Sie sind von furchtbar böser Art.

  Der Mond schien hell
  Und weithin dehnten sich die Wege.

Gar bissig ist der Hund,
Und stechen will die Schlange,

Der Stier, er dräut gewaltig!
Sie lassen keinen über die Brücke,
Der Wahrheit nicht will ehren!

Der Mond schien hell
Und weithin dehnten sich die Wege.

Ich bin gewandelt über die Brücke,
Die schmal ist und schwindelerregend.
In Sümpfe mußt' ich waten ...
Sie liegen nun hinter mir!

Der Mond schien hell
Und weithin dehnten sich die Wege.

In Sümpfen mußt' ich waten,
Sie schienen bodenlos dem Fuß.
Als ich die Brücke überschritt,
Da fühlt' ich im Munde Erde
Wie Tote, die in Gräbern liegen.

Der Mond schien hell
Und weithin dehnten sich die Wege.

An Wasser kam ich dann,
In welchen, wie blaue Flammen,
Die Eismassen hell erglänzten ...
Und Gott, er lenkte meinen Sinn,
Daß ich die Gegend mied.

Der Mond schien hell
Und weithin dehnten sich die Wege.

Zum Winterpfad lenkt' ich die Schritte.
Zur Rechten konnt' ich ihn sehn:

Ich schaute wie in das Paradies,
Das weithin leuchtend strahlte.

Der Mond schien hell
Und weithin dehnten sich die Wege.

Und Gottes hohe Mutter,
Ich sah sie dort im Glanze!
Nach Brooksvalin zu fahren,
So hieß sie mich, kündend,
Daß Seelen dort gerichtet werden!

Der Mond schien hell
Und weithin dehnten sich die Wege.»

IV.

«In andern Welten weilte ich
Durch vieler Nächte Längen;
Und Gott nur kann es wissen,
Wieviel der Seelennot ich sah –

In Brooksvalin, wo Seelen
Dem Weltgerichte unterstehen.

Ich konnte schauen einen jungen Mann,
Er hatte einen Knaben hingemordet:
Nun mußte er ihn ewig tragen
Auf seinen eignen Armen!
Er stand im Schlamme so tief

In Brooksvalin, wo Seelen
Dem Weltgerichte unterstehen.

Einen alten Mann auch sah ich,
Er trug einen Mantel wie von Blei;
So ward gestraft er, daß er
Im Geize auf der Erde lebte,

In Brooksvalin, wo Seelen
Dem Weltgerichte unterstehen.

Und Männer tauchten auf,
Die feurige Stoffe trugen;
Unredlichkeit lastet
Auf ihren armen Seelen

In Brooksvalin, wo Seelen
Dem Weltgerichte unterstehen.

Auch Kinder konnt' ich schauen,
Die Kohlengluten unter ihren Füßen hatten;
Den Eltern taten sie im Leben Böses,
Das traf gar schwer ihre Geister

In Brooksvalin, wo Seelen
Dem Weltgerichte unterstehen.

Und jenem Hause zu nahen,
Es ward mir auferlegt,
Wo Hexen Arbeit leisten sollten
Im Blute, das sie im Leben erzürnt,

In Brooksvalin, wo Seelen
Dem Weltgerichte unterstehen.

Von Norden her, in wilden Scharen,
Da kamen geritten böse Geister,
Vom Höllenfürsten geleitet,

In Brooksvalin, wo Seelen
Dem Weltgerichte unterstehen.

Was aus dem Norden kam,
Das schien vor allem böse:
Voran ritt er, der Höllenfürst,
Auf seinem schwarzen Rosse

In Brooksvalin, wo Seelen
Dem Weltgerichte unterstehen.

Doch aus dem Süden kamen
In hehrer Ruhe andre Scharen.
Es ritt voran Sankt Michael
An Jesu Christi Seite

In Brooksvalin, wo Seelen
Dem Weltgerichte unterstehen.

Die Seelen, die sündenbeladen,
Sie mußten angstvoll zittern!
Die Tränen rannen in Strömen
Als böser Taten Folgen

In Brooksvalin, wo Seelen
Dem Weltgerichte unterstehen.

In Hoheit stand da Michael
Und wog die Menschenseelen
Auf seiner Sündenwaage,
Und richtend stand dabei
Der Weltenrichter Jesus Christ

In Brooksvalin, wo Seelen
Dem Weltgerichte unterstehen.»

V.

«Wie selig ist, wer im Erdenleben
Den Armen Schuhe gibt;
Er braucht nicht mit nackten Füßen
Zu wandeln im Dornenfeld.

Da spricht der Waage Zunge,
Und Weltenwahrheit
Ertönt im Geistesstand.

Wie selig ist, wer im Erdenleben
Den Armen Brot gereicht!
Ihn können nicht verletzen
Die Hunde in jener Welt.

Da spricht der Waage Zunge,
Und Weltenwahrheit
Ertönt im Geistesstand.

Wie selig ist, wer im Erdenleben
Den Armen Korn gereicht!
Ihm kann nicht drohen
Das scharfe Horn des Stieres,
Wenn er die Gjallarbrücke überschreiten muß.

Da spricht der Waage Zunge,
Und Weltenwahrheit
Ertönt im Geistesstand.

Wie selig ist, wer im Erdenleben
Den Armen Kleider reicht!
Ihn können nicht erfrieren
Die Eisesmassen in Brooksvalin.

Da spricht der Waage Zunge,
Und Weltenwahrheit
Ertönt im Geistesstand.»

VI.

Und junge und auch alte Leute,
Sie lauschten achtsam der Worte,
Die Olaf sprach von seinen Träumen.
Du schliefest ja gar lange …
Erwache nun, o Olaf Åsteson!

Zu dieser Ausgabe

Quellennachweise

Literaturhinweise

Zum Werk Rudolf Steiners

Die Rudolf-Steiner Gesamtausgabe

Zu dieser Ausgabe

Die in diesem Band zusammengestellten Vorträge, Aufsätze und Spruchdichtungen sind in verschiedenen Bänden der Rudolf Steiner Gesamtausgabe enthalten; die meisten von ihnen erschienen aber auch als Einzelausgaben selbständig oder in kleineren thematischen Zusammenstellungen (vgl. die folgenden Quellennachweise).

Textgrundlage bildet die Veröffentlichung innerhalb der Gesamtausgabe. Bei der Durchsicht der Texte für die vorliegende Zusammenstellung wurden an manchen Stellen behutsame Korrekturen im Satzbau und in der Interpunktion vorgenommen, ohne jedoch den Inhalt zu verändern, um dadurch die Lesbarkeit der nicht durchwegs als wörtlich anzusehenden Höreraufzeichnungen der Vorträge an einzelnen, besonders schwierigen Stellen zu erleichtern. Durch diese redaktionelle Überarbeitung ergeben sich an manchen Stellen Abweichungen gegenüber dem in der Gesamtausgabe gedruckten Text. Die von Rudolf Steiner schriftlich niedergelegten Texte – Aufsätze und Sprüche – werden unverändert nach der in den Bänden der Gesamtausgabe enthaltenen Textgestalt wiedergegeben.

Die Titel der Vorträge, die nicht auf Rudolf Steiner zurückgehen, wurden in den meisten Fällen von den früheren Einzelveröffentlichungen übernommen. Einige Vortragstitel wurden durch den Herausgeber für die vorliegende Ausgabe ergänzt oder sind neu hinzugefügt bei Vorträgen, die innerhalb der Gesamtausgabe Teil einer größeren Vortragsreihe stehen und bisher noch keinen eigenen Titel trugen.

Auf die Hinzufügung von Hinweisen und Anmerkungen wurde in dieser Ausgabe verzichtet. Diese finden sich in den entsprechenden Bänden der Gesamtausgabe oder in den Einzelausgaben der Vorträge.

Quellennachweise

Veröffentlichungen der in diesem Band enthaltenen Vorträge, Aufsätze und Spruchdichtungen innerhalb der Rudolf Steiner Gesamtausgabe (GA) und in Einzelausgaben (EA). Im ersten Teil (A) erfolgt der Nachweis der Vorträge und Aufsätze, im zweiten Teil (B) folgen die Quellenangaben für die Sprüche. Die Reihenfolge entspricht jeweils der des vorliegenden Bandes.

Seite

15/27 *Köln, 10. und 11. April 1909:* in «Das Prinzip der spirituellen Ökonomie im Zusammenhang mit Wiederverkörperungsfragen», GA 109. – EA: «Geistige Osterglocken».

43 *Dornach, 2. April 1915:* in «Wege der geistigen Erkenntnis und der Erneuerung künstlerischer Weltanschauung», GA 161. – EA: in «Der Baldur-Mythos und das Karfreitag-Mysterium».

62 *Dornach, 2. April 1920:* in «Heilfaktoren für den sozialen Organismus», GA 198. – EA: in «Ostern, das Fest der Mahnung».

79 *Dornach, 27. März 1921:* in «Die Verantwortung des Menschen für die Weltentwickelung», GA 203. – EA: in «Der Ostergedanke. Die Himmelfahrtsoffenbarung und das Pfingstgeheimnis».

97 *Köln, 7. Juni 1908:* in «Natur- und Geistwesen – ihr Wirken in unserer sichtbaren Welt», GA 98. – EA: in «Pfingsten, das Fest der freien Individualität».

110 *Hamburg, 17. Mai 1920:* in «Das Ereignis der Christus-Erscheinung in der ätherischen Welt», GA 118. – EA: in «Pfingsten, das Fest der freien Individualität».

130 *Kristiania (Oslo), 17. Mai 1923:* in «Menschenwesen, Menschenschicksal und Weltentwickelung», GA 226. – EA: in «Welten-Pfingsten. Die Botschaft der Anthroposophie».

148 *Dornach, 24. Juni 1923* (zweiter Teil der Ansprache zur Johanni-Eurythmieaufführung): vollständig in: «Eurythmie – Die Offenbarung der sprechenden Seele», GA 277. – EA: in «Johanni-Stimmung. Der geschärfte Johanniblick».

155 *Dornach, 24. Juni 1923 (Vortrag):* in «Die menschliche Seele im Zusammenhang mit göttlich-geistigen Individualitäten», GA 224. – EA: in «Johanni-Stimmung. Der geschärfte Johanniblick».

175/179 *Der Streit Michaels mit dem Drachen* / Der Michaelstreit vor dem Bewußtsein der Gegenwart. 2 Aufsätze, 30. September und 7. Oktober 1923: in «Der Goetheanumgedanke inmitten der Kulturkrisis der Gegenwart», Gesammelte Aufsätze aus «Das Goetheanum» 1921–1925. GA 36. – EA: in «Der Streit Michaels mit dem Drachen» u. a. Aufsätze.

184 *Dornach, 8. April 1923:* in «Der Jahreskreislauf als Atmungsvorgang der Erde und die vier großen Festeszeiten. Die Anthroposophie und das menschliche Gemüt», GA 223.

200 Wien, 27. September 1923: in «Der Jahreskreislauf als Atmungsvorgang der Erde und die vier großen Festeszeiten. Die Anthroposophie und das menschliche Gemüt», GA 223.

218 *Stuttgart, 15. Oktober 1923:* in «Das Miterleben des Jahreslaufes in vier kosmischen Imaginationen», GA 229. – EA: «Die Michael-Imagination. Geistige Meilenzeiger im Jahreslauf».

239 *Berlin, 21. Dezember 1909:* in «Die tieferen Geheimnisse des Menschheitswerdens im Lichte der Evangelien», GA 117. – EA: «Der Weihnachtsbaum – ein Symbolum».

256 *Berlin, 21. Dezember 1911:* in «Die Mission der neuen Geistesoffenbarung», GA 127. – EA: in «Das Weihnachtsfest im Wandel der Zeiten. Weihnachten – ein Inspirationsfest».

267 *Berlin, 23. Dezember 1913:* in «Die Welt des Geistes und ihr Hereinragen in das physische Dasein», GA 150. – EA: «Kindeskraft und Ewigkeitskraft. Eine Weihnachtsgabe».

284 *Basel, 23. Dezember 1917:* in «Mysterienwahrheiten und Weihnachtsimpulse. Alte Mythen und ihre Bedeutung», GA 180. – EA: «‹Et incarnatus est ...› Die Umlaufszeiten geschichtlicher Ereignisse».

306 *Stuttgart, 1. Januar 1921:* in «Die Verantwortung des Menschen für die Weltentwickelung», GA 203. – EA: «Die zwei Weihnachtsverkündigungen».

326 *Dornach, 31. Dezember 1914:* in «Der Zusammenhang des Menschen mit der elementarischen Welt. Kalewala – Olaf Åsteson – Das russische Volkstum», GA 158; auch in «Kunst im Lichte der Mysterienweisheit», GA 275. – EA: «Welten-Neujahr. Das Traumlied vom Olaf Åsteson».

B) Sprüche

Alle in der vorliegenden Ausgabe wiedergegebenen Sprüche von Rudolf Steiner sind innerhalb der Rudolf Steiner Gesamtausgabe enthalten im Band «Wahrspruchworte», GA 40. – Nachfolgend die detaillierten Quellennachweise und weitere Angaben zu den einzelnen Sprüchen.

Seite

13 *Frühling. «Der Sonnenstrahl ...»*: Für die Eurythmie, Dornach 1921.

14 *Oster-Stimmung. «Wenn aus den Weltenweiten ...»*: Spruch 1 in «Anthroposophischer Seelenkalender». 52 Wochensprüche, Berlin 1912 (auch als EA).

61 *Ostern. «In Menschenseelen ...»:* in Memoriam Lina Grosheintz-Rohrer († 10. 1. 1915), Ostern 1915, in «Unsere Toten», GA 261.

93 *Ostern. «Steh' vor des Menschen Lebenspforte ...»:* Vortrag Dornach, 20. April 1924, in «Mysterienstätten des Mittelalters. Das Osterfest als ein Stück Mysteriengeschichte der Menschheit», GA 233a.

94 *Der Ostergedanke der ephesischen Mysterien. «Weltentsprossenes Wesen ...»:* Vortrag Dornach, 22. April 1924, in «Mysterienstätten des Mittelalters. Das Osterfest als ein Stück Mysteriengeschichte der Menschheit», GA 233a.

129 *«Wesen reiht sich an Wesen ...»:* Vortrag Hamburg, 15. Mai 1910 (in vorliegendem Band), in «Das Ereignis der Christus-Erscheinung in der ätherischen Welt», GA 118.

144 *Pfingstspruch. «Wo Sinneswissen endet ...»:* Vorträge Wien, 6. Mai 1915 (ungedruckt) und Dornach, 22. Mai 1915, in «Geisteswissenschaftliche Erläuterungen zu Goethes ‹Faust›», Bd. I, GA 272.

147 *Johannes-Stimmung. «Der Welten Schönheitsglanz ...»:* Spruch 12 in «Anthroposophischer Seelenkalender». 52 Wochensprüche, Berlin 1912 (auch als EA).

154 *Die Weltenseelengeister. «Im Lichte wir schalten ...»*: Für die Eurythmie, Dornach 1921.

173 *Herbst. Der Erdenleib und die Wärmeseele:* Für die Eurythmie, Dornach 1922.

174 *Michaeli-Stimmung. «Natur, dein mütterliches Sein ...»:* Spruch 26 in «Anthroposophischer Seelenkalender». 52 Wochensprüche, Berlin 1912 (auch als EA).

183 *Michaeli. «Ringende Geisteskräfte ...»:* undatierbar, keine näheren Angaben.

226 *Michaels Schwert. «O Mensch, du bildest es ...»:* Vorträge Dornach, 5. Oktober 1923 und Stuttgart, 15. Oktober 1923 (in vorliegendem Band), in «Das Miterleben des Jahreslaufes in vier kosmischen Imaginationen», GA 229.

234 *Michael-Imagination. «Sonnenmächten Entsprossene ...»:* Vortrag Dornach, 28. September 1924 (letzte Ansprache), in «Esoterische Betrachtungen karmischer Zusammenhänge», Bd. IV, GA 238.

237 *«Es schläft der Erde Seele ...»:* Für Helene Röchling, «Zur Weihnacht 1920».

238 *Weihe-Nacht-Stimmung. «Ich fühle wie entzaubert ...»:* Spruch 38 in «Anthroposophischer Seelenkalender». 52 Wochensprüche, Berlin 1912 (auch als EA).

255 *Wintersonnenwende. «Die Sonne schaue ...»:* Vortrag Berlin, 17. Dezember 1906, in «Ursprungsimpulse der Geisteswissenschaft», GA 96, und Vortrag Berlin, 21. Dezember 1909 (in vorliegendem Band) in «Die tieferen Geheimnisse des Menschheitswerdens im Lichte der Evangelien», GA 117.

283 *Weihnacht. «In des Menschen Seelengründen ...»:* Vortrag Berlin, 23. Dezember 1913 (in vorliegendem Band), in «Die Welt des Geistes und ihr Hereinragen in das physische Dasein», GA 150.

304 *Weihnacht. «Im Seelenaug' sich spiegelt ...»:* Vortrag Dornach, 26. Dezember 1914, in «Okkultes Lesen und okkultes Hören», GA 156.

305 «Isis-Sophia ...»: datiert «Weihnacht 1920». Vgl. Vortrag Dornach, 24. Dezember 1920 (in EA: «Die Suche nach der neuen Isis, der göttlichen Sophia»), in «Die Brücke zwischen der Weltgeistigkeit und dem Physischen des Menschen», GA 202.

324 *«Sterne sprachen einst zu Menschen ...»:* «Für Marie Steiner, 25. Dezember 1922». Vgl. Vorträge Dornach, 26. November bis 31. Dezember 1922, in «Das Verhältnis der Sternenwelt zum Menschen und des Menschen zur Sternenwelt. Die geistige Kommunion der Menschheit», GA 219.

325 *Ur-Weihenacht. «In der Zeiten Wende ...»:* Vortrag Dornach, 25. Dezember 1923, in «Die Weihnachtstagung zur Begründung der Allgemeinen Anthroposophischen Gesellschaft 1923/24», GA 260, und in «Die Konstitution der Allgemeinen Anthroposophischen Gesellschaft ...», GA 260a.

344 *Das Traumlied vom Olaf Åsteson:* Aus dem Altnorwegischen übersetzt von Ingeborg Møller-Lindholm, dichterisch übertragen und in Rhythmen gebracht durch Rudolf Steiner, 1911. (Vgl. die Wiedergabe der Handschrift Rudolf Steiners in «Sprüche, Dichtungen, Meditationen. Ergänzungsband», GA 40a.)

Literaturhinweise

Schriften und Vorträge von Rudolf Steiner

Abkürzungen: GA= Rudolf Steiner Gesamtausgabe, TB = Taschenbuch, EA = Einzelausgabe * = in vorliegender Ausgabe enthalten

1.) Grundlegende und einführende Werke (Auswahl)

Das Christentum als mystische Tatsache und die Mysterien des Altertums (GA 8 u. TB 619).

Theosophie. Einführung in übersinnliche Welterkenntnis und Menschenbestimmung (GA 9 u. TB 615).

Aus der Akasha-Chronik (GA 11 u. TB 616).

Die Geheimwissenschaft im Umriß (GA 13 u. TB 601).

Die geistige Führung des Menschen und der Menschheit. Geisteswissenschaftliche Ergebnisse über die Menschheits-Entwickelung (GA 15 u. TB 614).

Mein Lebensgang. Autobiographie (GA 28 u. TB 636).

Einführung in die Anthroposophie. Ausgewählte Texte (TB 656).

2.) Gesamtdarstellungen zum Thema

Der Jahreskreislauf als Atmungsvorgang der Erde und die vier großen Festeszeiten. Die Anthroposophie und das menschliche Gemüt. 9 Vorträge, Dornach 31. März bis 8. April 1923, Wien 27. Sept. bis 1. Okt. 1923 (GA 223 u. TB 719) – [* Vorträge Dornach 8. April und Wien 27. Sept. 1923 in diesem Band.]

Das Miterleben des Jahreslaufes in vier kosmischen Imaginationen. 5 Vorträge, Dornach 3. bis 13. Okt. 1923 und 1 Vortrag, Stuttgart *15. Okt. 1923, GA 229.

Anthroposophischer Seelenkalender. 52 Wochensprüche als Begleiter der Seele durch den Jahreslauf (EA aus GA 40).

3.) Vorträge und Aufsätze zu den Festeszeiten

Ostern

Die Mysterien des Geistes, des Sohnes und des Vaters. Eine Osterbetrachtung. 3 Vorträge, München 17. März 1907, Berlin 25. März u. 1. April 1907. EA aus «Das christliche Mysterium», GA 97, und «Ursprungsimpulse der Geisteswissenschaft», GA 96.

Das Osterfest. Öffentlicher Vortrag, Berlin 12. April 1906, in «Die Welträtsel und die Anthroposophie», GA 54.

Ostern, das Mysterium der Zukunft. 2 Vorträge, Berlin 13. April u. 13. Mai 1908. EA aus «Das Hereinwirken geistiger Wesenheiten in den Menschen», GA 102.

Geistige Osterglocken. 2 Vorträge, Köln *10. u. *11. April 1909. EA aus «Das Prinzip der spirituellen Ökonomie», GA 109.

Die Tatsache des durch den Tod gegangenen Gottes-Impulses. «Fünf Ostern» von Anastasius Grün. Vortrag, Düsseldorf 5. Mai 1912. EA aus «Das esoterische Christentum und die geistige Führung der Menschheit», GA 130.

Der Zufall und das gegenwärtige Menschenbewußtsein. Eine Ostermeditation. Vortrag, Berlin 26. März 1912. 3. Vortrag in «Der irdische und der kosmische Mensch», GA 133.

Der Baldur-Mythos und das Karfreitag-Mysterium. 2 Vorträge, Dornach *2. u. 3. April 1915. EA aus «Wege der geistigen Erkenntnis und der Erneuerung künstlerischer Weltanschauung», GA 161.

Osterbetrachtung. Berlin 18. April 1916. 6. Vortrag in «Gegenwärtiges und Vergangenes im Menschengeiste», GA 167.

Ostern, das Fest der Mahnung. 2 Vorträge, Dornach *2. u. 3. April 1920. EA aus «Heilfaktoren für den sozialen Organismus», GA 198.

Der Ostergedanke – Die Himmelfahrtsoffenbarung und das Pfingstgeheimnis. 2 Vorträge, Dornach *27. März 1921 u. 7. Mai 1923. EA aus «Die Verantwortung des Menschen für die Weltentwickelung», GA 203, und «Die menschliche Seele in ihrem Zusammenhang mit göttlich-geistigen Individualitäten», GA 224.

Das Osterfest als ein Stück Mysteriengeschichte der Menschheit. 4 Vorträge, Dornach 18. bis 22. April 1924. EA aus «Mysterienstätten des Mittelalters...», GA 233a.

Himmelfahrt und Pfingsten

Pfingsten, das Fest der Befreiung des Menschengeistes. Berlin 23. Mai 1904, in «Die Tempellegende und die goldene Legende», GA 93.

Pfingsten, das Fest der freien Individualität. Das Pfingstfest des seelischen Zusammenstrebens und des Arbeitens an der Vergeistigung der Welt. 3 Vorträge, Köln *7. und 9. Juni 1908, Hamburg *15. Mai 1910. EA aus «Natur- und Geistwesen – ihr Wirken in unserer sichtbaren Welt», GA 98, und aus «Das Ereignis der Christus-Erscheinung in der ätherischen Welt», GA 118.

Pfingststimmung. Dornach 22. Mai 1915, in «Geisteswissenschaftliche Erläuterungen zu Goethes ‹Faust›», Bd. I, GA 272.

Vorträge zu Pfingsten: Dornach 23. und 24. Mai 1915, in «Kunst- und Lebensfragen im Lichte der Geisteswissenschaft», GA 162.

Das Pfingstfest, ein Merkzeichen für die Unvergänglichkeit unseres Ich. Berlin 6. Juni 1916, in «Weltwesen und Ichheit», GA 169.

Pfingstvortrag, Berlin 21. Mai 1918, in «Erdensterben und Weltenleben», GA 181.

Die Himmelfahrtsoffenbarung und das Pfingstgeheimnis. Dornach 7. Mai 1923, in GA 224 (siehe oben: «Der Ostergedanke...»).

Über Christi Tod, Auferstehung und Himmelfahrt. Dornach 9. Mai 1923, Vortrag für die Arbeiter am Goetheanumbau, in «Vom Leben des Menschen und der Erde. Über das Wesen des Christentums», GA 349.

Welten-Pfingsten. Die Botschaft der Anthroposophie. Kristiania (Oslo) *17. Mai 1923. EA aus «Menschenwesen, Menschenschicksal und Welt-Entwickelung», GA 226.

Der Pfingstgedanke als Empfindungsgrundlage zum Begreifen des Karma. Dornach 4. Juni 1924, in «Esoterische Betrachtungen karmischer Zusammenhänge», Band II, GA 236.

Johanni

Johannifest und Osterfest, im Vortrag Prag 27. April 1914, in «Wie erwirbt man sich Verständnis für die geistige Welt?», GA 154.

Vorträge Dornach 31. März und 1. April 1923, in «Der Jahreskreislauf als Atmungsvorgang der Erde und die vier großen Festeszeiten», GA 223.

Johanni-Stimmung. Der geschärfte Johanniblick. Dornach *24. Juni 1923 (Eurythmie-Ansprache und Vortrag), in «Eurythmie – Die Offenbarung der sprechenden Seele», GA 277, und «Die menschliche Seele in ihrem Zusammenhang mit göttlich-geistigen Individualitäten», GA 224.

Die Johanni-Imagination. Dornach 17. Okt. 1923, in «Das Miterleben des Jahreslaufes in vier kosmischen Imaginationen», GA 229.

Michaeli

Der Michael-Impuls und das Mysterium von Golgatha. 2 Vorträge, Stuttgart 18. und 20. Mai 1913, in «Vorstufen zum Mysterium von Golgatha», GA 152.

Die Sendung Michaels. Die Offenbarung der eigentlichen Geheimnisse des Menschenwesens. 12 Vorträge, Dornach 21. Nov. bis 15. Dez. 1919, GA 194.

Die Schaffung eines Michael-Festes aus dem Geiste heraus. Die Rätsel des inneren Menschen. Berlin 23. Mai 1923, EA aus «Die menschliche Seele in ihrem Zusammenhang mit göttlich-geistigen Individualitäten», GA 224.

Die Anthroposophie und das menschliche Gemüt. 4 Vorträge, Wien *27. Sept. bis 1. Okt. 1923, in «Der Jahreskreislauf als Atmungsvorgang der Erde und die vier großen Festeszeiten», GA 223.

Die Michael-Imagination. Geistige Meilenzeiger im Jahreslauf. Stuttgart *15. Oktober 1923, EA aus «Das Miterleben des Jahreslaufes in vier kosmischen Imaginationen», GA 229.

Weihnachten

Weltensein und Menschenwerte. Das Fest der Geistessonne in den ägyptischen Mysterien. Weihnachtsvortrag, Berlin 21. Dezember 1903, in «Beiträge zur Rudolf Steiner Gesamtausgabe», Nr. 32 (Weihnachten 1970).

Das Dreikönigsfest. Berlin 30. Dez. 1904, in «Beiträge zur Rudolf Steiner Gesamtausgabe», Nr. 60 (Weihnachten 1977).

Zeichen und Symbole des Weihnachtsfestes. 3 Vorträge, Berlin 19. Dez. 1904, 14. Dez. 1905 und 17. Dez. 1906. EA aus «Die okkulten Wahrheiten alter Mythen und Sagen», GA 92; «Die Welträtsel und die Anthroposophie», GA 54; «Ursprungsimpulse der Geisteswissenschaft», GA 96.

Weihnacht. Eine Betrachtung aus der Lebensweisheit (Vitaesophia). Berlin 13. Dez. 1907. EA aus «Mythen und Sagen. Okkulte Zeichen und Symbole», GA 101.

«Die Geheimnisse» – Ein Weihnachts- und Ostergedicht von Goethe. Köln 25. Dez. 1907. EA aus «Natur- und Geistwesen, ihr Wirken in unserer sichtbaren Welt», GA 98.

Der Weihnachtsbaum – ein Symbolum. Berlin *21. Dez. 1909. EA aus «Die tieferen Geheimnisse des Menscheitswerdens im Lichte der Evangelien», GA 117.

Das Weihnachtsmysterium. Novalis, der Seher und Christuskünder. 4 Vorträge, Berlin 26. Okt. und 22. Dez. 1908, 26. Dez. 1909, Köln 29. Dez. 1912. EA aus «Die Beantwortung von Welt- und Lebensfragen durch Anthroposophie», GA 108; «Die tieferen Geheimnisse des Menschheitswerdens im Lichte der Evangelien», GA 117; «Erfahrungen des Übersinnlichen. Die Wege der Seele zu Christus», GA 143.

Die Julzeit und die Christfeststimmung. Stuttgart 27. Dez. 1910. EA aus «Wege und Ziele des geistigen Menschen», GA 125.

Das Weihnachtsfest im Wandel der Zeiten. Weihnachten – ein Inspirationsfest. 2 Vorträge, Berlin 22. Dez. 1910 und *21. Dez. 1911. EA aus «Wege und Ziele des geistigen Menschen», GA 125, und «Die Mission der neuen Geistesoffenbarung», GA 127.

Die Geburt des Erdenlichtes aus der Finsternis der Weihenacht. Berlin 24. Dez. 1912. EA aus «Erfahrungen des Übersinnlichen. Die Wege der Seele zu Christus», GA 143.

Kindeskraft und Ewigkeitskraft. Eine Weihnachtsgabe. Berlin *23. Dez. 1913. EA aus «Die Welt des Geistes und ihr Hereinragen in das physische Dasein», GA 150.

Weihnachtsfeier. Das Weihnachtsfest des erneuten Christus-Verständnisses. 2 Vorträge, Dornach 26. Dez. und Basel 27. Dez. 1914. EA aus «Okkultes Lesen und okkultes Hören», GA 156.

Der Weihnachtsgedanke und das Geheimnis des Ich. Der Baum des Kreuzes und die Goldene Legende. Entstehung der Krippen- und Hirtenspiele. Berlin 19. Dez. 1913. EA aus «Die geistige Vereinigung der Menschheit durch den Christus-Impuls», GA 165.

«Offenbarung aus den Höhen und Friede auf Erden». Weihnachten in schicksalsschwerster Zeit. Basel 21. Dez. 1916. EA aus «Zeitgeschichtliche Betrachtungen. Das Karma der Unwahrhaftigkeit», Teil I, GA 173.

Mysterienwahrheiten und Weihnachtsimpulse. Alte Mythen und ihre Bedeutung. 16 Vorträge, Basel *23. Dez. 1917, Dornach 24. Dez. 1917 bis 17. Jan. 1918, GA 180.

«Et incarnatus est...» Die Umlaufszeiten geschichtlicher Ereignisse. Basel *23. Dez. 1917. EA aus «Mysterienwahrheiten und Weihnachtsimpulse», GA 180.

Die Geburt des Christus in der menschlichen Seele. Basel 22. Dez. 1918. EA aus «Wie kann die Menschheit den Christus wiederfinden?», GA 187.

Die Suche nach der neuen Isis, der göttlichen Sophia. 4 Vorträge, Basel 23. Dez. 1920, Dornach 24. bis 26. Dez. 1920. EA aus «Die Brücke zwischen der Weltgeistigkeit und dem Physischen des Menschen», GA 202.

Die zwei Weihnachtsverkündigungen. Stuttgart, *1. Jan. 1921. EA aus «Die Verantwortung des Menschen für die Weltentwickelung», GA 203.

Nordische und mitteleuropäische Geistimpulse. Das Fest der Erscheinung Christi. 11 Vorträge in verschiedenen Städten, Nov./Dez. 1921, GA 209.

Das Fest der Erscheinung Christi. 3 Vorträge, Dornach 24. und 25. Dez., Basel 26. Dez. 1921. EA aus «Nordische und mitteleuropäische Geistimpulse», GA 209.

Das Verhältnis der Sternenwelt zum Menschen und des Menschen zur Sternenwelt. Die geistige Kommunion der Menschheit. 12 Vorträge, Dornach 26. Nov. bis 31. Dez. 1922, GA 219.

Ansprachen zu den Weihnachtspielen aus altem Volkstum. 18 Ansprachen bei Aufführungen der Oberuferer Weihnachtspiele, 1915 bis 1924, GA 274.

Jahreswende

Welten-Neujahr. Das Traumlied vom Olaf Åsteson. Dornach *31. Dezember 1914. EA aus «Der Zusammenhang des Menschen mit der elementarischen Welt. Kalewala – Olaf Åsteson – Das russische Volkstum, GA 158 (auch in GA 275).

Weltsilvester und Neujahrsgedanken. 5 Vorträge, Stuttgart 21. Dez. 1919 bis 1. Jan. 1920, GA 195.

Die Angaben erheben keinen Anspruch auf Vollständigkeit. Weitere Angaben sind den aktuellen Verzeichnissen und Informationsunterlagen zum Werk von Rudolf Steiner zu entnehmen.

Zum Werk Rudolf Steiners

Rudolf Steiner (1861–1925), der zunächst als Philosoph, Publizist und Pädagoge tätig war, entfaltete ab Beginn des 20. Jahrhunderts eine umfassende kulturelle und soziale Aktivität und begründete eine moderne Wissenschaft des Geistes, die Anthroposophie. Sein umfangreiches Werk umfaßt Schriften und Abhandlungen, Aufzeichnungen und Briefe, künstlerische Entwürfe und Modelle sowie Textunterlagen von etlichen tausend Vorträgen in Form von Hörermitschriften.

Seit dem Tod von Marie Steiner-von Sivers (1867–1948), der Lebensgefährtin Rudolf Steiners, wird sein literarischer und künstlerischer Nachlaß durch die von ihr begründete *Rudolf Steiner Nachlassverwaltung* betreut. In dem dafür aufgebauten *Rudolf Steiner Archiv* wird seither an der Erhaltung, Erschließung und Herausgabe der vorhandenen Unterlagen gearbeitet. Die Buchausgaben erscheinen in dem angegliederten *Rudolf Steiner Verlag*.

Schwerpunkt der Herausgabetätigkeit ist die seit 1955/56 erscheinende Rudolf-Steiner-Gesamtausgabe (GA, siehe nachfolgende Übersicht). Sie umfaßt inzwischen über 350 Bände und zusätzlich Veröffentlichungen aus dem künstlerischen Werk. Dazu kommen zahlreiche Einzel-, Sonder- und Taschenbuchausgaben und andere begleitende Veröffentlichungen. Die Ausgaben werden durch fachlich kompetente Herausgeber anhand der im Archiv vorhandenen Unterlagen ediert und durch Hinweise, Register usw. ergänzt. Vielfach werden bei Neuauflagen die Texte nochmals anhand der Quellen überprüft.

Noch liegt die Gesamtausgabe nicht vollständig vor; viele Archivunterlagen bedürfen zudem der editionsgerechten Aufbereitung. Dies ist mit einem hohen zeitlichen und finanziellen Aufwand verbunden, der durch den Absatz der Bücher nicht finanziert werden kann, sondern durch Unterstützungsbeiträge gedeckt werden muß. Dies gilt ebenso für die vielen anderen Arbeitsbereiche des Archivs, das keinerlei öffentliche Zuschüsse erhält. Damit das Archiv seine Aufgaben als Zentrum für die Erhaltung, Erschließung, Edition und Präsentation des Werkes von Rudolf Steiner auch in Zukunft erfüllen kann, wurde 1996 die *Internationale Fördergemeinschaft Rudolf Steiner Archiv* begründet.

Für weitere Informationen oder kostenlose Verzeichnisse wenden Sie sich bitte an:

Rudolf Steiner Verlag / Rudolf Steiner Archiv
Postfach 135
CH–4143 Dornach 1
verlag@rudolf-steiner.com

www.steinerverlag.com / www.steinerarchiv.info

Die Rudolf Steiner Gesamtausgabe (GA)

Gliederung nach: Rudolf Steiner – Das literarische und künstlerische Werk. Eine bibliographische Übersicht (GA-Nummern *kursiv* in Klammern)

A. SCHRIFTEN

I. Werke

Goethes Naturwissenschaftliche Schriften, eingeleitet und kommentiert von Rudolf Steiner, 5 Bände, 1884–97, Nachdruck 1975, (*1a–e*); separate Ausgabe der Einleitungen, 1925 *(1)*
Grundlinien einer Erkenntnistheorie der Goetheschen Weltanschauung, 1886 *(2)*
Wahrheit und Wissenschaft. Vorspiel einer ‹Philosophie der Freiheit›, 1892 *(3)*
Die Philosophie der Freiheit. Grundzüge einer modernen Weltanschauung, 1894 *(4)*
Friedrich Nietzsche, ein Kämpfer gegen seine Zeit, 1895 *(5)*
Goethes Weltanschauung, 1897 *(6)*
Die Mystik im Aufgange des neuzeitlichen Geisteslebens und ihr Verhältnis zur modernen Weltanschauung, 1901 *(7)*
Das Christentum als mystische Tatsache und die Mysterien des Altertums, 1902 *(8)*
Theosophie. Einführung in übersinnliche Welterkenntnis und Menschenbestimmung, 1904 *(9)*
Wie erlangt man Erkenntnisse der höheren Welten? 1904/05 *(10)*
Aus der Akasha-Chronik, 1904–08 *(11)*
Die Stufen der höheren Erkenntnis, 1905–08 *(12)*
Die Geheimwissenschaft im Umriß, 1910 *(13)*
Vier Mysteriendramen: Die Pforte der Einweihung – Die Prüfung der Seele – Der Hüter der Schwelle – Der Seelen Erwachen, 1910–13 *(14)*
Die geistige Führung des Menschen und der Menschheit, 1911 *(15)*
Anthroposophischer Seelenkalender, 1912 *(in 40)*
Ein Weg zur Selbsterkenntnis des Menschen, 1912 *(16)*
Die Schwelle der geistigen Welt, 1913 *(17)*
Die Rätsel der Philosophie in ihrer Geschichte als Umriß dargestellt, 1914 *(18)*
Vom Menschenrätsel, 1916 *(20)*
Von Seelenrätseln, 1917 *(21)*
Goethes Geistesart in ihrer Offenbarung durch seinen Faust und durch das Märchen von der Schlange und der Lilie, 1918 *(22)*
Die Kernpunkte der sozialen Frage in den Lebensnotwendigkeiten der Gegenwart und Zukunft, 1919 *(23)*
Aufsätze über die Dreigliederung des sozialen Organismus und zur Zeitlage, 1915–21 *(24)*
Drei Schritte der Anthroposophie: Philosophie, Kosmologie, Religion, 1922 *(25)*
Anthroposophische Leitsätze, 1924/25 *(26)*

II. Gesammelte Aufsätze

Aufsätze zur Dramaturgie, 1889–1901 *(29)* – Methodische Grundlagen der Anthroposophie, 1884–1901 *(30)* – Aufsätze zur Kultur- und Zeitgeschichte, 1887–1901 *(31)* – Aufsätze zur Literatur, 1886–1902 *(32)* – Biographien und biographische Skizzen, 1894–1905 *(33)* – Aufsätze aus «Lucifer-Gnosis», 1903–1908 *(34)* – Philosophie und Anthroposophie, 1904–1918 *(35)* – Aufsätze aus «Das Goetheanum», 1921–1925 *(36)*

III. Veröffentlichungen aus dem Nachlaß

Briefe – Wahrspruchworte – Bühnenbearbeitungen – Entwürfe zu den vier Mysteriendramen, 1910–1913 – Anthroposophie. Ein Fragment – Gesammelte Skizzen und Fragmente – Aus Notizbüchern und -blättern *(38–47)*

B. DAS VORTRAGSWERK

I. Öffentliche Vorträge

Die Berliner öffentlichen Vortragsreihen, 1903/04 bis 1917/18 *(51–67)* – Öffentliche Vorträge, Vortragsreihen und Hochschulkurse an anderen Orten Europas, 1906–1924 *(68–84)*

II. Vorträge vor Mitgliedern der Anthroposophischen Gesellschaft

Vorträge und Vortragszyklen allgemein-anthroposophischen Inhalts – Christologie und Evangelien-Betrachtungen – Geisteswissenschaftliche Menschenkunde – Kosmische und menschliche Geschichte – Die geistigen Hintergründe der sozialen Frage – Der Mensch in seinem Zusammenhang mit dem Kosmos – Karma-Betrachtungen *(88–244)*
Vorträge und Schriften zur Geschichte der anthroposophischen Bewegung und der Anthroposophischen Gesellschaft – Veröffentlichungen zur Geschichte und aus den Inhalten der esoterischen Lehrtätigkeit *(250–270)*

III. Vorträge und Kurse zu einzelnen Lebensgebieten

Vorträge über Kunst: Allgemein-Künstlerisches – Eurythmie – Sprachgestaltung und Dramatische Kunst – Musik – Bildende Künste – Kunstgeschichte – *(271–292)* – Vorträge über Erziehung *(293–311)* – Vorträge über Medizin *(312–319)* – Vorträge über Naturwissenschaft *(320–327)* – Vorträge über das soziale Leben und die Dreigliederung des sozialen Organismus *(328–341)* – Vorträge und Kurse über christlich-religiöses Wirken *(342–346)* – Vorträge für die Arbeiter am Goetheanumbau *(347–354)*

C. DAS KÜNSTLERISCHE WERK

Originalgetreue Wiedergaben von malerischen und graphischen Entwürfen und Skizzen Rudolf Steiners in Kunstmappen oder als Einzelblätter. Entwürfe für die Malerei des Ersten Goetheanum – Schulungsskizzen für Maler – Programmbilder für Eurythmie-Aufführungen – Eurythmieformen – Entwürfe zu den Eurythmiefiguren – Wandtafelzeichnungen zum Vortragswerk u. a.

Die Bände der Rudolf Steiner Gesamtausgabe
sind innerhalb einzelner Gruppen einheitlich ausgestattet.
Jeder Band ist einzeln erhältlich.